KB161949

미래의
우리를
만드는
다문화
교안

학교 현장, 단체, 가정 다문화 교육 가이드

미래의 우리를 만드는 다문화 교안

이현정 ‖ 전 (사)한국다문화센터 연구소장
‖ 서울해비치다문화가족교육센터장

이담
Books

들어가는 말

이 책은 여러 방송에 출연하며 만든 방송용 원고를 기초로 했다. 방송 출연은 그물망처럼 촘촘한 스케줄 속에서 외줄타기 식으로 한 주에 한 테마씩 원고를 준비하게 했다. 무엇이든지 시간에 쫓겨야 만들어내듯이, 조여드는 원고에 대한 부담은 컸지만, 시간을 쪼개 집중해서 집필하는 것이 오히려 내게 한 특권으로 느껴졌다. 다문화 아이들과 부대끼며 보고 느낀 것을 주워 담으며 나의 삶을 정리하고 교육에 대한 열의와 열망을 실어 나를 수 있는 큰 자양분을 만들어내는 기회가 되었다.

다문화 교육에 대한 관심은 시민단체를 하면서 시작됐다. 다각도의 현장 활동과 사업을 통한 경험이 내게는 모두 공부였다. 다문화는 학문적인 연구대상이라기보다 그냥 삶 자체이다. 다문화주의를 표방하며 진행되는 갑론을박의 탁상공론은 공중분해가 될 소지가 많다. 화살에 맞은 사람을 보면 구급차가 오기 전에 임시방편으로라도 응급처치부터 해야 한다. 아무 것도 하지 않고 이 화살이 어디에서 왔는지, 화살 재료는 무엇인지, 모양은 어떤지 따져보는 것은 어리석은 짓이다. 물론 철학이 담기고 이론이 만들어져야 현실적인 정책이 세워진다. 그럼으로써 삶의 토대가 단단해져 안정적이고 행복한 삶을 영위해 나갈 수 있다. 그러나 그럴 새도 없이 밀려드는 다문화 인구는 우리의 생각머리를 정리할 틈을 주지 않는다.

그러한 면에서 나는 세미나보다는 강의를 선호한다. 이 책은 강의하며 사람들의 반응을 보고, 특히 교육 관련자들이 선호하는 강의안에 초점을 맞췄다. 다급한 교사들이 강의안이라도 달라고 요청한 적이 여러 번 있었다. 여러 자료들을 모으다 보니 교안을 만들어야겠다는 생각이 들었다. 책을 쓰는 일과 강의안을 만들어내는 것은 큰 차이가 있다. 특히 방송용 원고는 집필에 오히려 해가 될 때가 더 많다. 일단 구사하는 용어 자체가 완전히 다르다. 20년 동안 해온 강의와 방송 출연은 강의용 스피치가 몸에 배게 했다. 그러나 체질을 따질 것도 없이 책으로 정리하는 것도 해야 할 일이라 생각하고 기쁘게 성심을 다했다.

(사)한국다문화센터는 창립부터 몸담은 내 터전이다. 연구소장으로, 다문화어린이 합창단인 레인보우합창단장을 맡으며 얻은 여러 가지 생각과 경험들이 쌓였다. 함께했던 많은 모든 사람들이 고맙다. 이 책을 출간하는 데 동기가 된 합창단의 사랑스러운 아이들과 공부방의 아이들에게 감사한다. 이 책을 만들기까지 김성회 사무총장의 도움은 하늘과 같다. 멘토링을 하고 합창단을 꾸려나가면서 만나게 된 수많은 다문화자녀들과 학부모님들께도 감사한다.

대한민국은 뚝딱뚝딱 뭐든 맘만 잡으면 이루어내는 열정과 기질이 있다. 다문화만 봐도 그렇다. 전 세계적으로 놀랍도록 빠른 속도로 다문화가 이뤄지고 있다. 우리나라도 다문화 비율이 전 국민의 2.5% 이상으로 (2011년 현재) 질주하고 있다. 그런 만큼 허우적대는 국민의식과 맞물려 어찌할 줄 모르는 사회곳곳의 각 분야에서는 충돌이 일고 있다. 다문화는 우리나라에 해악이고 없어져야 한다는 의식, 과도하게 애정과 관심을 기울이며 국가개념이나 조국까지 잊어버리는 정체성의 망각 증세 그리고 무관심의 삼중주 현상이 벌어지고 있다.

다문화의 빠른 정착과 발전을 위해 가장 중요한 것은 자라나는 세대의 교육이다. 이들을 올바로 가르치고 새롭게 변해가는 세상의 패턴을 잘 인도해줄 교사나 강사들, 그 외의 교육관계자, 교육기획자 등의 역할이 중요하다. 교사들의 현실적인 고충을 알기에 빠르게 변해가는 사회의 모습을 알려주는 방법을 안내해주고 싶었다. 실제로 많은 분들이 자료나 교안 혹은 사진자료라도 좀 달라고 부탁하는 경우가 많았다. 올바른 교육을 위해서는 대상자와 교육의 목적 그리고 현재의 사회적 이슈, 교사의 교수법 등을 감안해야 한다. 그렇잖아도 할 일이 많은 교사들에게 학교 교육에서 꼭 심어주어야 할 내용이라 여기고 집필에 용기를 내었다. 집필 과정에 오히려 사회에서의 수요가 더 많은 터라, 기업체나 공무원 강의를 많이 해오면서 일반인, 시민, 국민들의 다문화 이해에 대해서도 전달해주고픈 과욕이 생겼다. 수많은 다문화 관련 서적들과 논문들이 많이 나오고 있고 지침이 되고 있는데 한 점 잉크방울로 물을 흐려놓지는 않을지 출간에 앞서 더럭 겁이 나기도 한다.

하지만 우리나라는 분명 지축이 바뀌고 있다. 이러한 과도기에 대한민국의 국민으로서, 세계시민으로서 작은 노릇을 하고 있다는 자부심을 안고 그 마음을 전한다. 다만, 한국의 다문화속도가 워낙 빠르다보니, 하루가 다르게 달라지는 변화추이, 증가속도, 통계수치 등으로 글을 쓰고 출간하기까지 과정에서도 몇 번을 수정해야 했다. 출간한 후에도 수치 같은 것은 바뀔 것이 자명할 테니, 그 점은 양해해 주길 독자들께 정중히 바란다.

2011. 08.

8월의 비를 바라보며 다문화연구소에서 이현정

이 책을 활용하는 방법

이 책은 학교와 기타 교육장에서의 다문화 이해 수업을 위해 만들어졌다. 엄밀히 말하면 교사용 혹은 강의용 다문화 안내서이자 가이드북이다. 시대적 흐름에 맞춰 갑자기 다문화 교육을 해야 하는 다급함에 어떠한 방향타도 없이 뭘 어떻게 해야 하는지 난감해 할 교사들을 위해 만들게 되었다. 다문화 교육은 정말 수십 갈래로 나누어 말할 수 있다. 그러나 여기에서는 학생(교육생)들을 목적으로 담아냈다. 자라나는 학생들은 곧 우리의 기둥이 될 것이고 이들을 위한 교육은 하늘만큼 땅만큼 너무나 중요하기 때문이다.

이들을 향한 다문화 교육을 위한 교안으로서 원하는 항목을 펴서 가르치도록 꾸몄다. 사실 이 책의 출발은 다문화자녀를 위한 교육지침서 혹은 교육연구서로서 시작했다. 그러나 대상은 전 방위적으로나 입체적으로 서로서로 연결되어 있다는 생각이 들자 교육대상은 전 국민이 되어버렸다. 다문화자녀의 학교 내에서나 주변에서의 차별과 왕따의 설움은 곧 학업성적으로 이어지고 부진한 학습상태로 위축되어 있는 상태에서는 결코 자존감이나 자신감이 만들어질 수 없다. 부모를 원망하고 가정의 화목은커녕 사회에 대한 반감만 자라나기 십상이기 때문에 다문화자녀를 위한 교육은 어쩌면 전 국민을 향한 교육으로 커질 수밖에 없을 것이다. 내국인 자녀가 함부로 내뱉는 말들, '너희 나라로 가', '너희 엄마 못사는 나라에서 왔구나', '어디 거지같이…', '더러워. 내 옆에 오지 마', 이런 말들은 오히려 평이한 말들이다. 이보다 더 험악한 말들이 쏟아져서 다문화 아이들의 마음에 징이 박힌다. 직접적으로 필자가 경험한 바로도, 이러한 말들은 합창단 아이들에게서 아주 흔히 듣는 말들이다. 이런 말을 내뱉는 아이들의 부모는 아마도 알게 모르게 집에서 그런 말을 무심코 내뱉었을 것이고 이러한 분위기가 금세 스며들어간 아이들은 아무런 느낌 없이 역시 쉽게 내뱉어내는 것이다. 그래서 학부모교육도 필요하고, 다문화가정의 한국인 배우자교육도 필요하고 시부모교육도 당연히 필요하다. 또한 사회 곳곳에서 만나는 일반인들의 교육도 각 사업장 별로 필수가 되어야 한다. 교육 일선에 있는 학교장, 교사진들의 다문화 인식이 가장 중요하다. 그렇게 보면 다문화자녀 한 사람 한 사람을 위해 모든 사람들이 다 깨어나야 한다.

이 책은 자라나는 국민적 합의를 끌어내기 위한 목적으로, 모든 아이들을 위한 안내서이자 교사들을 위한 교육지침서 내지는 전 국민의 다문화 가이드북으로 활용해도 무방하다. 원하는 항목의 교육을 위해서는 순서와 상관없이 펼쳐서 보여주고 사용하면 된다. 그 어떠한 것도 다 중요하고 무엇이든지 다 통해야 한다. 단 중요한 것은 흥미유발과 동기부여이다. 편견을 없애고 사회적 화합을 도모한다는 것은 이미 머리가 커버린 사회인에게 불어넣는 것은 힘든 일이다. 반면 말랑말랑한 가슴을 가진 학생들에게 심어준다는 것은 사회적으로도 의미가 있다. 이 교안이 필요하지 않은 교사들에게는 어떠한 과목을 가르치더라도 다문화적 인식이나 세계이해 인식이 수시로 새어나올 것이다. 그래서 궁극에서는 이러한 책이 불필요해지고 지극히 상식화되어질 때 나의 임무는 끝이 날 것이다. 아마도 확신하건데 우리는 좋아질 것이다. 좋은 사회로 거듭날 것이다. 그래서 진정한 애국심을 심어주는 계기가 필자의 경험처럼 다문화를 접하면서 새로워질 것이라 믿는다.

이 책이 좋은 방향타와 길안내가 되었으면 한다. 교사들의 다문화교육이 억지스럽지 않게 되길 바라며 아이들의 자발적인 의식과 행동 변화가 이뤄지길 바란다. 교육현장에서는 순간순간 편견과 맞서는 중요한 기회가 있기 마련이다. 자연스러웠으면 좋겠다. 억지라는 것에서는 언제나 부작용과 후유증이 있기 마련이다. 왜 우리가 이것을 배워야 하는지, 왜 함께 살아가야 하는지를 함께 깨닫는 것이 궁극의 목표이다.

1. 전 국민을 위한 다문화 교육에서는 주로 각계각층이 골고루 볼 수 있게 구성했으나 특히 제1장 모든 국민을 위한 다문화 교육(성인, 학생, 이주민, 다문화자녀)에서는 직접적인 대상으로 초등학교 저학년(3~4학년), 고학년(5~6학년), 중학교, 고등학교에서 배울만한 프로그램을 실었다. 교사들이 보고 이론과 실습을 겸하도록 준비하였다.

2. 구성은 다문화자녀 및 이주민을 위한 교육내용으로 묶었다. 이들이 실제적으로 가장 필요한 것은 무엇인지, 가장 간지러운 곳을 긁어줄 부분은 무엇인지로 엮었다. 다문화자녀를 만나야 하는 대안학교, 특히 다문화자녀가 많은 학교에서 참조하기를 바라고, 특히 중도입국

자녀 교육을 담당할 분들을 위했다.

3. 그 외에도 기업체나 공무원 등 일반인(내국인 자녀, 학부모, 이주민
   등)도 참조할 수 있도록 했다. 국민의 공감대 형성이 학교 현장보다
   도 어쩌면 더 중요하다. 이 시대에 보이지 않는 공기를 만들기 때문
   이다. 특히 직업현장에서 접하는 면면의 사람들, 정책을 다루는 사
   람들, 이 시대의 역사를 만들어가는 사람들로서 그들의 사고방식은
   곧 우리 사회의 흐름 그 자체이다. 이들을 보고 자라나는 자녀들은
   직접적으로 영향을 받을 수밖에 없다. 더구나 정반대의 민족교육,
   역사 교육, 반공교육 등을 받고 큰 기성세대로서 정신적인 그 틀을
   바꾸기란 여간해서 쉽지 않기 때문에 더 큰 노력이 수반되곤 한다.

　이 책은 순서대로 읽지 않아도 되며 필요한 부분의 교육을 위해 보기
만 해도 된다. 상황별로 더 긴급한 부분이 각자 다를 테니까 말이다. 각
장마다 〈부록〉에 만들어 놓은 교육 사례는 초등학교, 중학교, 고등학교에
서 활용할 수 있는 제안으로 자칫 이론에서 지쳐 있는 학생들에게 조금이
라도 관심과 애정을 갖도록 만들어본 것이다. 모든 사람들이 이를 응용
해서 더 나은 프로그램을 만들어 교육에 활용하면 그것도 좋은 일이다.
전반적인 우리 교육의 틀이 바뀌지 않는 한 부분만을 짜깁기하는 정도로
그칠 수도 있겠다. 그러나 모쪼록 대한민국의 교육이 다문화시대를 맞아
성숙하는 계기가 되었으면 하는 바람이다.

또 하나, 이 책을 쓰기 시작했을 때와 쓰는 과정에 있을 때, 그리고 집필을 마쳤을 때가 그리 긴 시간은 아닌 데도, 수시로 다문화 관련 통계수치가 부처마다 다르고, 그나마도 증가속도가 엄청나게 달라져 당혹감으로 썼다 지우기를 여러 차례 해야 했다. 아마도 이 책이 출간되어 독자들 손에 쥐어졌을 때는 또 달라져 있을 것이다. 여기에서 제시되는 통계수치는 그 당시의 상황 정도로 참조하고, 주요 내용과 흐름, 중요성, 핵심 등을 중점적으로 여겨주었으면 한다.

목차

1

전 국민(일반인 및 학생)을 위한 다문화 교육

7 전 국민(일반인 및 학생)을 위한 다문화 교육

여기에서는 일반 내국인 즉 대한민국 국민을 위한 다문화 이해도 높이기, 세계시민으로서 편협한 개념 없애기, 보다 폭넓고 깊은 다층적 마음가짐으로 세계를 향한 눈높이를 만들기 위한 교육 내용을 묶어보았다. 특히 학생들은 우리 사회의 미래를 짊어질 세대로서 이들의 교육은 강조하면 할수록 그 중요성은 하늘을 찌를 만큼 크다.

여기에서 제시하는 각종 교육들은 취사선택하여 상황에 맞게 적절하게 활용할 수 있다. 단, 학생들을 대상으로 할 경우(다문화 자녀를 포함한 모든 학년의 학생들을 가르칠 교사나 학교장 등)에는 학년별 교육의 습득방법이 다를 수 있어 그 난이도에 맞게 나누어 보았다. 일반 성인의 경우(정책 입안자, 기업체 임직원, 공무원, 자원봉사

1 다문화 교육은 유아부터 대학생까지 모두를 포함한다. 그러나 여기에서는 초등학생부터 고등학생으로 한정하였다. 유아는 유아원이나 유치원에서 예비초등학생으로 초등학교 저학년 것을 응용할 수 있으며, 대학생은 예비사회인으로서 자원봉사나 기타 여러 가지 활동으로 습득할 기회가 많기 때문에 생략하였다.

2 산업연수제에 의해 외국인근로자가 도입된 것은 91년이고, 외국인근로자 고용 등에 관한 법률은 03년, 외국인처우기본법은 07년, 다문화 가족지원법은 08년 제정되었다. (이민정책토론 2011.05. 26, 김성회에서 재인용)

자, 기타 다문화에 관심이 있는 사람들이나 다문화에 관심을 두어야 하는 사람들에는) 이러한 내용을 토대로 다문화적 소양교육으로 활용할 수 있다는 점을 알려두고자 한다. 특히 이주민이나 외국인이 많은 작업장 및 기업체에서는 직원연수 목적으로 편집하여 프로그램화할 수 있다. 여기에서 소개하는 각종 교육들은 1차적 기초 원재료들이다. 이 재료들을 가지고 어떻게 요리해서 어떠한 이름으로 상에 내놓아 음식을 즐기느냐는 전적으로 활용하는 사람에 달려 있음을 미리 말해둔다.

저출산 고령화 사회로 우리보다 앞서 진입한 일본보다 빠른 한국의 다문화 속도에 전 세계는 예의주시하며 혀를 내두르기에 이르렀다. 정부의 이민다문화정책은 길게는 20년, 짧게는 4~5년 사이에 엄청난 변화를 거쳤다. 특히 노무현 정부에서 이민다문화정책이 본격적으로 시도되었고, 이명박 정부에서 본격적인 궤도에 들어선 셈이다. 그에 따라 이민다문화 관련 주요법령과 정책도 많이 정비되었다. 외국인 근로자 도입과 대책, 결혼이주여성과 국제결혼 대책, 다문화 가족 자녀문제대책 등은 늦게 다문화 사회로 진입한 한국이라고 할 수 없을 정도로 괄목할 만한 성장을 보이고 있다.

정부정책의 급속한 변화는 이보다 더 빠른 다문화 사회로의 변화를 반영한 것이다. FTA체결 등 통상개방이 세계 어떤 나라보다 빠르고 비중 있게 진척되고 있으며, 이주민 인구가 세계 최고 수준으로 증가하고 있다.

3 OECD, UN조사 자료, 다문화 교육정책 위원회 회의자료, 교육

OECD 국가의 거주 외국인 수 및 증가율(단위 : 천명, %)[3]

구분	한국	스페인	이탈리아	영국	일본	스웨덴	독인
2000년	210	1,371	1,380	2,342	1,686	472	7,297
2008년	896	5,599	3,891	4,196	2,216	555	6,728
증가율	19.9	19.2	13.8	7.6	3.5	2.0	−1

위의 표에서 보면 알 수 있듯이, 우리나라는 OECD국가 중 외국인 거주 증가율에서 가장 앞서고 있다. 특히 북아프리카로부터의 난민이 대거 몰려드는 남부유럽의 스페인, 이탈리아보다 우리나라의 외국인 거주 증가율이 높게 나타난 것은 눈여겨볼 대목이다.

그런데, 2010년 말에서부터 2011년 초에 발표한 바에 따르면, 유럽의 주요 국가들 사이에서 이민다문화정책 기조를 변화시키려는 움직임이 나타나고 있다. 프랑스는 시라크, 사르코지 등 우파정부가 들어서면서 개방적인 이민정책을 바꿔왔다. 독일의 메르켈 총리는 다문화 통합정책이 실패로 돌아갔음을 선언했고, 영국에서도 캐머런 총리도 개방적 이민정책 기조를 철회하겠다는 의사를 피력했다. 유럽연합 소속 주요 국가들의 변화가 금융위기에 따른 유럽경제의 침체 때문이라고는 하지만, 또 다른 측면에서는 실정에 맞지 않는 무질서한 이민다문화정책의 한계를 드러낸 것이라는 지적도 있다.

우리 사회에서도 급격한 사회변화와 정책수립에 따른 부작용 우려가 만만치 않다.

전 세계에서 이런 초스피드로 다문화정책 내놓고 있는 우리나라는 그야말로 관찰의 주요대상이 되었다. 무엇이든지 뚝딱뚝딱하면 모든 다 이루어내는 동력은 도대체 무엇인지 할 정도이니까. 내심 자랑스럽기도 하고 조심스럽기도 하다.

우리가 이제부터 이야기해야 할 다문화 역시 그 속도감에 다들 의아해 하는 만큼, 어떻게 이끌어갈 것인가, 어떻게 지혜롭게 이 시대를 만들어갈 것인가는 우리 자신뿐만 아니라 전 세계의 관심거리일 수밖에 없다. 경제국으로 우뚝 섰다는 증거이기도 하고, 거센 세계화의 바람이 우리에게도 닥쳤다는 의미이기도 하다.

이제 세계는 문턱이 없어지고 너무나 좁아져 버렸다. 모두 투명 유리벽으로 숨길 것이 없어졌다. 우리같이 급상승기류를 타고 있는 중국과 경제대국 일본에 가려 콩알만큼도 작게 그 존재조차도 인지되지 못했던 과거에 비해 형편이 좋아진 것은 참으로 고무적이다. 교통의 발달과 통신의 혁신적인 발전 그리고 국가 간의 연대할 거리들의 속출은 세계인을 서로 뒤섞이게 한다. 이를테면, 북한의 핵에 대한 강대국들의 논의와 회의, 협상, 대책마련 등 여기저기서 터지는 각종 전쟁과 테러, 민주시위, 세계금융위기, 금융통화, 영토분쟁에 따른 강대국들의 반응과 협상, 회의, 자연재해나 환경오염 특히 2011년 일본의 대지진으로 인한 세계 각국의 지원봇물과 애도의 물결 등과 바람의 이동으로 인한 인접 국가들의 조바심, 그리고 태평양판의 지각변동으로 인한 태평양연안국가들의 지진대

비책에 대한 서로의 조율 및 준비, 이렇게 예상 못한 기후변화로 인한 국가 간의 연결 및 대책마련 등 쉴 새 없이 나열되는 전 세계에서의 사건사고들은 지구인을 자기자리에 가만히 놔두지 않게 한다. 그리고 선진국을 중심으로 나타나는 기현상인 저출산, 고령화로 인한 이동과 일자리불균형이 초래하는 변화로 인한 이주 등이 서로를 애타게 만나게 하고 있다.

특히 미국 월가가 월가표준을 세계표준(Global Standard)으로 관철시키기 위해 만든 세계화(Globalization)담론[4]에서 세계의 자본과 경제력이 대서양지역에서 아시아태평양 지역으로 이동되는 '아태화(亞太化)현상'[5]은 앞으로 우리가 활용해야 할 절호의 기회이다.

21세기는 여러 가지 요인들로 인하여 세계가 더욱더 좁아지고 있다. 유럽연합이 27개국으로 서로 뭉치듯이, 동아시아문명의 부활도 여기저기서 진단하고 있다. 한국(북한), 중국(대만), 싱가포르, 일본, 베트남, 몽골 등 6개국 혹은 8개국을 포괄하는 동아시아 문명권은 오랜 세월 자 문명을 보전하면서 거의 모든 외부문화를 다 받아들이는 세계 문명권들 중에서 가장 개방적인 문명권이다.[6] 이런 저작들이 슬슬 나오기 시작하면서 '세계의 중심은 이제는 동양이다'라고 자위하며 안이하게 모두 자신만만해 하는 느낌도 적지 않다.

좋은 것을 우리의 것으로 만들어야 한다는 마음은 어떤 변화를 감지하고 지혜롭게 받아들이려는 희망이 있어 고무적이다. 그러나 변화는 어떻게 받아들이느냐가 중요하다. 때가 왔으니, 저절로 혹

[4] 미국을 폄하하기 위해 세계화를 부정하고 이어서 다문화를 부정하는 반다문화주의자들의 동조에 응하지 않는다. 시대적 흐름이 위의 여러 가지 이유 등으로 어떠한 국가가 되었든 세계화는 형성되었을 것이고, 그 국가가 미국이 아니어도 그 어떤 국가(미국처럼 강대국)가 서둘러 시행했을 것이다. 그런 면에서는 세계화는 당연한 시대적 요청이고 흐름으로 봐야지, 반미주의로 흘러서는 다시 우물 안으로 기어들어가는 꼴이 되고 만다.

[5] 황태연, 《공자와 세계》, 2011, p.33.

[6] 황태연의 같은 저작, p.26.

은 무조건 중심이 되거나 힘을 갖게 되는 것은 아니다.

그런 면에서는 지금 이 시기를 가장 좋은 때로 만들어야 한다. 절호의 기회를 어떻게 잡을 것인가, 어떻게 크게 도약할 수 있는가, 관심을 기울여 연구하고 관찰하고 행동해서 우리는 지혜롭게 이 시기를 좋은 때로 만들어가야 한다. 전 국민이 다문화적 소양으로 가슴을 펴고 넓혀서 세계를 우리의 무대로 삼을 줄 알아야 한다.

마치 고조선 때 활발하게 무역을 하며 우리만의 청동기문화를 창출해 냈듯이, 고대백제가 해양국으로 발돋움해 중국과 일본을 넘나들며 찬란한 백제만의 문화를 만들어 꽃피웠듯이, 해상왕 장보고가 세계를 손안에 쥐고 주도하면서 우리만의 세련되고 독특한 문화를 창출해 냈듯이 외래문물의 개방성이 만들어낸 문화번성기나 태평성대처럼, 그렇게 활활 깨어나서 접었던 두 날개를 펴고 비상해야 한다.

그러려면 그동안 해왔던 편협한 교육에서 벗어나 전 국민의 다문화 교육으로 우리의 DNA를 다시 새롭게 세팅하고 활동하게 만드는 작업이 이뤄져야 한다.

이미 우리보다 훨씬 전에 다문화국가가 된 유럽, 미국 등 여러 나라들이 그 부작용과 후유증에 시달리고 있다. 끊이지 않는 이주민 폭동사태, 내국인과의 불화, 반다문화주의자들의 시위, 끊임없는 인종차별행태 등으로 급기야 몇몇 국가들은 '다문화주의실패'를 선언하고야 말았다. 2011년 초에 영국의 캐머런 총리와 프랑스의 사르코지 대통령이 잇달아 '다문화주의 실패'를 언급했다. 지난 연말에는 독일의 메르켈 총리가 독일에서의 다문화정책 실패를 언급한 바 있었다. 유럽 주요국가 지도자들이 다문화주의 실패를 선언한 배경은 지난 금융위기 이후 경제 불황에 따른 실업률 증가 때문이라는 분석이 가장 우세하다. 실업률이 높아지고, 이주민에게 일자리를 빼앗겼다는 인식을 갖고 있는 국민들 사이에서·반이주민 감정이 높아지고 있다.

독일에서는 이주민의 가장 많은 수를 차지하고 있는 터키계를 흡수하고자 하는 사회통합정책이 별다른 효과를 보지 못했다. 영국은 인도나 파키스탄계 이주민 통합정책이 실패했다. 프랑스에서도 알제리계 등 이슬람 이주민들 동화에 대한 거부감이 핵심적 이유로 거론되고 있다. 프랑스는 그 어떤 나라보다 다문화를 정치투쟁의 도구로 사용하는 경향이 짙다. 현재 사르코지 대통령이 국민들의 반이주민 정서를 정치적으로 이용하고 있다는 평이 많다. 프랑스에서는 지난 2005년 파리 교외에서 발생한 인종폭동 등 일련의 소요사태가 매년 반복되고 있다.

이런 상황에서 우리는 어떻게 출발해야 하는 것인가? 이들의 전철을 그대로 밟아가고 있지는 않은가? 이들의 실패원인을 면밀히 고찰하고 우리의 상황에 맞게 보다 나은 방향성을 제시하는 안목이 필요한 시점이다.

흔히 사람들은 이민 다문화문제를 인권이나 복지차원으로만 해석하는 경향이 짙다. 그것은 유럽에서 진행되고 있는 심각한 사회갈등을 보아도 분명해진다. 유럽에서 인권과 복지문제가 우리보다 부족해서 갈등이 일어나는 것이 아니다. 사회보장제도가 잘 되어 있고 복지제도가 훌륭하다. 사회갈등은 의외로 종교문제이면서 국가정체성에 대한 문제에서 출발한다. 현재 유럽에서는 이슬람권 이주민의 집단주거지가 형성되고, 정부의 사회통합정책이 미치지 못하는 곳들이 늘어나고 있다. 정부의 통치권이 미치지 못하는 지역들이 생겨나고 있는 셈이다. 국경을 무너뜨리거나 국법을 잊어버려서는 결코 안 될 일이다. 마치 세계화라는 것이 온 나라가 담을 허물고 같이 영어를 쓰고 햄버거를 먹는 것으로 착각해서는 오산이다. 따라서 지금부터라도 국가정체성과 국정기조에 대한 국민적 합의과정을 진행시켜야 할 것이다. 그래야 국민적 인식이 통일되고 합일되어 국가정책이 올곧게 뻗어나갈 수 있을 것이다. 그런 면에서 무엇보다도 가장 선행되어야 할 것은 전 국민의 교육이다.

1. 미디어 교육(Education for Media)

미디어는 언제 어디서나 환히 열려 있
는 도구이다. 사람의 의지만 있으면, 아
니 손가락만 움직일 수 있으면 언제든지
만날 수 있고 접할 수 있다.

미디어로는 첫째, 사용자로서의 미디
어(이주민을 위한 다국어 방송 같은 직접적
인 도움을 받거나 해당 프로그램을 이용하
는 것), 둘째, 시청자로서의 미디어(드라마나 영화, 광고 등 다양한 장
르의 프로그램을 즐기는 입장), 셋째, 기술이용자로서의 입장(영화배
우기, 캠코더 작동하는 법 배우기, 시나리오 만들기, 촬영하는 법 배우기
등), 이 3가지로 압축할 수 있다. 여기에서는 세 번째 기술적인 교
육은 생략하기로 한다. 흔히 미디어 교육이라고 하면 세 번째 것이
미디어 교육의 전부인 양 비춰지는 경향이 있으나 기술적인 내용
을 취득하는 것만이 미디어 교육이랄 수는 없다. 체계적인 미디어
교육은 얼마든지 필요한 만큼, 상황에 맞게, 교육생에 맞게, 기기
에 맞게 취사선택하여 교육에 활용할 수 있다.

미디어는 누구나 쉽게 접할 수 있는 친숙한 매체이다. 즉 미디어
와 우리는 떼려야 뗄 수가 없는 생활 속 동반자이다. 사용자로서의
미디어를 보면, 많은 이주민의 국가들을 소개하고 그들의 자국어
방송을 조금이라도 들려주는 것은 이주민에게 큰 위안이 아닐 수
없을 것이다.

7 조준형 PD, 〈다문화 시대 이주민자녀교육, 이대로 방치할 것인 가?〉 평화방송 개국 22주년 특별기획 3부 작, 2010. 11. 14일자

매주 700만 이상의 호주 국민들이 시청하는 호주의 SBS(Special Broadcasting System)즉 특별방송국은 다문화사회의 요구에 부응하기 위해 설립된 정부 출연 미디어 서비스기관이다. SBS TV방송국은 정부의 투자로 운영되기는 하지만 다른 민간부문의 투자나 기타의 활동에 의한 참여를 허가하고 있다. 그러나 상업광고나 지원은 라디오 방송에서는 인정되지 않는다. 주된 편성은 영어로 되어 있지만, SBS TV 프로그램의 절반 정도가 영어 이외의 언어로 제작된다. 또한 원주민들이 자치적으로 운영하는 방송사로 임파르자 TV(Imparja Television)가 있다. 아무튼 SBS방송에서 송출하는 내용들은 호주와 다른 나라에서 만든 400개 이상의 자료들을 바탕으로 만든 프로그램들인데, 영어 이외의 언어로 된 프로그램이 방송편성의 절반 이상이고 혹 다른 국가의 사람들도 영어자막을 통해 모든 시청자들이 볼 수 있게 하고 있다. 즉 68개국 이상의 언어로 제작되고 여러 언어로 된 논평이나 온라인 디지털 형태로 화합의 날을 지원한다. 또한 미디어가 그냥 미디어로 끝나는 게 아니라 사회축제, 교육과 연계되도록 한다. 이 점도 큰 장점이고 우리가 배울 점이다.[7]

우리나라에서는 EBS를 비롯해 Cable-TV나 라디오, 인터넷 방송국 등 크고 작은 매체들이 이주민을 위한 방송(음악이나 고국소식, 한글교육 등)에 애를 쓰고 있다. 무척 바람직한 일이다. 또한 한류 붐을 타고 한국어를 배우려는 해외의 외국인들과 교포들, 한국으로 입국하려고 하는 예비이주민들을 위한 한글 사이트 개설 등이 한창 물이 올라 있다. 양방향 한글교육, 한국어 교육 등이 봇물

을 타고 개설이 한창이다. 이러한 것도 다국어방송으로 가는 하나의 긍정적인 단초를 마련하고 있다고 본다.

두 번째 시청자로서의 미디어는 다문화사회에 대한 편협하고 왜곡된 이미지를 한꺼번에 보이거나 알릴 수 있고 또한 교육적이고 건설적인 다문화에 대한 홍보 역시 미디어를 통해서 널리 알릴 수 있다. 드라마, 다큐멘터리, 그 외 오락프로그램, 영화 등에서 무심결에 비춰지는 내용이나 장면묘사 등이 이주민의 삶을 왜곡시키거나 편견을 심어주는 동기가 되어서는 안 될 일이다. 또는 한쪽으로만 치우치는 문제를 부각시키거나 예를 들어 이주여성만을 문제화하거나 이주여성을 둔 한국남편에 대한 문제성만을 부각시키거나, 아니면 특정인물에 대해 신비화하거나 기타 극단의 모습만 비추는 프로그램은 바람직하지 못하다. 그러니까 우리가 원하는 방식으로 이주민에 대한 이미지를 굳혀버리게 만들 수 있다는 말이다. 예를 들어 파출부나 가정부는 으레 중국동포(조선족)로 그려 넣는다거나, 하층의 직업군을 아예 이주여성이나 이주민으로 만들어버리면 그것의 이미지는 굳어버리게 된다. 미국영화나 드라마에 보면 흑인은 거의 대부분이 하층이고 주변인으로만 그려 넣곤 하는데 그러다 보면 '원래 그런 것이지'가 되어버리고 '으레 그러려니' 하는 식의 사회적 무의식화가 되어버린다.

그런가 하면 TV광고도 짧은 시간에 강한 인상으로 도장을 찍어 놓듯 강렬한 힘을 주는 프로그램이기 때문에 섬세할 필요가 있다. 다문화 교육의 주된 중심은 정체성 확립과 편견과 왜곡을 없애자는 것인데 이것을 미디어가 반대로 나아간다면 모든 것이 허사라

8 흔히 이주민, 외국인 등을 통틀어 다문화인이라고 한다. 다문화인에는 다문화가정을 꾸리는 국제결혼이주민, 이주노동자, 다문화가정자녀(흔히 다문화자녀), 유학생, 화교, 재외동포, 난민, 불법체류자, 탈북민 등을 포함하여 총칭하고 있다.

9 안정임, 전경란, 김양은, 〈다문화와 미디어 교육〉, 2009.

고 해도 과언이 아니다. 이 모든 것이 실은 현실주의, 사실주의(Reality)에 기반을 두고 하는 일이긴 하지만, 사회주도형 개념에서는 극히 조심스러운 부분이다. 무심코 설정한 것이 사회의 역작용으로 형성된다면 이처럼 무서운 일도 없을 것이다. 현대인에게 있어서 미디어는 곧 공기이기 때문이다.

이토록 중요하고 생활밀착형 도구인 미디어에 대해서 우리는 오히려 교육과 연계할 여유조차 생각하고 있지 않다. 학생들이 가장 친근하게 여기고 좋아하는 것이 미디어인데도 불구하고 가장 소외되어 있는 분야가 바로 미디어 교육이랄 수 있다. 가장 시급하고 현실적이고 1차적인 소통의 도구로서 연구와 교육이 풍성하게 이루어져야 할 부문이다. 사실 이러한 미디어 교육은 굳이 다문화가 아니더라도 학생들에게 제대로 된 미디어 교육이 이루어진 적은 없었다.

그 어느 세대보다도 청소년들에게 미디어는 삶의 흐름 그 자체이다. 그런 만큼 청소년에 대한 미디어 교육은 무척 중요하고 특히 다문화시대에 그들을 깨우칠 도구로써 미디어는 더없이 필요한 것이다. 청소년 교육은 그들이 사회적 편견을 깨우치도록 유도하고 이를 바로잡도록 하는 눈을 키워주는 것이다. 이주민을 위한 교육에서는 다문화 그리고 다문화인[8]에 대한 이해 그리고 한국문화에 대한 이해를 먼저 가르쳐주는 것이 필요하다. 즉 대상에 맞는 눈높이 교육이 미디어 교육에서도 무척 중요하다. 2005년 이후 한국사회에서 텔레비전은 시사, 교양, 오락, 드라마 등의 장르를 넘나들며 다문화를 상품화하는데 적극적으로 나서고 있다.[9] 그러나 전체적이고 포괄적인 다문화미디어 교육이라면 우선 한국의 다문화 이해가 필수적으로 심어져야 한다. 여기에서 한국적 현실에 맞는 다문화 미디어 교육을 위한 학문적, 실천적 실행이 만들어질 수 있다고 본다.

10 고승주, 《고승주의 미디어 리터러시》, 2008.

비단 TV만 한정할 것이 아니라 책, 신문, 라디오, 영화, 인터넷, 게임, 만화, 음악, 연극, 뮤지컬, 오페라, 마당놀이 등 수많은 종류의 다양한 소프트웨어들, 이 모두가 미디어이다. 즉 이것은 문자, 소리, 영상, 그림 등을 시간적, 공간적으로 그것도 빠른 시간 내에 전달하고 이동시켜주기 때문에 반응은 즉각적이다. 이러한 미디어는 지금까지 언급한 대로 사회감시기능도 있고 정치적 기능도 갖고 있다. 여론을 즉각 수렴하기 쉽고 형성하기도 쉽다. 미디어는 문화전달의 기능 외에도 사회경제구조를 돌리는 역할까지 한다. 현대사회의 주축이 되고 있는 미디어에서 보여주는 정보가 전부로 비칠 수 있기 때문에 그 파급효과는 지대하다.

한마디로 말해서, 아동과 청소년이 미디어의 부정적 영향에서 벗어나 건전하게 성장할 권리는 보호되어야 한다.

우리나라 방송통신행정도 아동과 청소년의 권리를 보호하는 차원에서 미디어 행정을 펴야 한다.[10] 과학자들에 따르면 과도한 TV 시청은 유아의 두뇌 발달과 건전한 정서 발달을 저해한다. 성장과정의 청소년들이 휘두르는 뚜렷한 이유 없는 폭력 행사, 불안감과 불면증 등으로 인한 가정 파괴나 반사회적 일탈행위증대 등은 매우 심각하다. 정보화사회가 되면서 어렸을 때 예방했으면 지불하지 않아도 될 비용이 매년 증가하고 있다. 사회적 무관심으로 인한 손실이 엄청난 것이다.

미디어 교육을 잘 받게 되면 미디어의 특성, 미디어의 기술적인 측면과 영향, 나아가 미디어 생산에 필요한 능력까지 갖추게 된다. 이런 종합적 측면에서의 미디어 교육이 아직 자리를 잡지 못하고 있다. 단지 미디어 제작에 필요한 노하우를 가르치는 부분적인 교육이 제자리걸음을 하고 있을 뿐이다.

요즘 언론이나 방송부문에 대한 학생들의 직업선호도가 상당히 높은데, 이는 미디어의 중요성보다는 눈에 보이는 모습에 대한 선망이 더 크게 작용하기 때문이다. 예를 들어, 방송기자, 아나운서, MC, 리포터, 기상캐스터, 방송작가, 개그맨, 탤런트나 배우, 가수, 댄서, 모델, 프로듀서, 카메라기자, 방송기술 등의 직종에만 관심이 지대하다. 한눈에 보이는 산뜻함과 화려함, 그리고 억 대 수입을 벌어들이는 직업군, 연예인에 준하는 스타급의 위치 등에 도취되어 최고로 선호하는 직업군이 되어버렸다. 단지 이러한 부분적인 관심과 도취 현상만이 아니라 전반적인 미디어의 영향력을 고려할 때 교육이 시급하게 선행되어야 할 것이다. 아이들은 최첨단을 뛰어넘어가려는데, 교육이 이를 따라가지 못하는 실정이다.

TV 시청 시, 가장 유의해야 할 것은 아동들이 현실과 가상의 세계를 구분하지 못한다는 점이다. 만화영화에 나오는 난쟁이가 실제 존재하는 것으로 믿기도 한다. 동물이 말을 하거나 식물과 심지어 돌멩이도 사람처럼 생각하고 행동하는 것으로 인식한다. 어릴 때 필자의 이종사촌동생은 당시 최고의 시청률이었던 외화 '600만 불의 사나이'를 보고 3층 아파트에서 주인공처럼 훌쩍 뛰었다가 다리를 크게 다치는 사고가 있었다. 아이들마다 이해하는 정도가 다르다. 동일한 방영물에 대해 아동마다 다른 해석을 하는 경우는 흔하다. 지각능력은 어른들과는 엄청난 차이가 있다. 따라서 어른들이 무심코 지나치는 TV 방영물이 아동에게는 심각한 후유증을 가져다주는 수가 많다.

TV는 활용하기에 따라서 매우 유용해서 가정에서 TV를 자녀교육용 교재로 활용할 때 큰 효과를 얻을 수 있고 또한 드라마나 만화영화, 기타 프로그램을 접하면서 사회문제와 어떤 사안에 대해 접근하는 시각적 방법 등을 익힐 수 있다. 가정에서 자녀의 TV 시청에 대한 고정관념을 깨야 하는데 가정환경의 주요한 일부인 TV를 교재로 활용하려는 적극적인 자세가 필요하다. 자녀들이 자신의 생각을 글로 표현하는 연습을 TV를 통해 하게 되면 학교 성적 관리에 도움이 된다. 논술이 대학입시에 중요한 과목이 되고 고교 때까지 학내 시험이 서술형, 논술형이 되면서 자녀들의 관찰력, 이해력, 자기 표현력이 더욱 중요해졌다. 대입논술도 결국 자기의 주장을 얼마나 설득력 있게 전개하느냐에 좌우된다. 부모가 자녀와 함께 혹은 학교에서 교사와 함께, 친구들과 함께 TV를 학습 자료로 삼았을 경우, 논술형 사고방식이 어렸을 때부터 길러진다.[11] 흔히 미디어 교육이라고 할 때 대부분은 디지털카메라를 가지고 카메라 작동법 혹은 촬영기법, 실습, 영상 만들기 등으로 이루어지고 있다. 그러나 여기에서는 기존의 미디어 자료를 갖고 어떻게 볼 것인지, 어떠한 점이 좋았는지, 궁금했는지, 새롭게 무엇을 알게 되었는지를 깨닫게 되는 계기가 되도록 유도하는 교육이 다문화시대에 접근하는 방법이 될 것이다.

세계여행탐방 프로그램, 세계문화 다큐멘터리, 세계기후현상 및

11 부모가 자녀의 TV 시청을 적극 도와주면서 자녀의 지적 발달을 도울 수 있는 방식은 미국 PBS(Public Broadcasting Service)의 연령별 미디어 교육 지침 자료 등이 대표적이다. PBS는 본부가 버지니아 주에 있는 비영리단체로 미국의 348개 공공방송이 설립해 운영하는 기구다. PBS는 비영리 TV와 인터넷, 기타 미디어를 합리적으로 이용해 시청자 등의 생활을 풍요롭게 하기 위해 교육 프로 제공 등의 활동을 하고 있다. PBS의 혜택을 받는 미국인은 9천만 명에 이른다.

환경문제, 이주민들이 직접 나와서 꾸미는 각종 프로그램, 이주민을 다룬 사회시사프로그램, 찾아가는 다문화행사 소식이나 다문화자녀의 살아가는 이야기 등 다문화를 접하게 해주는 프로그램들이 많아지고 있다. 이러한 프로그램을 대하면서 서로 이야기를 나눠볼 수도 있고, 새로운 정보를 익힐 수도 있으며, 세계는 하나라는 인식아래 서로 누구나 친구가 될 수 있고, 언젠가 서로 만날 수도 있을 동시대인으로서의 개념도 심어줄 수 있다. 또한 인종차별을 심하게 겪는 일들을 간접적으로 느낄 수 있다는 것도 교육의 한 일환이 될 수 있다. 후진국이라고 쉽게 폄하하는 국가들의 풍성한 문화를 보고 달리 생각할 수 있으며 새롭게 그 국가에 대한 인식을 보다 긍정적으로 키워나갈 수 있게 해야 한다. 교사는 특정 프로그램을 지정해 집에서 시청하도록 하고 이에 대해 'TV시청일기'를 써서 서로 토론하는 시간을 갖는 것도 유익할 것이다. 자칫 암기과목으로 치부돼 가장 싫어하는 과목 중의 하나로 꼽힐 수 있는 역사도 드라마나 다큐멘터리를 통해 서로 보고 이야기를 나누는 흥미있는 '대화의 장' 시간으로 마련해도 좋다. 학과목 외의 분야이지만 우리와 너무나 밀접한 미디어를 우리가 어떻게 활용하느냐에 따라 교육의 질이 달라질 수 있다. 무조건 '보지 마라' 할 것이 아니라 어떻게 효과적으로 활용하고 이를 교육적으로 응용할 것인가는 우리가 고민해야 할 과제이다. 〈부록 해당 도표 참조 p.322〉

2. 국제이해 교육(Education for International Understanding)

김신일(2001) 등은 국제이해 교육(education for international under-standing)을 세계적인 시각 또는 관점(global perspective)에 대한 교육, 문화 간 이해(cross-cultural awareness)를 위한 교육, 세계적인 문제나 이슈(global problems and issues)에 대한 교육, 세

계 각국인을 연결시키는 세계체제(global systems)에 대한 교육으로 보고 있다. 메시알라스(Massialas 1991)의 분석에 의하면 국제이해 교육은 세계교육(global education), 핵 교육(nuclear educa-tion), 인권 교육(human rights education), 평화 교육(peace edu-cation), 세계질서 교육(world order education) 등과 관련되어 논의되는 것이 세계적인 추세라고 할 수 있다. 세계는 서로 무척 가까워져 있고, 더욱더 빠른 교통수단과 인터넷의 연결로 지구촌이 하루생활권으로 가고 있기 때문에 서로 간의 실시간 만남이 중요해졌다.

원래 국제이해 교육은 전쟁(1, 2차 세계대전)에 대한 후유증과 반성, 그리고 다시는 이러한 일들이 재현되지 않기를 바라는 의미에서 '평화'를 핵심사상을 두고 시작되었다. 인간이 제대로 살아가기 위해서는 전쟁이나 착취를 하지 않고 서로 존중하며 존중받아야 하며, 그러기 위해서는 타인 혹은 다른 나라의 문화와 역사, 인종,

습관 등을 이해시키는 교육이 절대적으로 필요했다. 국제이해라는 말 자체에서 풍겨나듯이, 국제적인 이해관계를 헤아려 자국의 이득으로 연결시키는 것으로 자칫 '이기적인 편협한 작태'로 인한 오해를 가져올 수도 있다. 그러나 그러한 안일한 저울질만 하는 이해득실만 갖고는 결코 평화가 있을 수 없기 때문에, 국경을 넘어서 이웃나라, 남의 나라를 잘 이해시켜 친선관계를 만들어서 적대관계나 갈등관계를 극복하려는 목적이 주 테마로 가진 교육이다.

우리는 지리시간을 통해서 각 국가의 위치와 국기, 그리고 간략한 역사, 많이 나오는 자원 등을 외웠던 기억이 있다. 세계사 시간에 정신없이 산재되어 있는 몇 천 년 전의 역사들을 한순간에 두루 섭렵하고 머릿속에 꾹꾹 집어넣어야 했던 경험도 있다. 국제이해 교육은 국가 간의 이해를 위한 모든 것이라고 하면 자칫 '또 정신없이 수많은 것들을 외워야 한다'는 인식을 줄 오해의 위험이 있다. 국제이해 교육은 '이해(understanding), 즉 배려'에 초점을 맞출 필요가 있다. 이해와 배려를 통해 공존과 협력, 평화를 달성하려는 의도를 가진 가치관이 세워지기 때문이다. 물론 앞서 언급한 실리추구를 좁은 의미로 국제이해 교육이라 할 수도 있다. 그러나

적어도 자기와 타자의 상호발전이나 공동이익을 전제로 하는 자기발전과 유익함이 있어야 그 의미가 살아날 수 있기 때문에 후자를 권한다. 즉 이제는 서로가 Win-Win이 되어야 살아갈 수 있는 시대이기 때문에 서로의 장점을 발견하

고 좋은 점을 부각시켜야 좋다.

요컨대 세계 및 국제 이해는 이러한 시야와 감성을 기르는데 도움이 되는 소재 및 교육 내용으로 이뤄져야 한다. 현행 초등학교 교과서에서는 국가의 실리 추구와 밀접한 내용으로 이루어져 있다. 실제로 교과서에는 '우리나라와 관계를 맺고 있는 세계 여러 나라의 위치와 생활 모습을 조사해 보자'라는 문제를 제시하면서 정치, 경제, 문화, 지리적 면에서 밀접한 나라 중심으로 자세하게 실려 있다. 즉 어린이들이 우선 잘 알고 있거나 잘 알아야 할 나라들이 주로 교과서의 내용을 구성하고 있다. 국가의 발전을 위한 실리 추구를 위해 국제 교육도 필요하기는 하지만 이 목적이 주가 되어서는 안 될 것이다. 우리나라가 외국 교과서에 바르게 실리지 못하면 분노가 일어나듯이 다른 나라를 배제시키거나 잘못된 정보를 교과서에 담아낸다면 이러한 국민적 정서의 악순환을 되풀이해야 할 것이다.

나와 타자의 구분 과정에서 생기는 편견과 오류를 지양하기 위해, 인류 공동의 문제 해결을 위해, 지구촌에서의 상호 이해를 위한 내용이 실려야 한다. 실리에만 초점이 맞춰진 교과서는 편견과 오류를 더욱 고착화시키며, 궁극적으로 인류 공동의 문제 해결이나 자국의 이익을 저해하는 방향으로 흘러간다.

국제이해 교육의 개념은 시대와 세계정세에 따라 다양한 용어와 개념으로 설명해오고 있다. 1953년 유네스코 발족 당시에는 '국제이해를 위한 교육(Education for International Under-

12 유네스코한국위원
회, 《학교에서의 국제
이해 교육》 1996, p.22.

13 윤영관은 '세계화
(globalization)' 개념을
다음과 같이 정리하고
있다. 세계화는 어떤
특정한 주체의 관점에
서가 아닌 보편적인 관
점에서 현상을 기술하
는 말이다. 즉 세계화
현상은 확대지향적인
시장기제의 작동과 이
로 인한 자원 및 인력
의 이동에 의해 근대
국가의 속성인 영토성
과 주권이 도전받고 그
의미가 희석되는 현상
이라고 말할 수 있
다.(윤영관, "세계화–민족
주의의 새로운 지평을 위
하여", 「계간 사상」, 겨울
호, 1994, pp.13~15.)

standing)'이라는 명칭을 사용했고, 그 후 '세계시민교육"(Education in World Citizenship, 1950~1953)', '세계 공동사회에서 생활하기 위한 교육(Education for Living in World Community, 1953~1954)', '국제이해와 협력을 위한 교육(Education for International Understanding and Cooperation, 1955)'이라는 용어를 채택했었다.[12]

국제이해 교육에 가장 큰 영향을 끼친 것으로 평가되는 로버트 한비(Robert Hanvey, 1976)는 〈습득 가능한 세계적 시각(An Attainable Global Perspective)〉이라는 논문에서 국제이해 교육에서 강조해야 할 세계적 시각의 구성요소들을 다음의 5가지로 요약하고 있다. 시각에 대한 자각(Perspective Consciousness), 지구상황에 대한 인식(State-of-the-Planet Awareness), 타문화에 대한 인식(Cross-Cultural Awareness), 세계의 역동체제에 대한 지식(Knowledge of Global Dynamics), 인간의 선택에 대한 인식(Awareness of Human Choices)이다. 통상 우리는 '국제이해 교육'이라고 사용하고 있으며, '세계화 교육', '글로벌 교육' 등으로 혼재되어 쓰이기도 한다.

오늘날의 지구촌은 첨단정보통신기술과 교통체제의 발달, 냉전체제의 붕괴와 세계관계의 확대, 자유민주주의와 단일시장경제체제의 확산, 무국경시대의 참여자의 다양화 등으로 세계화[13]가 급속도로 진행되고 있다. 그런 만큼 세계 여러 나라들을 이해하고 우리와 손잡을 수 있는 여지를 발견하고, 편견 없이 서로 만나 살아갈 수 있는 깨어남이 필요한 때이다. 부러움과 경외감을 갖고 선진국에 대한 교육을 하고 우리보다 못한 후진국이나 개발도상국은 무시하고 깔보고 업신여기는 그런 이중 잣대에서 벗어나 각 나라마다 중요한 면과 상호 협력할 수 있는 면 등을 알아가는 것이 필요하다.

미국에서는 '세계 교육 global education'이 80년대를 전후하여 학교교육에서 본격적으로 이루어지기 시작했다. 90년대를 전후해 선진 각국에서는 세계 교육, 세계시민 교육, 또는 국제이해 교육[14]이 하나의 지배적인 교육 흐름이다.

한편, 캐나다, 호주, 유럽 등지에서는 문화 간 교육 혹은 다문화 교육을 중심으로 추진하고 있다. 그러나 필리핀이나 태국, 인도네시아 등지에선 세계 속에서 함께 사는데 필요한 덕성과 가치를 가르치는 것이 중요하다고 보며 특히 평화 교육, 인권 교육 등 가치관 교육에 열심이다. 최근 영국에서는 모든 학교에 세계시민 교육을 실시하도록 교육과정을 만들었다고 한다. 뉴질랜드에선 건강교육 속에 사회적 평화나 갈등해소 등을 포함시켜 국제이해 교육을 추진하고 있다. 이렇듯 전 세계적으로 각국에서는 발 빠르게 국제이해 교육을 자기네 특성에 맞춰 교육시키고 있다.

국제이해 교육이란 이름과 목적을 가진 교육은 2차 세계대전 후 유네스코 창립과 함께 탄생했다. 사실상 유네스코의 창립선언은 국제이해 교육의 토대가 되었다. 수천만의 인명을 앗아간 2차 세계대전이, 인류의 생존을 멸망시킬지도 모를 원자폭탄의 사용으로 종식되자, 전쟁방지와 평화유지에 높은 관심이 고조되었으며, 1945년 10월에 샌프란시스코에서 국제연합 즉 유엔이 탄생하였다. 유네스코는 세계평화와 인류복지 향상을 위해서 국제이해 교

14 국제이해 교육과 관련하여 다양한 용어들이 사용되고 있다. 용어뿐만 아니라 그 의미나 개념도 나라와 학자에 따라 달리 받아들여지거나 해석되고 있다. 그러나 대체적으로 세계적 시각의 함양이나 타문화와 타민족에 대한 이해의 증대, 세계적 문제에 대한 책임의식과 참여를 강조한다는 점에서는 그 맥을 같이하고 있다. 따라서 이 글에서는 같은 범주의 개념으로 다루고자 한다.

육을 도입, 강화할 것을 결의했고, 여러 가지 실천 프로그램을 만들었다

그로부터 여러 세월을 거쳐 교육의 내용이 시대에 맞게 강조되었고 유엔은 2005년부터 2014년까지 10년간을 「지속가능한 발전을 위한 교육 10년」으로 확정했다. 국제이해 교육은 인권 교육, 평화 교육에 이어 지속가능한 발전 교육으로 앞으로 10여 년간 중심축을 잡아갈 것 같다. 세계화의 구조와 성격, 상호 연관성에 대한 교육도 함께 강화해야 한다.

〈아프리카의 눈물〉, 〈아마존의 눈물〉, 〈북극의 눈물〉, 〈남극의 눈물〉 등으로 각 방송사마다 눈물시리즈를 앞 다퉈 내놓는 이유도 아마존의 정글이 붕괴되었을 때의 지구촌의 여파는 어떻게 될지, 나와 어떤 연관이 있는지를 간접적으로 시사해주고 있다. 오늘날 지구촌의 세계시민으로 살아가야 할 우리들의 자녀와 청소년들에게는 우리의 삶의 구조가 갖고 있는 지구촌과의 연계성, 세계 곳곳의 모든 민족, 문화, 인종들이 갖고 있는 상호연관성이 깊다는 것을 알게 해주어야 한다. 우리나라의 동방신기, 소녀시대 등 청소년그룹들의 노래와 드라마들이 일본, 중국, 동남아시아를 거쳐 아랍권 그리고 2011년 프랑스까지 진출해 지역이 다르고 문화가 다른 외국의 젊은이들을 열광시키고 있다. 우리는 함께 느끼고 함께 좋아하는 세상에 놓여 있다. 어찌 보면 참으로 신기한 일이다. 한류열풍만 보더라도 사람이 느끼는 감정은 비슷하다는 것에 공감하게 된다.

외국 사람과의 사업상 교제, 교환 근무, 국제결혼이 점점 늘어나고 있다. 여러 나라 사람들과 함께 일하고 사는 것이 보편화되어

가는 시대다. 이러한 시대에 우리나라, 우리 민족, 우리 문화만 알고 외국문화나 세계화 현상과 구조를 모른다면 국제문맹이 될 수밖에 없다. 세계화시대에 국제이해 교육은 함께 살기 위해서 해결해야 할 문제가 무엇인지를 밝혀주고, 이 문제들을 해결하려면 어떠한 가치의식과 태도를 가져야 할 것인지를 교육해야 한다.

세계화시대가 삶의 세계에 미치는 직접적인 변화는 다문화사회의 형성이므로, 다문화사회에서 함께 사는 세계 시민을 육성하기 위해서는 국제이해 교육이 학교에서나 직장에서나 필수덕목으로 자리 잡아야 한다.

사회구조가 다인종, 다문화로 바뀌게 되면 학교교육의 내용이나 교과과정도 바뀌지 않을 수 없다. 우선 여러 가지 언어 교육을 실시해야 하며, 다문화자녀의 경우, 이주민인 엄마나라나 아빠나라의 언어를 선택과목으로나마 배우게 해야 한다. 역사, 지리, 사회 과목도 다인종 학교에 맞게끔 개편되어야 하고, 특히 종교 교육이나, 시민의식 교육, 윤리 교육에서는 국가주의나 자국문화 중심의 교육을 탈피해야 한다.

회교국가의 사람들 다수가 사는 유럽 사회에선 이제 기독교 과목만 가르칠 수 없고, 회교나 불교, 힌두교도 가르쳐야 하고, 크리스마스뿐만 아니라 라마단도 축제일로 교과 내용에 포함시켜야 하는 시대가 되었다.

또 하나 주의가 요구되는 것은, 열강대국 중심으로 학습내용이 편성되면, 열등의식과 피해의식은 여전히 내재되어 있게 된다. 이를 해소하기 위해서는 아프리카와 같은 약소국가들이 처한 입장과 고통이 무엇인지를 올바로 이해하고 자신이 해결할 수 있는 능력이 어떤 것들이 있는지 깨닫는 수업으로 전환해야 한다. 그렇다고 단순하게 다른 나라의 소개와 문화이해와 존중하는 가치·태도 함양만이 결코 올바른 국제이해 교육이라고 할 수는 없다. 따라서 이러한 가치·태도의 함양과 더불어 지구촌이 안고 있는 문제들에 대한 해결능력을 동시에 배양하는 것이 무엇보다도 중요하다.

수업은 강의를 중심으로 하는 지식 전달만이 아닌 신문과 자료 등에서 정보수집, 인터뷰, 자료 분석, 시뮬레이션, 역할극, 토의, 인터넷 활용과 메일로 주고받기 등으로 학습자 자신의 능동적이고 참여적인 학습활동을 풍부하게 구성하는 것이 바람직하다.

〈지식·이해〉

① 우리나라는 정치적, 경제적, 문화적, 지리적 측면에서 세계 여러 지역과 밀접한 관계 속에 있음을 파악할 수 있다.

② 5대양 6대주의 위치를 알고 있는 우리나라가 아시아에 속한 나라임을 알 수 있다.

③ 세계 여러 나라의 자연 환경과 생활 모습을 설명할 수 있다.

④ 여러 가지 구체적인 예를 통해 '지구촌'의 의미를 인식할 수 있다.

⑤ 교통·통신 발달의 여러 가지 영향과 앞으로의 지구촌 생활 변화 모습을 예측할 수 있다.

〈기능〉

① 여러 곳의 모습을 알아보는 다양한 방법을 찾아볼 수 있다.

② 세계지도와 지구본을 이용하여 세계 지형의 모습과 특징을 알 수 있다.

③ 각 나라에 대한 다양한 자료를 수집하여 정리할 수 있다.

④ 지구촌 문제의 원인과 해결을 위한 노력을 조사하여 발표할 수 있다.

⑤ 우리의 전통 문화 중 세계화한 것과 앞으로 세계화할 수 있는 것을 조사하여 보고서로 만들 수 있다.

〈가치·태도〉

① 세계 여러 나라에 대하여 관심을 가진다.

② 문화의 다양성을 인정하고 존중하는 태도를 가진다.

③ 지구촌문제는 우리의 문제임을 바탕으로 문제해결에 참여하는 자세를 가진다.

〈지식·이해〉

① 우리 문화의 우수성을 사례를 들어 설명할 수 있다.

② 해외에 진출한 사람들이 어떻게 한국을 빛내고 있는지 알 수 있다.

〈기능〉

① 세계에 알려진 훌륭한 우리 문화를 조사, 정리할 수 있다.

② 세계화의 가능성이 있는 우리 문화를 조사하여 창의적으로 알릴 수 있다.

③ 우리 문화를 세계화하기 위한 방안을 찾을 수 있다.

〈궁극의 목적〉

① 한국인으로서 세계 속에서 일할 수 있는 자신감과 의지를 가진다.

② 함께 손을 잡고 살아가야 하는 시대임을 인지하도록 한다.

③ 서로 협력하고 서로 의지해야 살아가는 시대임을 알도록 한다.

〈부록 해당 도표 참조 p.325〉

3. 세계화 교육(Education for glovalization)

세계화는 얼핏 보면, 국제이해 교육과 하등 다를 게 없어 보인다. 그러나 앞서 국제이해 교육에서 이야기했듯이, 국가 간 이해득실과

함께 국가 간의 상호존중과 배려 그리고 평화를 바탕으로 자국의 실리추구까지 생각해보는 것으로 전개해 나가고 있다. 궁극적으로는 개별국가의 개념이 약해지고 세계가 하나의 지구촌형성을 추구하는 것으로 국제화 또는 국제이해 교육의 상위개념으로 자리 잡고 있다.[15]

국제화와 세계화는 어떻게 다른가? 19세기 말에는 국제화의 경향이 나타났고, 20세기 중반 이후에는 유럽석탄철강공동체를 기점으로 지역화의 경향이 대두되었다. 20세기 말에는 사회주의권의 해체와 양극체제의 붕괴에 이어진 WTO의 등장에 따라 세계화의

15 국제화와 세계화의 개념정립은 무척 어렵지만 굳이 따진다면, 국제화는 국경을 바탕으로 한 세계질서구축을 목표로 하고 있다. 그래서 국제화란 국제사회에 능동적으로 참여하는 것, 즉 국가 간의 교류 확대에 더 큰 강세를 두고 있다. 이는 곧 국가의 대외진출 확대와 그에 따른 대가로써 대외개방이 필연적으로 요구되는 것이다. 국제이해 교육에서 언급했듯이, 국가 간의 이해득실을 따지고 전략을 펴서 자국에 이득이 될 수 있는 실리를 기초로 접근하고 있다. 반면, 세계화는 공동의 이익, 나아가서는 공동의 운명을 전제로 한다는 차이가 있다. 이경태, 「세계화를 위한 민주시민교육의 방향」, 『사회과학연구』2집 1호, 대구대학교 사회과학 연구소, 1995. 12. 즉 세계화를 위한 활동으로는 핵에 대한 각국 간의 대응책 마련, 이상기온, 혹은 지구온난화로 인한 기후협약, 테러에 대한 대비책 마련 등 세계시민으로서 함께 생각해봐야 할 강구책을 우선으로 하고 있다.

16 천상덕 〈유럽연합의 이론과 연방건설〉, 2005, p.13.

17 세계화에 대해서는 현재 공통된 개념 정의가 이루어지지 않고 있는데 성동규는 세계화를 전 세계가 정치적·경제적·문화적으로 하나로 통합되어가는 과정으로 지리적 개념에서 세계를 압축하고 인류의 공동의식을 강화해나가는 과정이라고 설명했다. 「국제사회와 정보유통」, 『정보사회아 매스컴』,이진, 1999. 한편 조명래는 세계화와 지구화를 다른 개념으로 사고하는데, 먼저 세계화를 국가 간의 경계를 넘어 사람, 물자, 정보의 교류가 활발해지면서 국제경쟁이 치열해지는 동시에 국제협력과 분업이 정착되는 과정을 지칭한다고 규정하고 있고, 지구화(globalization)는 세계화가 더욱 진전되어 경제, 정치, 문화, 환경 모두가 하나의 지구인적 울타리 내로 동질화되어가는 현상이라고 정의한다. Krasner는 세계화를 의견(idea), 사람, 상품 그리고 요소들의 국제적 흐름의 증가로서

경향이 한층 강화되었다.[16] 즉 세계화는 세계인류 공통의 보편타당한 가치를 중시하며, 상호신뢰에 바탕을 두는 공동의 지향이자 전략이라고 이해되고 있다.[17] 따라서 세계에 대한 폭넓고 깊은 이해와 애정이 요구된다.

첨단정보통신기술과 교통의 발달, '이데올로기'라는 장벽의 붕괴로 말미암아 전 세계는 이제 하나의 생활권으로 변화하고 있다. 국제화는 국가와 국가, 그리고 그 국가 내의 기업과 기업, 또는 그 개인과 개인 간의 관계가 양자적 관계(Bilateral Relationship)로 전개되고 있다. 이에 비해 세계화는 이러한 모든 관계가 다자적 관계(Multilateral Relationship)의 확대로 진전되는 양상이다.

실제로 국제화는 세계 여러 개별국가(Individual Nation) 사이에 대두되기도 하고 그 다른 개별국가 내에서 경제활동을 하고 있는 개별기업 간에 나타나기도 한다. 세계화는 국가와 국가, 기업과 기업, 그리고 국민과 국민 사이에 있는 국경을 초월한다. 그래서 세계화는 사회와 사회, 기업과 기업, 그리고 개인과 개인 간에 추진되고 있는 복합과정(Complex Process)이라고 볼 수 있다.

엄밀히 따져보면 결국 자국의 이익을 기본으로 하지 않는 국가는 없을 것이다. 이것은 인지상정이 아닐까. 자국은 별다른 관심도 없는데 애써 세계시민으로서의 의무감만으로 재정을 확보할 국가는 없을 테니까. 결국 세계화의 본질 역시 자기 국가의 이익을 확보

하고 자기민족의 생존을 보장하는 데에 있을 수밖에 없다.[18]

김영삼(金泳三) 전 대통령은 1994년 11월 호주 시드니에서 '세계화 구상'을 발표한 바 있다. 시드니 구상에서 김영삼 대통령은 세계화의 공식 영문 표현으로 'Segyegwa'라고 한글을 그대로 영어활자화한다고 발표했다.[19] 흔히 세계화를 영어로 'globalization'이라고 일반적으로 쓰고 있으나 이 경우 세계를 한 시장으로 보는 국제경제학적인 개념으로 한정되는 느낌이 있다. 우리가 추진해야 하는 세계화는 단순한 경제적인 개방책만이 아니라 정치·경제·사회·문화 모든 면에서 선진국 수준에 도달하기 위한 총체적인 국가전략으로 한국의 고유한 개념으로써 이해되고 추진되어져야 한다는 것이다.[20] 이로써 나가는 세계화(이민, 유학 등)에서 들어오는 세계화(노동이주, 결혼이주, 유학, 탈북, 난민 등)도 함께 문이 열리기 시작했다. 즉 다문화의 문이 열리는 계기가 되는 것으로 세계화라는 큰 문이 먼저 열린 셈이다.

세계화 개념은 세계의 주류문명에 동참하고, 나아가 세계주류문명의 방향타를 조정하는 과정이다. 세계의 주류문화에 동참하기 위해서 세계화의 첫출발은 다른 문화를 이해하는 것에서부터 비롯되어야 한다. 하지만 이해만으로는 부족함을 느낄 정도로 변화속도가 빨라 마구 뒤섞이게 되었다. 인종과 민족과 국가와 기업 그리고 개인들이 입체적으로 섞이는 것이다. 헬무트 안하이어(H. K. Anheier)는 오늘날의 이러한 사회를 두고 '지구시민사회'라고 명명했다. 이 표현은 즉각 다문화적 변화상황을 염두에 두고 나온 말이다.(현남숙 2010)

파악한다. 그는 세계화가 인권의 정당화, 거래의 디지털화, 통신속도의 증가, 전 지구적 NGO네트워크, 질병의 전염, 국제자본시장의 성장, 지리적으로 분산된 지역들에서의 생산의 쇄도, MTV의 보편적 이용 가능성, 불법이민 및 합법이민의 증가 등과 같은 것을 포함하는 상황전개의 혼합을 의미할 수 있다고 말한다.

[18] 즉, 인간의 생활권, 의식 및 문화는 그 범위를 넘어 외부지향적(outer-oriented) 현상을 일으키고 있으며 이에 따라 '더불어 사는 지혜'를 터득해야 한다는 것을 인식하면서도 결국은 국가나 민족을 유지하기 위한 움직임이 세계화라는 것이다. 즉, 세계화 속에서 국가나 민족들은 국경을 유지하고 타문화로부터 고유문화를 유지 발전시키려는 내부지향적(inner-oriented) 현상이 나타나고 있는 것이다. 박태암, 「21세기를 대비한 초등사회과의 시민성 교육」, 『초등사회과교육』, 8. 한국초등사회과 교육학회, 1996, pp.8-9.

"지구시민사회는 가족, 국가, 시장 사이에 존재하고, 일국적 사회와 정치체와 경제를 초월해서 작동하는 아이디어, 가치, 기구, 조직, 개인들의 영역이다."

이렇듯 세계화는 건너지 않으면 안 되는 대세의 강이 되었다. 건너지 않으면 곧바로 도태되고 만다. 그럼 어떻게 건너야 할까? 건너는 방법은 3단계로 나누어 볼 수 있다.

먼저, 우리 문화가 아닌 다른 문화를 이해하는 단계에서부터 시작된다(이 부분이 국제이해 교육 혹은 국제화). 그리고 다음 단계는 다른 문화에 대한 이해를 바탕으로 세계를 움직이고 있는 지구의 거대한 물줄기를 파악하고 이에 동참하는 것이다. 즉 세계의 주류문명 흐름을 함께 타는 것이다. 세계화의 마지막 단계는 지구의 물줄기의 방향타를 조정하는 과정이다.

그런데 세계화의 진정한 의미로써 세계문화의 방향타를 조정하는 것으로 끝나는 것만은 아니다. 다른 문화를 이해함으로써 세계경영의 지혜를 얻고, 나아가 세계국가건설을 이룩할 수 있다는 논리로 이어져야만 한다. 인간들이 모여 사는 일인 만큼 예측이 불가능하기 마련이다. 초입단계에 와 있는 다문화는 더욱 그렇다. 왜냐하면 이러한 시대일수록 서로 다른 배경을 가진 사람들의 갖가지 충돌이 문제되기 때문이다. 시장의 인력 이동, 언어·문화가 다른 시민적 지위(불법체류자, 단기 방문자, 장기체류외국인, 이주민 등)에 따른 타자의 권리나 문화마서 표준화할 수는 없다. 그리고 가장 큰 충돌요인은 일자리이다.

2010년 말 독일에서는 이슬람 이민자들 특히 노동자들에 대한 대처를 하지 못해 전반적인 실업률이 높아지면서 이주민에게 화살이 가해지는 형국이 되었다. 독일의 메르켈 총리는 다문화사회를 건설해 함께 어울려 공존하자는 접근법이 완전히 실패했다고 선언하기에 이르렀다. 이 여세를 몰아, 영국에서도 새로 집권한 보수당의 캐머런 총리가 독일 뮌헨에서 열린 국제안보회의에서 역시 영국의 다문화주의 실패를 언급했다. 캐머런 총리는 메르켈 총리보다 더 직설적으로 '이질적인 문화에 대한 소극적 관용으로 다문화주의가 실패했고 이로 인해 이슬람 극단주의가 뿌리를 내렸다. 또한 영국적 가치를 존중하지 않는 무슬림 단체에 대해서는 재정지원을 삭감하겠다'는 말까지 했다.

이런 반이주민 분위기는 진보진영인 노동당에까지 옮겨 붙고 있는 상황이다. 지난 1월에는 노동당 중진 잭 스트로 의원이 술과 약물을 이용해 여성들을 상습적으로 성폭행한 파키스탄계 남성을 폭로하며 '영국 내 파키스탄계 젊은이들이 어린 백인 소녀들을 성적인 노리개로 삼고 있다'고 말하기도 했다. 특히 영국에서는 2005년 런던 도심에서 52명의 목숨을 앗아간 7.7테러 사건이 소외되고 차별받은 이주민 2세들에 의해 저질러진 것으로 밝혀졌다. 지난해 12월 스웨덴에서 발생한 자폭테러사건 용의자도 영국에서 태어나고 자라 고등교육을 받은 이민 2세대인 것으로 밝혀져 반이주민 정서가 더욱 높아지게 되었다.

한편 지난 2005년 파리 교외에서 발생한 인종폭동 등 일련의 소요사태가 매년 반복되고 있다. 이에 따라 국민들의 반이주민 정서도 크게 늘고 있고. 지지율이 저조한 사르코지 대통령이 이주민

'Segyehwa'를 우리나라가 세계중심국가를 이루기 위한 국가발전전략이며 동시에 '신한국'을 만들기 위한 전력임을 밝혔는데 국가발전·신한국 창조전략으로서의 'Segyehwa'는 다음과 같이 제시된 바 있다.

첫째, 세계화는 일류화이다. 세계화는 무한경쟁 속에서 세계일류·세계최고가 되는 것이다. 정부도 국민도 기업도 학교도 지방도 그리고 나아가 정치·경제·사회·문화·의식 모두가 세계일류·세계최고가 되는 것이다.

둘째, 세계화는 합리화이다. 세계화는 비합리적이고 잘못된 제도와 의식·관행을 고치는 것이다. 그동안 개발독재 하에서 해이해진 기초질서, 왜곡된 경제질서, 잘못된 의식과 관행 및 제도를 개혁하고 합리화하는 것이다.

셋째, 세계화는 일체화이다. 세계화는 모두가 하나가 되어 함께 뛰는 것이다. 계층과 지역, 그리고 세대의 벽을 넘어서 모두가 하나가 되어야 무한경쟁에서 승리할 수 있다. 사회적 갈등과 분열 속에서 세계화는 성공할 수 없다. 대기업은 중소기업을 도와야

하고 도시는 농촌의 발전을 도와야 한다. 세계화는 곧 공동체적 연대감과 소속감을 높이는 것이다.

넷째, 세계화는 한국화이다. 자기나라의 문화와 전통을 모르면서 21세기 세계인이 될 수 없다. 한국적인 고유가치와 전통문화를 가지고 세계로 뻗어나가는 것이 올바른 세계화이다.

다섯째, 세계화는 인류화이다. 세계화는 성숙된 민족과 국가가 자신의 관심영역을 세계의 문제, 인류의 문제로 확대하여 나가는 과정이다. 지금 인류가 당면하고 있는 공동의 문제들을 함께 고민하고 해결하기 위하여 적극 노력하는 것이 바로 세계화라 하겠다.

결론적으로 세계화(Se-gyehwa)는 세계화(globalization)의 한국적 개념으로서 국민과 정부가 하나가 되어 국력을 총결집하여 통일된 세계중심국가를 만들기 위한 국가발전전략인 동시에 민족생존전략이라고 하겠다. 공보처, 『대통령의 세계화 구상』1995년 2월 7일자, p.7.

21 박기덕, 《한국 민주주의 이론과 실제》, 2006, p.180.

에 대한 통제정책을 강화함으로써 2011년 현재 다문화정책에 경고등이 켜진 상태이다. 이런 국가들의 이중고는 계속되고 있고 반다문화주의에 대한 반론도 제기되고 있다. 그도 그럴 것이 독일에서는 숙련공이 절실한데 숙련공의 많은 부분을 차지하는 이주노동자에 대한 반감을 정부에서 나서서 표시함으로써 노동력 수급에 차질을 빚을 수 있다는 것이다. 또 국제인권단체들로부터 경제 불황에 따른 실업의 책임을 이주민에게 떠넘긴다는 비난도 일어나고 있다. 즉, 경제가 잘 나갈 때는 이주노동자를 받아들여 부를 축적해놓고, 경제가 어려워지면 이주민의 희생을 강요한다는 것이다.

이렇게 선진 다문화국가들에서 이주민에 대한 찬반양론이 거세지면서 이제 다문화는 사회문제로 끓어오르는 중심화제가 되었다. 경제, 일자리, 임금 등 이러한 밥그릇 싸움이 결국에는 이들을 본능적 질주를 시작하게 만든 것이다. 그래서 세계화가 공동선이나 최고지향점이 아니라 선과 악을 동시에 동반하는 현상으로 나타났다.[21]

세계화는 분명 국내외적으로 뜨거운 화두가 되었는데, 이를 두고 찬반양론은 아직도 남아 있다. 즉 세계화를 주창한 미국의 진정한 의도는 순전히 자국의 이익을 위한 것이었고, 일종의 세계를 하나로 묶어버리기 위한 통치 이데올로기로써 사회적 강국이 착취를 정당화하려는 강자의 논리라는 비판 등이다.[22] 그런가 하면, 세계화가 급속도로 떠오른 시대적 환경을 무시할 수 없는데, 이는 비민주국가들의 민주화와 사회주의국가들의 자본주의화가 이를 부추긴 셈이다. 거기에다가 정보통신과 생산기술의 혁명으로 인한 경제문제에서 시작된 세계화는 이제 금융, 생산, 기술, 정보, 문화,

환경, 안보, 사회구조, 정치 등 생활 곳곳까지 스며들어가는 경향이다. 종합적으로 볼 때, 국가 간 또는 부문 간에 존재하는 생산관계의 파편화(이수훈, 1995)를 불러오는데, 이는 어느 한 국가만 일방적으로 불리하거나 유리하거나 하는 상황전개가 아니라 상황별, 부문별로 상이한 이해관계를 불러올 수 있다.

세계화에 대한 무조건적인 거부나 잘못된 인식으로는, 세계화가 곧 미국화라고 생각하는 것이다. 이는 결코 아니다. 영어가 글로벌화되면서 더욱 중요한 위치를 굳히고 있으나, 영어로만 말해야 하는 세상이 되었다는 것도 아니고 한국식을 다 포기해야 한다는 것도 아니다. 글로벌시대, 서로 뒤죽박죽 섞이는 모양새 안에서 오히려 정체성이 더 분명해야 한다. 김치를 먹되 서양 사람들이 냄새난다고 뭐라 할까 눈치 볼 필요 없이 당당하게 먹고 오히려 이런 좋은 음식이 있다고 선전하고 자랑하고 서양인도 먹게끔 하는 것이다.

이제 전 지구인은 돌이킬 수 없는 시대적 흐름에 올라타 있으며, 이를 어떻게 잘 이끌어갈 것인가는 한 나라의 교육에 달려 있다고 본다. 즉 세계화시대에 우리는 세계시민으로서의 소양을 배우고 가르치고 쌓아나가야 한다. 이 시대를 살아가는 동시대인으로서 세계시민적 소양을 갖춰야 할 운명에 놓여 있다.

궁극적으로는 세계화가 우리 생활에 정착되어 '세계적으로 생각하고, 국가적으로 행동하는(Thinking globally, actinglocally)' 의식혁명과 행동지침으로 이어져야만 한다. 이처럼 우리의 생활과 문화에 뿌리 내려졌을 때 진정한 세계화가 정착되었다고 말할 수 있다.

자, 그럼 학교에서 아이들에게는 어떤 개념을 넣어줘야 할까.

22 국제화란 민중의 희생을 강요하고 민중의 정치적 의사표시를 사전에 차단하려는 이데올로기라고 본다. (염무웅, 1994), 박기덕의 위의 책에서 재인용, p.182.

첫째, 세계화시대에 적절히 대응하기 위해서 우리 교육은 세계 수준으로 질적 도약을 이룩해야 한다. 지금까지 제한되고 왜곡된 내용을 버리고 세계적인 넓은 시야를 갖도록 개편해야 한다. 선진 국 위주의 중요한 것만 암기하는 식의 세계화는 있을 수 없다. 시 험문제용으로만 세계화는 이룰 수 없다. 이들에게 희망과 꿈을 피 울 수 있는 계기와 동기를 만들어줘야 할 것이다.

둘째, 세계화시대일수록 우리나라의 정체성을 더욱 굳건히 지키 고 우리만의 아름다움을 드높이는 것이 목표이다. 그동안의 우리 전통에 대한 편협하고 좁은 의식에서 벗어나(고작해야 부채춤, 사물 놀이, 조선시대 한복만이 우리의 전통인 양 보이고 있다. 그보다 더 다양 한 의상과 더 볼만한 문화 종류들이 발굴되지 못하고 있다) 풍성한 우 리문화를 발굴하는 것이 중요하다. 그러기 위해서는 아이들에게 내재해 있는 창의적인 발상과 아이디어를 끄집어내야 하고, 이에 대한 기계적 평가는 지양하고 이들의 창조성을 높이 칭찬해줘야 한다. 그러기 위해서는 우리의 건국이념을 더욱 확실히 하고, 우주 개념이 확고히 서 있는 우리의 정신을 오히려 자랑스럽게 부각시켜 야 한다. 단군신화에 대한 우리의 자긍심과 자랑스러운 정신을 미 신이라고 치부하면서 예를 들어, (조선 말~ 대한민국 정부수립 시대 전후처럼) 서양에서 들어온 크리스찬 및 프론티어 정신만 현대적이 라고 해서도 안 된다. 우리의 것을 버리고 서양의 것을 취하는 것 이 세계화는 결코 아니다. 오히려 잃어버린 우리의 것을 되살려야 할 때이다. 그리고 서로서로 다양한 문화를 흡수하고 서로 공유할 수 있어야 한다.

셋째, 세계시민의 관점에서 생각하고 행동할 수 있는 열린 마음과 문화의식을 지닐 뿐 아니라 국제적 의사소통능력을 갖추도록 해야 한다. 이중언어, 삼중언어가 가능한 다문화자녀에 대한 장점을 부각시키고 이를 교육시켜 인재로 키워나가야 한다. 좋은 사례를 들어 희망을 심어줘야 하며, 내국인 자녀에게는 이들을 존중하는 자세를 만들어주도록 한다.

넷째, 중앙으로부터 지방으로 권한 위임을 통해 교육에 자율과 분권의 원리가 실천되어야 한다. 세계화시대에 우리에게 요구되는 것은 세계시민으로서의 자질과 지도력을 갖추는 일이다. 또한 세계 여러 민족과 더불어 평화롭게 살아가는 데 필요한 평화교육이 요구된다. 영어만이 최고의 언어라는 편견에서 벗어나 영어권의 선진국뿐만 아니라 개발도상국에 대한 교육도 활성화되어야 한다.

한편, '생각은 세계적 차원에서, 행동은 지역적 차원에서(Think globally, act locally)'[23], 지방화에 대한 보다 건설적이고 적극적인 개념을 심어줘야 한다. 이것은 집중통제로부터 분산자율의 확대로, 획일화에서 다양화로의 추세와 궤를 같이 한다. 교육의 지방화란 시각에서 교육자치가 새로운 모습으로 변화되어 보다 풍성하게 펼쳐져야 한다.

세계화는 기업가들에게는 범지구적인 차원에서 보다 자유로운 기업 활동을 하기 위해 모든 장벽들을 제거하자는 의미에서는 진보적인 의미를 가진다. 일하는 노동자의 입장에선 오히려 모든 장벽이 제거된(하나의 지구촌이라는 개념 안에서) 세계적인 무한경쟁시대의 생존투쟁이라는 의미로 받아들여지게 된다. 한편, 이런 맥락

[23] 1991년에 노르웨이의 수도 오슬로에서 열린 국제지방자치단체연맹(I.U.L.A) 세계총회에서 '생각은 세계적으로 행동은 지방적으로'라는 슬로건을 내세운 바 있다. 이러한 원리는 상반되는 두 가지 준칙을 하나로 결합한 하나의 자세를 보여줬다. 오늘날의 이러한 세계화와 지방화를 모두 같은 하나의 현상으로 보아 GLO-CALIZATION이라는 용어는 새로 만들어지고 있는 실정이다.
또한, 국가주의의 퇴조, 전자민주주의로 인한 대의민주주의, 지방화시대의 발전력이 민주정치에 긍정적인 영향을 주고, 무한경쟁의 가열로 인한 집단 간 계급 간 불평등의 심화, 노동계급조직의 와해, 그리고 지나친 정보화에 따른 개인에 대한 사적 통제의 위험을 부정적인 영향으로 평가한다.(임혁백, 1995)

에서 세계화는 사회의 각종 개혁들과 연관성을 갖게 된다. 세계적인 무한경쟁 속에서 살아남기 위해 기업과 노동자들은 각기 나름대로 이전보다 더 강력한 경쟁력을 요구받게 되고, 그 경쟁력을 높이기 위한 방향으로 각종 사회개혁이 추진될 수밖에 없다. 노동력의 질과 능력을 높이기 위해 교육개혁이 논의되고, 경영의 유연성과 노동자들의 노동 의욕을 높이기 위해 노동개혁, 경영개혁, 노사관계개혁 등이 진행되는 것은 같은 맥락에서 이해할 수 있는 현상이다. 구미 선진국뿐만 아니라 우리 사회에서도 물결이 일고 있는 노동의 합리화, 공공 부문의 민영화, 정부 규제의 완화 등의 일련의 개혁은 세계화가 우리에게 요구하는 일종의 경쟁력 강화 노력의 산물이라고 볼 수 있다.

이런 일련의 상황 속에서 우리는 기업가들과 노동자들 사이의 괴리를 발견할 수 있게 된다. 즉, 무한경쟁 시대에 각종 규제의 완화 및 철폐를 통해 기업의 경쟁력을 더욱 높이고자 하는 기업가들에게 '삶의 질의 세계화'를 주장하는 노동자들의 요구는 별로 달갑지 않다. 이러한 갈등관계는 소위 잘사는 나라들보다 '세계화'를 통해 잘살아 보려고 노력하는 개발도상국에서 더 확연히 드러나게 된다.

세계화 혁명을 급속도로 촉진하게 된 요인은 교통, 통신, 관광 등의 발달로 더욱 가속화되었다. 전 세계는 이제 1일 생활권으로 변모해 하나의 지구촌으로 좁혀졌다. 첨단정보통신기술과 이데올로기라는 장벽의 붕괴는 세계적 광역 단위의 EU(유럽연합), NAFTA(북미자유협정) 등을 출범하게 하였으며, 1995년에는 국경

없는 세계경제체제인 WTO까지 출현하게 되었다. 이제는 국경이라는 보호막 속에 안주하여 형성된 지금까지의 발상, 제도적 틀과 관행을 가지고서는 제대로 살아가기 힘든 새로운 세상이 우리 앞에 다가선 것이다.[24]

24 대통령 자문 교육 개혁위원회, 「제2차 대통령 보고서」, '신교육 체제 수립을 위한 교육개혁', 1995.

세계화는 모든 나라 사람들이 국경을 초월하여 삶의 터전을 전 세계로 확대해 가는 현상을 의미하기 때문에 지구 전체가 인류 공동의 이상 실현을 위해 자유로이 교류하고 협력하고자 하는 의도를 가지고 그것을 실현시켜가는 현상을 말한다. 이러한 세계화는 세계시민 교육의 필요성을 요구하고 있다. 세계화시대에 우리에게 요구되는 것은 세계시민으로서의 자질과 지도력을 갖추는 일이며 세계 여러 민족과 더불어 평화롭게 살아가는데 필요한 평화 교육이다. 이러한 교육은 새로운 모습이 아닌 민주 시민 교육과 어느 정도는 맥이 닿아 있다.

아이들이 올바른 세계관을 정립하려면 세계 자체를 객관적으로 바라보는 일이 우선이라고 생각한다. 지구촌은 하나의 문화권을 지닌 한 민족으로 구성되어 있는 것이 아니라 다민족 다문화 체제가 뒤섞여 있다. 이런 가장 기본적인 사실에 대해 인식하고 인정해야 함에도 불구하고 그렇지 못해 세계 곳곳에서 인종과 종족의 문화 차이나 집단의 이익 때문에 발생하는 분규는 오히려 심각해지고 있다. 서로 간에 대한 이해와 포용심의 부족으로 세계 곳곳에서 크고 작은 분쟁과 테러 등이 일어나고, 많은 사람들이 그로인해 고통 받고 있다는 사실은 우리 아이들이 세계에 대해 가장 먼저 배워야 할 것이 무엇인지 말해주고 있는 것이라 생각한다. 세계의 상호의존성 및 조화, 서로 다른 사람들과 함께 살아가기를 이해하기 위해서는 다양한 측면에 대한 인식이 필요하다. 아이들은 이제 대한민국의 국민으로서, 세계의 시민으로서 배움의 자세를 지녀야 한다.

1) 세계적인 관점 또는 가치관에 대한 인식 고취

아이들이 다양한 문화권의 가족구성원의 역할, 노인에 대한 대접, 아동양육, 식습관, 결혼풍습 등을 비교하고 대조해보는 일이 필요하다. 이것은 아이들이 사회관습과 가치관을 조사하면서 여러 가지 관점에 대해 통찰력을 가질 수 있게 해줄 뿐 아니라 자신의 관점이 세상에서 유일한 것이 아니라는 사실을 알게 해준다.

2) 지구상황에 대한 인식

지구에서 일어나는 상황에 대해 인식할 필요가 있다. 최근의 사건들을 조사(지진이나 해일, 전쟁, 분규, 전염병, 그 외 축제나 이슈 등)하고 그 사건들이 일어나는 지역들을 지도에서 찾아보고, 이러한 최근 사건을 역사적인 맥락과 사건에 연결시켜 생각해 보는 과정이 이루어질 때 세계 문제에 대해 객관적인 판단이 가능할 것이다. 또한 문화에 대한 생각의 깊이를 더 깊게 해줄 것이다.

3) 역동적인 세계 모습에 대한 지식

세계에서 일어나는 사건이나 이슈 등을 통해 지구촌이 체계적이고 상호의존적이라는 사실을 이해해야 한다. 사건의 흐름을 계속해서 살펴보며 문화적, 생태적, 경제적, 정치적, 기술적 체제가 어떻게 움직이는지 이해하고 이들을 비교할 수 있는 능력을 개발하는 데 도움을 줘야 한다. 예를 들어, 일본에서 대지진이 일어났을 때 세계인으로서 어떻게 대처해야 할지, 우리는 또 어떤 자세로 그들을 바라봐야 할지 등을 함께 생각해볼 수 있다.

4) 인간의 선택에 대한 인식

마음은 세계를 향하고 있으면서 그 실천은 생활 속에서 일어나도록 지도해야 한다. 환경문제에 대한 해결책으로 캔이나 종이를 무단으로 버리지 않고 재활용하는 습관을 기르게 하는 등 인간의 선택적 행동이 세계에 영향을 끼칠 수 있음을 인식하도록 해야 한다. 〈부록 해당 도표 참조 p.329〉

4. 동아시아 교육(Education for east –Asia)

인류는 19세기 혼란기를 거쳐, 20세기 힘에 의한 정복과 지배가 가져온 연속적인 고통과 정치위기, 갈등과 대립으로 얼룩진 사회

의 뒤엉킴과 가난, 자연의 낭비와 환경의 위기, 욕망의 충족과 쾌락의 추구에 휩쓸린 가치관의 퇴락 등 온갖 시행착오에 대한 대가를 치러야 했다. 이렇게 홍역을 앓고 나서 21세기를 열며 우리는 새로운 문명으로 위기를 극복하고, 인류에 새로운 희망을 주지 않으면 안 되게 되었다. 우리는 누구나 이러한 과업을 지녀야 하는 시대의 한복판에 서 있다. 특히 교통과 인터넷이라는 초고속 문명이 도래하면서 서로간의 왕래가 빈번해지고, 물리적으로나 정서적으로 세계는 좁아지고 있으며 국경이 낮아지고 있다. 그러나 아시아 각국은 아직 뿔뿔이 흩어져 있다. 즉 아픈 역사의 멍에를 짊어지고, 각기 자기 문제에 골몰하기에 급급하다. 이제는 국가와 민족이 담장을 낮추고 문을 열어젖혀 이웃을 받아들여야 할 때이다. 모든 인류문명권의 시작은 동아시아권으로 시작되었다. 이를 바탕으로 아시아인들만의 공통된 정서가 형성되어 흐르고 있다. EU처럼 대륙 간 연합의 모습이 점점 그 모양새를 다양화해가는 것처럼 오늘

날 아시아만의 장점과 특이점 그리고 미
래지향적인 희망, 풍부한 문화적 소양
등을 일깨울 필요가 있다. 온갖 철학적
사조로 인한 인류를 해하는 여러 가지
작태들, 식민문화, 전쟁, 기아, 가난, 잔
인성, 지적우월감으로 인한 불평등초래
등에 신물이 난 서양 사람들이 돌아볼

곳은 동양의 정신철학밖에 없다. 실제로 유럽과 미국 등지에서 동
양의 정신, 철학, 종교 등을 위해 학문적 토대를 이루고 오히려 역
으로 동아시아로 가르침을 전달하는 세태이다.

　많은 식자들이 한결같이 인정하는 동아시아에 대한 관심과 미
래지향성은 익히 알려진 바이다. 또한 세계의 권력과 경제력이 오
늘날 동아시아로 집중되고 있는 가운데, 대한민국의 민족적인 개
념만 강조하는 것도 바람직하지 않다. 동아시아적 연대성과 세계적
연관성을 연관 지으며 보다 포괄적인 시각을 갖춰나가면서 평등한
시각으로 바꿔야 한다. 서양만능주의는 곧 전 세계 공통언어인 영
어(우리나라 사람들이 가장 스트레스를 받으면서 교육열을 올리나 실력
은 잘 안 늘고 심지어 영어에 대한 공포심까지 일어나는 우리로서)에 대
한 존경심과 우월감은 실로 본능적으로 우러나오는 반면, 우리보
다 못한 후진국이라는 아시아권의 국가들을 무시하기가 이를 데
가 없을 정도로 배타성이 심하다. 이러한 이중적 잣대를 지닌 우리
로서 다문화를 올곧게 받아들일 리 만무하다.

　일명, 동아시아 공동체네트워크는 이 시대에 우리가 한번 생각

25 현재의 가입국은 미얀마, 라오스, 타이, 캄보디아, 베트남, 필리핀, 말레이시아, 브루나이, 싱가포르, 인도네시아이다.

해볼 만한 담론이다. 물론 동남아시아 10개국의 연합인 아세안 (ASEAN: Association of Southeast Asian Nations)이 있다. 아세안은 경제성장 및 사회·문화 발전을 가속시키고 동남아시아 지역의 평화와 안전을 추진하기 위해 1967년 8월 8일 인도네시아·말레이시아·필리핀·싱가포르·타이정부에 의해 설립된 국제기구로서 동남아시아의 정치, 경제, 문화 공동체로서 현재 거대한 공동체로 거듭 태어나고 있다. 1967년 8월 8일 태국 방콕에서 창설되어오는 2015년까지 유럽연합과 맞먹는 정치·경제통합체를 지향하고 있다.[25] 더 나아가 ASEAN 국가들은 지역 내에서 정치적 독자성을 추구하기 시작했다. 그 결과 1990년대 들어 지역 내 교역과 안보에 관한 주도권을 행사했다. 일례로 남중국해를 둘러싼 영토분쟁 종식을 요구하는 선언문을 채택했고, ASEAN 지역 포럼을 결성해 지역안보에 관한 대화를 촉진시켰으며, 동티모르 분쟁 종식을 위해 노력했다. 또한 1992년에는 ASEAN 자유무역지대를 창설하여 역내 관세를 줄이고 외국인 투자를 완화했다. 아세안의 인구는 5억, GDP 1조 3천억, 무역액 1조 4천억 정도로 급격한 상승세를 보이고 있다.

그러나 국가 간 연대는 상호보완적으로 부족한 부분을 맞교환함으로써 협력체 역할을 해야 시너지 효과가 나면서 성공적인데, 아세안은 서로가 비슷비슷하게 저개발국가들이다. 비슷한 산업구조, 취약한 경제력이 있는 싱가포르는 나머지 국가들을 이끌 만큼의 규모가 못 되는 도시국가일 뿐이다. 오히려 동북아시아의 경제국들의 참여가 더 바람직하지 않나 하는 생각도 해본다.

우리는 어떻게 해야 하나? 오늘날 우리의 과제가 아닐 수 없다. 여러 가지 아시아권에서 일어나는 숱한 지역문제를 논의하기 위해 먼저 우리는 현실에 대한 냉정한 진단을 거쳐야 한다. 갈등과 협력이 공존하는 국제관계는 당연한 21세기의 패러다임이다. 정치, 경제, 사회, 문화, 그 외의 일상의 생활 곳곳에서 이 모든 것들이 제각각 독립적으로 존재하는 것이 아니라 상호복합적으로 얽혀 있으며 지속적으로 변화하고 있다. 갈등과 협력의 양상이 다층적·복합적·동시적·역동적인 것이 오늘의 모습이다. 복합변환의 시대를 살아가는 우리는 주변지역과의 상호협력과 협동이 가장 필수적인 요소가 아닐 수 없다. 세계화를 살아가기 위한 기본적인 초석이 바로 우리 주변 동아시아의 공동체네트워크이다. 유럽연합과 달리, 서로 간의 경제적 수준이 현격히 차이가 나고, 국가 간 위상도 서로 다른 만큼 동아시아 공동체 네트워크를 수립하기는 먼 이야기로 비춰질 수 있다. 더구나 북핵 문제의 해결이 그 첫 번째 시금석이다. 즉 북한의 고립과 낙후와 도발의 가능성은 동아시아 공동체네트워크의 꿈에 결정적 걸림돌이다.[26] 그러나 폭넓게 또한 장기적으로 바라보았을 때, 동아시아의 미래 비전과 여러 가지 장점들을 부각시키고자 하는 노력은 필요하다고 본다.

그동안 산업혁명 이후 서구문명이 거대한 모델링이 되어 최고의 문명가치를 드날리며 그 가치성이 가장 수승하다는 압력 아래 동양은 따라가기에 급급했다. 서구 합리주의의 인간말살과 자연파괴성, 세상을 수학적 틀에 맞추기 위해 인간의 삶을 재단해버린 무모함과 잔인함으로 인류는 지긋지긋하게 신물이 났다. 물질만능시대

26 김태현, 〈[시론] 동아시아 공동체 '꿈'과 과제〉, 세계일보, 2009.

27 《공자와 세계》의
저자 황태연에 의하면,
동아시아의 혁명성은
서양철학자들에 의해
이미 널리 알려진 바이
다. 즉 18세기 중반, 몽
테스키외(Montesquieu)
는 "The Spirits of the
Laws"(1748)에서 '거기
에서 나쁜 정부는 즉
각 처벌받는다'고 말했
고, 18세기 후반, 케네
(Francois Quesnay)는
"Despotism in China"
(1767)에서 중국을 '자
연법과 윤리 법도를 침
범하는 군주들을 경멸
하는 마음이 가장 강
렬한 나라'로 평가하기도
했다. 또한 19세기 중
반, 한 선교사도 서양
이 부러워할 만큼, 중
국에는 혁명이 잦았다
고 말했다.

28 황태연, 《공자와 세
계 1》, 2011, pp.25~26.

로 뒤덮이면서 뒤늦게 산업화의 물줄기를 잡은 동양마저도 그 순
수한 정신세계를 놓쳐버릴 위기에 놓였다. 음양의 조화대로 서양
은 동양의 정신문명을 다시 찾으려 애쓰고 있고, 동양은 보다 더
발달된 물질세계를 만끽하고자 기를 쓰고 있다. 바야흐로 세계화
시대에 우리는 과연 어떤 자세로 방향의 키를 잡을 것인가 생각해
볼 때이다. 세계시민성을 내장한 한국이 그 지휘권을 발휘할 때이
다. 동양적 문화, 덕을 숭상하고 인간을 사랑하는 인인(人仁)정신,
이로 인한 공공성의 발현이 우리가 다시 찾아야 할 덕목이다.

한발 앞서 나간다면, 아시아인들만이 가질 수 있는 중심기둥, 우
수한 정신철학, 종교적 사상을 떠나 평화를 사랑하는 특성 등을
다시 되새길 만한 때이다. 한국(+북한), 중국(+대만), 싱가포르, 일
본, 베트남, 몽골 등 6~8개국을 포괄하는 동아시아 유교문명권[27]
과 인도에서 발생해 동아시아권으로 팽창한 불교문명권은 자고로
자기문명을 밖으로 확산시키는 대외팽창을 기도하지는 않았으나,
폐쇄성과 배타성이 약해서 거의 모든 외부문화를 뭐든 다 받아들
이는, 세계문명권들 중 가장 개방적인 문명권이었다.

지금 동아시아에는 자본주의, 자유주의, 공화주의, 민주주의,
공산주의 등 온갖 서구적 정치사상과 오래 전에 토착화된 민족불
교, 여러 종파의 기독교(가톨릭·개신교·성공회·러시아정교), 회교 등
각종 외래종교들이 들어와 공존하고 있다.[28] 그러나 이렇게 다종다
양한 종교와 철학, 이야기들, 사상들이 뒤섞이는 가운데에서도 이
러한 것들로 인한 차별이나 전쟁보다는 흡수나 융화되는 방향으로
살아오고 있다. 더구나 우리 것만 고수하는 고집불통의 편협만이

아니라 이러한 것들이 오히려 섞임의 재료로 신바람 나서 춤추듯 적극적으로 발랄하게도 혼합되었다.

동아시아는 유교의 토착적 요소들을 바탕으로, 일찍이 인도에서 들어온 불교와 서구 기독교문명권에서 들어온 여러 가지 문화적 소양과 문물을 짜깁기해서 그 나라 식으로 완제품화 된 '다문화 문명권'인 것이다.[29] 인민대 공자연구원의 장려원 원장은, 현대인은 사람 사이의 충돌로 도덕의 위기가 생기고, 마음속의 충돌로 정신적 위기를 맞고 있어서 문명 간의 충돌로 가치의 위기 또한 조성된다며 현대인들은 이런 공통적인 충돌에 직면해 있다고 우려한다. 아시아인들뿐만 아니라 세계 모두가 어떻게 이 문제를 풀어나갈 것인가 고민해야 한다고 역설한다. 특히 유학은 이런 충돌을 완화시킬 자원을 갖고 있다고 강조했다.[30]

우리에게는 동양의 숙성된 정신 이전에 더 깊이 파고 들어가 보면 인간애를 말하는 정신이 또한 흐르고 있었다. 아마도 그 저변이란, 대한민국의 건국이념인 '홍익인간(弘益人間)' 개념일 것이다. 식상한 개념같이 보이기까지 하는 이 홍익인간의 철학은 한 개인뿐만 아니라 한 민족, 더 나아가서는 모든 인간, 모든 생명(동물이나 식물 등 기타 생명이 있는 모든 존재)까지 널리 이롭게 하라는 실천적 지침이다. 즉 우주 내의 모든 존재를 포괄하는 평화사상이며, 모든 존재간의 유익을 상호 제공하는 것을 기본정신으로 하고 있다.(오화영, 2010) 사람 안에 하늘과 땅이 모두 하나로 들어 있다는 인중천지일(人中天地一)은 뭇 생명이란 것이 하늘과 같을 정도로 고귀함으로 연결 짓고 있다. 개인과 사회, 자연과 국가, 지구와 우주

29 위와 동일, p.27.

30 KBS 스페셜, 〈유교-인(仁), 사랑의 여정〉, 2006.

는 별개가 아니라 곧 통합된 하나로 귀결된다.(오화영에서 인용) 이는 인간의 오만함이 아니라 그만큼 상호존중, 생명존중, 인간애, 모두가 평등, 이에 따른 평화를 부르짖고 있는 것이다. 이러한 단단하고도 강력한 건국이념이 서려 있는 우리로서는 어떠한 사람들이 모여들어도 함께 살아갈 명분과 여유와 배포가 있는 것이다.

국내외 인류학자나 고고학자들의 기존 학설에 덧붙여 요즘에는 미토콘드리아(mtDNA) 핵산분석법이 등장하여 연구의 정확도를 더해주고 있는데, 바로 한국인의 민족적 기원에 대한 것이다. 결론적으로는 동아시아인들은 유전자로 민족을 구별하기가 너무 어렵기 때문에 유전학자들은 인종이라는 어휘를 잊을 정도라고 한다. 즉 한국인의 주류는 바이칼호에서 온 북방계 아시아인으로 알려져 있다. 호모 에렉투스(homo erectus, 직립원인)를 거쳐 진화한 네안데르탈인(homo neanderthalensis)으로부터 돌연변이에 의해 나타난 현생인류인 호모사피엔스(homo sapiens), 즉 크로마뇽인이 세계 각지로 흩어져 나갔는데, 가장 먼저 동양으로 갔다고 전한다. 그들이 바이칼 호수 주변과 몽골대륙을 거쳐 한반도로 이동하여 한반도 인종의 주류를 차지하고 일부는 일본으로 이동하였다는 이론이다. 여기에서 중요한 것은 한국인은 유전적으로 하나의 민족이 결코 아니고 70~80%가 북방계이고 20~30%는 남방계이며 기타 유럽인과 다른 종족이 섞여 있다.(심우영, 2009)

이 정도까지 나왔을 때는 이젠 생물학적 유전자만으로도 구별하기 어려워졌다. 하물며 한낱 외모, 피부색 정도만으로 차별하거나 왕따를 시키거나 하는 행위는 인간 이하의 저질행태일 수밖에 없다. 실제로 여러 가지 실증적 자료나 사료들을 바탕으로 아시아는 실로 큰 흐름을 잘 타고 온 역사의 중심권이었다. 적극적 개방과 이를 즐기는 적극적인 수용성은 오히려 딱딱하게 각이 진 서양인들에게는(자기와는 전혀 다른) 걸림돌로 비춰졌다. 자연과 인간을 뛰어넘는 소위 지성주의자들의 휘갈김으로 서양의 군사기술과 공업기술의 발달을 가져왔고, 이를 이용해 갖은 위엄을 떨며 동양을 쳐대기 시작했다.

그런 가운데에서도 동아시아인들은 이마저도 짜깁기의 대상으로 받아들였던 것이다. 즉 동아시아문명은 외부문명권에서 들어온 모든 인간들과 모든 문화조각들을 기존의 정신 바탕 위에서 유교적인 실로 꿰매고 유교적인 접착제로 붙여 더욱 강력한 완전품으로 재생산된, 그리고 매일 재생산되고 있는 '짜깁기문명(패치워크문명 patchwork civilization)'[31]인 셈이다.[32] 특히 회교문명권(중동제국·아프리카 중부·북부지역의 대부분의 국가·중앙아시아제국·파키스탄·방글라데시·말레이시아·인도네시아), 인도의 힌두문명권, 동남아시아의 불교문명권(태국·미얀마·라오스·캄보디아·부탄·네팔·스리랑카), 동아시아의 유교문명권[33] 등 4대 비서구문명권은 공통점이 서양의 기독교문명권의 침탈을 받고 식민지화되면서도 유유히 흐르는 물줄기를 거스르지 않고도 이 문명권을 유지해오고 있다.

'인간의 지식도 접촉의 힘에 의해 재탄생되고, 끊임없이 변화하고 훨씬 더 많은 복합성으로 향하여 발전하는 것이다.'[34] 문명은 교류·접촉에 의한 지식과 문화의 확장적·복합적 패치워크를 통해 재창조되는 가운데 진보한다는 말이 되며, 그런 의미에서 기본적

31 황태연이 주장하는 문명권 이름이다. 새로운 문명권의 창출이나 발견이라기보다는 그동안의 문명의 모습을 재정리한 셈이다. 그는 '패치워크'는 원래 헝겊 조각들(patches)을 모아 꿰매고 이어 붙여 만든 완제품의 옷이나 보자기, 우산, 텐트, 이불 등 섬유제품을 말한다. 오늘날은 문화분야에 전이되어 기존의 여러 글이나 영화 따위를 편집하여 완성품을 만드는 일이나 그 작품을 가리키는 데 쓰이기도 한다. 오늘날은 이혼·재혼의 증가로 심지어 '패치워크 가족'이라는 말도 쓰이고 있다. 그에 의하면, 원래 '패치워크문명'이라는 말은 오래 전 '완제품의 다문화문명'에 알맞은 술어를 찾기 위해 고심하던 중 엄명숙 석사가 낸 제안이었다.

32 위와 동일.

33 회교문명권도 그 영역이 유럽지역으로 넓혀지고 있으며, 불교문명권과 유교문명권은 지리적으로 함께 섞이는 지역이 더 많

다. 우리나라도 마찬가
지이다. 불교만 보더라
도 소승불교권(동남아)
과 대승불교권(동북아)
으로 가를 수 있기 때
문이다. 이렇게 보자
면, 유교의 발상지인
중국의 영향을 직접적
으로 받은 우리로서는
유교적 토대 위에 불교
를 또한 받아들이게
되었다고 볼 수 있다.
마치 시루떡처럼 층층
이 문명의 유입을 받
아들여 왔다.

34 Hans Christian
Gerlach, "Wu-wei(無
爲) in Europe – A
Study of Eurasian
Economic Thought"

으로 다문화의 종주국은 동아시아의 동양문화권이 원조가 된다. 물론 서구에서도 백성이 편안하고 문화가 풍성하고 윤택한 삶을 영위했던 역사는 다문화적 소양이 짙은 시기였음을 역사를 통해 배울 수 있다. 대표적인 예로는 고대 그리스 로마문명을 꼽을 수 있겠다. 이때야말로 인더스와 불교사상까지도 받아들여서 그들의 고유 문명으로 만들어버린 패치워크 문명임이 밝혀졌다. 이후 로마는 이런 풍성한 그리스문명을 전폭적으로 받아들이면서 그들만의 문화를 더욱더 발전시켰다. 로마는 특히 역사상 최다 이민족을 수용한 세계제국을 건설했다.

이러한 대표적인 서구문명권이랄 수 있는 고대 그리스로마도 결국 동서양의 합작품일 수밖에 없었으며, 우리 또한 이렇게 섞이고 섞여서 우리의 것으로 만들 의무가 있다.

아시아에서도 한국이 가장 인종이 많이 섞여 있는 곳이라는 말이 지배적이다. 1902년 경의선 부설을 위해 노동자를 모집하는 가운데 신체검사 시 있었던 프랑스의 고고학자이며 철도기사였던 부르다레는 인류학회지에 조선인을 소개했는데, 중국인이나 일본인보다 평균 신장이 크고, 잘생긴 용모와 좋은 체격을 지녔다고 언급했다. 그러면서 서양인들의 눈에는 조선이 다인종국가로 보였다는 것이 많은 사람들에 의해 회자되었다. 네덜란드 의사 지볼트는 1840년대에 조선인은 코카서스족과 몽골족의 특성을 보인다고 했고 프로이센 상인 오페르트는 1880년에 조선인은 서로 다른 두 민족의 혼합된 인종이라고 했다. 이탈리아 외교관인 로제티도 1904년에 쓴 기록에서, 조선인은 동방인과 남방인의 혼혈이라고 했고,

영국인 화가 렌도오는 1895년에 조선인을 그리면서, 조선은 마치 아시아에 거주하고 있는 거의 모든 인종의 표본이 이 조그만 반도에 정착한 것 같다고 보았다.[35] 그런가 하면, 한국인의 성씨 중 거의 절반 이상이 외국 성씨라는 것도 새삼스럽게도 요즘에 와서 알려지고 있다. 2000년 통계에 의하면 우리나라에는 총 288개의 성씨가 있는데 이 중 김씨가 약 천만 명, 이씨가 약 700만 명, 박씨가 약 400만 명으로 3개 성씨가 거의 우리나라 전역을 차지하고 있다. 그 외에 평소에 듣지도 보지도 못한 희귀성씨도 무척 많다. 주로 외래에서 들어온 것이라 볼 수 있는데, 요즘 특히 시조가 되는 사람들이 많아지고 있다. 다문화의 영향인데, 로버트 할리 씨는 영도 하씨의 시조가 되고 프로축구단 성남 일화의 골키퍼였던 신의손 즉 발레리 사리체프는 구리 신씨의 시조다. 그 외에 태국 태씨, 산동 우씨, 대마도 윤씨, 길림 사씨, 왕장 박씨, 몽골 김씨 등이 계속 태어나고 있다. 요즘이 아니어도 역사적으로 귀화해서 얻은 성씨의 시조도 무척 많다. 증명해보자면, 고대시대. 즉 고조선일 때 가장 오래된 성씨는 기자씨다. 이 기자는 중국에서 한반도 쪽으로 넘어온 인물로 보기 때문에 기자의 후손이라고 하는 가문 역시 귀화로 본다. 기자가 이끄는 유민들이 고조선으로 유입되었다면 최초의 귀화집단인 셈이다. 기자를 시조로 하는 성씨는 행주 기씨, 태원 선우씨, 청주 한씨다. 더구나 기자조선이 위만에게 망하고 일부 세력들이 마한을 세우게 된다. 그러나 시대가 흐르고 흘러 이들이 기자의 후손이라는 증명을 내세울만한 것은 없다고 한다. 고려시대에 주로 성씨가 정리되는데, 고려시대 이전에는 주로 당나라에

35 [이영아의 여론女論]〈조선은 원래 '다문화사회'였다〉, 중앙일보, 2010. 12. 09일자.

서 넘어온 성씨가 많다. 연안 이씨, 남양 홍씨, 영월 엄씨, 수원 백씨 등이 그렇다. 특히 수원 백씨는 자신들의 시조가 당나라 황제의 후손임을 주장하기까지 한다. 그런가 하면 초계 주씨의 경우 시조가 당나라 한림학사인 주황이 주나라 왕실의 후예라고 주장한다. 고려시대에는 왕건이 무척 개방적이어서 해상무역이 활발한 것을 보면 외국에서 많이 들어왔다. 이때가 그야말로 전성기였는데, 세계 각지에서 들어오는 때이다. 우선 발해가 망하고 발해왕족들이 대거 고려로 유입되었다. 대조영의 후손임을 주장하는 성씨는 밀양 대씨와 영순 태씨다. 또한 아랍계 귀화 성씨로는 덕수 장씨가 있다. 원나라 제국공주가 들어올 때 함께 들어와 귀화한 인물로 장순룡이 있다. 이 사람이 시조이다. 베트남의 화산 이씨는 이미 익히 알려진 바이고, 1995년 화산 이씨 종친회가 베트남을 방문했을 때 베트남 공산당 서기장 등 3부요인이 모두 나와 이들을 영접하며 감격의 눈물을 흘렸다. 이 자리에서 종친회 대표들은 베트남의 법적 지위를 모두 부여받았다. 또한 몽골에서 온 연안 인씨가 있다. 인후라는 몽골사람이 귀화해서 받은 인씨다. 경상도 지역에서 만호로 있으면서 백성들을 괴롭힌 인물로 남아 있다. 또 송나라에서 온 거창 신씨, 추계 추씨 등 수많은 성씨들이 생겨났다. 최근 흥미로운 보도가 시선을 끌었는데 '바보로 유명한 고구려 온달(溫達·?~590) 장군이 우즈베키스탄 사마르칸트에서 건너온 왕족의 아들일 가능성이 크다'는 주장이다.[36] 연세대학교 지배선 교수는 온달 장군은 서역인과 고구려인 어머니 사이에서 태어난 다문화가정의 자녀로, 고구려 장군의 지위에까지 오른 입지전적 인물로 소

36 〈바보 온달은 사마르칸트 왕족의 아들?〉, 조선일보, 2011. 05. 09일자.

개하며 그를 국제적 인물로 다시 평가해야 한다고 주장한 바 있다. 더구나 온달은 삼국사기에 등장하는 유일한 온씨로서 우리나라 온씨 계보의 시조라는 것이다. 역사가 풍부한 우리나라에서 이러한 류의 연구는 앞으로 계속될 것으로 보이며, 우리가 다문화국가라는 증거자료는 앞으로 무수히 나올 것이다. 아무튼 우리나라의 반만 년 역사에 맞게 귀화 성씨를 나열하는 것은 너무나 많을 것 같다. 이 짧은 성씨의 나열로만 봐도, 그만큼 우리는 다문화로 이루어져 온 역사이고, 무수한 전쟁으로 섞이고 혼재되어 흘러온 것을 부인할 수 없을 것이다.

우리가 단일민족을 운운하는 것은 몸은 21세기이지만 정신은 20세기를 살고 있다는 격이다. 보다 미래지향적이고 발전적인 동력을 만들려면 이런 고리타분한 것은 깨끗이 씻어내야 하지 않을까 싶다. 우리의 다문화적 기질과 품성, 거기에 동아시아의 깊은 다문화적 종교사상과 철학 그리고 정신문화 등이 저변에 깔리면서 우리는 알게 모르게 다문화에 깊이 빠져 온 것이다. 한국은 먼 과거 역사에서도 늘 이처럼 열등의식적 '자기부정'이 아니라 열린 '자기비판'을 통해 전통을 보존·갱신해 왔고 최근 역사에도 이런 가운데 근대화와 현대화를 추구했다.

한국은 오늘날 세계 각국으로부터 들어와 사는 이주민들의 급증으로 다시 한 번 다문화의 '패치워크국가'로 변하고 있다. 이 시점에서 우리의 과거 역사를 되돌아보는 것은 우리로 하여금 다문화 현상에서 '문제'가 아니라 '번영의 기회'를 보는 밝은 지혜를[37] 갖게 해줘야 하며, 이를 모든 국민이 자부심으로 함께 느껴야 할 때이

37 위의 글과 동일, p.70.

다. 설사 우리보다 잘 못사는 동아시아인들이 하층 노동자로서 우리나라에 와 있는 것도 학대나 무시, 편견, 차별 등으로 그늘을 만들 것이 아니라 뭔가 상승하는 기운으로 전환하는 지혜가 필요한 것이다.

　세계화시대에 국경의 중요성은 오히려 부각되고, 자국의 영토 확보에 혈안이 되고 있다. 가깝게는 중국과 일본, 일본과 한국, 중국과 한국이 서로 견제하고 으르렁거리고 있는 것도 영토문제가 끼어 있기 때문이며, 동남아시아도 역시 난샤군도를 눈독 들이는 여러 국가들의 팽팽한 긴장감도 서로 손잡는 것을 방해한다. 중국의 패권주의, 일본의 경제력, 과거 식민지배 경험 등으로 이들이 리드하기에는 역부족이다. 바로 한국이 이를 통합하고 아우를 수 있는 리더로서의 자질을 갖추고 있다. 우리가 투철한 동양문화정신을 장착하고, 이를 물질로서만이 아니라 정신문화와 곁들여 이끌어 갈 수 있는 최고의 기회가 바로 이때이다. 그런 만큼 다문화적 소양과 세계시민으로서의 자세를 갖춘 사람만이 국제적 인재로 커나갈 수 있음을 다시 한 번 확신할 수 있다. 〈부록 해당 도표 참조 p.333〉

5. 인권 교육(Education for human rights)과 외국인 범죄를 바라보는 시각

38 여성인권은 아직도 우리나라가 선진국 서열에서 최하위를 자리하고 있다. 2010. 10. (연합뉴스)

39 장명선, 〈국제결혼 중개업의 문제점 및 결혼이주여성 인권보호 강화대책〉, 2010, 결혼이주여성을 위한 정책 세미나 중

우리가 다문화사회로 들어가면서 이주민이 겪는 인간 이하의 폭행과 학대 등이 사회문제화되고 있는 데에서 이주민 인권문제가 크게 대두되고 있다. 그 전에는 남성과 여성 사이에서 여성인권에 초점이 맞춰졌다면 이제 우리나라에서도 인권 쪽으로만 봐도 다양한 사례가 도출되기 시작한 셈이다.[38]

결혼이나 노동력 제공을 이유로 한 이주의 증가, 그것도 갑작스럽게 들이닥친 우리나라의 다문화 현상에 많은 사람들이 당황하고 익숙하지 못한 돌발상황이 발생해 거부감이 생겨났다. 아마도 생각지도 않은 사회변화에 미처 대비하지 못한 모습일 것이다. 그러나 일찌감치 시작된 세계화의 진전으로, 대부분의 국가들이 겪는 현상을 보기는 했어도 그것이 우리의 문제로 들이닥치리라고 생각지 않았다. 다인종사회에 대한 경험이 없는 우리로서는 다양한 문화가 공존하는 가운데 이제는 사회통합을 이루기 위한 정책에 대한 요구가 더욱 절실하다. 그러기 위해서는 서로가 동등하고 서로를 존중해야 할 인권적 소양이 충분히 필요한 시대에 와 있는 것이다.[39] (다음 장 5. 반편견 교육에서 상론하겠으나, 세계경제포럼(WEF)이 발표한 '세계 성(性) 격차' 연례보고서, 우리나라는 전 세계 134개국 가운데 성 평등순위 104위에 그쳤다. WEF 창립자이기도 한 클라우스 슈밥 회장은 '북유럽 국가들이 앞장서서 불평등을 없애고 있다'고 평가한 뒤 '성 격차가 낮으면 경제 분야에서의 높은 경쟁력으로 직결된다'

며 '한 나라가 발전하려면 여성이 동등한 대우를 받아야 한다'고 말했다. 다문화사회로 진입한 우리나라에 들어오는 여러 동남아시아 국가들보다 더 못한 성적이다. 아시아국가로는 필리핀이 9위로 선두를 달렸으며 스리랑카 16위, 싱가포르 56위, 중국 61위, 베트남 72위, 방글라데시 82위, 일본 94위 등으로 나타났다)[40]

우리는 이에 대한 준비가 전혀 없었고 더욱이 인권 교육은 전무했다. 그러나 이제는 더욱더 인종, 종족, 민족, 문화적 다양성이 풍부해질 것이고 더 복잡하게 얽히면서 살아가야 한다. 이를 원천적으로 막을 수도 없고 거부할 수도 없는 세계적인 흐름을 만나야 하는 입장에서, 얼마나 평화롭고 성숙한 사회를 만들어갈 것인가를 곰곰이 생각해 봐야 하고 자라나는 아이들에게 어떻게 가르칠 것인가, 이 전반적인 것에 우리 사회의 미래가 달려 있다고 봐야 한다. 그래서 한 사회, 한 국가에서는 다문화에 대한 철학이 서 있어야 하고 이에 맞는 원리와 다문화 교육의 대상 그리고 그 범위가 정해지고 그래서 효과적인 교수 전략 등이 차례대로 나와야 한다.

그러나 전반적인 우세가 다문화 통합, 다양성에 맞춰지기 때문에 다문화인만 교육을 받아야 할 것은 결코 아니다. 일례로 보자면, 결혼이주여성을 위한답시고 그들만의 교육은 효과가 없다. 즉 그 여성을 둘러싼 구성원들, 남편과 시부모의 교육 등이 절대적으로 필요하듯이, 이주민 혹은 그 자녀를 위한 교육이라도 그 주변인들에 대한 교육이 함께 이루어져야 삶에서 교육의 효과와 통합이 이루어진다.

한국으로 들어오는 여성들의 이주형태는 주로 성매매산업과 국제결혼을 통해 들어오고 있다. 그중 국제결혼은 전통적인 가족 내의 성별역할분리가 국제적 차원에서 진행된다고 볼 수 있으며 이렇게 서로 동등하지 않는 이국민간의 결혼은 여성의 성과 몸이 금전적인 거래로 '교환'되는 형식을 띠고 있다. 따라서 이러한 거래적 특성으로 인해 국제결혼은 여성에게 자국의 남성의 경제적, 문화 식민지의 대상이 되고, 가부장적 성문화와 폭력 등으로 이주여성 인권은 심각하게 위협받고 있다. 이와 같이 이주여성의 문제는 세계화의 진전과 함께 확대되고 있다. 이것은 빈곤의 여성화와 관련이 있다. 그리고 이러한 이주여성이 국내에 '국제결혼'의 형태를 띠고 들어옴으로써 생겨나는 문제는 가정폭력과 인종차별 등과 같은 불평등이다. 특히 제3세계 이주여성들이 한국의 남편에게 심한 신체적 학대를 당하거나 정신적 모욕 또는 사회적 배제를 경험한다. 이런 성불평등은 한 가족 내에서 개인 대 개인으로만 일어나는 것이 아니라 사회구조적으로 수용된 불평등이라는 점에서 그 심각성이 크다. 가부장제의 기초는 결혼과 가족이라고 볼 수 있다.(김혜선, 1995) 따라서 한국의 뿌리 깊은 가부장제는 남성이 가족의 수장이라는 그들의 지위를 통해 사회를 지배하는 통치체계라 할 수 있다.[41] 한마디로 말하자면 조선시대 사고방식인 남존여비, 남권강화, 남아선호 등의 사상이 현대생활 속에서 왜 안 맞는지, 그럼 어떻게 바꿔나가야 하는지, 어떻게 지혜롭게 우리의 사고방식을 가져나가야 하는지 등이 정리되지 못한 채 그 낡은 사고방식의 찌꺼기들을 그대로 담은 채 국제결혼을 한 셈이다. 사고방식이 전혀 다른 이주여성과의 불협화음은 당연한 귀결이며, 이를 두고 어느 한 면

[41] 김경신, 「가부장적 관점에서의 가정 폭력—아내 학대를 중심으로」, 2001.

42 이는 국제결혼중개업에 대한 폐해와 영세적 파행으로 인한 부작용과 사회적 문제는 이제 외교적 차원으로까지 비화되고 있다. 하지만 여기에서는 인권적인 면으로만 보고자 한다.

43 이금연, 〈"국제결혼신부", 그 피해가 늘고 있다-결혼 상품이 된 아시아 여성, 노예와 같은 삶〉, 일다저널, 2004. 06. 20일자.

44 국민일보 쿠키뉴스, 〈가정폭력에, 생활고에, 버림받는 다문화가정 아이들〉, 2010. 04. 11일자 중에서, 2008년부터 지난달 말까지 서울시 아동복지센터에 입소 의뢰된 다문화가정 아이들의 사례를 분석한 결과 탈북자아동을 제외한 전체 12건 가운데 4건이 가정폭력 때문에 의뢰된 것으로 집계됐다. 4건 중 3건은 임신한 상태에서 남편에게 폭행당한 엄마가 출산한 뒤 아기를 맡긴 경우였다. 나머지 8건은 시댁식구와의 갈등, 가난, 남편의 지병이나 무관심 등이 이유였다.

만 잘못되었다고 방망이질을 해대는 것도 어쩌면 우리 얼굴에 침 뱉기 식이다. 이러한 한국인 남편의 가부장적 태도 이외에 학대를 경험한 이주여성들의 배우자의 특징적 요소는 외부적 상황, 형편 즉 대개 직업적으로 불안정하다는 것이다. 일용직 건설노동자이거나 농업, 무직, 혹은 무엇을 하는지 모르고 가끔 일할 뿐인 남성들이 많다.[42] 또 하나의 공통점은 '알코올중독' 혹은 그로인한 정신장애 등의 상황이 무척 많다. 남편 쪽에선 그저 술을 좀 하는 정도라 할지 몰라도, 이주여성들의 눈에는 분명 '중독'으로 보일 만큼 술을 자주 많이 마신다. 아내를 맞이해 놓고도 외도를 하는 경우가 많다는 것 또한 공통점이다.[43]

이렇게 결혼이주여성에 대한 비인권적 대우는 곧바로 다문화자녀에게로 이어지고 있어서 단순한 가정사가 아니라 사회문제로 바라봐야 할 만큼 심각하다. 다문화가정에서의 한국인 남편의 폭력은 다문화자녀의 정신적 불안정과 산만함, 위축감, 학습부진 등의 여파가 그대로 드러나게 된다. 특히 자녀와 엄마의 중요한 유대관계에서 엄마의 비인권적 대우는 다문화자녀의 큰 상처로 남게 되고 급기야 학교이탈까지도 이어지고 있다. 2010년 서울시 아동복지센터에 다문화자녀 입소 의뢰 사례를 분석한 것을 보면, 안타까운 상황이 엄청나게 벌어지고 있음을 알 수 있다.[44] 결혼이주여성의 인권문제는 고스란히 다문화자녀의 인권문제로까지 연결된다. 폭력집안에서의 아이는 학교이탈은 물론이고, 사회에서의 비행청소년 혹은 폭력집단으로 갈 가능성이 무척 크다. 전 사회적으로 인권문제는 우리의 사회적 질과 밀접한 관계가 있다. 국제결혼에 대한 올바른 자리매김과 함께 서로 다른 아이들과 선입견과 편견 없이 잘 지내는 방법을 학교에서 어릴 때부터 경험하며 자라야 할 이유가 바로 여기에 있는 것이다.

한편 인권만 강조하다가 국가를 잃어버리는 우를 범하는 사례도 종종 있다. 인권문제만 외치다가 한 국가의 기둥인 우리나라의 법까지 무시하는 처사는 바람직하지 못하다. 법이 존재하기 때문에 국가가 있는 것인데 인권문제로 국가까지 무시하는 것은 결코 옳지 못한 다문화운동이다. 다문화운동가로서 국가를 무시하고 나라를 잊어버리는 것을 현장에서 보기 때문에, 나라가 있고 인권이 있고 국가가 있기 때문에 다문화가 있다는 것이 가장 원초적이고 기본적인 다문화 교육의 초석이 된다는 것을 말하고 싶다. 큰 지붕을 놓치고 안에 있는 것만 고집하다가는 더 큰 화를 불러올 수 있다. 한 예로, 불법체류자는 엄연히 한국 땅에서 법을 어긴 범법자이다. 그러나 과정이야 어쨌든 간에 불법체류자를 무조건 옹호해주고 편을 들어주는 것이 마치 인권의 선봉에서 서 주는 것으로 착각하는 경우가 있다. 불법체류자를 숨겨주고 계속 불법체류자로 남도록 도와주는 것이 수호천사인 양 비추는 잘못된 인식은 분명 문제이다. 그러나 범법자에게도 인권이 있듯이, 불법체류자에게도 인권은 있다. 이를 무시하는 처사는 옳지 않다. 그래서 인권문제란 잘못 접근하기 쉽고, 중용의 선을 잘 잡아야 할 부분이다.

이주노동자 역시 우리나라의 법규나 문화를 알아야 인권을 보호받을 수 있다. 그들의 교육도 인권차원에서 필요한 것이고 주변인들, 즉 동료들이나 기업주도 교육을 받아야 한다. 다문화자녀와 일반자녀들의 다문화 이해, 교사들의 교육, 학부모의 교육 등도 함께 이루어져야 마땅하듯이 말이다.

다양성 인정과 사회정의 실현은 다문화 교육의 핵심이다. 모든 사람이 똑같은 인간이라는 점으로 행사할 수 있는 권리, 즉 인권개념은 다문화 교육의 가장 기초가 되는 기본요소다. 1966년부터 시작된 시민적, 정치적 권리에 관한 국제규약에 따르면, 인간의 안전성에 대한 권리, 평등권, 신체적 활동과 관련한 권리, 경제활동에 관한 권리, 정신적 활동에 관한 권리, 가족에 관한 권리, 정치활동에 관한 권리, 권리구제를 받을 권리 등이 있다. 가장 고전적인 권리인데 여기에 시대적으로 계속 추가되어 지금은 제3세대 인권이 추가되어 서로 다를 수 있는 권리, 인도주의적 도움을 요구할 수 있는 권리 등이 나오기도 한다.

세계화시대를 살아가는 어린이들이 지구촌 이웃의 삶을 이해하고 그들의 인권을 존중하며, 빈곤과 재난, 억압으로 고통 받는 이웃의 아픔에 공감하여, 그들이 희망을 갖고 살아가도록 돕는 협력의 방법을 배우게 함으로써, 궁극적으로 세계를 품고 나눔을 실천하는 세계시민으로 성장하도록 하는데 그 목적이 있다. 이 목적에 맞는 교육프로그램을 선정하고 보급해서 많은 사람들이 균등하게 교육을 받을 수 있도록 해야 한다.

다시 말해, 인권 교육의 목적은 모든 학생들에게 인간존엄성의 존중을 발전시키고 인권의 기본적 원리를 주장하는 데 적극적으로 참여하게 하고, 그래서 보다 인간적인 사회를 만들어가도록 하는 것이다. 그래야 인권보장과 인권침해를 예방, 치유할 수 있는 굳건한 토대를 마련할 수 있다. 다른 사람들의 권리에 대해 알게 하고 자신의 권리를 존중함으로써, 청소년 문제의 발생을 막을 수 있는 힘을 그들에게 주는 것이다.

둘째로 인권을 위한 교육은 그 자체가 이미 인권이며 사회적 정의와 평화 그리고 발전의 실현을 위한 전제조건이다.

셋째로 청소년 인권 교육은 현재와 미래에 있어 그들의 삶의 질 향상과 인격형성에 도움이 된다.

어떠한 공간에서든 소수자[45]는 차별에 노출되기 쉽다. 특히 그동안 우리가 경험하지 못했던 이주민과 그 자녀 등 소수자그룹은 더욱 생소해서 거부감을 노골적으로 드러내고 있다. 인권 교육은 다문화의식개혁 중 하나로 포함되어야 한다. 인권 교육은 성편견이나 인종편견 등 편견에서 시작되는 경우가 많기 때문에 반편견 교육과 연계하여 서로 흡수, 보완하여 교육해도 무방하다.

인권 교육은 정체성의 혼란에서 오는 경우, 문화적 다양성으로 인한 자신과 타인을 이해하는 교육이 필요하고, 타문화에 대한 이해, 전반적인 다문화사회 이해 등 우리나라 다문화의 현 상황에 대한 정확한 파악이 기본자세가 될 것이다.[46]

세계시민으로서의 폭넓은 의미를 배양해야 하며, 성숙한 시민으로 나아가는 방법론을 알아간다. 이는 우리나라 상황을 봤을 때, 여기에서는 '이주민 소수자'[47]의 다문화적 주체형성에 맞출 필요가 있으며, 이를 바라보는 인권적 입장을 올바로 형성되도록 유도해 주는 것이 반드시 필요하겠다.

45 소수자는 신체적 또는 문화적 특징 때문에 사회의 다른 성원들에게서 차별을 받으며 차별 받는 집단을 의미하고 국내 이주민과 관련된 인권은 국가의 이익과 내국인의 이익의 관점에서 다루어지기도 한다.(박천응)

46 박천응, 《다문화 교육의 탄생》, 2009, p.439.

47 물론 이 안에는, 여성으로서 이주민, 장애인으로서 이주민, 여성이며 장애인인 이주민, 앞으로는 노인으로서의 이주민 등 다양한 경우의 수로서 소수자들이 나올 수가 있다. 앞으로 더욱더 다양한 소수자 종류가 나올 것에 대비해 지금의 다문화 현상은 우리에게 미래에 대한 큰 준비를 던져주고 있다.

인권하면 곧바로 이주민 범죄, 이주민과 연관된 각종 사건사고 등이 연결된다. 그만큼 인권문제로 인한 비인권적 작태와 이주민 살인, 살해, 그들끼리의 범죄, 내국인 피해, 이주민 피해 등 수많은 종류의 사건들이 줄을 잇고 있다. 외국인이나 이주민을 대상으로 하는 범죄를 보면, 2010년 타팃황옥 씨 피살사건을 통해서도 잘 알려져 있다. 그런데, 2011년 초 수원에서 베트남 부인의 여동생, 즉 처제를 상습적으로 강간해왔던 사건이 발생했고, 춘천에서는 남편이 보험금을 노리고 캄보디아 결혼이주여성에게 수면제를 먹이고 잠들게 한 다음, 집에 불을 질러 살해한 사건이 일어났다. 또 2011년 5월에는 명동에서 지나가는 미국여성에게 흉기를 휘둘러 상해를 입힌 사건이 발생했다. 이 명동 흉기상해사건은 불특정 외국인에 대해 흉기를 휘둘렀다는 점에서 충격적이다. 간혹 러시아 등에서 동양인을 대상으로 하는 '묻지마' 범죄가 이뤄지고 있다는 소식 때문에 러시아를 방문하는 사람들을 긴장시키곤 하는데, 그런 '묻지마' 식 범죄가 우리나라 명동 한복판에서도 일어났다. 이런 행위는 개인적인 피해 차원을 넘어서 국가의 이미지에 큰 타격을 준다는 점에서 심각한 문제가 아닐 수 없다. 이번에 범죄를 저지른 사람은 정신 병력이 있는 사람으로 드러나긴 했으나 우리 사회에 외국인들이 늘어나면서 외국인에 대한 배타적 생각을 갖고 있는 사람들도 늘어나고 있다는 반증으로 보인다. 아무래도 국내에 체류하는 외국인들이 많아지면 많아질수록 접촉하는 것이 빈번해지고, 그러다 보면 잘못된 생각을 갖고 범죄를 저지르는 사람들도 생겨나게 되는 것은 어찌 보면 당연한 일이다. 경기도의 경우 외국인 범죄 검거율이 2009년보다 2010년 두 배로 늘었고, 충북에서도 외국인 범죄가 두 배로 늘었다는 보도가 있었다.

전국적으로 볼 때 범죄를 저지른 외국인 수는 30% 정도의 증가율을 보인다. 2007년엔 2만 3,000명이었고, 2008년엔 3만 4,000명, 2009년엔 3만 9,000명이다. 특히 외국인 밀집 거주지역에서 많이 일어나는 것으로 파악된다. 경기도 경찰에서 파악한 바로는 2010년 1,912명을 검거했는데, 그중 위장결혼 등의 사기범(지능범)이 668명으로 가장 많고, 도박이 415명, 마약류 192명, 성매매 150명 등이었다. 특히 요즈음에는 자국민을 상대로 하는 조직폭력배 등이 늘어나고 있어 경찰이 긴장하고 있다. 이런 현상은 경기도만이 아니라 외국인이 10만 명 가까이 몰려 살고 있는 영등포, 구로, 금천 등 서울서남부지역도 마찬가지 현상을 보이고 있다. 서울남부지검에서는 지난해 관내에서 벌어진 외국인 범죄현황을 발표했는데, 지난해 총 외국인 범죄인은 1,263명으로 그중 폭력이 313명, 도박이 157명, 도로교통법위반이 151건, 절도가 54건, 사기가 28건이고 기타 범죄가 560건이라고 밝혔다. 거기에다가 조직폭력배까지 합세한 형국이다.[48]

정부에서는 공단이나 외국인 집단주거지를 중심으로 조직폭력배가 기승을 부리고 있다고 판단한다. 실제 안산시 원곡동의 경우 어두워지면 내국인을 찾기가 힘들어지고 있는데, 내국인은 떠나가고, 살기 어려운 외국인들이 몰려 살면서 슬럼화되고 있는 상황이다.

이런 것은 서초의 서래마을이나 이태원의 일본타운 등과 대조적이다. 즉, 서래마을과 이태원 같은 곳에서는 내국인들도 많이 몰려

48 폭력조직 문제는 1990년대 말까지 거슬러 올라갑니다. 국내에 동포근로자들이 몰려오면서 구로지역에서 연변흑사파가 생겨났는데요. 2000년에는 흑룡강파와 폭력조직 간 전쟁까지 치렀습니다. 그러다가 흑룡강파에게 밀려났다가 2004년에 다시 패권을 차지했다. 경찰에서는 연변파를 비롯한 중국 동포 범죄조직이 전국에 16개나 되고, 관련자만 2,000명이 넘는 것으로 파악하고 있다. 이들은 주로 도박장 운영, 성매매, 밀수, 보이스피싱과 마약까지 손을 대고 있다. 또 최근엔 베트남 폭력조직이 무섭게 세를 늘리고 있는 것으로 파악되는데, 주로 공단지역에서 베트남 출신에게 사채, 성매매, 폭행을 일삼고 있는 것으로 알려지고 있다. 또한 필리핀계 '가디 언스라는 폭력조직, 태국계 '사만코차호타이'라는 폭력조직, 방글라데시의 '군다'라는 폭력조직이 활동하고 있다. 이들은 국내 조직폭력배와 비슷한 행태를 보이는데, 예를 들어 가게 보호비와 자릿세를

뜯거나, 사채놀이를 하고, 패싸움 등을 벌인다. 그래서 경찰에서는 이들이 국내 폭력조직과 연계 되는 것을 경계하고 있다.

49 1991년은 산업연수생 제도를 도입하면서 이주노동자들이 대거 들어오기 시작한 해이다. 시작은 우리나라 측에서 먼저 다급했다. 왜냐하면 구인난에 허덕이던 중소기업과 3D업종의 인력난을 해결하기 위한 처방에서 나온 것이었기 때문이었다. 《한국의 이민 정책을 말한다》, 2011. 05. 26에서 김성회의 '한국의 이민, 다문화 통합정책의 현황과 문제점'에서 인용.

들어 번화가를 형성하고 있는데 이런 곳에서는 범죄도 많지 않은 편이다. 하지만, 외국인만 집중적으로 몰려 사는 슬럼가는 범죄 지역이 되는 경향이다. 이런 슬럼화를 방지하기 위해 행정안전부에서는 외국인 주거지역 안정화대책을 위해 주거시설을 개선하는 한편, 쉼터를 만든다든지, 보안등을 추가 설치한다든지 등의 조치를 하고 있다. 출입국관리법을 개정하여 재범이 우려되는 외국인 범죄자에 대해선 강제출국을 시키겠다는 방침을 세우고 있다. 이렇게 외국인 범죄가 일어나면, 그것이 내국인을 자극하면서 편협한 인종주의를 만들어내고, 결과적으로 이주민과 내국인 사이의 갈등을 부채질하게 되는 것이 일반적인 과정이다.

국내에서도 인터넷을 통해 인종주의 사이트 회원들이 늘어나는 추세다. 범죄가 증가하고 인종혐오론자들이 늘어나는 것은 정말 바람직하지 않다. 제대로 된 정부의 단속과 대책마련도 중요하지만, 무엇보다도 중요한 것은 원천적인 교육이다. 이러한 이주민범죄는 상대적인 경우가 많다. 당했으니 보복하겠다 식 말이다. 끝도 없고 점점 더 벌어지면서 확대만 될 뿐이다. 그렇다고 원천적으로 이주민을 받아들이지 않을 수는 없다. 이주민과 함께 잘 살아가기 위한 전 국민적 소양교육, 평생교육을 통해 인권에 대한 정보 및 자세, 학교에서의 조화롭게 살아가는 연습 및 올바른 자세 등이 전적으로 활성화될 필요가 있다.

사실 한국에서 외국인문제가 정책적인 논의에 들어가게 된 것은 이주노동자들이 대거 들어오기 시작한 1991년부터[49]이다. 이주노동자도 그렇고, 우리나라도 그렇고, 서로가 여러 가지 생각지 못한 문제들을 마주보게 되었다. 그 첫 번째가 인권문제였다. 당시 최저임금도 못 받고 비인간적인 처우를 받으면서도 열악한 근무조건과 환경, 산업재해와 더욱더 심해지는 부당노동 행위 등이 끊임없이 터져 나왔다. 이후 결혼이민자들이 속속 늘어나면서 시작되는 인권문제도 합세하기 시작했다. 사람은 둘 이상 모이면 사회가 되고 그러다 보면 사건, 사고는 일어나기 마련이다. 이주노동자를 바라보는 시각도 노동력으로만 볼 것이 아니고, 결혼이주민도 성적인 대상으로만 혹은 대를 이어주는 역할로만 볼 것이 아니라 이 역시 사람, 인간, 이웃으로 바라봐야 한다. 사람을 수단으로만 봤을 때 인권문제는 계속 이어질 수밖에 없을 것이다.

어떠한 목적으로 우리나라에 들어왔든, 우리는 한 사람의 인간, 인격체가 있는 인간으로 봐야 한다. 이들이 들어와서 저지르는 각종 범죄나 사건 사고로 인해, '이주민을 척결하자거나 내쫓자!'라는 식은 옳은 방법이 아니며 시대정신을 망각하는 쇄국의 우물 안 개구리들의 합창일 뿐이다.

자고로, 우리 역사만 보더라도 참으로 국력이 강하고 문화가 융성하고 백성이 편안하게 잘 살았다고 하는 때는 바로 여러 이주민들이 들어와 함께 살았던 때였다. 지금 이 시대는 우리에게 최고로 좋은 기회가 온 것이고 이를 어떻게, 어떤 방식으로 만들어 가느냐는 전적으로 우리가 어떻게 일궈나가느냐 하는 것에 달려 있다. 세계는 지금 전 세계인구의 10%인 5억 명 정도가 부단히 국경을 넘나들며 바쁘게 이동하고 있다. 이러한 추세로 보면 2050년에는 전 세계인구의 3분의 1 이상이 이주나 이동을 할 것이라는 추산이 지배적이다. 21세기는 누구도 거스를 수 없는 '이주의 시대'이며 이로 인한 새로운 '문화의 시대'이다. 우리는 전격적인 변화의 시기 문턱에 와 있다. 우리보다 훨씬 먼저 시작한 선진 다문화국가들이 적절한 대처와 준비 미흡으로 낳은 여러 부작용들을 보고 한층 안전하고 용이하게 다문화사회를 만들어가야 한다. 우리나라는 특히(외국의 학자들이 저마다 부러워하는) '점핑이민국가'로 상당히 중요한 지리적 위치를 점하고 있다. 동양과 서양을 잇는 징검다리 역할을 시작으로 대륙에서 해양으로 가는 길목이 되어, 새로운 기술의 이전을 돕는 중간기착지점으로, 또는 동북아시아와 동남아시아의 교류 차원에서도 접점지대로서의 역할을 할 수 있는 최상의 지문화적 위치라는 것이다. 이렇게 우리나라는 다문화시대를 맞아 최고로 번영할 기회를 갖게 되었다. 이처럼 좋은 기회를 한껏 살리려면 사전에 여러 가지 문제점들을 미리 파악하고 평생교육을 통해 전 국민의 DNA를 바꿔나가는 일을 해야 하는 것이다. 그 첫 번째가 바로 인간문제 즉 인권이다.

며칠 전 CEO를 위한 다문화 강의를 했는데, 2시간 강의 후 질의응답을 할 때였다. 어떤 분이 힘차게 손을 들어 물어보시길, 결혼이주여성들이 우리나라에 시집와서 출산률이 높다는 말에 이의를 제기한다면서 'DNA적으로 열등(劣等)한 인종들이 줄줄이 태어난다고 대한민국에 뭐가 도움이 됩니까? 그런 열등한 아이들만으로 인구가 늘어난다는 것이 무슨 이득이죠?' 라고 묻는 것이다. 너무나 도발적인 질문이었다. 그렇게 목 놓아 강조했건만 허사인가? 라는 순간의 절망감에 휘둘리기도 했으나 냉정을 되찾고 성심껏 대답했다. 그러자 셔츠 소매까지 걷어붙이고 더욱 흥분하며 말했다. '당장 급한 것도 아닌데 그런 열등한 인종을 계속 낳을 수는 없다. 우리나라를 열등인종들이 득실득실하게 만들어 놓을 수는 없다'는 것이다. 이는 완전한 인종주의자의 발언이다. 결론적으로 인종에 우열이 있을 수 없다. 1991년도 이탈리아 북부 알프스 산간지대에 외치(otzi)라는 곳에서 석기시대 원시인의 꽁꽁 얼어붙은 사체가 발견된 적이 있었다. 무려 5300년 전의 시신이었다. 아무리 오래되었어도 인간의 신체구조나 DNA나 모든 것이 변한 것은 없다는 것이 의학자들의 공통된 이야기이다. 곧, 예전의 인간은 덜 똑똑하고 현대인은 더 똑똑하다는 식의 잣대는 무의미하다는 것이다. DNA실험으로는 인간과 원숭이가 98% 같다고 하고 더 충격적인 것은 인간의 몸과 굼벵이의 단백질이 98% 같다고까지 하면 어떤 느낌이 들까?[50] 어떤 원로 천문학자는 불교를 가리켜 우주물리학이라고 말하는데 인간은 지구의 작은 존재요 우주의 티끌에 불과하다. 인간이 지구와 우주의 지배자인 것처럼 착각하고 신으로 행세하면서 온갖 생명체를 파괴하는 것은 허무맹랑한 착각 속의 우월의식이 키워낸 최악의 오류인 셈이다.

인종차별, 인종주의는 제2, 제3의 히틀러를 낳을 뿐이다. 우리의 근시안적인 시야로, 단순히 후진국에서 온 이주민은 열등한 인종, 선진국에서 온 사람은 우등한 인종으로 규정짓는 것 자체가 어리석음의 극치이다. 우리는 이러한 단편적이고 유치한 구별 짓기 행위를 멈춰야 한다. 그래서 우리의 과제는 지금부터다. 올바른 교육으로 오바마처럼 불우한 처지에서도 대통령이 나오도록 올바로

50 브레이크뉴스, 《문명역사, 알고 보면 인류는 한 뿌리 한 형제》, 2010. 05. 18일자.

가르쳐야 한다. 또한 각종 범죄에 흔들리는 지역별 검은 그림자를 밝게 해야 할 지혜를 모아야만 한다.

우리나라 사람들은 대체로 동남아시아 사람을 부정적으로 본다. '범죄인, 불법체류자, 사기꾼, 우둔한 자, 불결한 자, 각종 사고 칠 만한 사람' 등으로 이미지화하려는 성향이 짙다. 몇 년 전 얼굴이 검고 콧수염이 있는 전형적인 동남아시아 한 기업체 CEO가 우리나라를 방문했다가 기겁하고 다시 출국한 일이 있었다. 이 사람은 엄연히 대접받는 위치였으나, 만나는 한국 사람마다 그를 이주노동자 취급을 하고, 심한 욕설까지 해서 한국에 대해 부정적인 인상만 갖고 가게 되었노라고 했다. 그 기사를 접하면서 얼굴이 화끈거린 기억이 난다. 우리의 편협한 선입견은 어디에서 만들어지는가? 그리고 그 옳지 않은 선입견을 어떻게 교정해야 하는가? 우리 모두가 생각해봐야 할 일이다. 〈부록 해당 도표 참조 p.336〉

6. 반편견 교육(Anti-bias education)

우리나라의 반편견 교육은 1990년 후반부터 유아교육과 특수교육 분야에서 활발히 이루어졌다.[51] 공통적으로 모든 학자들이, 편견이 형성되기 시작하는 유아기에 편견을 극복하고 이에 대응하는 반편견 교육을 시작해야 한다고 강조한다. 또한 유아기 때만 교육할 것이 아니라 연령이 올라갈수록 지속적으로 유지시키는 것도 중요하다. 편견은 일단 형성되면 수정하기 어렵고, 성인기 이전의 학교 교육에서 해야 한다.(주동범, 이동원 2000에서 재인용)

편견이란 소수자와 다수자의 불평등한 관계를 자연스러운 것으로 인식하는 행위이다. 차별 자체를 당연시하고 성별, 종교, 인종 등의 차이만으로 차별대우하는 것을 편견이라고 한다.[52] 서로 다르기 때문에 낯설어하고 상대를 꺼리는 행위는 어찌 보면 본능적일 수도 있다. 이러한 차별적인 태도는 알게 모르게 우리 안에 잠식되어 있는 편견으로 생활 곳곳에서 문제로 맞닥뜨릴 수 있다. 반편견 교육이란 차별과 편견에 대한 올바른 지식을 주고 잘못된 행위나 생각을 바로잡아주는 역할이다.

반편견 교육은 편견으로 생긴 다른 사람에 대한 편협한 사고와 행동을 하지 않도록 하는 예방차원의 교육이다. 편견 극복의 측면에서 기존의 선입견과 고정관념을 깨고 이에 도전하는 능동적이고 적극적인 접근이 반편견 교육을 가능하게 할 수 있다. 교사와 학부모, 학생들이 자신이 생활하는 문화적 토대 안에서 접하게 되는 성이나 인종, 외모의 다름, 문화, 계층, 장애 또는 자신과 다른 무언

51 장인실, 정경미, 《반편견 교육프로그램이 편견과 다문화 인식에 미치는 영향》, 2009 한국다문화 교육학회 국제학술대회 발표집 중에서.

52 박천응, 《다문화 교육의 탄생》, 2009. 11.

가에 대해서 내치지 않고 거부하지 않도록 하는 것을 목적으로 한다. 사실 이러한 교육은 유아기 때부터 적극적으로 실시되어야 한다. 그래서 유아기 때부터 편견이 생기는 영역을 아예 분명하게 이야기해 주고 함께 잘 살아가야 한다는 점을 놀이나 기타 모든 교육내용에 스며들도록 해줘야 한다.

베넷(Bennett)(2007)은 예방하는 차원의 교육으로 교사와 부모, 학생들이 자신이 생활하는 문화적 맥락에서 접하는 성, 인종, 문화, 계층, 장애 및 그 외의 자신과 다른 모든 것에 대한 선입견과 편견을 갖기 않도록 길러주는 교육적 접근이 바로 반편견 교육이라고 했다.

더만 스팍스(Derman-Sparks)(1990)는 민족의 차이점과 공통점, 능력, 성정체성, 문화적 유사성, 차이점, 고정관념과 차별적 행동 등의 주제를 다뤄야 한다고 제안했다. 주로 태생적이라기보다는 후천적으로 사회화에 물들기 쉬운 영역을 제시한 것이다.

또한 홀 롬버그(Hall & Romberg)(1995)는 능력, 나이, 외모, 신념, 계층, 문화, 가족구성, 성, 인종, 성적 관심 등 10가지 기준을 제시하고 있다. 그러나 이는 순전히 서구적 기준이어서 우리와 조금 다를 수도 있다. 우리만의 기준을 설정해서 이를 교육에 적용시키는 일이 급선무가 될 것이다. 우리 기준을 보자면 정치성, 지역감정, 남녀 성차별, 문화적 갈등, 인종, 세대간, 장애, 종교에 대한 편견이 주로 문제시되고 있다. 오성주(2002)는 특히 한국에서 볼 수 있는 편견으로는 정치적 양극화, 시위문화, 지역감정, 남녀 성차별, 집단 따돌림, 세대 간 문화적 갈등, 인종 간 차별, 노인과 장애인에 대한 편견을 제시했다.[53]

53 장인실, 정경미, 〈반편견 교육프로그램이 편견과 다문화 인식에 미치는 영향〉, 2009 한국다문화 교육학회 국제학술대회 발표집 중에서.

여기에 더 추가할 수 있는 한국적 편견은 종교, 이념, 직업군, 외모, 소유물, 음식, 연예인 선호도, 제품, 경험, 세대별 차이 등 수없이 많은 갈래로 뻗어 나오고 있다.

반편견 교육은 학생들이 솔직하게 자신이 갖고 있는 편견의 종류들을 있는 그대로 드러내놓고 그것과 만나는 일로부터 시작되어야 한다. 반응을 보는 일로 시작해서 역지사지의 입장이 되어보는 활동교육도 필요하다. 그리고 다른 교구들을 활용해서 간접적으로 느껴보는 일도 필요한데, 예를 들면 동화책을 통해 간접적으로 그 상황을 경험하게 할 수도 있고 여러 관계를 파악해서 이해하도록 유도할 수도 있다. 다양한 재료를 통해 체득할 수 있는 기회를 많이 제공해주는 것이 좋다. 요즘 아이들은 비주얼세대이기 때문에 시각자료를 교육에서도 적절히 활용하는 것이 중요하다. 이미 미국 등 다문화로 시작한 국가나 다문화국가에서는 이러한 차별철폐 교육 즉 반편견 교육에 심혈을 기울이고 있다. 즉 인종차별주의, 성차별주의 혹은 인종편견과 각종 사회적 차별에 대해 역사나 과학, 문학 및 예술분야의 맥락에서 함께, 심지어는 수학에서도 녹아들도록 교육을 하고 있다.

과학자들에 따르면 인간의 유전적 외양의 90% 이상을 모든 인종이 공유하고 있고 단지 6~7% 인종만이 성 및 민족적 특성이나 개인적으로 소수자
가 된다고 밝혔다.
인종의 기원이나 소
수인종의 우수성에
대한 잘못된 믿음은
없어져야 한다.

예를 들어서 이자
율과 %를 배울 때 사람들을 빈곤에 빠뜨리게 하는 인종차별적 고
리대부의 실태를 은연중 공부할 수 있다. 수학적 계산에서 사례가
많이 필요한데 이럴 때도 다문화 내용이 들어 있는 사례들로 계산
공부를 시킬 수 있다. 또한 체육이나 음악, 미술 활동 같은 예술 과
목에서는 조별로 과제를 주거나 협동이 필요한 과제로 협동심을
유발하는 활동을 꾀할 수도 있다. 그리고 인종차별주의로 오는 주
제를 시사적인 면에서 골라 토론시간을 만들어도 좋다.

이때 교사는 협력자 또는 도와주는 사람의 역할 즉 요즘 흔히
말하는 멘토의 개념으로만 있어주면 좋다. 이래라 저래라 하면서
답을 유도하거나 어느 한쪽을 강조해서 말해주거나 하면 바람직하
지 못하다. 그리고 아이들이 방향성을 잃거나 어찌할 줄 모를 때
올바른 방향으로 유도할 수 있는 다문화적 개념이 올바로 서 있어
야 한다. 그래서 교사들의 다문화 인식 교육과 재교육 등이 중요하
다. 교사의 말 한마디는 결정적인 근거가 되어 아이들에게 작용되
기 때문이다. 또한 차별 없는 세상으로의 유도가 중요한데 그랬을
경우의 장점을 많이 부각시켜주는 것도 아이들의 개념 성장에 중

요할 것이다.

편견은 한 사람의 인생 전반에 영향을 끼치고 성격형성도 좌우하기 때문에 조기교육이 중요하다. 엄마의 시간을 대신해 준다는 식이나 그냥 애를 봐준다는 사고에서 벗어나 유아기는 인격형성에 큰 영향을 주는 시기이므로 교육의 질을 높여야 한다. 핀란드나 스웨덴의 유아교육은 잘 되어 있기로 유명한데, 유아기 때 바로 반편견 교육을 심어준다는 것 또한 눈여겨볼 만하다. 어릴 때부터 심어진 편견은 좀처럼 떼어내기 힘들고, 인종차별로까지 확대 비화될 수 있다. 편견의 과정에서 모든 아이들은 상처를 받는다. 성·인종·민족성·장애 때문에 열등하다는 편견으로 고투하는 어린이는 충분한 발달을 이루지 못하고 위축감으로 인생을 살아가야 하는 운명이 되고 만다. 각각의 인간을 존중할 수 있는 개방성과 감수성을 높여 주는 교육이 필요하다. 사회 속에 존재하는 편견과 고정관념을 익히지 않도록 예방하고 민주주의 사회 속에서 공정하고 개방적인 의식을 갖게 해야 한다. 이것은 다른 문화에 대한 긍정적인 수용과정에서 자신의 문화적 정체성도 스스로 구성하는 방향타 역할도 한다. 반편견 교육만으로도 다문화를 수용할 수 있는 능력과 인권 교육까지도 흡수할 수 있다.

교육 내용으로는 민족의 차이점과 공통점을 인식하는 것이다. 민족의 차이점과 공통점 인식은 피부색, 머리카락 형태, 얼굴 및 눈동자 색깔, 나이 등과 같이 유전적인 신체적 특징과 자아 정체성과 관련된 것 등을 포함한다. 장애를 포함한 포괄적인 개념인 능력(재능, 무능력[54])에 대한 교육은 편견에 대응하는 것과 자신과 타인

54 이 점에서는 학교생활에서 두드러지게 편이 갈린다. 다문화자녀의 한국어가 어눌한 엄마로 인해 유인물을 잘 숙지하지 못하는 관계로, 준비물을 준비하지 못하거나, 과제물을 제대로 챙기지 못하는 경우, 교사들의 무분별한 무시, 혼냄, 벌 등은 같은 학급에서의 동료들로부터 비슷한 무시와 따돌림의 직접적인 동기가 되고 있다. 아이들의 경우, 후진아이, 찌질한 아이, 무식한 아이 등으로 낙인을 찍기 십상이고, 공부도 못하는 아이는 친하지도 말라는 학부모의 주문도 여파가 있다.

에 대한 존중 및 가치를 포함한다. 정형화되지 않은 성 역할과 행동 그리고 양성성의 개념까지 포함한 성 정체성 교육, 다양한 문화의 특성과 삶의 방식으로서 특별한 날들, 기념일, 습관, 언어 등을 포함한 문화적 유사점과 차이점 교육, 고정관념과 차별적 행동을 초래하는 다양한 가족구조와 역할, 사회적·경제적 계층, 종교, 연령 및 세대 간의 차이 인식교육도 속한다.

이 외에도 집 혹은 아파트 평수, 아파트 종류나 부모 소유의 차량 종류, 부모의 직업과 재산 유무에 대한 편견, 소지품이나 옷에 대한 편견, 집에 있는 물건 유무(피아노, 냉장고, 테레비 등 가전제품의 종류까지), 부자와 가난함에 대한 편견, 그리고 가족형태의 종류에 대한 편견(부모 중 한쪽만 있는 경우, 부모 중 한쪽이 외국인인 경우, 이혼한 부모, 대가족 등), 아이의 특이한 점(특정 음식을 가리거나 터부시하는 행위, 특이한 버릇, 질병의 유무 등), 교사에 대한 촌지의 유무 등으로 아이들은 각종 편견의 울타리 속에서 살아가고 있다.

반편견 교육의 중점은 가치관의 변화와 성립이다. 세대가 다른 부모와 교사, 그 위의 조부모 등은 가치관과 시대적 편견이 굳어 있기 때문에 함께 교육이 이뤄지는 것이 바람직하다. 교사와 부모가 함께 아이가 올바른 가치관을 가질 수 있도록 해야 한다. 더불어 사회(대중매체, 사회적 인식 등)적으로 반편견 교육 환경이 당연히 이뤄져야 한다. 반편견 교육은 각자 인간의 행복관과 연결되며 남을 인식하고 살아가야 하는 불편함에서 해방되는 길이다. 우리나라는 OECD국가 중 행복관이 최하위로[55] 매겨졌다. 국가 이미지상으로도 무척 민망한 순위이다. 아이들의 편견은 불행으로 이어

55 2011. 01. 16. KBS 특별스페셜.

지는 지름길이다. 다음의 보도는 자살과 행복을 다시 생각하게끔
해준다.

56 〈30분에 1명꼴 자살. 전년比 20%↑ 자살공화국 오명, 통계청, 2009년 사망원인통계 결과 발표〉 아시아경제, 2010. 09. 09 일자.

「지난 한 해 국내에서 매 30분에 1명꼴, 하루에 40명 이상 자살한 것으로 나타났다. 지난 2008년 대비 무려 20% 가까이 자살자가 급증, 경제협력개발기구(OECD) 국가 중 가장 높은 자살률을 기록했다. 통계청이 발표한 '2009년 사망원인통계 결과'에 따르면 지난해 국내 자살 사망자 수는 1만 5,314명으로 전년 동기 대비 2,555명(19.9%) 급증한 것으로 집계됐다. 이는 1일 평균 42.2명, 34분에 1명꼴로 자살한 셈이다.

인구 10만 명당 자살사망률은 31.0명을 기록, 전년 대비 19.3% 증가했다. 성별로는 남자 자살률이 전년 대비 19.7%, 여자 자살률은 18.5%로 늘었다. 자살률은 1990년대 초반 이후 증가세를 이어가다 1998년을 기점으로 감소로 돌아섰으나, 다시 2000년 이후 늘어나고 있는 추세다. 지난해 자살률은 1999년 대비로는 107.5% 급증한 수치이기도 하다.

OECD 표준인구로 환산한 우리나라의 자살률은 28.4명으로 OECD 평균 자살률 11.2명의 두 배를 훌쩍 넘었으며 자료 이용이 가능한 33개 국가 기준으로 가장 높았다. 헝가리가 19.6명, 일본이 19.4명으로 그 뒤를 이었으며 그리스는 2.6명으로 가장 낮았다.」[56]

그런가 하면 한국은 성편견이 심한 국가 중의 하나로 알려진 통계도 있다. 2010년 세계경제포럼(WEF)이 발표한 '세계 성(性) 격차 연례 보고서'에 따르면, 한국은 2006년 92위에서 2007년 97위, 2008년 108위, 2009년 115위로 계속 하락하다 이번에 104위로 11단계 올라섰다. 아시아 국가로는 필리핀이 9위로 선두를 달렸으며 스리랑카 16위, 싱가포르 56위, 중국 61위, 베트남 72위, 방글

57 WEF는 이번 보고서에서 남녀 간의 격차가 보건과 교육 분야에서 가장 낮지만 경제 활동 참가와 균등한 기회부여에 관해서는 가장 높았다고 지적했다. 연합뉴스, 2010. 10. 12일자.

58 〈2011년 한국인이여, 행복하라. 한국 여자로 태어난 지 50년… 세계에서 가장 불행해지다〉, 조선일보, 2011. 01. 14일자.

59 워싱턴 CBS, 〈매일 35명씩 스스로 목숨을 끊는 한국〉, 2010. 09일자.

라데시 82위, 일본 94위 등으로 나타났다. 그런 것을 보면, 많은 이주민들이 대거 유입되는 한국에서의 외국인의 삶은 성 편견에서도 엄청나게 큰 장애를 겪어야 하는 것을 알 수 있다.[57] 이어서 보고서의 대표 저자이자 미 하버드대학 국제개발센터장인 리카르도 하우스만은 '각국이 보건과 교육 분야에서 여성에 관한 투자를 늘려야 성 평등에 있어 발전을 꾀할 수 있다'며 '여성들의 경제 참여와 함께 결혼과 육아를 양립할 방법을 찾아야 한다'고 강조했다. 이는 여성 자살률 1위(2010 통계)[58]의 한국의 이미지와 연관 지어진다. 성편견이 심한 국가는 행복지수는 낮고 자살률은 높았다.

「하루 평균 35명이 스스로 목숨을 끊는 한국의 자살률은 지난 10년 새 2배로 늘어났고, 지금은 산업화된 국가 가운데 최고 수준이다.」

미국의 유력 신문인 워싱턴포스트가 급속히 증가하고 있는 한국 사회의 자살을 조명하는 기사를 실었다.[59] 편견에 대한 과잉확대로 보일 수도 있으나, 행복감을 느끼지 못하는 것, 그래서 살기 싫어지는 것, 이런 식으로 자살은 일직선상에 놓여 있다. 남을 심하게 의식하거나, 남의 시선에 좌우되어 살아가는 한국인으로서는 행복감을 느낄 새도 없이 항상 눈치를 보며 살아갈 수밖에 없다. 한국의 대학생과 외국의 대학생들을 대상으로 조사한 바에 따르면, 자신의 체중에 만족하느냐는 질문에, 비교적 저체중인 한국인 대학생은 만족하지 않는다로 나왔다. 항상 남들과 비교하면서 살아가기 때문에 자신에 대한 만족을 할 수 없는 것이다. 반면 외국 대학생들은 이러한 질문조차 의아해 했다. 이런 것을 생각해보지도 않았다는 답변이 다수였다.[60] 결론적으로는 남들이 나를 어떻게 볼까 의식하며 삶을 살고 있는 것이다. 그러니 당연히 행복하지 않은 것이다. 이러한 질문은 '나는 행복한가'로 이어진다. 역시 행복하지 않은 한국 사람들이 많았고, 이는 사회문제로 비칠 소지가 많다. 알게 모르게 내재되어 있는 편견과 선입견은 나 자신도 그렇게 옭아매는 꼴이 되어 버린다.

60 KBS 스페셜, 〈나는 행복한가〉, 2011. 01. 16.

편견은 실로 무서운 질병을 유발한다. 비교대상을 무한정 높여 가는 눈높이로 자기자신을 계속 채찍질해댄다. 그러한 편견에 희생되는 사람 역시 그러한 사회에서 도저히 살아가기 힘든 지경을 경험해야만 한다. 둘 다 불행의 길을 가는 것이다. '중국인이어서 안 되고, 살이 까매서 안 되고……', '내 아이가 무슨 잘못을 했다고 다문화자녀를 짝으로 하셨나요?' 하는 식의 편견을 부추기는 행태는 사회를 혼란으로 만드는 지름길이다.

반편견 교육은 곧 다문화를 이해하고 다양성을 즐기는 교육으로 이어질 수 있으며, 이는 어떠한 과목에서도 다룰 수 있는 소재라 반드시 교육 안에 넣어주길 희망한다.

필자가 운영하는 다문화어린이합창단(레인보우합창단)은 100% 다문화어린이들로만 구성된 합창단으로 시작했다. 그러다가 활동이 많아지고, TV광고도 나오고, 아이들 사이에서도 많이 알려지다 보니, 내국인 아이들도 참여하게 되었다. 전체 40명 중 3명이 내국인 아이들이다. 이때부터 극도로 예민한 신경전이 단원 사이에서 생기기 시작했다. 다문화 아이들끼리 섞여 있다는 특수한 모임과 집단화, 그리고 이 안에서의 자기들만의 공통심리와 공통위안 등이 합류되지 못하는 순간이었다. 내국인 아이들 그중에서도 두 자매는 겨우 두 달 만에 그만두었다. 이유는 왕따를 받아 괴로웠다는 것이다. 내국인 아이의 성격이 예민한 탓도 있었으나 이런 식으로 다문화 아이들과 내국인 아이들이 합류되지 못한다는 것은 단체를 이끌고 가는 필자에게는 큰 충격이었다. 거꾸로 다문화 아이들에게 함께 잘 어울려 살아야 한다는 당부와 교육을 시켜야 했다. 다문화자녀들은 대체로 합창단에 왔을 때 여러 가지 마음의 상처를 받고 온 아이들이기 때문에 더욱더 가슴 절절하게 이야기할 수밖에 없었다.

이주민의 집단화, 다문화자녀들의 집단화는 우려스러운 일이다. 다문화자녀를 위한 정규학교는 그래서 위험하다. 이들만의 시설에서 이들만의 울타리를 형성하는 연습을 바로 학교에서 배우는 셈이다. 사회에 나와 어차피 합류하고 섞여야 하는데, 그러한 연습이 안 되어 있으면 조화롭게 살아갈 수가 없다.

국가별 네트워크는 타국에서라면 본능적으로 만들어지기 마련인데(마치 해외에서 한인회가 만들어지듯이), 현재 이들 커뮤니티들이 엄청나게 많이 증가하고 있다. 이들 커뮤니티들을 원천적으로 막을 수는 없는 일이고 막을 일도 아닌 만큼, 음성화되어 있는 커뮤니티들을 양성화시켜서 오히려 사회통합에 도움이 되는 길을 모색해야 한다. LA한인회에 미국정부가 지원금을 주면서 이를 북돋워주고 사회통합에서 한몫을 하도록 하고 있다. 그러나 지금의 우리처럼 음성화된 커뮤니티는 대단히 위험천만하다. 사회에서 내국인과 이주민과의 대립각을 세울 수 있는 단초가 되기 십상이다. 사회적인 왕따와 차별, 비인권적인 상처로 인한 적개심이 어릴 때부터 잠재되어 있기 때문에, 반다문화주의자들과의 대립으로 촉발위기가 그려지는 미래의 모습이다. 프랑스처럼 대수롭지 않은 사건이 폭동으로 번지듯이 언제고 터질 수 있는 시한폭탄이 되기 십상이다. 2011년 7월말 지구상에서 가장 살기 좋은 곳으로 꼽히고 복지의 대명사격인 북유럽에서 무려 76명의 사망자를 낸 충격적인 연쇄테러사건이 일어났다. 노르웨이 경찰과 언론매체 등에서는 이 사건이 금발의 백인청년인 안데르스 베링 브레이빅(32세)이 극우민족주의 성향의 극우 기독교 원리주의자(fundamentalist)의 소행으로 밝혀졌다. 그는 범행을 저지르기 전에 발표한 유럽독립선언문에서 '십자군 전쟁을 시작하기 전에 먼저 문화적 마르크스주의자들을 제거해야 할 것'이라고 말했는데, 이슬람 이민에 관대한 노르웨이 정권을 겨냥한 것으로 보이며, 선언문은 이민자에 대한 증오심과 광적인 종교관으로 뒤덮여 있었다고 일제히 보도했다.[61]

다문화사회를 거부하는 광기 어린 한 기독교 원리주의자의 대학살극은 전 유럽으로 확산될 조짐을 보이고 있다. 더구나 그는 이슬람과 노르웨이 정치현실에 매우 비판적인 우파 민족주의자들의 비밀결사조직인 '프리 메이슨' 회원이라는 보도도 있다. 여러 글에서 자신을 보수적 기독교인이자 민족주의자라고 소개하고 다문화주의에 강력 반대한다고 밝히는 글들도 있다. 현재 노르웨이의 진보당은 이민자에 대한 강력한 규제를 추구하며 다문화주의를 지향하는 집권 노동당과 대립각을 세우고 있는데, 그는 한때 진보당의

〈21세기 광기의 십자군 전쟁〉, 중앙일보, 2011. 07. 25일자.

62 〈평화 애호국 노르웨이, 사상 최악 테러에 충격〉, 연합뉴스, 2011. 07. 24일자.

당원이기도 했다는 진보당수의 언급도 나왔다.[62]

반다문화주의는 순수한 민족주의의 부활과 연결되며, 기존의 기득세력의 힘을 다시 세우고자 하는 반역사적인 작태이다. 인종을 거론하고, 혈통을 분석하려들고, 우열을 가리려는 반인륜적인 행태이다. 이러한 것이 우리에게도 시급한 일로 다가올 것이 명약관화하다. 지금이라도 어릴 때부터 교육에서 만들어져야 하며 서로가 소중하고 서로가 존중받을 수 있는 사회, 누구나 인간이면 인간으로서 살아갈 권리 등이 당연시되어야 한다. 왕따와 차별 등은 인권과 상치되는 행위이고 이를 경험한 사람은 울분과 적개심, 분노의 싹을 키우게 된다. 사람이기 때문에 서로 소중하다는 마음, 그러한 철학이 심어져야 한다. 〈부록 해당 도표 참조 p.338〉

7. 다문화 체험 교육(Experience education)과 다문화 행사

정규과목이나 공교육기관에서 체험학습이 이루어지는 것은 학교 측이나 학생들에게 자못 시간적, 공간적으로 부담이 되는 일일 수도 있다. 그러나 세계화를 향해 나가는 시점이고 이에 맞게 글로벌 소양교육을 해야 하는 당위성을 놓고 보면 어쩌면 가장 중요한 선행학습이 되어야 하는 것이 이것이 아닐까 싶다. 다문화 교육은 글로벌시대의 다문화시민, 세계시민으로 나아가기 위한 의식을 심어주고 높여주기 위해 현대인의 필수덕목 교육이다. 사회인도 평생학습 차원에서 접근해야만 하는 교육으로 확대되어 즐기는 프로그램으로 안착될 수 있는 내용으로 발전해야 한다. 더 나아가서는 특정한 국가에 사업관계로 나가야 할 사람이나 관심이 있는 사회인도 이러한 다문화 체험학습은 아주 중요하다.

우리는 넓은 세상을 보도록 문을 열어줘야 한다. 집안에서만 맴도는 식의 교육은 인성 함양에도 도움이 되지 못한다. 일찍이 8세기에 신라의 혜초 스님[63]은 넓은 세상을 품으러 20세 젊은 나이에 길을 떠났다. 그가 바랑 하나 등에 지고 죽음을 무릅쓰고 밟았던 험난한 그 길, 100명이 떠나면 돌아온 자는 한 명도 없다는 그 어려운 천축여행길의 장도에 오른 이유를 그는 이렇게 읊조렸다.

> "내가 세상의 중심이라는 틀에서 벗어나 경계를 허무는 그것, 그것은 세상이었다.
> 아니, 세상 밖의 또 다른 세상이었다."

63 혜초(慧超 또는 惠超, 704년~787년)는 신라 성덕왕(또는 경덕왕) 때의 고승으로, 787년에 중국의 오대산(五臺山) 건원보리사(乾元菩提寺)에서 입적하였다.

64 위키백과사전, 중국의 민족은 크게 대다수를 차지하는 한족과 나머지 소수 민족으로 나뉜다. 한족은 가장 큰 민족이며, 인구의 91.59%를 차지하며 인구는 약 12억에 이른다. 중화인민공화국 정부는 인구수에 따라 56개의 민족 그룹의 리스트를 만들었는데, 다음과 같다. 일부 소수 민족들은 마카오나 홍콩에 살며, 중국에서 오래 떨어져 있었기 때문에 마카오나 홍콩은 정확한 집계가 되지 않는다. 조선족은 전체 56개 중 14위의 인구를 차지하고 있다.(2011. 01), 중국은 다민족, 다인종 국가라는 캐치프레이즈

를 내걸고 세계화의 중심. 다문화국가로서의 중심으로 깃발을 내걸고 있다.

65 한족의 비율이 96% 이상이고 나머지 55개 소수민족이 3~4%를 차지한다. 그것도 점차 비중이 줄고 있다. 왜냐하면 한족과 소수민족이 결혼하면 자녀는 민족을 선택할 수 있고 주축세력인 한족으로 편입할 수 있기 때문이다. 그러나 중국정부에서는 소수민족을 잘 달래기 위해 소수민족에게 일정한 우대정책을 펴고 있다. 대학입학 가산점 등. cf. 미국의 정부와 학계의 소수자 우대정책(Affirmative action)으로 버락 오바마 대통령도 하버드대학에서 수학할 수 있었다. 특히 미국에서는 남자와 백인 등 전통적 지배집단인 다수자의 희생자로 있었던 비 지배집단인 소수자에게 혜택을 주는 정책이다. 인간의 가치 평등을 실현하려는 목표에서 출발하였다. 우리나라도 다문화자녀 대학특례 입학제가 학교별로 만들어지고 있어 다문화 대학생들이 나오고 있다.

한국 최초의 글로벌 의식을 지닌 세계인 혜초 그리고 해상왕, 해신으로 칭송받는 장보고는 21세기에 활약해야 할 우리의 모델링 그 자체이다. 이들의 활동상과 움직임은 우리의 피에도 흐르고 있다는 것을 깨우칠 필요가 있다. 청소년 시기에 갖게 되는 편협한 사고는 굳어지기 쉽고 사회생활에서 큰 장애로 작용하기 쉽다.(5. 반편견 교육 참조) 그런 만큼 청소년 시기의 체험은 오랜 기억으로 남을 가능성도 크기 때문에 이를 잘 활용해서 교육으로 승화시켜야 한다.

우리의 민속촌이 사양길에 접어드는 것을 봤을 때는 격세지감을 느끼지 않을 수 없다. 우리의 것을 보여주면서도 다른 국가의 문화와 삶을 통틀어 함께 느끼게 하는 것이 중요하다. 소수민족이 56개로 산재되어 있는 자칭 다문화국가라는 중국은[64] 소수민족들을 한눈에 볼 수 있게 체험마을을 만들어 놓고 있다.[65] 몽골, 스리랑카, 필리핀, 중국, 일본, 베트남 등 우리나라에 온 이주민이 많은 국가를 우선으로 그 나라의 가옥을 만들어 놓고 거기에 직접 들어가 해당국가 이주민으로 강사를 구성해 그 나라의 소개를 듣게 하는 것도 한 방법이다. 동남아시아나 일본에 대한 우리의 편견이 심한 만큼 장점을 많이 부각시키고 유명여행지나 아름다운 풍경 등 좋은 면을 보여주는 것도 중요하겠다. 그 나라의 문화와 역사도 함께 더불어 강의를 해주도록 한다. 그와 함께 게르에서 몽골의 생활도구나 의상 그리고 음식도 함께 맛보면서 한없이 넓은 들판을 말을 타고 달리는 그 기분을 조금이라도 느끼도록 해주는 체험(이럴 만한 공간은 없더라도 약간의 맛이라도 줄 수 있도록 해야)도 흥미를 끌수 있을 것이다.

청소년기 교육은 오랫동안 기억에 남는다. 청소년들에게 놀이가 빠져서는 곤란한데, 일단 재미와 흥미가 있어야 한다. 그런 의미에서 그 나라의 전통놀이를 함께 해보는 체험도 좋은 것이다. 이렇게 몽골의 사례를 들어봤듯이, 다른 나라들도 이와 마찬가지로 공간을 꾸미고 준비해서 학생들의 흥미를 끌도록 하는 것이 중요하다.

문화체험교실은 많은 사전준비와 스텝진이 필요하다. 내국인과 외국인 스텝진이 프로그램을 원활하게 진행될 수 있도록 지원해주고 이끌어주면서 정해진 시간 내에 알뜰한 교육이 되도록 시간 안배를 잘해줄 필요가 있다. 규모야 클수록 좋겠으나 작으면 작은 대로 만들면 된다. 지방의 한 초등학교 교장선생님은 아이들 수가 적어지면서, 텅 빈 교실이 늘어난다고 걱정하기에 이 방법을 알려준 적이 있었다. 남아도는 교실을 터서 다문화 체험장으로 만들었다는 반가운 전화를 받기도 했다. 나름대로 준비해서 아이들에게 보여주고 싶다는 들뜬 목소리가 아직도 선명히 기억난다. 학교 혼자 하기 힘들면 다른 기관과 연계해서 해도 무방하다. 학교에서는 타문화에 대한 인테리어와 함께 여러 가지 소도구들이 많이 준비되어야 하고 학교 재정이 소요될 것이다.

오히려 박물관이나 다문화 체험관 등이 생겨서 이를 최대한 활용하는 것이 더 바람직하다. 특히 기존의 박물관을 활용하는 방법이 가장 빠르고 좋은데, '박물관은 이제 단순히 과거를 전시하는 죽은 공간이 아니다. 오히려 현재와 미래를 아우르는, 살아있는 공

66 세계 민족학 박물관 장 초청 국제심포지엄, 미국의 리처드 웨스트 스미스소니언 아메리 칸인디언 박물관 명예 관장, 2010. 06. 14.

67 〈민족학박물관 통해 다문화사회 정착〉, 연합 뉴스, 2010. 06. 16일자.

간이어야 한다'[66] 이제 박물관은 전시 위주의 독서실 분위기의 조용한 곳이 아니라, 서로 다른 문화권의 사람들이 모여서 왁자지껄 토론도 하고, 정보도 얻고 포럼도 펼치는 다문화의 중요 장소가 될 만하다. 특히 스미스소니언 아메리칸인디언 박물관 명예관장인 리처드 웨스트 씨는 처음엔 인디언 박물관을 낯설어 했는데, 나중엔 인디언이 목소리를 내는 계기가 되었고, 인디언들이 자신의 얘기를 하자 사람들이 귀를 기울이기 시작했다고 했다. 정말 귀한 경험이 아닐 수 없다. 이제 박물관은 보고 즐기는 데서 나아가 보고 배우고 경험까지 할 수 있는 곳이어야 한다는 것이 세계 유수의 박물관장들의 공통된 조언이었다.

우리나라처럼 단일민족의식이 뚜렷한 독일의 경우에 있어서도, 민족학박물관의 성공은 배울 만하다. 2010년 6월 15일에 방한한 불프 쾨프케 독일 함부르크 민족학 박물관장은, 민족학박물관을 진행하고 나서 주요 이주민인 터키인 관련 범죄율이 줄었다는 통계가 있다고 자랑했다. 민족학 박물관이 다문화사회 갈등해결에 효과가 있다는 게 증명된 셈이다.[67] 불프 쾨프케 관장은 '박물관은 사회의 중요한 메시지를 전달하는 곳'이라며 특히 독일에서는 이민자들을 인종차별적으로 대우해서 문제가 되었던 경찰관들에게 다문화 교육을 했더니, 이민자들을 대하는 태도가 달라졌다는 말까지 했다.

박물관은 더 나아가 지역축제도 기획해서 서로 어울리는 마당을 가졌는데, 각국의 축제를 이민자들이 직접 기획하고 시행하도록 한 점이 크게 효과를 보았다. 신이 나서 열심히 하고 흥이 나서

여러 지역 사람들이 자연스럽게 함께할
수 있는 분위기를 만들었다고 한다. 우
리나라에서 주최 측(특히 정부나 여러 부
처, 그 외의 시, 군, 구의 관 주도, 기업체의
사회공헌 팀의 주도 등 실적 위주나 보여주
기 식, 부처별 경쟁적 다문화 행사)이 좌판
을 벌여 이주민들을 초청하는 입장과는
전혀 다른 면이었다.

　박물관의 나라라고 할 수 있는 싱가포르도 눈여겨볼 만도 하다.
수많은 박물관들 중에서 특히 아시아문명 박물관은(Asian civili-
zation museum)은 싱가포르 주변국들, 즉 말레이시아, 인도네시
아, 중국 등 각 나라별 유물전시와 함께 컴퓨터 시뮬레이션, 멀티
미디어 프로그램으로 교육적 요소를 더한 전시방식으로 옛 전통과
풍습을 쉽게 배울 수 있는 흥미로운 공간을 연출하고 있다. 특히
센토사 섬에 있는 싱가포르 다문화 박물관(Image of Singapore)은
14세기 말의 말레이 반도 모습을 그대로 옮겨놓은 곳으로도 유명
하다. 우리 역시 이렇게 대규모의 민족학 박물관이 만들어지거나
기존의 박물관을 이러한 식으로 기획하기를 희망할 뿐이다.

　지리적으로 멀리 떨어져 있는 지역의 소단위 학교라든가 이동수
업이 불가능한 경우에는 부득이 학교에서 소화해야 하는데, 없으
면 없는 대로 있는 만큼 하면 되는 것이다. 교실에서 그 학교에 다
니는 다문화가정 자녀의 부모 출신 국가를 우선으로 소개하는 수
업을 해 보는 방법이다. 해당국의 원주민을 초청해서 아이들에게

그 나라의 인사말 정도는 함께 해 보는 시간도 나름대로 의미가 있을 듯하다. 학생의 부모가 될 수도 있겠으나 강의는 조금 다른 분야이니까 준비가 된 원주민을 초청하는 것이 좋겠다. 어쨌든 해당 국가의 원주민이 와서 동영상이나 슬라이드 등을 보여주면서 그 나라를 소개하는 시간을 가지면 된다. 그 나라에서 많이 불리는 민요나 음악을 들려주고 전통의상을 직접 입고 교육하면 더욱 좋다. 여러 가지 흥미유발거리를 개발하는 것도 사전준비에 해당되겠다.

다문화 체험 교육은 어느 한 사람의 힘으로 이루어지는 것이 아니라 민·관·산·학이 골고루 연계해서 협조하에 이루어질 수 있는 일이다. 이러한 일들이 지역사회의 축제나 화합의 계기가 되면 더욱 바랄 것이 없겠다.

여기에서 제시하는 것은 어찌 보면 실현하기 어려운 일로 다가올 수 있다. 그러나 이러한 방식이 바람직하다고 보고 이를 토대로 사업규모를 조정하며 실현했으면 한다. 교육에 참여한 아이들의 흥미를 유발시켜 그 나라에 가보고 싶다는 마음이 들 정도만 되면 대성공이다. 사람에게는 아이나 어른이나 직접 체험하는 것만큼 중요하고 수용적인 것이 없다 싶다. 그래서 원론적인 대안으로 규모가 있는 것으로 제안해 본다.

요즘 다문화 행사가 붐을 이루고 있는데 이 역시 사회통합적 혹은 다문화 체험행사로써 한몫을 하고 있다. 이주민들

에는 반가운 일이고, 내국인들도 서로를 알게 되는 좋은 기회가 된다. 그러나 여기에서 또 다른 문제가 발생한다. 위에서 상론했듯이, 이주민이 자발적으로 참여하지 않는 행사는 일회성에 그치며 '자기만족적' 행사, '떠벌리기 식' 행사, '나도 뭔가를 한다' 식의 행사로 굳어진다. 특히 다문화자녀들이 일회성 초청행사에 '동원'되다시피 해서 참석하며 상처받고 있다. 비슷비슷한 행사에 초청받은 아이들은 피부색이 눈에 띄는 순서대로 서서 단체장, 기관장, 기업인들과 기념사진을 찍고 기념품을 하나씩 받아 집으로 돌아오기를 반복한다.[68] 어떤 행사에서 본 이주민을 다음 날 다른 행사에서 마주치는 일은 일상사가 되어버린 지 오래다. 그런 만큼 머리수를 채워야 하는 행사 주최 측으로서는 예산을 끌어오거나 타내야 하는 당위성 때문에 중복되더라도 이주민을 동원하는 일에 혈안이 되어 있다. 그러다 보니, 참여하는 이주민에게 각종 지원금이나 선물공세를 아끼지 않는다. 이에 이주민은 타성에 붙어 '여기에선 뭐 줄 거예요?', '여기는 얼마 줘요?'하고 먼저 떠본다. 뭔가 신통한 선물이 없으면 '다른 데는 이러이러한 것도 주던데, 여긴 왜 안 줘요?'하고 대놓고 요구하는 실정이다. 돈 없는 시민단체로서 순수한 마음으로 접근했다가 이런 씁쓸한 질문을 해대는 이주민을 보고 어찌해야 할지 가슴이 갑갑한 적이 한두 번이 아니었다. 닳고 닳은 이주민의 쇼핑 식 참여를 탓하기에 앞서, 이렇게 그들을 습관화시켜버린 우리의 탓이 더 크다고 느낀다. 이런 저차원적 접근의 행사는 서로에게 도움이 되지 못한다.

다문화가정 가운데에도 집안 사정이 괜찮은 가정은 대개 일본

68 〈다문화가정 아이를 일회성 '행사 도우미'로 전락시키는 다문화 행사〉, 세계일보, 2011. 05. 06일자.

가정들이다. 이들은 한국어도 능통하고 대체로 지식 정도도 높은 편이기 때문에 각 지역의 가정지원센터에서 운영하는 프로그램을 적극적으로 찾아 활용한다. 그래서 각 센터나 복지단체 등이 내놓은 각종 혜택을 경쟁자 없이 그대로 찾아먹기 일쑤이다. 주부자원봉사단에서 한국문화에 서툰 결혼이주여성을 돕기 위해 가정방문을 하는 경우가 있는데, (흔한 경우는 아니지만)일본인 가정에서 자원봉사자를 파출부 다루듯이 했다는 사례도 있다.

한국어에 능통하지 못하고 집안 사정도 어려운 여타 다문화가정은 혜택을 받지 못하는 경우가 많다. 이런 경우에 해당하는 이주민은, 대개 어린나이에 한국어도 모른 채 엉겹결에 결혼해서 바로 출산으로 이어져 한국가정생활에 적응하기 힘에 부친 이들이다. 이들은 컴퓨터로 정보나 지식을 찾아볼 능력과 여유가 없다. 각종 지원과 혜택은 그림의 떡일 수밖에 없다. 정보의 사각지대에 놓인 이들은 여러 면에서 소외되고 있다. 정보에 밝은 일본인이나 중국동포가족 등은 이 행사 저 행사에 초청되어 다니기 바쁘다. 필자의 합창단 아이들이나 공부방 아이들만 살펴봐도, 이 행사 저 행사에서 받은 가방이나 학용품이 수두룩한 것을 보기도 한다.

예기치 못한 이런 상황은 각 지역 센터의 무분별한 모집 방식에도 원인이 있다. 그렇다고 가정의 수입 정도를 파악하거나 교육열까지 자로 잴 수는 없는 노릇이다. 사회에서 부르짖는 평균적인 정보 나열과 그것으로 굳어지는 다문화에 대한 이미지도 문제다. 이벤트성 다문화 외국인들을 위한 중복행사들이 주최 측의 홍보나 전시용으로 이용되는 것도 문제다.

정부의 무분별한 광고성 행사 남발에 각 지역 자치단체들이 헉헉대며 움직이느라 정신이 없다. 그러한 마당에 하나하나 세심하게 보듬어줄 여유 역시 없다. 어느 정도 분류체계와 그들을 위한 방향성의 구별, 또한 그들을 위한 도움의 손길 구성도 나름대로의 틀이 잡혀야 한다.

'남이 하니까 나도 하자'라는 아주 단순한 개념의 우리 식 다문화운동은 거품일 뿐이며 그들도 도움의 감사함을 느끼기 힘들 것이다.

다문화자녀들이 유난히 많은 학교들의 경우는, 매달 5~6건씩 이상의 초청행사에 참석해 달라는 요청을 받는다. 대개 학교장과 담임교사는 이에 응하지 않는다. 우선 아이들이 싫어하기 때문이며, 또한 아이들이 행사의 액세서리 역할로 참석하기 때문이다. 대부분이 일회성으로 베푸는 식의 행사여서 한두 번 다녀온 아이들은 부모들이 나서서 먼저 반대하는 일까지 생기고 있다. 체형과 외모가 다르지 않은 학생이 더 많은데도 눈에 띄는 외모, 즉 노란머리 색깔이거나 피부색이 검은 아이들을 맨 앞에 세워 사진을 찍고 언론에 크게 보도되는 일은 그리 즐거운 일이 아니다.

그러나 저마다 행사 주최 측은 사진을 보도하고 홍보하느라 혈안이 되고 있다. '이만큼 한다' 식인데, 인터넷으로 보면 식상하고 되풀이되는 행사일 뿐이다. 관은 관대로, 기업은 기업대로, 시민단체나 민간은 그들 나름대로의 역할과 할 일이 있는 법이다. 똑같은 행사를 두고 관과 민간이 경쟁하는 양상은 볼썽사납다. 다문화 체험행사나 다문화 사업, 기타 행사 등에서 관 주도로 다문화가족에 대한 제대로 된 통계나 실태조사가 사전에 있어야 하며, 장기적인 안목의 교육 혹은 사업 프로그램 개발 및 큰 틀의 나아가는 지향성 등이 필요하다. 기업은 이에 대한 재정지원과 자원봉사, 혹은 기타 협조가 있어야 하며, 구체적인 프로그램이나 현장에서의 도움은 민간단체들이 할 몫이다. 이러한 상호협조체제 즉 바람직한 거버넌스가 이주민을 제대로 돕고 그들의 자생력을 키워주는 일이 될 것이다. 〈부록 해당 도표 참조 p.341〉

8. 다문화 역사 교육(History education)

지금까지의 역사 교육은 민족 주체성
을 키우는 교육으로 단군 이래 단일민
족을 최고의 자랑거리로 여겨왔기 때문
에 어떻게 세계와 합류하여 살아가야
할지 전혀 모르게 만들었다. 역사는 우
리의 정신문화의 기초를 다지는 것이라
너무나 중요하다.

아이들에게 어떻게 방향타 역할을 해야 할지, 이 문제는 여기에
서 제시하는 것뿐만 아니라 교사들끼리의 워크숍이나 토론시간을
통해 훨씬 더 멋진 결과물을 내놓을 수도 있을 것이다. 역사시간뿐
만 아니라 세계의 모든 일들이 빠르게 진행되기 때문에 시사적인
면에서도 역사는 반드시 거론되게 되어 있다. 그래서 중요한 것이
고 그럴 때마다 우리의 입장은 어떤 것인지 아이들이라면 궁금해
할 것이다. 시험에 나오기 때문에 알아야 하고 외워야 했다면 여태
까지의 역사 교육은 죽은 교육이었고 이제는 삶 자체가 역사의식
이 없이는 힘든 시대가 되었다. 그 이유는 다문화시대가 온 것이고
이러한 때에 우리는 어떤 문제의식을 갖고 어떤 마음을 지녀야 할
지도 다 연관된다. 우리 역사가 길고 각 시대별 나라도 많아서 외
우기도 버겁고 힘들어 아예 영어단어 외우는 게 더 낫다는 식으로
역사공부를 외면하기도 했다. 다문화사회에서는 제대로 된 역사의
식이 없으면 살아갈 원동력과 개념 자체를 상실하게 된다.

모든 역사는 자기 나라의 관점에서 배우기 마련이다. 자기 나라에서도 시대적 소명에 의해 필요에 의한 교육이 만들어지곤 한다. 반공교육이 한창이던 필자의 학창시절에는 이순신 장군이 최고가는 시대의 영웅이었고, 나라를 지키고 우리 민족을 먼저 생각하는 것이 가

장 우선하는 애국이었다. 외부 세력에 짓눌리고 죽어나가던 피맺힌 우리의 암울한 역사를 배우는 것은 우리끼리 잘 뭉쳐 살아가자는 취지에서였다. 적을 부수고 우리를 잘 지키는 것만이 교육의 목적이다시피 했다. 한편 히틀러가 영국에 폭탄 공격을 가한 행위는 나쁜 것이지만, 미국이 일본에 가한 폭격은 좋은 것이었다는 식이다. 아주 단순히, 세계대전에서 연합군이 승리하고(선) 반대편이 패배한 것(악)은 좋은 것이라는 등식이다. 연합군의 관점으로부터 출발하는 역사의 시각이다.

69 Christine I. Bennett, 《다문화 교육 이론과 실제》, 2009, p.479.

앞선 시대에 대한 이야기는 사람들에게 영향력을 미칠 수 있으며, 세계의 다양성과 공통점에 대한 변화무쌍한 양상들을 보여줄 수 있다.[69] 그렇다고 우리를 침략했던 일본에 대한 그 역사적 사실을 외면하자는 것은 아니다. 보다 미래

지향적으로, 더욱 발전적으로 우리가 앞서나가기 위한 전혀 새로운 각도의 자세를 취하자는 것이다. 저마다 우리를 배우려고 각국에서 들어오고 있지 않은가. 우리는 보다 의연하고 여유 있게 세계를 향해 포효할 준비를 배워나가야 한다. 그리고 국력을 키워나가야 한다.

다문화사회에서의 역사 교육이란, 다문화적 사고방식을 바탕으로 역사를 바라보는 것이다. 이는 세계화와도 밀접한 관계를 갖는다. 삼국시대, 고려, 조선으로 나아가면서도 동일한 시대의 다른 대륙의 양상도 함께 알아야 우리를 보는 눈이 포괄적이 된다. 단군시대부터 다문화의 시작이다. 단군신화와 역사적 사실을 잘 정리해서 알려줘야 하며, 이에 대한 상징성을 주지시켜줌이 옳다. 또한 지리적 위치의 특성이나 부족의 섞임을 이야기해 단군부터 다문화 사회의 시작이었다는 신호탄을 반드시 명시해 줄 필요가 있다. 상당히 획기적이고 예민한 부분을 건드리는 격인데, 실제로 다문화 이해 강의를 다니면서 필자는 가장 먼저 이야기의 시작을 단군으로 열고 있다. 단군이 하늘의 자손이며 그래서 우리 배달민족은 하늘의 자손이 될 수밖에 없다는 논리적 접근은 지극히 유아적인 1차적 방식이다. 신화와 역사적 맥락의 상관관계를 연결시켜주면서 이를 통한 우리의 자긍심 배양은 자연스러운 일이다. 신화만 갖고 이야기하고 말면, 아이들은 피식 웃어넘기기만 할 뿐 더 이상 들으려 하지 않을 것이기 때문이다. 이 시대에 어떻게 조명하여 풀이할 것인가에 대한 꼼꼼한 배려가 필요하다. 즉 곰 부족국가와 범 부족국가 사이에서 곰 부족국가가 혼인하여 낳은 아이가 단군이

되었다는 것은 서로 다른 부족이 결합했다는 것이고, 이는 다문화의 시초인 셈이다. 하늘에서 내려온 남녀가 낳은 아이가 아니다. 그리고 인류학적으로 유전을 점검하는 DNA는 모계에서 결정되기 때문에 아버지인 환웅이 하늘의 아들이라고 당연히 하늘의 자손이라고 할 수는 없는 것이다. 즉 하늘이라는 의미는 북방유목민족을 상징하며 곰 부족은 농경민족을 상징한다. 이들이 땅에 정착하여 삶을 시작했다는 의미는 유목과 농경의 결합을 의미하며 하늘과 인간의 결합으로 인간세상을 펼쳤다는 이야기이다. 청동기 시대의 고조선 유물들이 속속 나오고 있고 우리만의 고유유물임이 증명되는 시점에서 청동기 유물을 보여주며 이야기를 함께해 주면 더욱 관심을 보일 것이다. 접근방법 자체가 달라진다. 다문화, 세계화시대에 우리가 가져야 할 역사의식은 어쩌면 더욱 굳건해지는 계기가 될 수도 있겠다. 우리의 것을 잊어버리자가 아니라, 정확히 알고 세계와 어떻게 하면 합류하여 서로 손잡고 살아가야 하는지를, 그 정당성을 우리 역사를 통해 알아가자는 것이다. 더구나 고조선의 수도는 중국 북동부지역이었고 주로 그 주변에서 청동기 유물들이 대거 쏟아져 나오고 있다. 섞임의 시작이다.

고조선의 이야기로 시작해 부여와 삼국의 시발점도 다문화적이 아닐 수 없다. 북방유목민족들이 서로 얽히고 섞여서 부여도 되고 여기에서 고구려도 나오는 것인데, 저 밑의 신라는 고구려와 중국 진나라 유민들이 뒤섞이면서 시작되고 있다. 백제도 마찬가지의 뒤

섞임으로 역사를 만들어가고 있다. 역사 교육이야
말로 시청각 자료가 많아야 한다. 왜냐하면 역사
교육이라면 따분하고 지겹고 외우는 것투성이라는
선입견이 아이들을 무료하게 만들기 십상이다. TV
드라마를 활용하면 아이들이 재미있어 하고 기억
을 더 잘 할 것이다. 이러저러한 모든 도구들을 적
절히 배합하는 것이 중요하다. 또한 시대적 문화 이
야기는 더욱 솔깃해질 수 있다. 음식, 예술, 의복,
주택 등을 보여주고 이러한 문화를 가진 시대적 배

경과 이야기를 해주면 좋을 것이다. 북방유민들이 들어오면서 고
기를 먹게 되었고, 그러면서 화덕의 변화, 온돌문화, 집의 모양새가
시대마다 나라마다 다 달랐다. 몽고군이 80년간 주둔했던 고려시
대에 몽고인들 때문에 바뀐 문화, 일본인들이 대거 주거했던 조선
세종 때의 재팬타운 등도 보여줄 필요가 있다. 세계화 교육을 함께
겸할 수 있는 역사 교육이 되었으면 한다. 우리의 주변국들은 반드
시 시대별로 항상 따라붙을 수밖에 없고 이들이 행한 행태들이 반
드시 거론될 수밖에 없는 만큼 다문화시대에 중국 다문화자녀나
일본 다문화자녀들이 많아서 조심스럽긴 하다. 그러나 있는 사실
을 알려줘야 할 의무는 있으니까 반드시 정확히 알려줘야 하며, 얼
마나 힘들게 역경을 거쳐 왔는지를 알려줘야 한다. 교사들의 사견
이 섞인 분노라든지, 울분은 토해내지 않는 것이 현명하리라 본다.
바로 아이들이 이러한 것들 때문에 다문화 아이들이 따돌림을 당
하고 폭언을 당한다. 극히 조심스러운 부분이 아닐 수 없다. 서로

다른 문화끼리 상충하는 면도 있는 반면, 문화의 풍성함이 생기는 것도 반드시 따라가야 한다. 그리고 조심스럽고 예민한 부분을 좀 더 현실적이고 문화적인 부분으로 상쇄해서 화제를 돌려야 한다. 일례로 우리가 먹는 음식문화의 예를 들어 주는 것도 좋은 방법(인간의 혀끝이 가장 솔직하고 즉각적이다)이다. 우리가 우리의 것으로만 믿고 있던 김치도 다문화의 결과물인데, 삼국시대 때 북경 근처의 유목민들이 절인김치를 갖고 먼 길을 다녀야 하는 데에서 유래한다. 그래서 우리나라에 들어온 절인김치는 조선시대 임진왜란 이후 포르투갈에서 들어온 빨간 고추와 만나면서 지금의 김치가 된 것이다. 또한 샤브샤브의 예도 마찬가지인데, 몽골 칭기즈칸부대들이 넓은 영토를 달리면서 먹었던 것에서 유래한다. 철모에 물을 끓여서 주변의 돌아다니던 양고기와 채소들을 함께 넣어 먹었던 것에서 유래되어 지금은 오히려 일본음식으로 알려져 있지 않은가?

우리의 전통 의식주라는 것도 실은 모두 섞이고 혼합되어 우리식으로 굳어진 것들이 대부분이다. 섞임이란 역사의 길이만큼 다양한 것이라는 명제를 알아야 한다. 전체적인 역사의 흐름을 인지하고 우리 선조의 다양한 면이 있었다는 것, 그리고 많은 사건들(주로 우리는 시험을 위한 사건 중심의 역사 위주였다)과 그것에 대한 여러 다양한 의견들이 있을 수 있다는 것도 반영해야 한다. 집안의 성씨를 조사하게 하여 성에 대한 이야기와 함께 어떻게 흘러들어와 어떻게 합류되었는지 역사를 통해 이야기를 풀어가는 것도 좋을 것이다.

우리나라는 외침의 역사이기 때문에 역사 시간 그 자체는 분노나 슬픔 등을 불러일으키기 쉽다. 특히 일본이나 중국, 몽골 등 역사적으로 밀접한 관계의 국가를 무시하거나 미워하는 발언이 무의식중에 나올 수 있다. 그래서 여기에 해당되는 다문화자녀의 경우는 본의 아니게 학급에서 표적이 되기도 하고, 그 부모까지도 들먹이며 폭언과 욕설이 시작되는 경우가 많다.

역사 교육은 지난 과거에 대한 사실을 바탕으로 어떻게 발전적으로 잘 이끌어 갈 것인가, 어떻게 남들과 평화롭게 살아갈 수 있는가, 조상들의 힘겨운 고통을 바탕으로 우리가 해야 할 일들은 무엇인가 하는 자존감과 사명감을 심어줘야 한다. 그래서 대한민국이라는 희망의 나라라는 의식이 자연스럽게 싹틀 수 있도록 유도하는 것이 중요하다. 특히 역사만큼은 이야기를 통해 자연스럽게 관심을 갖도록 유도하는 기술이 필요하다.

역사는 스토리텔링이며 이야기다. 그리고 재미있고 살아있는 드라마다. 역사는 이제 더 이상 100% 암기과목으로 미움을 받아서는 안 된다. 더구나 세계화, 다문화시대를 살아가면서 어떠한 자세로 역사를 받아들이고 나아가야 하는지는 한 사람의 인성과 도덕, 정의관에 큰 영향을 끼친다. 어떤 내용을 어떻게 가르치느냐는 새로운 시대적 소명으로 개혁되어야 할 것이다. 이제 아이들의 눈높이에 맞게 들려주는 것은 교사들의 몫이다. 스토리텔링기법을 익히고 교사들끼리의 워크숍으로 서로의 장점을 맞교환하는 연수가 절대적으로 필요하다. 이를 풀어내는 방법과 시간활용을 어떻게 할 것인가는 학생의 동기부여에 크게 좌우되기 때문이다. 학생들

70 이러한 시간에는 옳고 그름을 정하기보다는 서로의 다양한 의견을 펼쳐 보이는 것에 초점을 맞춰야 한다. 특히 교사의 지적은 삼가고, 그러한 자유스런 토론 분위기를 만들어주는 것이 큰 역할이라 할 수 있다.

71 Christine I. Bennett, 《다문화 교육 이론과 실제》, 2009, p.481.

에게 흥미 있는 부분의 참고서적 혹은 읽을 만한 책을 소개해 주고 권유한다. 그리고 많은 이야기에서 공통적으로 나오는 어휘목록을 작성하여 서로 이야기를 나누도록 한다. 또한 이야기 배경을 이해할 수 있도록 시대적 배경과 어울리는 지도를 함께 병행하여 학습시켜 준다. 학생들은 읽고 있는 교과서보다도 인간적인 이야기가 얽혀 있는 이야기책, 소설, 드라마에 잘 공감하며 이야기 나누길 원할 것이다. 그룹별로 테마를 정해 서로의 의견을 주고받으면서 보다 많은 사건들이 동시에 서로 다른 장소에서 펼쳐지고 있는 것도 새롭게 경험할 수 있을 것이다. 예를 들어, 백제그룹 편에서 보는 나제동맹과 신라그룹 편에서 보는 삼국통일의 입장, 한편 고구려의 입장에서 보는 시각들을 저마다 나누어 이야깃거리를 만들 수 있고 재미있는 토론의 장을 만들 수도 있다. 이러한 '논의 혹은 토론'[70]을 통해 서로 다른 사람들의 차별성과 공통점을 교환하고 알 수 있게 될 것이다.[71] 고학년의 경우, 자연스럽게 세계사로 유도하며 서로를 씨줄 날줄로 알아가는 계기도 필요하겠다. 왜냐하면 여러 나라들 하나하나가 우리와 어떤 인연관계가 있는지, 관계 형성이 어떻게 되었는지 알려주는 것도 다문화자녀와 함께 살아가는 하나의 방법이 될 것이다. 역사는 가치관 형성으로는 최고의 학습이다. 〈부록 해당 도표 참조 p.344〉

9. 애국과 국가정체성 교육(Patriotism & Education for national identity)

2006년부터 우리나라 교과서에는 역사적인 변화가 일어났다. '단일민족'이란 단어가 퇴출된 것이다. 교육부는 단일민족을 지나치게 강조해온 탓에 이민자에 대한 배타적 감정을 주입할 위험이 있는 대목을 제외하기로 한 것이다.[72] 이

러한 조치에도 불구하고, 그 이듬해 유엔 인종차별철폐위원회 (CERD: Committee on elimination of Racial Discrimination)가 '한국은 인종차별적 요소를 없애고 다인종적 성격을 인정하는 적절한 조치를 취하라'고 권고했다. 이는 유엔이 한국사회에 만연한 단일민족환상, 순혈지상주의, 닫힌 민족주의에 따끔한 경고를 한 셈이다.[73] 사실, 한국사회가 유지해온 '단일민족' 이념의 긍정적 역할은 결코 무시할 수 없을 것이다. 단일민족의 정체성은 지난 반만 년 동안 600여 차례의 외침을 겪을 때마다 단결된 힘을 모으는 정신적 구심점 역할을 해왔다. 고려·조선은 물론이고 일제시대에는 '배달민족', '백의민족'이란 이름으로 일제의 침략에 저항하는 원동력으로 작용했고 그 힘으로 여기까지 온 것이다. 이 투철한 단일민족성에 대한 교육은 그 뿌리가 너무 깊고, 단번에 잘라내기란 무척 힘들어 보인다. 그러나 주변 환경이 급변하고 세상이 달라지고 있다는 것에 뿌리도 어쩔 수 없는 것이다.[74] 여기에서 오는 혼란으로

[72] 〈돈 버는 아빠 살림하는 엄마〉 동아일보, 2006. 09. 18일자.

[73] "외국인과 혼혈을 차별하는 단일민족 국가 이미지를 극복하라" 2007년 8월, 유엔 인종차별철폐위원회(CERD)가 한국정부의 '인종차별철폐조약' 관련 이행보고서를 심사하고서 발표한 권고보고서의 요지다.(연합뉴스)

[74] 김창곤, 리더스포럼 "단일민족·순혈주의 다시 생각하자", 전자신문, 2007. 09. 10일자.

국가적으로 경험하는 바이고, 그에 따른 이주민에 대한 낯설음으로 시작된 반감이 정체성의 새로운 정립을 방해하고 있다.

우리는 현재 격동, 동요, 상실, 방황의 시대에 살고 있다.(김정환, 강선보, 2009) 단일민족으로 시작한 우리의 민족주의는 한민족의 역사성과 이상을 반영하는 민족교육을 강하게 받은 탓이다. 우리는 분단국가이기 때문에 그 정도가 여타 다른 민족주의를 주장하는 국가들(독일, 일본)보다 더 심하다. 한 민족, 두 정부 상태하에서 민족교육(반공교육의 민족교육)이 진행되어 왔고, 서로 대치하고 있는 국면에서 논의의 다양성은 있을 수 없었다. 우리나라의 민주주의는 곧 민족주의가 기반이 되어 움직였다. 그러한 민족주의는 세계지배체제에 빌붙어 권력의 도움을 받으려 한다는 식의 주장이 터져 나오게 되었다. 그래서 세계화란 미국의 속셈에 걸려든 것으로 폄하하는 민족주의를 주장하는 사람들 중에서 나오기도 한다. 세계화의 흐름은 굳이 미국이 아니어도 어차피 흘러가게 되어 있는 물줄기이다. 그러한 대세에서 우리 역시 흘러가는 흐름을 타고 가야 한다. 아무튼 여러 가지 주장들이 난립하고 그에 따른 세력

확보도 서로 강해지고, 어디에 줄을 서느냐에 따라 한 사람의 정치적 색깔까지도 굳혀 버리는 그런 혼란함을 겪고 있다. 이는 다양한 세상을 접한 우리의 황당함을 드러내는 것이다. 한국인의 외국인에 대한 시선은 차갑기 그지없다. 이제는 민족, 혈통, 피를 운운해서는 해답

이 나오지 못한다.

75 박명규, 《새천년 한국인의 정체성》, 2001, p.819.

정체성하면 정체성이란 단어 앞에 '민족(racial)'이나 '인종(ethnic)'이 투명하게 존재하는 것으로 여겨졌다. 즉 자신이 속한 국가 또는 인종집단의 문화와 유산, 관습과 전통을 동일시하는 데에서 부터 시작되었다.

76 이정덕, 《세계화가 한국인의 정체성에 미친 영향》, 2001, p.786.

주체성도 민족정체성이 아닌 국가정체성으로 말해야 옳다. 그럼에도 불구하고, 민족정체성이라 함도, 실은 개인적으로는 특정한 민족의 일원이라는 심리적 귀속성의 근간이라고 사회적으로는 공동체의 문화적 동일성을 구성하는 바탕이 된다는 정의도 눈여겨볼 만하다.[75] 이렇게 민족정체성으로도 이방인에게 배타적인 태도를 취한다면 진정한 정체성이라고 할 수 없다는 것인데, 하물며 국가정체성이야 말해 무엇 하겠나? 이젠 정확성을 기해서 국가정체성으로 말하자. 이제 정체성은 단일민족이라는 것에서 멀어지게 되어 있다. 정체성은 고정성이 아니다. 얼마든지 움직일 수 있다. 그리고 움직이고 변하는 것이 당연한 것이고 자연스러운 것이다. 다양한 사회변화에 따라 개인에게 정체성을 재구성하고 다시 되짚어 볼 수 있는 기회가 활짝 열렸다. 정체성에 유동성을 부여하게 된다는 말이다.[76] 이러한 혼란기는 발전의 도약이 될 수 있는 블루오션이 될 소지가 강하다. 이를 현명하게 잡으려면 성숙한 세계시민의식과 함께 나라 사랑하는 마음이 깔린 국가정체성이 올바로 정립되어야만 한다. 국가정체성이란, 한 개인이 국가와 민족이라는 집단에 속하여 있다는 소속감이며, 체제 존속의 기본적인 요소이다. 국가정체성이 강해지면, 한 국가에 대한 신뢰, 믿음, 연대감, 소속

77 이성무 한국역사문화원장의 기조 강연 중, 2010. 12. 23.

78 박천웅, 《다문화교육의 탄생》, 2009, p.489.

감, 자부심을 강하게 느끼고, 이것이 부족하면 국가에 대한 충성심과 애국심, 국민적 단합과 결속력이 약해진다. 국가정체성은 보이지 않지만 존재를 지탱해주는 면역체계 같은 것이다.

한국교육과정평가원이 '아시아 3국(한국, 일본, 대만)의 교과서 내용 관련 쟁점과 해소방안'을 주제로 개최한 세미나[77]에서 이렇게 강조했다.

> "국가 정체성 확립에 필요한 국어, 국사, 한문, 도덕 등은 옛날처럼 필수로 하는 것을 고려하고, 대학입시나 각종 국가고시의 시험과목에 넣어 배점을 올려야 한다. 국사와 국어를 필수로 하는 것은 앞으로 다문화가정이 늘어나고 국제결혼이 늘어나면 미국처럼 국가의 정체성이 문제가 될 것이니 국민의 정체성을 확립할 필요가 있기 때문이다."

다문화시대를 맞아, 애국을 놓고, 다문화가 애국이냐 비애국이냐는 갈림길에 놓였다. 또한 다문화 안에서도 어떠한 방향성이 진정한 애국인지, 국가정체성을 해치면서까지 다문화운동을 해나가는 것은 아닌지 하는 갈등이 있다. 마구 뒤섞이고 있기 때문이다. 하다못해 정치세계에서도 이 문제를 격하게 설왕설래하는 부분인만큼, 잘못 이야기를 꺼냈다가 싸움으로 번질 위험부담까지 안게 되는 매우 민감한 주제이다. 뱅크(Banks)는 이러한 교육에 있어서는 국가 간 상호 의존성에 대한 이해, 다른 국가에 대한 명료한 태도, 사회적 통합, 세계 공동체에 대한 반성과 정체성을 함양하는 것을 주요 목표로 해야 한다고 본다.[78] 특히 다문화적 시민성에 기초한 이주민의 정체성은 고정적이고 정체된 것이라기보다는 복합적이고 변화하며, 상호 중첩되는 흐름이 있다.[79] 뱅크와 킴리카 (Banks, Kimlicka)는 다문화적 정체성 개념에 따르면 문화적 애착심이 부재하는 시민보다는 소속 공동체의 문화, 언어, 가치에 명료하고 사려 깊은 애착심을 지니고 있는 시민이 국가에 대한 반성적 정체성을 형성할 가능성이 더 높다고 본다.[80]

79 위와 같음.

80 위와 같음.

누구든지 나라를 사랑한다는 원칙에는 다들 동의하면서도 그 방법론에 있어서는 첨예하게 노선을 달리하고 있다. 예를 들어, 인권문제만 보더라도, 결혼이주여성의 인권만 갖고 논란을 펴곤 한다. 대한민국 안에는 여성도 살지만, 남성도 살고 있다. 이주여성들이 침해받고, 오해받고, 폭언과 폭력에 시달리는 예가 많은 것은 사실이다. 그러나 우리나라의 이주인권 운운하는 것이 거의 여성에게만 한정되어 있다. 또한 여성인권을 대변하는 것은 좋은데, 대한민국이라는 테두리 안에서 여성이 있는 것이고, 대한민국 안에서 이주여성이 있는 것을 자칫 망각하는 경우가 종종 보인다. 이들의 여성으로서의 권리만 갖고 소리를 높인다면, 이혼밖엔 없으며, 이혼 후, 불법체류자로 전락할 경우의 삶의 터전 등을 주장하는 것도 법의 테두리 안에서 반드시 생각해야 한다. 이러한 미묘한 방향성은 어디에서나 보이는데, 이주노동자를 위한 운동에서도, 불법체류자를 위한 운동에서도 대한민국을 잃어버린 채 말한다는 것은 어불성설이다. 엄연히 대한민국은 법치국가이다. 국가에서 정한 법을 따라야 하는 것은 국민이라면 기본의무이다. 그런데 이주민에게만 이 법을 풀어줘야 할 일은 또 아니다.

사정이 딱하고 울분이 나고, 피를 토할 것 같은 억울함을 대변해 주고 알리는 역할을 하는 일은 분명 있어야 한다. 그러나 법의 테두리 안에서 그리고 대한민국이라는 정체성을 손상하지 않는 한에서 해야 한다는 것은 잊지 말아야 한다.

사람 사는 모든 일이 법의 테두리 안에서 이루어지고 행해지고 하는 것이다. 다문화에서도 법률이 분명히 존재하고 이에 맞는 행동이 행해져야 법질서가 이루어지는 것이다.

우리가 미국에 가려면 미국 법에 맞게 서류도 준비해야 하고 여러 가지를 그에 맞게 갖춰야 하듯이, 이주민들도 우리나라 법에 맞게 살아가도록 우리가 도와줘야 한다. 그러나 우리나라 법이 엄연히 존재하고 있음에도 우리나라 법을 피해가는 요령이나 방법을 가르쳐주는 행위는 분명히 범법행위이고 옳지 않은 것이다. 현재 실행되고 있는 관련법을 잘 알도록 교육시키고 그 법을 잘 지킬 수 있는 방법을 알려줘야 한다. 그리고 그러한 것을 챙겨주는 통번역 시스템이나 인터넷, 그리고 모바일 정보 알림 같은 생활 밀착형 서비스를 친절하게 해 줘야 한다. 이러한 것들을 서로서로 협동적으로 해나가는 것을 바람직하게 안내해 줘야 한다. 한국에서 살아가는 내외국인 모두가 해당된다. 그러니까 학교에서 학생들 모두에게 이것은 반드시 가르쳐야 할 부분이다. 왜냐하면 앞으로 더욱더 이주는 활성화될 것이고, 그럴 때일수록 국가의 자리매김은 그 어느 때보다도 확고해야 하기 때문이다. 세계화다 다문화다 해서 어지럽게 뒤섞일 때 더욱 국가에 대한 개념은 단단해지는 것이다. 그래서 국가에 대한 자존감, 애국심, 자기 자신의 정체성을 고취시키는 일은 교육에서 담당할 가장 중요한 일이 될 것이다.

외국인, 즉 이주민의 경우에도 한국이라는 나라에 올 때면, 많은 각오와 결심을 굳히고 온 것일 것이다. 더구나 탈북민의 경우에는 더 말할 것도 없을 것이다. 이렇게 굳이 대한민국을 찾은 이유가 있었고, 이곳의 일원이 되고 싶어 하는 것인 만큼, 대한민국이라는 소속감에 대한 희망과 그에 맞는 의무감도 심어줘야 한다. 그래서 학교에서는 세계화, 다문화 이해 교육, 소양교육 등을 해나가면서 동시에 국가개념을 반드시 심어줘야 한다. 이 시대의 새로운 애국심, 정체성은 어디에서 찾아야 하는지 어릴 때부터 이러한 방향타가 설정되어 있지 않으면 자라나는 아이들의 미래를 담보 지을 수 없다. 특히 엄마나라, 아빠나라 이 두 나라의 네트워크를 갖고 태어나는 다문화자녀의 경우에는 특히 대한민국의 정체성을 깊게 심어줘야 한다.

대한민국 국적임에도 엄마나라가 일본이라는 이유로 아이들에게 심한 폭언을 들어야 했던 일본 다문화자녀의 경우를 흔히 본다. 모든 다문화자녀들은 다문화라는 이유로 차별을 받게 되면 정체성에 혼란을 경험하게 된다. 그런가 하면, 내국인 가정의 내국인 자녀가 조기유학을 떠나버리면 그 아이는 완전한 외국 아이가 되어 돌아온다. 그리고는 한국생활에 적응을 못하고 다시 외국으로 가버리는 경우도 흔히 본다. 이는 고집스런 국수주의와는 전혀 다르다. 국가에 대한 충성심과 애국심은 무척 중요하며 세계 어디를 나가든 국가에 대한 자긍심은 지워지지 않기 때문이다.

물론 학교에서의 애국심, 정체성 교육의 필요성은 당연한 것인

만큼 외국인이나 이주민을 위한 애국심 교육도 필요하다. 이들은 전 지구상에서 굳이 대한민국을 제 발로 찾아온 사람이다. 그러한 사람에게 대한민국에 대한 자긍심을 심어주고 애국심을 만들어주는 것은 너무나 당연한 우리의 의무이다. 이들도 그러한 것을 원할 것이다. 자신의 선택에 대한 보람을 이러한 교육에서 얻어갈 것이기 때문이다.

그런데 여기서 조심할 것은 막연한 민족주의, 국수주의로 빠져들어서는 안 되는데, 이러한 조절과 균형을 바로잡아줘야 할 부분이 바로 교육이고 내국인 모두의 역할이다. 그래서 이 시대의 진정한 애국심을 고취시키는 것 그리고 다른 나라와 평화롭게 살아가는 방법에 대한 전 국민적 교육 등이 중요하다. 크게 봤을 때, 국가 정체성 교육 안에는 역사 교육도 있고, 타문화 교육도 있다. 다문화가정에서 가장 큰 문제가 되는 것도 바로 이것이다. 월드컵에서 한일전이 펼쳐졌을 때, 한일 다문화가정에서 태어난 다문화자녀는 어디를 응원해야 할까? 한일 다문화자녀 10명에게 물어봤을 때 다들 대답은 '누구든 이기는 쪽이 우리 편이다'라는 것이다. 참으로 짓궂은 질문이고, 맞춤형 대답이다. 중국과 한국, 일본 이 세 나라는 현재 저마다 영토문제로 서로 으르렁거리는 관계에 놓여 있다. 참으로 미묘하고 어려운 관계이다. 그러나 떼려야 뗄 수 없는 관계이다. 영토를 옮길 수도 없고 이사 갈 수도 없다. 마치 형제나 자매 관계 같다. 잘 되면 이보다 더 좋은 이웃이 없을 테고, 잘못되면 다시는 보기 싫은 원수가 되어버린다.

다문화국가에서도 가장 많은 인구를 차지하는 국가들이다. 우리가 어떻게 풀어가고 어떻게 헤쳐 나가야 할지는 영원한 과제일지 모른다. 그래서 지금이 중요한 시기이고 과정이다. 지상과제인 영어 중심 시대이나, 그럴수록 올바른 우리말 교육을 강화해야 한다. 그 나라의 언어는 곧 국가정체성으로 직결되기 때문이다. 그리고 다양한 관점이 살아있는 역사 교육(세계적 관점의 역사 교육. 다문화 역사 교육)이 정립되어서 애국심과 주변국에 대한 이해와 배려를 함께 갖춰야 한다. 사실 다문화 교육은 씨줄 날줄로 자연스럽게 모든 교육 분야에 다 연결된다. 세계화, 다문화시대인 지금 우리는 우리나라의 자주성과 정체성을 다져가면서 동시에 세계화의 흐름에 맞추어 넓은 시야와 배포를 지녀야 할 때이고 이를 반드시 주지시켜야 한다. 자신에 대한 확고한 주체성과 정체성 확립은 자아존중감으로 이어지게 되며 정서적인 안정감과 학업성취도에까지 직접적 연관을 나타내고 있다.(심우엽, 2009) 자아존중감은 집단적 자아존중감으로 확대되는데 자연스러워지며 모든 사람들이 함께 어우러져 살아간다는 것에 신경질적인 반응을 보이지 않게 된다. 이는 전 국민의 탈바꿈이 전적으로 필요한 부분이다. 2007년 스위스 국제경영개발원(IMD)의 국가 간 경쟁력 보고서에는 한국인의 문화적 폐쇄성이 44위(49개국 중)로 나온 바 있으며, 인종차별 해소 정도는 51위(55개국 중), 문화적 개방성은 꼴찌였다. 이는 상당한 의미를 부여하는 것으로, 우리나라의 세계화적 문화적 소양에 있어서 심각한 수준임을 단적으로 보여주는 양상이다. 다문화자녀에 대한 놀림이나 따돌림, 차별행위는 정체성의 혼란을 야기하고 이들의 정서적 불안감과 국가에 대한 불신과 미움 등으로 확대될 소지가

81 문화일보. 2011. 02. 07일자.

크다. 사회적 집단행위에 대한 위축감과 사회성의 미발달을 불러오는 것은 당연한 결과이다. 국가정체성에 대한 인식 개선과 전 국민의 소양에 대한 진화는 이 시대에 반드시 필요한 우리의 의무가 되어야 한다.

더구나 2011년 처음으로 다문화자녀 100여 명이 군대에 들어갔다. 이와 더불어 국군 임관선서에서 민족이란 단어 대신 국민이라는 말로 바뀌었는데 이는 군대라는 가장 보수적인 조직사회에서 다문화를 받아들이고 다문화자녀도 우리 사회의 일원으로 함께 출발한다는 의미로서 눈에 띄는 대목이다.

군대에서의 다문화 분위기가 이제부터 시작인데, 향후 군대에 갈 해당 다문화자녀가 3,200명이 있으니 군대 내의 폭력과 폭행, 폭언 등이 아직도 있는 한, 다문화자녀는 또 다른 차별과 왕따의 사회 속으로 다시 들어가는 것은 아닌지 심히 걱정이 된다. 각종 무기를 다루는 곳이고 휴전선에서 철책 근무를 서면서 과연 주적이 누구인지, 더욱더 확고한 국가정체성이 뒷받침이 되지 않고서는 하루도 버텨낼 힘이 없을 것이다.

요즘의 신병정신교육의 경우 군인정신과 야성 기질 함양에 중점을 뒀다는 것이 변화된 점이다. 이를 위해 입소 1~3주차 집중교육을 통해 올바른 국가관 및 군인정신을 함양하고, 전투의지 고취를 위한 정신교육의 장으로 활용하겠다는 것이다.[81] 이러한 때에 다문화적 소양과 정신을 함께 넣어주는 방식으로 교육적 전략을 짜야한다. 이를 위한 양성평등 교육이나 세계화 교육, 다문화 교육 등이 순차적으로 있어야 한다.

특히 군대에서 간부는 군을 이끌어가는 리더의 역할을 하게 된다. 특히 장교는 소대장으로부터 참모총장과 합참의장에 이르기까지 각급 제대의 지휘관이 돼 전투를 지휘하고 부대를 관리하며 부하들을 통솔해야 하는 만큼 리더십이야말로 군대 내의 생명과도 같다. 특히 조직에서의 화합과 강한 유대감을 이끌어야 하는 장교 교육에서의 다문화 교육은 필수여야 한다.

군대에서의 지휘자의 말 한마디, 행동 하나하나는 모두의 모델링이 되기 때문에 군의 위상과 맞닿아 있다. 삼사관학교나 ROTC의 교육에서도 다문화 이해와 소양교육은 반드시 이뤄져야 하며, 이들이야말로 지휘자로 양성되는 과정에 있는 학생들로서 이러한 변화된 사회상에 맞는 조직 문화는 군의 기본골격으로 심어져야 할 것이다.

특히 전투형 군대 육성의 핵심은 유능한 간부 육성이다. 지금까지 전투원으로서 기본적인 전투기술 습득에만 중점을 두고 이뤄졌던 간부 교육을 올해는 전투지휘와 교육훈련지도 능력도 구비한 간부로 목표를 재설정했다고 한다. 먼저 '임관종합평가제'를 후반기부터 시범 적용한다. 임관 전 종합평가를 실시해 자격기준을 통과한 간부만이 임관할 수 있도록 한다고 하는데, 더 힘들어지겠다. 불합격자는 임관에서 배제한다는 것인데, 어쨌든 이 제도는 강하고 혹독하게 훈련받은 초급장교들이 부임한 부대가 전투력이 상승하고 각종 사고가 획기적으로 줄어든다는 결과에 따라 도입된 것이니 만큼, 다문화 군인과의 조화를 어떻게 이뤄야 할지도 임관 시에 중요한 리더십 덕목에 들어갈 때가 되었다.

국가정체성 없이는 '내가 왜 총부리를 북을 향해 겨누고 있어야 하나', '이래서 무슨 의미가 있나' 하는 알맹이 없는 허무주의로 빠질 공산이 크다. 강한 국가정체성 확립은 가장 기본이어서 '국가'라는 말에 방점을 둬야 한다. 우리나라는 민주공화국인 만큼 대한민국 구성원인 국민이 자유롭고 평등하게 국정에 참여하고 국가 운영에 개입할 수 있어야 한다. 다문화군인 역시 대한민국 국민으로서 당연한 권리를 당당히 가져야 함은 물론이다. 〈부록 해당 도표 참조 p.346〉

10. 글로벌 예절 교육(Education for global manners)

'글로벌 매너' 혹은 '글로벌 예절' 하면, 우리나라 안의 이주민 국가들에 대한 최소한의 예의를 우리도 알아보자는 차원보다는 세계시민으로서의 소양 쪽으로 접근하는 것이 더 바람직하다. 세계화는 다문화를 불러왔고, 다문화의 발전은 곧 세계화와 총체적인 연결을 의미하기 때문에 그리 먼 이야기는 아니다. 세계는 너무나 바뀌었다. 세대 간 차이를 훌쩍 벗어나 예전엔 상상하기조차 힘들었던 세계시장이 마구 들어오고, 글로벌 경쟁은 하루하루 눈에 띄게 심해지고 있다. 오늘날 인재양성도 글로벌 사회에서의 경쟁 속에 놓여 있다고 해도 과언은 아니다.[82]

예절이란 주어진 상황과 역할에 따라 달라질 수 있다. 그래도 우리 고유의 전통이 서린 예법이 있고, 다른 나라의 고유예법이 있다. 그러한 갭을 어떻게 메울 수 있을까가 새로운 고민거리가 되고 있다. 베트남의 예법대로 행하는 결혼이주여성과 이를 이해하지 못하고 기분이 상해하는 남편과 시부모, 우리의 예법만 기준잣대로 두면 갈등과 싸움밖에 남지 않는다. 또한 글로벌 사회에서 비즈

82 정영순, 한상숙, 정영주, 《글로벌 매너 요럴 땐 요렇게》, 2007, p.10.

니스는 전 세계가 오픈되어 있는 만큼, 그들과 접촉해야 하는 우리로서는 우리의 것만 고집해서도 안 될 일이다. 우리의 것을 알려주면서 공통으로 통하는 그러한 매너는 반드시 익혀야 한다.

그래서 예절이라 하면, 예의와 범절의 준말로서, 오랜 생활습관을 통해 하나의 공통된 생활방법으로 정립되어 관습적으로 행해지는 사회계약적 생활규범을 뜻한다. 우리는 우리의 전통예법을 잊은 지 오래되었다 싶을 정도로 서구화되었다. 젊은이들에게 우리 예절도 아니고 그 어떤 것도 아닌 이상한 풍습이 있다고 혀를 끌끌 차는 어르신들도 많다. 이제 우리는 원활한 공동체를 만들어가기 위해, 또한 세계시민으로서 당당해지기 위해 기본적인 행동양식은 반드시 배워야 마땅하다.

먼저, 각자의 나라의 고유한 예절보다는 한층 진일보된 지구촌의 행동지침을 세우고 서로 배워나간다. 개인보다는 공동체의 삶이 우선시됨을 인지시킨다. 그러면서도 다른 문화를 이해하고 인정하는 의식구조가 필요하다. 상황에 맞는 기본적인 예절도 알아야 한다. 실제적인 경험이 중요하다. 모든 만남의 기본은 인사로 시작하고, 인사만큼 자신을 잘 알리는 것도 없다. 그만큼 대인관계의 기본을 이룬다. 여러 가지 인사법을 익히고 어떻게 말을 이어가는지 실습이 필요하다. 대학을 나오고도 누구를 만나 무슨 말을 어떻게 해야 할지 난감해 하는 사람들이 의외로 무척 많다. 더욱이 낯선 외국인을 만날 경우, 말문이 막혀버리는 것을 한낱 성격 탓으로만 돌릴 일이 아니다. 우리에게는 이러한 교육과 실습이 있지도 않았고 이에 대한 중요성조차도 인지하지 못했다.

오늘은 세계화시대에 걸맞는 교육이랄 수도 있고 또한 서로 다른 인종끼리 만나 함께 나아갈 수 있는 소통의 도구로써 매너, 예절만큼 중요한 것이 없다. 이는 형식적인 절차나 귀찮은 일이 아니며, 인간과 인간 간의 끈은 바로 이러한 매너와 예절로써 만들어진다.

예절과 매너에 있어서 기본적 규칙만 익혀도 서로 다른 국가와 그 문화들에 어느 정도는 이해하는 편으로 믿고 들어가는 것이 될 수 있다. 기본적인 규칙도 모른 채 함께 살아가야 하는 것이 다문화시대의 우리의 몫이다. 자신도 모르게 엄청난 과오를 저지르게도 되고 또한 본의 아니게 오해해서 다툼과 헤어짐으로 이어지는 사례는 흔히 들어오는 이야기이다. 기본적 매너를 지키지 않는 데에서 오는 감정의 골은 서로간의 관계형성에 얼마나 큰 요인이 되는지 그 중요성에 대해 너무 모르는 것 같다.

우리 내부로 눈을 돌려보자. 다문화 조직의 불화의 원인은 서로를 이해하지 못하고 자기 것만 고수하는 것에서 온다. 이주노동자들이 인권침해를 받는 이유 중의 하나도 우리나라의 문화와 언어를 잘 모른 채 일만 하면 된다는 식이 불러온 결과물이다. 이제는 사전교육을 통해 입국하는 시스템을 갖추었으나, 사람과 사람의 마찰은 작은 것에서 비롯된다. 고용주는 언어나 기존의 문화에 익숙하지 않아 결국 생산성에 문제가 반복적으로 나타날 경우 서로간의 관계는 불화로 치닫게 된다. 서로 다른 문화의 이질감이란, 감정표출이 너무나 판이하게 다르다는 데에서 기인한다. 문화적 고정관념에 의한 선입견과 편견은 다문화사회에서 인간관계의 벽을 형성하게 된다. 대표적인 선입견으로는 흑인은 게으르고 범죄인들

83 자민족주의(이트노센트리즘, Ethnocentrism)는 다른 문화, 가치관 매너 등 여러 면에서 생소한 것을 경험하게 되면 일단은 나의 것을 기준으로 저울질하며 평가를 내리는 것이다. 더 나아가서는 나의 것만이 정상이고 옳다고 믿고 다른 것을 경험하게 되면 그들이 틀리며 비정상이라고 판단한다.(Eunsook lee Zeilfelder, 《한국사회와 다문화가족》, 2007, p.20.)

같고 조직 내에서 분실사고라도 날라치면, 으레 흑인부터 의심하고 들어가는 것도 그렇고, 탈북민의 경우, 마찬가지로 게으르고 제멋대로이고 부리기 힘들다는 것, 조선족인 경우, 사납고 불친절하고 드세고, 동남아시아인들은 게으르고 자기 것만 챙기고… 라는 식이다. 특히 우리보다 못하는 민족들에게는 우리 문화가 훨씬 우월하다는 자민족주의[83]가 은연중에 피어오르기 때문에 계속된 긴장감은 조직의 불화를 야기한다. 배려와 신뢰가 없으면 작은 것 하나만으로도 확대 해석되어 불이 붙는다.

동양 문화권은 군신간의, 부부간의, 형제간의, 등으로 서로의 격을 이해하고 챙겨주고 자신도 배우고 익혀서 서로의 관계 형성에 마구 대하는 법이 없었다. 그러나 자유로운 시대가 되고 더구나 낯선 국가의 낯선 사람들과 함께 살아가야 하는 이 시대에 혼란의 가중은 서로의 문화 차이일 것이다. 가장 기본적인 예절을 알고 챙기면 도움이 될 것 같다. 사람은 감정적인 부분이 생활의 거의 전부이다시피 좌우되기 때문에 첫인상이 잘못되거나 본의 아니게 어긋난 예의를 범했을 때 되돌리기가 무척 힘들다. 그래서 어릴 때부터 아니면 결혼을 앞두고, 이주민을 받아들이기 전 서로가 알아야 맞이할 수 있는 것이다.

여기에서 문제는 우리의 예의범절을 익히는 것이 가장 우선이며, 이를 외국인이나 이주민에게 먼저 알리는 것이 중요하다. 왜 이런 것을 알아야 하는지 의아해 하지 않도록 서로의 삶의 한 방식으로 접근시키면 될 것이다. 예절교육을 통해 서로에 대한 존중감이 생기고 함부로 마구 대하는 것도 자제하게 된다. 이주민 국가에 대

1. 전 국민(일반인 및 학생)을 위한 다문화 교육

한 예법도 나누어 배우는 지혜가 절대적으로 필요하다. 상대에게 맞춰 줄 수도 있어야 하고, 상대를 무시하지 않는다는 마음가짐으로 서로의 예법은 상식적으로 알고 있어야 할 것이다.

세계는 정말 빠르게 바뀌고 있다. 오늘날 모든 직업 분야가 글로벌 사회에서의 경쟁 속에 놓여 있다 해도 틀리지 않는데, 해외비즈니스 세계에서도 상대국에 대한 예법 정도는 미리 알고 움직이는 것이 훨씬 유리하게 작용할 수 있다. 비즈니스 세계에서의 만남은 어찌 보면 세계화, 다문화시대에 가장 중요한 밑거름이자 국가경쟁력에 직접적인 활동이며 윤활유의 역할을 할 수 있다. 이러한 활동을 하는 직장인이나 사업가 역시 상대를 편안하게 해주고 나서 비즈니스가 원활하게 돌아가듯이 이러한 글로벌 예의나 매너 등은 반드시 알고 접근해야 한다.

우리 사회에서의 다문화인들과 올바른 소통을 하고 그들과 함께 손잡고 살아가야 하기 위해 가장 기본적인 것, 즉 사람과 사람 간의 연결고리를 만드는 일이 바로 예절교육이다. 흔히 악수라 하면 한 손으로 잡고 조금 흔드는 것이 좋은 모습인데, 나라마다 그렇지 않은 면도 있다. 베트남의 경우 두 손으로 악수를 한다. 이것을 흉하다거나 매너를 모르는 무식한 사람이라고 할 수는 없다. 인도 사람들은 고개를 끄덕이는 것으로 대신한다. 아니면 합장의 손이 대표적이다. 꽃 선물은 꺼리고 힌두교 사람들이 대부분이라 쇠고기는 금한다. 무슬람 사람에게는 돼지고기를 주지 않는다. 또한 고개를 좌우로 흔드는 것이 주의를 기울인다는 표현이다. 이런 식으로 상대국을 만났을 때는 기본적으로나 일상적인 상식으로 최소한의 정도는 알고 있는 것이 좋으며 설사 모른다면 자신과 인연이 있는 국가에 대해서만큼은 예의는 알아야 한다. 어쩌면 이것이 세계시민으로 나아가기 위한 기본적인 소양과 맞물릴 수 있는 영역이 될 것이기 때문이며, 이것이 바로 세계로 가는 출발선이기 때문이다.

가장 가까운 나라인 일본도 우리가 너무 몰라라 한다. 그들은 격식의 대가들이다. 차를 마셔도 술을 마셔도 그에 맞는 의상을 입으려고 한다. 약속시간을 정확하게 지키는 사람들이다. 끈질기게 토론하는 것보다는 인간적인 좋은 관계를 맺는 것이 더 중요하다. 기침을 하거나 코를 푸는 행위는 우리는 자연스럽게 여기지만 일본인에게는 매너 없게 여겨진다.

또한 가까운 나라 중국은 음식을 먹을 때 쩝쩝거리고 후루룩 먹어야 맛있게 음식을 즐기며 먹는 것으로 보이며 음식을 대접하는 사람에게 좋은 인상을 준다. 중국 여성들은 적극적이며 말도 많다. 또한 보디랭귀지도 즐긴다. 이러한 것을 무례하다고 하거나 여자가 어딜… 이런 식으로 대해서는 안 된다. 더구나 말소리가 크고 딱딱한데 이것 또한 즐겁고 편안하다는 증거이다. 이러한 이유 때문에 중국결혼이주여성들은 딱딱한 표현으로 많은 오해를 받곤 한다.

태국사람들은 양손을 합장하듯 모아서 인사한다. 보통 아랫사람이 윗사람에게 먼저 하는 것이 예의로 되어 있다. 처음 보는 사람과 신체접촉을 하지 않는다. 또한 왼손은 부정하게 여기기 때문에 중요한 물건을 주거니 받거니 할 때는 항상 오른손을 쓴다. 여자는 팔을 드러내는 옷을 피한다. 주로 조용조용히 말하고 보디랭귀지는 거의 쓰지 않으려 한다. 그리고 손가락으로 사람을 가리키는 것을 싫어한다. 여성은 다리를 꼬지 않는다. 이러한 것을 알고 대하면 서로에게 좋은 인상을 줄 수 있다. 서로의 문화에 관심을 갖는다는 것만큼 인간적으로 친해지는 것도 없을 것이다. 그런가 하면 필리핀 사람들은 눈썹을 위아래로 움직이며 인사를 한다. 이 것을 보고 이상하게 생각하거나 건방지다고 생각할 수도 있을 법하다. 역시 조용히 말하기를 즐기고 화려한 제스처는 싫어한다. 아랫사람에게도 친절하게 해주는 예의가 있다. 우리가 조심해야 할 부분이며 특히 공격적이라는 표시로 무척 싫어하는 것으로는 허리에 손을 얹는 행위는 신경을 써야 한다.

우리가 낯선 땅에 여행을 갔을 때도 그곳 언어를 몰라도 제스처로 통한다는 것은 경험해 봐서 많이 알 것이다. 이 얘기는 서로에 대한 배려와 관심만 있으면 어떠한 제스처도 통하기 마련인 것 같다. 하물며 TV에서 국제결혼한 집을 취재한 프로그램을 보면, 가끔 며느리 친정의 사돈과 한국 사돈과 전화로 서로 인사하는 장면이 나오는데, 서로 자기말로 인사하는 행위이지만, 외국 사돈이나 한국 사돈이나 너무나 반갑게 서로 이야기를 나누는 것을 볼 수 있다. TV라고 서로 짜고 맞추는 것이 아니라 서로 마음에서 우러나오는 말을 건네는 것인데 그것이 제3자인 시청자에게도 전해지니 참으로 이상요상한 일이다. 뭔가 뭉클한 것이 전해져 오기 때문이다.

사람은 말 이전에 마음이 먼저 오고가는 모양이다. 그것이 진실일 때 더욱더 서로를 느낀다. 마찬가지로 우리나라에 들어온 이주민을 깔보거나 하찮게 보는 마음은 그들과 소통하려는 의지가 없는 것이다. 그들이 한국어를 잘 못하고 반말을 하더라도 이해해주려는 너그러움이 전혀 없을 때 폭언과 폭행이 먼저 나가는 것이다. 국가마다 문화가 다르고 예의범절이 달라서 오는 서로간의 오해는 먼저 상대를 존중하는 마음에서부터 시작되는 것 같다. 말은 안 통해도 욕을 하는지, 비아냥대는지, 좋아하는지는 인간의 마음을 통해 알아지기 때문이다. 그것은 바로 우리가 마음이 움직이는 그것, 즉 공자가 말한 타고난 자연적 감정능력인 칠정(七情, 기뻐하고, 성내고 슬퍼하고, 즐거워하고, 사랑하고, 미워하고, 근심하는 (喜怒哀懼愛惡欲) 인간의 7가지의 감정)과 사단(四端, 仁, 義, 禮, 智)을 가진 인간이기 때문이다. 곧 칠정은 그 자체로서 이미 드러나 있는 상태로서, 어느 한쪽으로 치우쳐서 지나침과 모자람에 빠지기 쉬우므로 매우 불안정한 상태에 있다고 말할 수 있다. 칠정이 적절하게 통제되어 절도에 들어맞는 상태를 중(中)이라 하며, 그 마음을 적절히 발휘하여 생활 속에서 체득하면 중용 즉 덕이 된다. 여기서 갑자기 공자를 들먹이게 된 것을 해명해야겠다. 오랫동안 동양문화권의 주축 핵심이 되어 온 것은 공자의 유교철학이며 곧 덕치철학이었다. 현대물질문명에 질식해 인간이 인간을 학살하고 대량 살상하는, 그래서 거의 무감각해졌다. 인간의 자연정복과 자연에 대한 오만방자함을 통렬하게 반성하며 뼈 속 깊은 통찰과 함께 서구에서는 동양사상에 가슴을 기대어보려 하며 동양정신과 철학 그리고 종교에 심취해가고 있다. 인간 본연의 자세는 무엇이며 인간의 감정이란 과연 어떻게 번져 나가는 것인가. 서로간의 존중은 어디에서 비롯되는가 하는 것부터 해서 나를 닦아나가고 그래서 가정이 편안하고 사회가 안정되어 나라가 평화롭고 부강해지는 등식이 이제야 먼 곳을 빙 둘러 다시 온 셈이다.

사람은 태어난 곳의 땅의 성질과 음식, 기후, 말씨 등으로 인성이 만들어지고 길러진다고 한다. 물론 애틋한 마음, 사랑하는 마음 등 공통으로 접하는 본성은 만나는 점이 있을 수 있으나, 자신이 타고난 그 자리에서 받은 것이 인성을 만든다는 것은 실험을 통해서도 밝혀진 바이다.

미국 미시간 대학교의 세계적인 심리학자 리처드 니스벳(Richard E, Nisbett) 교수가 재미있는 실험을 했다.(2005) 10년 전까지만 해도 세계 모든 사람들이 같은 방법으로 싸우고 이해하고 기억한다고 확신했는데 과연 그럴까 하는 의구심에서 실험은 시작된다. 니스벳 자신도 인간의 심리구조는 한 가지라고 생각했다. 하지만 그는 실험을 통해 동양인과 서양인의 심리구조가 다르다는 것을 알아냈다. 첫 번째 수족관의 물고기를 보고 무엇이 인상에 남는지 물었는데 서양인은 동양인보다 물고기에 대해 더 구체적으로 기억했다. 동양인들은 배경의 수초나 달팽이 등을 더 자세히 기억하더라는 것이다. 두 번째는 소와 닭, 풀 중에서 두 가지를 짝지어 보게 한 실험이었다.(Which two go together?) 이에 서양인들 대다수는 동물이라는 속성에 따라 소와 닭을 짝지었으며, 동양인들은 소가 풀을 뜯어먹는다는 것에 주목하여 소와 풀을 짝지었다. 즉 동양인은 관계나 배경을 중시하는 심리구조가 있는 것인데, 이러한 심리구조가 유교의 영향 때문이라고 말했다.

"공자는 남편과 아내, 군주와 신하 등 사람들 간의 역할관계를 아주 뚜렷하게 명시했다."

"유교사회는 전통적인 역할관계가 기본적으로 계속 유지되고 있다."

"이것은 사람들로 하여금 자신을 둘러싼 환경의 여러 관계들에 계속 주의를 기울이게 한다."

라고 단언하였다.

그런가 하면 청화대 역사학과 평린 교수는 공자시대는 극도로 혼란하여 예와 악이 무너지고 사회질서가 모두 파괴된 춘추시대라고 하면서 논어에서 공자는 여러 차례 주공을 가장 숭배한다고 언급한 점을 강조했다. 공자는 '참으로 눈부시게 아름다운 문화를 이루고 있다. 나는 주나라를 따를 것이다'라고 하며 주나라의 예악제도를 회복해 질서를 세워야 한다고 역설했다. 곧 춘추전국시대의 혼란의 극복은 또 다른 무력이나 폭력에 의해서가 아니라 서로 자신을 낮추고 공경하는 예를 통해서만 가능하다고 보았다는 것이다. 곧 법이나 무력이 아닌 예로서 조화를 이루는 사회가 진정한 공자가 꿈꾸는 사회였다.

산업혁명으로 대량생산이 시작되었고 물질이 신을 능가하는 자본주의시대를 통해 우리는 서로를 죽이고 죽여서 내가 살아남는 무한경쟁시대로까지 몰아왔다. 이런 끔찍한 시대적 어둠을 거둬내고자 동서양의 많은 학자들이 왜 동양문화권을 다시 두드리고 있는지 우리는 이때 곰곰이 생각해 볼 필요가 있다.

미국 보스턴 대학의 필립 아이반 호우 교수는 직설적으로 이렇게 결론을 내린다. '에티켓과 모든 의례의 목표는 사람들을 따뜻하게 대하고 마음을 편하게 만들어주기 위한 것이다. 공자와 초기 제자들의 목표는 확실히 그런 것이었다'라고.

공자시대와 지금은 물론 다르다. 시대에 따라 에티켓도 달라지고, 예의 형식도 달라진다. 그러나 시대가 변해도 바뀌지 않는 예의 본질은 무엇일까? '나의 도리는 하나로 관통되어 있으니, 잘 생각해봐라'[84]라고 공자가 말하고 나가자 어느 제자가 나이 많은 제자에게 그게 무슨 뜻이냐고 되물었다. 그러자 '그것은 충서(忠恕)라네. 충서란 나의 마음과 남의 마음이 같다는 뜻이지'라고 했다. 곧 충서란 서로 상대의 마음을 헤아리는 마음가짐이다.

> "자기가 하기 싫어하는 것을 남에게 강요하지 않는 것이다"[85] 더
> 나아가서는 "자기가 우뚝 서고 싶으면 남을 먼저 세우고 자기가 이
> 루고 싶으면 남을 먼저 이루게 하라. 여기에 예의 정신이 있다".[86]

이렇듯 앞다퉈가며 동양문화권을 다시 배우려 조급해 하는데, 우리는 우리의 것을 여유 있게 되돌려 갖기만 하면 된다. 좋은 문화는 서로 익히고 배워서 함께 사용해야 한다. 지금의 다문화도 동양문화권이 주류를 이루고 있으며, 서구에서 온 사람이라도 좋은 것은 강요가 아닌 권유로, 또한 상대에 대한 따뜻하고 온화한 배려로, 사단지심(四端之心, 측은지심 惻隱之心 인(仁)에서 우러나오는 것. 불쌍히 여기는 마음, 수오지심 羞惡之心 의(義)에서 우러나오는 것. 부끄러워하고 미워하는 마음, 공경지심 恭敬之心 예(禮)에서 우러나오는 것.

사양하는 마음이며, 시비지심 是非之心 지(智)에서 우러나오는 것. 옳고 그름을 아는 마음이다)의 양심을 갖고 위에서 상론한 7정을 긍정적으로 또한 예의 있게, 에티켓 있게, 글로벌마인드로 활용해야 할 것이다.

예일대 메리 에블린 터버 교수는, 인간이 무한한 개인으로 자신의 이익만을 추구하며 무한경쟁시대의 해법을 동양정신 특히 공자의 철학에서 찾았는데, 이 파편화된 서구의 개인주의는 효에서 시작하여 가족과 이웃, 자연만물에 이르는 인의(仁義)정신으로 보완해 살아갈 수 있다고 설파했으며 인간에 대한 예의가 사라지고 상대에게 공감하고 배려하는 능력을 잃어버린 시대에 내가 원하지 않는 일을 남에게 강요하지 않는 예의 정신은 관계를 회복시키고 신뢰를 회복하는 신비로운 힘이 될 수 있다고 말했다. 유교의 공부는 하나의 기술에 뛰어난 천재가 아니라 세상에 기여할 수 있는 조화로운 인간을 지향한다. 이러한 입장에서 보면 높은 경지의 인격과 제어가 있어야 의미가 있는 것이다.

21세기는 하루가 다르게 기계가 진화하고 기계문명의 이기를 내손아귀에 쥐고 만지작거리는 시대에, 인류 공통의 미덕은 어디에서 찾을 수 있을까. 서양이 실패한 인간관계 형성에서 벗어나 우리 틀을 다시 찾고 되살리는 글로벌 예절로 승화시켜 나갈 때 우리 자신은 물론이고 새로 편입한 이주민에게도 조화의 개념으로 다가갈 수 있도록 함이 바람직할 것이다.

세계화시대에 세계시민으로서의 비즈니스를 할 때나, 다문화사회에 사회통합적 차원에서 우리는 고정관념에 사로잡혀 있던 모든 것을 털어버릴 때가 되었다. 하다못해 조선성리학이 잘못 받아들인 앞뒤가 꽁꽁 막힌 예에 대한 편견과 왜곡을 털어버리고 인간적인 공자의 모습을 되살리고 어떻게 하면 서로 존중하며 살아갈 수 있을지를 고민하고 모색해 봐야 한다.

우선 타문화를 이해하고 받아들인다는 열린 마음을 지녀야 한다. 우리 문화만이 더 낫고 우리 것만 가장 좋은 것이고, 보편타당한 것이라고 한다면 그것은 남들과 합류할 수 없다는 신호이다. 자기의 것이 최고이니 무조건 따라오라는 식의 강요보다는 다른 문화도 배우고 서로의 이해를 넓히며 지내는 방법론을 터득해야 한다. 또한 고정관념을 없애고 역지사지의 입장에서 자신의 문제점에 기울여볼 줄 알아야 한다. 한 문화권에서도 사람들은 똑같은 상황에서도 각 개인에 따라 아주 차이나는 결과를 만들어낸다.[87] 다른 문화권에서의 성공적인 삶을 만들기 위해서는 한 문화권에서보다는 두 배 이상의 노력이 요구된다. 이는 받아들이는 사람이나 이주민이나 노력은 마찬가지이다.

이러한 노력의 일환으로 교육은 필요한 것이며, 교육을 통해 나 자신을 건강하게 지켜나가고 자존감을 만들어낼 수 있는 힘이 생긴다. 예의범절에서 형식이 나오고 그 형식은 나를 위한 것이 아니라 상대를 위한 배려에서 비롯되는 것이며 결국 인간이면 누구나 존중받아야 할 가치가 있다는 거룩한 인간애에서 비롯되는 것이다.

해외로 여행을 떠나는 사람들이 엄청나게 늘어나면서 우후죽순 떼 지어 다니며 어디에서나 시끄럽게 떠들고 아무데서나 펴놓고 먹

87 Eunsook lee Zeilfelder, 《한국사회와 다문화가족》, 2007, p.183.

고 노래 부르고, 나만 즐거우면 된다는 막무가내 식 무개념 예절의 식은 우리나라를 욕보이는 일이다. 아무리 좋은 제품을 생산하고 최첨단 IT기술을 보유하고 있더라도 인정받지 못하는 것은 바로 글로벌 에티켓의 상실이다. 해외에서나 국내에서나 우리는 지킬 것은 지켜야 우리나라로 들어온 이주민이나 외국인에게도 우리의 예법을 가르칠 수 있는 것이다. 예절도 교환의 시대이다. 서로 알아가고 배워가고 실행해 가면서 서로를 아끼는 방법을 알아가는 것이다.

그래서 한국을 알리는 가장 기본적인 활동은 바로 글로벌 에티켓을 지키는 것이며 이는 이주민이 우리나라에 입국해 배워야 할 최소한의 기본적 2가지 즉 언어와 바로 이것이다. 일본의 유명 온천에 가보면 "여기에서 때 밀지 마세요"라는 한국어 문구가 버젓이 벽에 붙어 있다. 그런가 하면 해외의 한 호텔 레스토랑에는 "빵은 싸가지 마세요"라고 역시 한국어로 적혀 있을 정도이다. 경제적으로 부유하다고 즉 그 이유 하나만으로 다른 나라사람들이 우러러 보지 않는다. 이러한 최소한의 예의를 망각했을 때 우리는 한국을 욕보이는 꼴이 된다. 마찬가지로 국내로 들어온 이주민에게 우리의 것만 강요해서도 안 되며 상대국의 예법과 우리나라의 예법을 함께 알아가고 함께 교환하면서 살아가야 할 때이다.

세계지도와 함께 우리와 밀접한 주요 다문화국가들(중국, 베트남, 일본, 캄보디아, 미국, 필리핀)을 중심으로 이론과 함께 실습을 한다. 서로 친하게 지낼 수 있다는 것은 경험을 통해 새로워질 수 있다. 특히 고등학교에서는 예비 사회인으로서 반드시 알아야 할 필수덕목으로 배워야 한다. 사회에 나가서 아무런 준비 없이 나서는 것은 위험천만한 일이다. 직장생활도 그렇고, 결혼생활도 마찬가지이다. 준비 안 된 일은 어디에서나 나쁜 결과를 초래하기 십상이다. 현재 국제결혼의 폐해도 서로의 준비 안 된 결혼으로 인한 것인 만큼, 앞으로 더욱더 많은 인종과 민족들이 섞이는 시대를 맞아 서로 기본적인 예절은 지킬 줄 아는 시민이 되어야 한다. 〈부록 해당 도표 참조 p.348〉

11. 다양성 교육(Education for diversity)

　다문화자녀와 다문화 교육에 대한 관심은 다행스럽게도 사회적으로 많이 높아지고 있다. 특히 다문화자녀들이 힘들어하고 어려워하는, 그래서 공부에 대해 흥미를 잃게 되는 과목 중의 하나가 바로 국어와 사회 과목이다. 물론 다른 과목에서도 뒤떨어지는 경향이 많다. 우리나라 아이들이 선행학습을 경쟁적으로 하고 엄마들의 극성스러운 면이 상대적으로 다문화자녀를 뒤떨어지게 하는 요인이 된다. 수학을 힘들어하는 아이들이 많기는 하지만. 다문화자녀이기 때문에 수학이 힘든 것은 아니니까. 여기서는 개인차에 의한 힘든 과목은 제외하도록 하겠다. 특수하다면 특수한 상황에서 나고 자란 다문화자녀이기에 불리하고 힘든 과목을 이야기하려 한다. 그것이

바로 국어와 사회 과목인데, 특히 엄마가 한국어에 서툴고 한국문화를 모르는 데서 오는 여파가 그대로 나타나는 것이 바로 이 과목들이다. 초등학생 숙제는 엄마 숙제라는 명제가 우리 교육현실에서 그대로 드러나기 때문이다. 국어는 우리 역사와 연결된 내용이 많기 때문에

이주민 엄마로서는 난감할 수밖에 없다. 학교 상황에 맞게 다문화 자녀를 위한 특별 방과 후 교실이나 별도로 국어와 사회 과목 교육이 실시되어야 한다. 실제로 학교에서 가르치는 교사의 입장도 힘들다. 국어와 사회를 가르칠 때 전혀 무반응이거나 알아듣지 못하면 교사로서도 답답하다. 실제로 사회 과목을 가르치는 학원 교사가 필자한테 한 말이었는데, 학원일 경우는 사회 과목의 범위도 많고 해서 중요한 것만 선택해서 가르치는 경우가 많은데. 그때는 유명국가들을 다 다루는데, 몽골이 별로 중요하지 않아 그냥 넘어갔다고 한다. 아무런 의식 없이. 그러고 보니, 그 반에 몽골 자녀가 있더란다. 그 아이의 짝이 "선생님. 왜 몽고는 그냥 지나가요?"라고 하기에 교사는 대뜸 "응. 별로 중요하지 않고. 시험에도 안 나오니까. 그냥 넘어가자. 중요한 것만 해도 시간이 모자란다"라고 했다. 이때 받은 몽골아이의 마음은 그 후에 알게 되었다고 한다. 그 이후 그 학원에 나오지 않더라는 말을 듣고 가슴이 미어지더라고 했다.

우리 교육의 편협성, 주입식 교육, 강대국 위주의 교육 모순이 다문화, 세계화시대에 여실히 드러나는 것이다. 이는 다문화 교육이 아니라 정해진 교육의 일환일 뿐이다. 우리는 간접적으로나마 다양성을 접해서 다양성이 지극히 자연스러울 때 다문화가 성립되는 것이다. 그래서 교육현장에서 소수집단이 우리 사회에 기여한 점을 집중적으로 가르치거나, 다른 민족, 인종 집단의 음식, 풍습, 축제만을 가르치는 문화관광 식 교육이 되어선 안 된다. 변화하는 사회를 이해하고, 자신의 관점을 비판적으로 검토하여 다원적 사회에서 민주적 의사결정을 내릴 수 있는 민주시민이 되도록 육성하는 교육방향이 필요하다. 다양한 자료를 제시하고 학생들이 다각적인 관점에서 분석하고 해석해보는 연습과 기여적, 부가적 접근에서 그치지 말고 변혁적, 사회적 행동 접근법을 지향해야 한다. 결론적으로 말하자면 소수학생이 자신의 정체성을 유지하면서 한국문화에 적응하는 능력과 모든 학생들이 미래의 다문화사회에 효과적으로 기능하기 위해 필요한 지식, 기능, 태도를 함양하는 것을 목표로 한다. 그러기 위해서는 다변화되고 다양화된 시대에 우리는 어떻게 자녀를 교육해야 하는지 많은 고민과 연구가 있어야 한다.

사회과 교육에서는 타인에 대한 편협한 사고와 행동을 하지 않도록 예방하는 교육적 접근으로 시작하는 것이 좋을 것이다. 교사와 부모, 학생들이 접할 수 있는 성, 인종, 외모, 문화, 계층, 장애 이외 자신과 다른 모든 것에 대한 선입견과 편견을 갖지 않고 그러한 편견에 대응할 수 있는 인식과 능력을 길러주는 도구이며 실천이 필요한 교육적 접근이다. 민족적 차이점과 공통점, 능력, 성정체성, 문화적 유사성과 차이점, 고정관념과 차별적 행동 등의 주제를 다뤄야 하는 것은 특히 이러한 주제들은 유아기부터 사회화에 물들기 쉬운 편견의 영역이기 때문이다. 시험 위주의 교육으로 인한 폐해로 교육 본연의 자리를 잃어가고 있다는 지적은 항상 있어 왔지만 다문화시대를 계기로 일대 혁신이 성립되어야 하지 않을까 싶다.

일단 전체를 바꾸는 것보다 당장 닥친 상황을 개선하는 방향으로 나아가는 것이 자연스러울 것이다. 그런 면에서 국어과, 사회과 교육에 대한 개선방향 모색이나 연구는 이 시대에 반드시 있어야 한다. 국어는 우리나라의 정체성과 밀접한 과목이기 때문에 우리의 역사가 고스란히 숨 쉬는 과목이다. 국어과는 별도의 교육으로 흥미와 관심을 갖도록 유도하는 것이 무엇보다도 중요하다. 고학년이 될수록 국어 과목은 어려워지고 외울 것들도 많아질 텐데, 지겹고 힘들고 지긋지긋한 과목으로 인식되기 쉽다. 오히려 반대로 국어 과목을 통해 우리나라에 대한 애국심과 자존감 그리고 역사의식 등을 간접적으로 느끼게끔 해줘야 한다. 국어와 사회 과목에서 자신의 정체성에 대한 혼란은 어느 정도 정리가 되는 계기가 되어야 하며, 정체성 혼란으로 오는 가정 내에서의 불화나 부모에 대한 무시가 어릴 때부터 형성되기 때문에 상당히 조심스럽고 안타깝다. 변화하고 있는 현실을 알고, 이해하고, 자신의 관점을 비판적으로 검토하여 다원적 사회에서 민주적 의사결정을 내릴 수 있는 민주시민이 되도록 육성하는 것을 목적으로 본다면 우선 다양한 자료를 제시하고 학생들이 다양한 관점에서 분석하고 해석해 보는 연습이 주가 되어야 할 것이다. 이러한 다양성을 이해하고 긍정적으로 받아들이는 교육은 소수학생이 자신의 정체성을 유지하면서 한국문화에 적응하는 능력과 모든 학생들이 미래의 다문화사회에 효과적으로 기능하기 위해 필요한 지식, 기능, 태도를 함양하는 민주주의 교육을 목표로 해야 할 것이다.

그래도 다문화 교육이라고 하면 될 것을, 왜 굳이 다양성 교육이라고 별도로 빼내어 했는가 하는 의문이 일 수 있다. 다양성과 평등은 특히 인간존중에 대한 덕목에서 가장 중요하다. 날로 더해가

인(仁)이란 사람을 사랑하는 것이라 했고, 《중용中庸》에서는 인이란 사람이라고 했는가 하면, 맹자는 인이란 사람의 마음이라고 보면, 인이란 인간 누구나 가지고 있는 동정의 마음이라고 할 수 있다.

89 동국대 황태연 교수는 공자의 정치철학을 '유교문명권'으로 통칭되는 동아시아문명권의 관점에서 새롭게 연구했다. 한국, 북한, 중국, 대만, 싱가포르, 일본, 베트남, 몽골 등 8개국을 포괄하는 동아시아 유교문명권은 자고로 자문명을 밖으로 확산시키는 대외팽창을 기도하지 않았지만, 폐쇄성과 배타성이 약해서 거의 모든 외부문화를 뭐든 다 받아들이는, 세계문명들 중 가장 개방적인 문명권이라고 설파한다. 그래서 세계적 현상이 '세계화'가 아니라 세계의 자본과 경제력이 대서양지역에서 아시아태평양 지역으로 이동되는 '아태화(亞太化)' 현상이라고 했다.(황태연, 《공자와 세계》, 2011, p.13.)

90 첨단 과학기술 시대에도 불구하고 마치

중국 고대의 춘추전국 시대(BC 770~221)를 보는 것과 같다. 그 당시 각 제후국의 최고 목표가 부국강병이었듯이 지금은 오로지 경제성장만이 최고 목표이다. 당시 신하가 군주를 시해하고, 자식이 아비를 죽이면서(臣弑其君 子弑其父 수단과 방법을 가리지 않고) 권력쟁탈전을 벌였듯이, 지금은 오로지 돈 때문에 패륜행위가 서슴없이 저질러지고 있다. 법치주의를 토대로 부국강병과 권력쟁탈전에 가장 앞섰던 진(秦)나라가 마침내 천하 통일을 이룩하지만, 진나라는 2대를 못 채운 채 14년 만에 무너졌다. 이에 통일국가를 다시 세운 漢나라는 유학경전을 바탕으로 하는 유교를 국교로 삼아 왕도정치를 표방하였다. 이후 유교는 동아시아를 지배하는 통치 이데올로기 또는 사회규범으로서 2천 년을 이어왔다.(daum cafe, 《우리의 정체성은 한자와 유학경전에 있다》 이달원, 2009. 11. 동북아역사재단과 동아시아사 연구포럼이 주최한 '역사적 관점에서 본 동아시아 세계의 아이덴티티와 다양성'이라는 주제의 국제학술회의 중에서)

는 비인간적 사건 사고들이 도덕성과 정의에 대한 필요성을 불러일으키고 있는 시점에 와 있다. 중국에서도 공자마케팅[88]으로 전 세계를 향해 포효하고 있으며, 우리나라도 그 여세를 펼칠 태세를 보이고 있다.[89] 우리나라에서도 많은 학자들이 유학의 부활에 대해 서슴없이 이야기하는 것도 결코 우연은 아니다.[90] 서양에서도 정의[91]에 대한 또 다른 감각을 불러일으키고 있다. 자본에만 급급해하며 달려온 탓도 있고, 날로 진화되어가는 기계발달에 인간이 치여가고 있는 과도기에서 다시 옷매무새를 가다듬는 식의 교육이 될 만하기 때문이다. 다양성은 서로 다른 사람들끼리 함께 살아가는 방법을 배우는 것이다. 그러기 위해 학교교육에서는 정해진 과목이라기보다는 어느 과목이든 이러한 다양성을 보태야 하는 것이 교수법의 필수덕목으로 들어가야 하며 이는 시대적 요청이다.

다문화 교육시간을 별도로 갖는 것도 필요하다. 다양성 교육은 학교에서라면 어떠한 시간에도 쉽게 녹아들 수 있도록 분위기를 조성하는 것도 필요하다. 그래서 학교에서라면 다문화교사라고 특별히 책정되어 있는 것은 말도 안 된다. 교사라면 모두가 다 다양성의 교양이 있어 자기가 맡은 시간에 자연스럽게 펼쳐줘야 함이 교사의 의무이자 책무가 된다. 다양한 문화의 이해와 다양한 인종의 습득은 상대를 존중하는 자세를 갖게 되어 사회의 여러 가지 편견으로부터 올바른 의사결정을 할 수 있게 한다. 그래야 한국인으로서 나아가 세계시민으로 바람직한 삶을 살아갈 수 있다. 더불어 이주민자녀들의 한국사회생활의 적응력을 높이고 정체성을 고양시킬 수 있다.

다양성 교육은, 다양한 대상 집단과 함께 일하고, 관계를 형성할 수 있는 능력을 향상시키는데 기여하고 특히 사회복지 개념을 심어주기 위해 학생들에게 본인의 신념, 가치, 편견에 대해 인식할 수 있는 기회를 제공한다. 우선, 한국사회 현실이 다양성 교육을 요구한다. 외국인 노동자, 국제결혼 이민자, 혼혈아동, 탈북민 등 사회복지 서비스의 대상이 되는 타문화권 출신의 취약인구 계층이 급격히 증가하고 있다. 이로 인한 다양한 실천적 이슈가 제기되고 있음에도 불구하고 이에 대한 관심과 연구가 전무한 실정이다.

그러한 것은 학교에서 다양성에 대한 개념을 배울 기회가 없었기 때문이다. 따라서 다양한 문화적 배경을 가지고 있는 클라이언트의 욕구에 민감하게 반응하고 적절한 서비스를 제공하기 위해 다양성 교육이 절대적으로 필요하다. 변화와 속도의 시대인 정보화 사회에서 교육은 먼 미래만이 아니라 당장의 생존과 적응을 위해서라도 필요하다. 사회 구석구석 각 방면에서 정보화는 연결되어 시행된다. 교육 역시 정보화 기술의 발달로 언제 어디서나(ubiquitous) 이뤄지고 있다. 학생들이 원한다면 안방에서든 지하철에서든 어떤 분야의 최고 석학의 강의를 듣고 또 질문할 수 있다.

이렇듯 정보화시대 교육은 두 가지 과제를 해결할 수 있어야 한다. 하나는 맞춤 교육이고 하나는 협동 교육이다. 개인의 적성과 이력, 희망에 따른 개별 교육으로 차별화를 이룬다. 그리고 그룹의 협동 활동을 통해 지식을 탐구하고 창조하는 경쟁력을 얻는다. 기본적으로 원-윈 게임이고 사고력과 창의력을 배양해 이 시대를 잘 살 수 있는 인간으로 성장하는 것이다.[92] 다문화시대를 맞이하여,

91 Justice의 Michael Sandel 강의는 하버드 대학 역사상 가장 인기 있는 강좌 중 하나로 꼽히고 있다. 지난 20년간 하버드 학생들 가운데 이 강의를 수강한 학생 수는 14,000명에 이르고 있으며, 2010년 한국에서도 마이클 센델 교수의 강의를 바탕으로 한 책 역시 국내 베스트셀러에 이름을 올렸으며, 저명인사들의 독서목록에 끊임없이 거론되면서 대중적인 관심이 뜨겁다.(EBS, 노컷뉴스, 헤럴드경제, 한국경제, 뉴시스, 서울경제, 시사투데이, 세계일보, 아주경제 등) 2010. 「70만부 넘게 팔리며 지난해 최고의 베스트셀러에 오른 '정의란 무엇인가'의 저자 마이클 센델 하버드대 교수의 강좌가 국내에서도 뜨거운 반응을 불러일으키고 있다. 2011년 신년 초, EBS에 따르면 이날 0시 첫 방송된 하버드 특강 '정의'의 시청률은 AGB닐슨 기준 전국 0.90%, 수도권 1.15%로 집계됐다. 이는 평일 EBS의 동시간대 시청률의 2배에 달하는 수치다. 방송 후 트위터에는 강의 내용에 대한 호평이 잇따랐다.」 (매일경제)

92 이충기, 《교육도 개방형 협력 필요하다》, 2010. 09. (디지털타임스)

93 이혜영 한국교육개발원 수석연구위원, 〈기고, 미래 학교 다양성·창의성이 생명이다〉, 서울신문, 2009. 11.

아이들 하나하나의 특성을 고려한 수많은 경우의 수를 인정하는 교육시스템이 도입되어야 한다. 공장에서 찍어내듯이 보편적 커리큘럼으로 대량생산으로 졸업생을 배출하는 식의 교육은 더 이상 결과를 내놓지 못할 것이기 때문이다. 다문화자녀만 하더라도, 부모 중 한쪽이 어느 나라 출신이냐에 따라 특성이 나누어진다. 현재 결혼이민자는 67개국에서 들어오고 있으며 여성이주민과 남성이주민의 비율은 9:1 정도로 나타난다. 그래서 결혼이주여성으로 몰아칠 것이 아니라, 아빠가 외국인인가 엄마가 외국인인가에 따라 아이의 성장과 학업에 영향력을 좌우한다. 다문화가정의 경우, 형제 수가 많은 집이 의외로 많기 때문에 형제 수도 고려해야 할 것이며, 다문화가정이라도 이주노동자 가족인지, 외국인 부부의 자녀인지, 중도입국자녀인지, 불법체류자의 자녀인지, 나 홀로 탈북한 학생인지, 저마다 상황과 사연이 각각 다르다. 이러한 상황별 다문화자녀에 대한 배려가 있어야 한다. 이만큼 사회 모습도 다양화를 보여주고 있기 때문이다.

미래 학교교육에서 가장 강조돼야 할 것으로, 가장 많은 수의 중등학교 학생과 학부모가 '적성과 소질에 따른 진로 탐색과 준비'라고 답했다. "다양하게 표출되는 학부모와 학생의 교육 수요에 대응하기 위해 기존의 교육체제는 획기적인 변화를 시도해야 할 처지에 놓이게 됐다".[93]

미래학자 앨빈 토플러는 한국의 교육에 대해 '산업화 시대에 맞는 규격화된 대중교육 방식을 고집하고 있으며 미래사회에는 지식기반 사회에 맞는 교육제도로 가장 먼저 개혁하는 국가가 강대국이 될 수 있다'라고 언급했다. 즉, 우리나라는 창의적 인재양성을 위해 교육 패러다임을 시급하게 전환해야 할 때라는 말이다. 21세기 글로벌 사회는 창의력과 다양성을 갖추고 타인에 대한 배려와 존중을 아는 유연한 인재를 원하고 있다. 이 같은 인재를 키워낼 수 있는 힘은 교육이고 이에 따라 학교 현장도 알맞게 변화해 나가야 한다.[94] 이제 우리의 다문화 교육은 창의성, 관계성, 다양성이 핵심과제가 되는 교육으로 탈바꿈해야 한다. 국·영·수 과목에 집중한 서열식의 입시경쟁에서 벗어나 평가의 기준을 다양화해 아이들의 다양한 재능과 실력으로 꿈을 이뤄가는 교육이 다문화 교육이다.[95] 그런가 하면 미국 카네기멜론 대학의 리처드 플로리다(Richard Florida) 교수는 도시의 사회문화적 다양성과 주민들의 창의성은 높은 상관관계가 있다고 주장했는데, 이것은 도시의 사회문화적 다양성을 인구의 인종 다양성, 동성애자의 비율 등으로 측정한 것으로서, 사회문화적 다양성이 1위인 샌프란시스코의 창의성 지수가 가장 높은 것으로 조사(2009년 기준)된 바 있다.[96] 〈부록 해당 도표 참조 p.350〉

[94] 〈[인재강국] 입시교육熱보다 인재육성 교육力 갖추자〉, 2011. 01. (이투데이 기사)

[95] 류성환 안산이주민센터 사무처장, 〈[NGO 칼럼] 다문화 대안교육의 필요성〉, 경기신문, 2010. 11.

[96] 삼성경제연구소, 최홍, 《한국 이민정책의 방향과 과제》, 2011에서 재인용.

12. 다문화사회 문화예술 교육(Arts & Culture Education)

다문화는 다양성을 핵심으로 창의성과 문화 발달을 목적으로 하고 있다. 그런 만큼, 창의성, 상상력, 문화발달의 주요기능을 함유하고 있는 기존의 문화예술 교육은 바야흐로 때를 만난 셈이다. 연극 교육으로 명성을 얻은 아프리카 부르키나파소 출신의 장 피에르 겡가네 씨는 '획일성을 강요하는 세계화시대에 개별 문화의 정체성을 지키도록 해주는 예술 교육의 중요성은 더욱 커지고 있다'고 설파했다.[97] 기존에는 단순한 예체능 교육이라는 명목아래, 고정된 틀에서의 맛보기 식 교육에 그쳤다. 아니면 예비전공자를 위한 특수교육 정도였다. 더구나 문화교육이라는 말 자체도 무색할 정도로 그 깊이가 이루어지지 않았다. 경제개발에 급급했던 시대를 거쳐 오면서 문화예술은 공부에서 뒤처진 열등아나 학습부진아들이나 가는 출구로 여겨졌다. 분명 문화예술은 다른 영역이고 두뇌 코드도 다른 부분이다. 모든 문화발달과 국가경쟁력의 보이지 않는 선진화를 가다듬는 초석이 바로 문화예술 영역이며 한 국가의 선진화의 표상이 되는 시대로 자리 매김되고 있다.

예술 교육의 중요한 목적은 인간과 인간의 소통, 즉 커뮤니케이

선의 수준 높은 수단이자 세련되고 차원 높은 행복을 주는 승화된 도구이다. 구소련의 고르바초프 서기장은 회의에서 당 간부들이 자기 생각을 잘 말하지 않자 연극을 관람하도록 했다는 일화는 특히 우리에겐 특이할 만하다. 과연 우리에게는 문화예술이 어떻게 와 닿아 있을까 반문해볼 필요가 있다. 특히 사회교육에서 제공되고 있는 문화예술 교육은 다양한 수준과 형식의 문화예술 교육을 받을 수 있는 국민들의 권리를 보장해 주지 못할 뿐 아니라 다양한 교육 내용에 대한 사회적 수요를 충족시켜주지 못하는 문제를 초래하고 있다. 우리나라에서도 1990년 이후 문화 기반시설은 양적으로 확대되고는 있으나, 지역 단위의 생활권역에서는 예전 그대로이다.[98]

더구나 낯선 이방인인 이주민들이 대거 유입되면서 살기 위한 노동에만 바쁜 하층민으로서의 삶에 있어서 문화예술 교육이란 너무나 거리가 먼 다른 나라 이야기로 느껴질 뿐이다. 특히 동남아시아 출신의 이주민들은 문화예술 교육에 그리 관심을 두지 않는다. 서구나 일본, 러시아, 필리핀 정도 외에는 삶에서 그리 중요하게 생각하지 않는다. 한마디로 경제적 여유가 있는 국가들에서 문화예술 교육에 대한 관심도가 높다.[99]

98 조준형 《다문화사회 이주민에 대한 문화예술 교육 효과 분석연구》, 2009, 박사학위논문.

99 이는 필자의 편파적인 동남아시아에 대한 무시나 선입견은 결코 아니다. 실제로 다문화합창단(레인보우합창단, 50명 정도의 13개국의 다문화가정 출신 자녀들이 있다. 2009년 창단하여 수많은 공연을 해오고 있다)을 이끌어 오면서 다문화자녀의 합창 교육 홍보로 뚜렷이 나타나고 있다. 일본, 미국, 필리핀, 러시아, 소수의 남미출신, 아프리카 등지의 다문화가정에서는 관심도가 무척 크고, 무대예술에 대한 욕구도 무척 컸다. 그러나 동남아시아인들이 있는 지역 방문이나 학교 방문 등을 통해서 보면 이들은 전혀 반응을 보이지 않거나, 들어와도 낯설어서 금방 그만두는 경향이 강했다. 특히 먹고 살기 바쁜 빠듯한 가정경제에 힘겨워하는 가정일수록 더욱 문화예술 교육에 등한시했다. 또한 결혼이주여성인 엄마의 한국어 구사능력이 우수해서 각종 정보에 빠

일례로, 러시아의 경우는 국가 신인도나 국가 경쟁력 부문과 관계없이 문화예술 교육으로는 정평이 나 있는 것을 눈여겨볼 필요가 있다. 각 지역별로 탄탄한 교육시스템이 갖춰져 있어 인재개발도 쉽고 그들을 키워낼 만한 기회도 많이 열려 있다. 그만큼 문화예술 방향의 인재교육은 전 세계로 향하는 출구역할을 하고 있으며 많은 사람들이 러시아로 유학을 가는 이유도 그러한 연유가 있는 것이다. 특히 러시아에서는 뿌리 깊은 예술에 대한 전통적 조기교육과 철저한 전수 교육에 의해 걸음마를 뗀 바로 직후부터 예술교육에 들어가야 참다운 예술을 할 수 있다고 하는 국가이다. 그런가 하면 각종 박물관과 예술관 등은 수많은 명작들로 즐비한데 이러한 곳은 학생들에게는 열심히 배우라는 차원에서 무료로 개방하고 있다.

'21세기는 문화의 시대'라고 많은 사람들이 이미 예측한 바 있다. 문화예술은 그 나라의 척도가 되는 시대인 이 마당에 우리의 가장 취약점인 이 부분을 어떻게 발전시켜나갈 것인지를 고민해야 한다. 사실 문화예술 교육은 평생을 거쳐 이루어져야 하고 예술은 자체의 독립 영역으로, 어려서부터 예술에 대한 교육의 기회를 가져야 한다. 때에 따라서는 자신이 갖고 있는 능력과 타고난 재주를 (편협하고 일률적으로 닫힌 우리 같은 교육체계 안에서는) 본인이 모를 때가 더 많은데 예술 교육을 위한 외부환경을 조성해 자율적인 분위기에서 이루어질 수 있어야 한다. 이러한 예술 교육은 과학과 마찬가지로 창의성 교육의 가장 좋은 태도를 기를 수 있기 때문에 사실은 전 국민의 미적 능력을 위해 필요한 것이다.

다문화자녀를 위한 합창단(한국 최초의 레인보우합창단)을 운영하다 보니, 아주 절실히 느끼고 그 보람과 결과를 직접 보고 생활하다 보니 정말 필요한 것이 문화예술 교육이라는 것에 가장 먼저 손을 들게 되었다. 결론적으로 학교에서 채워지지 않는 인간관계, 심적 유연성, 자기개발, 심리적 안정감, 자신감 회복 등을 갖게 된다. 자라나는 아이들에게 사실 가장 중요한 것이 인성인데, 이러한 것들이 무시당한 채 오히려 왕따나 따돌림 등으로 심적 불균형에 시달리고 있다. 이는 결혼이주여성들도 마찬가지이다. 낯선 땅에서의 삶 자체가 심리적 불안감과 두려움의 연속일 것이다. 그래서 이들을 굳이 치료 목적이라고 하기보다는 행복한 삶의 한 방편으로 문화예술 교육을 받도록 해주는 것이 우선적으로 필요하다. 조금이라도 사람들이 자신을 쳐다보거나 수군거림, 인종차별, 왕따, 놀림, 폭언이나 폭행 등을 경험한 아이들은 다른 학생들보다 우울증, ADHD(과잉행동), 반항장애, 품행장애 등의 정신질환이나 문제의 경험 빈도가 더 많았다.(심우엽, 2009) 이러한 아이들은 비사회적으로 커나가면서 적개심과 자살충동, 공격성, 총기난사, 대중살포 등으로 비화되어 나타날 소지가 크다. 이러한 다문화자녀의 모습은 그들의 인구가 늘어날수록 이러한 보편적인 성향은 더욱 증가할 것이고 교육적인 문제에서 벗어나 사회적 문제로까지 발전될 수 있다.

이러한 다문화자녀에 대한 치유나 해결방안으로서는 여러 가지 연구와 노력 그리고 다양한 대안들이 나와야겠으나, 자연스럽게 접근해서 보다 효과를 볼 수 있는 교육적 방법은 문화예술 교육이다. 처음엔 이리저리 눈치만 보고 어두운 얼굴로 대답도 제대로 하지 않던 합창단 아이들은 합창이라는 교육을 통해 서로 어울려 놀고먹고, 억울함도 토로하면서 카타르시스를 경험하게 되고 노래를 통해 한마음으로 화음을 맞추고 하는 일련의 과정이 이들을 180도로 바꾸어 놓았다. 이는 각 언론사마다 취재열풍과 다큐멘터리 제작 등으로 알려진 바 있을 정도로 현격한 변화 그 자체를 경험한 부분이다. 노래를 통한 정서적 순화작용이 이들을 올바르고 곧고 그리고 무엇보다도 자신감 있는 강한 면역체를 형성시켜, 외부의 어떤 작용에도 끄덕하지 않고 오히려 학교회장이나 부회장, 반장 등을 하는 아이들이 늘어날 정도로 커나갔다.

이라크 남매인 일라프와 하모디는 3살 터울이지만 중도입국자녀로서 4년 전 한국에 들어왔을 때 한국어도 모르고 하니, 서로 의지할 겸 해서 초등학교에서 같은 학년으로 다니기 시작했다. 지금은 속어, 비어, 은어 등을 마구 자유롭게 구사할 정도로 한국어에 대한 부족함이 없을 정도로 발전한 아이들이다. 이 남매가 작년에 레인보우합창단에 들어왔다. 낯선 나날을 다행히 꿋꿋이 버텨나간 후, 지금은 거의 메인이 될 정도로 활약이 눈부신 아이들이 되었다. 남매 중 누나인 일라프는 어느 날 "처음에 한국에 와서 학교에 다닐 때는 하루하루가 지옥 같았어요. 그냥 그 자리에서 죽고 싶었는데, 합창단에 들어온 지금은 너무 행복해요"하며 활짝 웃으며 말해주었다. 지금은 어디에서나 당당하고, 의연하고, 활기찬 생활을 해나가고 있다. 이런 사례는 어쩌면 우리 합창단원인 다문화자녀 거의 전부에게 해당되는 일일 것이다. 아이들이 밝아지고 당당해지는 모습은 얼마든지 볼 수 있으니까 말이다. 오히려 세상을 만난 듯, 오만해질까 봐 혼을 내고 자제시키는 일이 나의 임무가 되어 버렸다. 아이들이 희망찬 꿈을 이야기하고, 그 꿈에 설레어 밝은 미래를 그리는 모습, 그리고 서로 바라보면서 같은 노래를 힘차게 부르는 모습들은 아름다운 장면들의 연속이다. 합창, 노래로 만나는 자신과 비슷한 다문화자녀들, 무대생활로 똑바를 수밖에 없는 자세와 협동심, 단결력, 그리고 똑같이 경험하는 감동의 무대, 박수갈채, 이로 인한 자신감 배양 등은 돈으로 살 수 없는 귀한 경험이며 보이지 않는 영양분이다.

사실 이 문제는 문화적 충격과 갭을 완화시키는 장치로서도 필요하기 때문이다. 충분히 심리적, 정서적 안정을 줄 수 있다. 또한 이러한 교육을 통해 새로운 생활에서의 창조적인 삶의 전망을 발견할 수 있는 계기를 마련해 줄 수 있다. 실제로 연극활동을 통해 자신이 정화됨을 느끼고, 더욱 긍정적인 인생을 찾게 됐다는 이주여성들을 만나보았다. 연극을 하면서 울분을 토하고 엉엉 울기까지 할 정도로 흠뻑 빠져들면서 온갖 스트레스를 풀 수 있는 기회가 되는 것을 보았다. 또한 악기 연주라든가 노래를 통해서도 자신을 표출한다는 경험은 아주 값진 것이다. 이러한 경험을 통해 삶의 질을 높이고 서로간의 유대관계도 형성되고 자녀교육에서도 긍정적인 영향을 미칠 것은 당연한 것이다.

현재 각 지자체별로 다문화 관련 단체 등에서 보면, 무용 교육, 연극 교육, 영화제작 교육 등이 있는데, 참여하는 숫자나 프로그램도 손에 꼽을 정도밖에 안 된다. 결혼이주여성을 위한 한국어 교육과 문화 관련 적응 프로그램이 거의 대부분이고, 요리 강습, 노래 배우기, 한국전통문화 생활체험에 그치는 경우가 대부분이다. 하지만 이마저도 교육받는 비율은 아주 미미한 실정이다. 그도 그럴 것이, 한국어 배우기에 급급하고 생활밀접형 교육 아니고서는 문화예술이라면 사치스럽다고 느낄 수 있고 그 가족들 또한 이해해 주기 힘들 것이다. 이러한 점에 있어서는 국가적 차원의 통합적 지원체계를 구축하는 것이 필요하겠다.

한마디로 장기적 관점의 문화예술 교육지원을 위한 프로그램들이 만들어져야 한다. 그래서 이주민 문화예술정책을 널리 표방하고 지자체별, 지역별로 이민자의 문화적 삶의 질 향상을 위한 공감대를 형성시켜 나가야 한다. 특정한 재주를 갖고 있는 사람만이 아니라 누구나 문화예술 교육의 경험을 갖게 하고 여기에서 자기도 모르는 재주나 특기를 발견하도록 유도하는 것도 중요하다. 자신이 잘 할 수 있는 것을 발견하는 것 자체는 자존감과 연결되고 삶의 기쁨으로까지 확대될 소지가 크기 때문이다.

한국어나 한글 교육은 물론 가장 먼저 해야 하지만, 시간이 많이 소요되고 꾸준히 해나가야 할 교육이라면 문화예술 교육은 짧게는 하루하루 심리적 포만감까지도 얻을 수 있는 기회를 제공한다. 한국어 교육과 병행하며 한국생활에 있어서 기쁨과 만족을 느껴갈 수 있고, 더 나아가서는 다문화 강사로서 아이들에게 타문화를 가르치며 문화예술 교육을 겸한 강사 양성까지 이주민에게 제공해 줘야 한다. 아이들에게는 베트남 시간에 역사나 글자를 소개하는 것보다 베트남 노래를 가르치는 것이 훨씬 효과가 좋기 때문이다. 이러한 기능을 키우고 연마해서 다문화 강사로 양성시키는 교육 프로그램도 개발해 내야 한다. 문화관광부 산하의 문화예술교육진흥원에서는 내국인 이주민 구분하지 않고 다문화 강사 양성교육을 하고 있다. 문화예술교육기관단체 실무자, 초중등 교원, 다문화 강사 등에게 개방해서 문화예술 교육을 통한 다문화 강사를 양성하는데 그 반응이 좋다는 것이 일반적인 견해이다. 이러한 교육이 지역별로 아주 가깝게 있어야겠다.

　가까운 나라인 일본만 보더라도, 일본 대부분 지역에서 시민들을 위한 다양한 문화, 교육활동은 공민관에서 실시하고 있다. 공민관은 시민을 위한 건물인데 무료로 개방한다. 즉 일본어를 비롯해 이주가 많은 국가인 브라질 춤을 특히 많이 가르치는 것이 특징이다. 자체적으로 진행하는 문화 프로그램은 매년 콘서트를 열어 조성된 기금을 활용하여 지원한다. 이러한 문화 교육과 행사는 시의 정책적 환경조성과 함께 시민 스스로의 노력이 합해져서 자연스럽게 진행된다. 무엇보다도 문화예술 교육하면 엄청난 사교육비가 뒷받침되어야 한다는 선입견이 있다. 한 집의 기둥뿌리 뽑는 일 중 하나가 자식에게 예체능교육을 시키는 일이라는 우습지도 않은 말이 있을 정도이다. 부유한 집안에서만 한정적으로 예능을 키워나갈 수 있는 엘리트주의를 넘어 이미 미국이나 유럽 등지에서는 대중교육으로 넘어간 지 오래다. 오히려 대중에서도 저소득층 자녀를 위한 친밀한 예술 교육에 정부나 지자체가 열심이다. 소위 예술교육의 평등화에 중점을 두고 있다. 세계적인 음악대학으로 유명한 줄리어드 대학 학생들이 공립학교로 나가 직접 가르치는 일을 한다. 순전히 자발적인 것이며 자기들이 배우고 익힌 것을 나누고 싶다는 마음이 모아진 것이다. 이것도 모두 8개의 프로그램들이 있다. 자원봉사는 마음만 있어서 그냥 나가는 것이 아니다. 마음과 어떻게 가르치는지에 대한 교육방법, 노하우 등까지도 익혀야 하는 것이 전제조건이다. 교육이란 그냥 저절로 되는 것이 아니므로, 현장으로 나가기 위해서는 2년짜리 특별수업을 들어야 할 정도이다. 또한 자원봉사를 할 학급의 담임과 반드시 논의하여 수업방식에 대해서는 간섭받지 않으며 대신 철저한 교육을 해줘야 한다.

여러 가지 악기 이름과 그 고유의 소리를 구분하여 듣는 법으로 시작하여 흥미유발부터 한다. 일주일에 한 번 이루어지지만, 꾸준히 반복하다보면 음악에 대한 거부감이 없어지고 오히려 친숙해지며 음감도 형성된다고 한다. 지식보다 느낌을 우선시하는 교육으로 악기 소리를 듣고 느낌이 어떤지 물어본다. 각 악기 소리가 주는 느낌에 대해 표현해 보도록 하는데 이때는 써서 발표하기도 하고 써서 제출하기도 한다.

그런가 하면 직접적인 레슨 프로그램도 있다. 줄리어드 학생에게 직접 배우는 최고의 기회, 최고 수준의 레슨을 공교육에서 받는 셈이다. 뉴저지의 예술회의에서는 빈부의 차이에 따라 예술 교육이 천차만별로 달라진다는 것에 대한 중지를 모아 특히 이 단체에서는 가난한 학생들을 지원하는 방법을 모색하는 일을 하고 있다. 특히 유색인종이 많이 모이는 슬럼가나 하층민 층을 찾아가 이런 일을 하고 있다.

아프리카 부르키나파소의 장 피에르 강가네는 '획일성을 강요하는 세계화의 시대에 개별 문화의 정체성을 지키도록 해주는 예술 교육의 중요성은 더욱 커지고 있다'며 특히 예술 교육의 개방성과 진취성을 강조했다.

100 집단창작연극으로 유명한 원로 극작가로 1932년 광주 출생, 서울대 불문과 졸업, 국제극예술협회 세계본부 회장 역임을 했다.

> "예술은 인간 존재의 본질이라고 생각합니다. 또한 예술 교육은 다른 사람들과 더불어 살기를 교육시키는 수단입니다. 모든 나라들이 예술 교육의 가치를 충분히 인식하지 못하는 것은 불행이지요."

이에 원로 극작가 김정옥 선생[100] 역시 '문화적 다양성'이라는 가치 실현에 예술 교육이 큰 몫을 담당한다는 점에 뜻이 같이 했다. "의식의 전환이 필요합니다. 예술이라면 소비적이라고 생각하기 쉽지만 사실 예술만큼 생산적인 것은 없습니다. 인류문화유산의 상당 부분은 예술에 빚지고 있습니다. 인간과 문명을 결합시켜주는 것이 예술이지요. 예술 교육을 통해 길러진 창조성은 과학과 기술의 원동력이 됩니다. 그러나 걱정입니다. 우리나라는 50년 전보다도 더 후퇴한 것 같습니다. 오히려 먹고살 만하게 되니까 경쟁만 강조하고 예술 교육 같은 것은 뒷전이 됐습니다. 우리 교육은 암기가 전부가 돼버렸어요."

> "예술 교육의 중요한 목적은 인간과 인간의 소통입니다. 모든 예술이 마찬가지지만 연극은 인간과 인간의 관계, 양자의 소통을 매우 중요하게 여기는 장르이지요. 인간과 인간의 소통은 예술과 문화를 통해서만 가능하다고 생각합니다. 정치적 교류는 정치가들의 심리에 의해 좌우되기 쉽고, 경제적 교류는 이익이

101 '2010 유네스코 세계문화예술 교육대회' 개막기사 중에서 인용, 한국일보.

102 EBS 다큐 프라임, 〈예술 교육의 나라를 가다〉에서 인용.

없다고 생각되면 중단되기 마련이지요. 문화적으로 동질감을 형성하도록 하는 것이 예술 교육의 역할이라고 생각합니다."[101]

자유, 평등, 박애의 시민혁명의 발상지 프랑스에서는 예술의 나라답게 예술 교육에 남다른 애정과 선각자적인 입장을 내보이고 있다. 소수만이 아닌 모두를 위한 프로그램으로 예술에서 평등을 실현하려고 한다. 이주민 자녀 등 소외계층 학생들에게 기회의 불평등을 해소하기 위한 것으로 학교가 아니면 들어보지도 못한 소외계층 학생들에게 고전예술의 체험을 하도록 가르치는 일이다. 이 일에 음악감독을 맡은 디디에르 그로쥬망 씨는, 이 아이들이 잘하는 것은 아니지만. 긍정적인 방향으로 발전하고 있다고 하면서 과정이 중요하다는 것을 강조했다. 무엇보다도 긍정적으로 연습에 임하는 것이 매우 중요하다며 오페라 연습으로 성적이 떨어지는 것이 아니라 오히려 자신에 대한 긍정적인 평가를 하게 되고, 타인에 대한 존중의 태도를 갖게 되면서 자연히 성적도 올랐다는 말을 한다.[102]

그런가 하면 요즘 떠오르는 모범적인 다문화국가 호주를 보면 그들의 사회통합 노력은 여기저기에서 하나의 모델로 보인다. 특히 예술 교육에서도 역시 서로 함께 즐기고 함께 배우자는 캐치프레이즈를 내걸고 있다. 호주는 우리나라의 35배 면적으로 우리나라 인구의 절반 정도가 넉넉하게 살고 있다. 1982년 백호주의를 철폐하고 다문화사회를 표방했으나 이주민과의 통합은 그리 긍정적으로 빨리 변하지는 않았다. 그들은 이주민과의 삶을 드러내면서 다문화사회의 핵심적인 역할을 하는 곳이 바로 학교라는 데에 초점을 맞추었다. 특히 민속공연예술가들에게 학교를 개방하고 예술을 가르치도록 했는데 드라마 교실을 통해 학생들은 이민사회에서 겪는 일들을 실감나게 표현하게 권유한다. 자신이 누구인지, 어디에 살고 있는지, 어떻게 살아가야 하는지 등을 표현해서 찾도록 도와준다. 뿐만 아니라 이주민이 찾아와 전통음악을 들려주고 이를 직접 설명하고 듣고 만져보도록 한다. 지식교육의 한계를 넘어서는 것을 보여주고 느끼게 해주고 경험하게 해준다.

예술과 문화는 삶을 풍요롭게 해준다. 재능 있는 초등학생들과 고등학교 미술반 학생들과 함께 작업하게 하는데 특이한 점은 여러 민족의 학생들로 구성되어 있다는 점이다. 그림을 그리면서 이야기도 나누고 도와주고 서로를 존중하게 한다. 호주에서 예술은 갈등과 모순을 극복하는 최고의 장치이자 교육이며 사회통합의 길이다.[103]

예술 교육에서 다문화주의를 표방하는 나라도 있다. 말레이시아다.[104] 다문화사회에서 교과목으로서의 예술의 중요성은 예술 그 자체로서의 의의를 갖는다. 예술 교과목들은 학생들의 예술적 지식을 함양시켜줄 뿐만 아니라 통합을 촉진시키는 중요한 요소로서 작용한다. 또한 예술작품을 만들어가며 학생들의 협력심도 향상시킬 수 있다. 예를 들어, 벽화나 천장화 그리기 활동 등을 통해 학생들은 다른 문화에 대한 이해심을 고취시킬 수 있고 또한 이러한 활동 등을 통해 학생들의 단결심과 그룹 협동심 등을 높일 수 있다. 예술 교육을 특히 다른 사람들과의 협동심을 요구하는 프로그램으로 유도한다. 문화를 다른 사람들과 공유한 사람들은 다른 문화

103 EBS, 위와 같음에서 인용.

104 말레이시아는 주요 3대 민족(말레이, 중국, 인도)의 풍부한 문화적 유산을 지니고 있는 다문화사회이다. 말레이 민족은 가장 규모가 큰 민족으로 말레이 문화를 기반으로 이슬람 문화를 수용하였고, 말레이어를 사용하며 정치적으로 많은 영향력을 행사하며 책임을 지고 있다. 반면 중국인들은 전체 인구의 1/3을 차지하며 비즈니스를 좌지우지하고 있다. 또한 그들은 불교와 도교를 믿으며, 호켄어와 하키어, 광둥어 등을 사용한다. 인도인들은 전체 인구의 약 10%를 차지하고 있다. 그들은 타밀어와 말레이어, 힌디어 등을 사용하며, 주로 말레이 반도 서쪽 해안에 터전을 잡고 있다. 이러한 말레이시아의 민족적 충돌은 1969년 5월 13일에 발생했다. 말레이, 중국, 인도 민족 간의 분쟁이 발생한 것이다. 이 날의 비극은 정치 지도자들로 하여금 다른 인종, 민족 간의 통합과 융화의 중요성을 깨우치게끔 하였다. 또한 이 사건은 교육정책에도 많은 영향을

미쳤는데, 정책입안자들과 학자들은 교육 시스템이 국가 통합을 촉진시키기 위한 중요 도구로서 역할을 할 것이라는 생각을 하게 되었다.

105 조준형, 위의 글과 같음.

에 대한 이해심과 존경심을 갖게 된다고 한 멘슨(Mason)의 말처럼, 예술은 1957년 말레이시아의 독립 이후 말레이시아 교육 시스템의 발전과 더불어 말레이시아의 정치적, 경제적, 사회적 발전을 이끌 수 있는 가능성을 내포하고 있다. 다문화국가인 말레이시아는 고유한 다문화 교육을 발전시켜 왔다. 다양한 민족 및 인종, 교육의 통합 및 연합의 중요성을 깨우치는 것은 주요 도구로서 이용되고 있다. 모든 국민을 동일하다고 가정하는 대신, 말레이시아는 문화와 생활습관의 차이점을 인식하고, 이러한 국가적 분위기를 바탕으로 사람들은 다양성에 대한 존경심을 기를 수 있었다. 특히 예술 교육은 학생들에게 문화적 차이점을 인식시키기 위한 과목이며, 학생들은 이러한 교육을 통해 다른 문화에 대한 존중심을 기를 수 있다. 예술 교육의 다문화 커리큘럼은 단순히 학생들에게 예술적 창의력과 감상능력을 키워주는 것에 국한되는 것이 아니라 다른 사람과 문화에 대한 존중심과 존경심을 기를 수 있도록 도와준다고 할 수 있다.

다문화예술 교육에 대한 논의는 예술 교육의 영역을 예술 자체에 국한하지 않고 철학적, 사회적, 문화적 맥락과 연결시키는 노력 속에서 좁게는 예술 교육을 창작과 감상, 기예를 가르치는 행위, 넓게는 미적 체험을 통한 인격 교육으로까지 확장시키고 있다. 더구나 예술과 문화의 속성이 상상력이나 창의성, 감수성의 자유로운 영역을 바탕으로 두고 있기 때문에 이러한 속성은 국가 발전을 견인하는 중요한 요소이기도 하다.[105] 다문화사회에 들어와서, 기존의 예술 교육에 대한 낙후성은 여실히 드러날 수밖에 없다. 전면적인 교육개혁에 앞서 예술 교육에 있어서만큼은 가장 먼저 개혁이 이루어져야 한다. 나무는 이렇게 해야 잘 그린 그림이고, 하늘은 이렇게 그려야 하고 하는 식의 판박이 식 결정판의 그림을 종용하고 있다. 웬만큼 그림에 재능이 있는 아이는 미술학원에서 배운 똑같은 요령의 그림을 생산해 낸다. 심지어는 미술학원에서 교사의 손길이 닿은 그림을 과제물로 제출하기도 한다. 이런 종류의 예술 교육은 아이들의 미래를 망치는 일이며, 그림에 재능이 있고 없고 하는 식의 구별방식으로 아이들의 자존감을 꺾는 일이다. 음악도 마찬가지이고 여러 다른 종류의 교육에서 이러한 방식이 자행되고 있다. 아이들 하나하나의 개성을 살리지 못하는 교육에서는 어떠한 재능 발견이나 새로운 희망을 볼 수 없다.

예술 교육만큼은 불필요한 벽을 깨부수어야 할 필요가 있는 것은, 다문화가 굳이 아니더라도 아이들이라면 모두에게 해악을 끼치는 일이 된다. 잘 하고 못 하고를 떠나서 아이들의 개성을 알아주고 키워주다 보면, 예술 교육은 누구나 즐길 수 있는 범국가적이며 세계축제적인 시간이 될 수 있을 것이다.

그리고 문화예술 교육은 선진국에서 특히 활성화되어 있으며, 이런 국가들은 우리와 다르게 학생들이라면 누구에게나 박물관이나 미술관, 음악교육, 연극, 뮤지컬, 무용 등에 대해 입장료나 교육의 기회 등이 펼쳐진다는 것이다. 이것은 다문화자녀뿐만 아니라 내국인 자녀에게도 베풀어야 할 국가의 정책이 되어야 한다. 박물관에 가기 위한 교통편도 할인해주고 무엇이든지 배움의 입장에 있는 학생들에게는 특혜를 줘야 한다. 이런 세세한 면이 부러운 점이다.

※ 다문화자녀는 수혜자의 입장으로만 남겨두어서는 안 된다. 각종 다문화 지원 사업이 그들을 무기력하게 만들어 놓기도 한다. 물론 1차적으로는 수혜의 대상이 되어 그들의 위축되고 구겨진 마음을 밝고 곧게 펴줘야 하며, 그 이후에는 수혜의 대상으로만 머무르지 않도록 이끌어야 한다. 그것이 바로 문화예술 활동의 주역이 되도록 적극적인 참여를 유도하는 것이다. 참여는 곧 이를 즐기게 되는 것이며, 즐기다 보면 심리적인 치유가 자연스럽게 된다. 그러다 보면 빛이 나는 창조까지도 바라볼 수 있을 것이다. 곧 지역 사회의 일원으로서 당당하게 설 수 있도록 해야 한다. 〈부록 해당 도표 참조 p.353〉

13. 자원봉사 교육-다문화자녀 멘토링 교육을 중심으로
(Education for mentoring voluntary)

다문화사회의 비전은 '한국인과 이주민이 더불어 행복하게 잘 사는 세상'이다. 더불어 잘 사는 사회가 되려면 한국에서 살아가고 있는 이주민들의 현 상황을 정확히 파악하는 것이 가장 우선시되어야 한다. 이주민들의 부적응으로 오는 삶의 폐해가 사라지는 것이 다문화 공동체 사회 형성의 첫걸음이다. 외국인 노동자들이 한국사회에서 '우리는 노예가 아니다'라고 외치는 메시지를 기억해야 한다. 국제 결혼한 신부들의 자살과 강압에 의한 이혼 그리고 사건 사고 등이 날로 증가하고 있다. 더불어 다문화가정의 자녀들도 자존감을 잃어가고 있으며 결코 행복해하지 않는다. 과거 한국인이면서도 한국인 대접을 받지 못했던 주한 미군 국제결혼 가족 2세의 절규도 잊지 말아야 한다.

지금의 이주민들과 다문화가정의 갈등이 방치될 경우 프랑스와 같은 알제리 주민폭력 사태(2005년, 2007년 등)와 끊임없는 크고 작은 이주민과 내국인의 소요사태[106], 영국에서는 백인들의 히스테리와 편집증에 기초한 무슬림에 대한 방어와 반격[107], 독일에서는

106 2005년 북부 클리시 수 부아에서 아랍계 이민자 청소년 2명이 경찰의 검문을 피해 달아나다 감전사고로 숨지자 이민자 사회의 불만이 폭발해 두 달 동안 건물 300여 채가 파손되고 3,000여 명이 체포됐으며 차량 1만여 대가 불타는 대혼란이 일었다. 이 사건은 프랑스의 통합적 이민정책의 실패를 알리는 신호탄이 됐다. 파리 등 대도시 외곽도시에 사는 이주민들에 대한 오랜 편견과 경제적 빈곤이 처음으로 대규모 시위 형태로 폭발했기 때문이다. 또한 2010년 7월 17일에도 프랑스 남동부의 도시 '그르노블'(Grenoble) 교외 빈민가에서 소요가 발생했다. 이날 소요는 '그르노블' 교외의 카지노를 강탈한 혐의를 받던 20대 청년이 경찰이 쏜 총에 맞아 숨진 것이 도화선이 됐다.〈노컷뉴스, 2010〉이어 2007년 파리 북부의 '빌리에 르 벨'(Villiers-Le-Bel)에서 청소년 2명이 경찰 순찰차에 치여 숨지자 성난 폭도들이 100여 대의 차량에 화염병을 던져 경찰 80여 명이 다치기도 했다. 프랑스는 전체 인구 6,400만 명중 무슬림이

600여 만 명으로 유럽 최고 수준이지만, 최근 하원에서 부르카 금지법안이 압도적 찬성으로 통과되는 등 주류사회와 무슬림 사회 간의 갈등이 악화일로를 걷고 있다. 2000년대 들어 대도시 외곽지역을 중심으로 밀집한 이주민들에 대한 '동화'(assimiliation)정책에 한계점을 드러내고 있다. 이는 또 사회적 혼란으로 직결되는 한편 천문학적인 사회적 비용 지출로 이어지고 있다. 한겨레, 2010.

107 영국이 '다문화주의' 논란에 휩싸였다고 일간 가디언이 보도했다. 영국의 보수단체들은 3,000여 명이 참가한 가운데 반이슬람 시위를 벌였고, 이슬람 단체들은 "백인들의 히스테리와 편집증"을 개탄하고 나섰다. 그는 "1960년대 이후 영국의 다문화 원칙이었던 '무간섭 관용주의'는 (비백인들을) 인권·민주주의·사회통합·법 앞의 평등 같은 전통 가치로 통합하기보다는 (이슬람 극단주의가 번창할 수 있는) 폐쇄적 공동체를 양산했을 뿐"이라고 말했다. 세계일보, 2011.

터키인들에 대한 터부시와 그로 인한 이주민 폭동과 신나치주의자들의 시위와 과격한 암살계획[108], 미국 버지니아에서는 우리나라 1.5세대 다문화인 조승희 씨의 총기난사 사건[109] 등이 한국사회에서도 일어나지 말라는 법이 없을 것이다. 아니 아마도 근접해 가는 과정에 있는지도 모른다. 2006년 초 호주에서 폭동[110]이 일어났을 때도 우리 안에 들어와 있는 외국인들이 언제 우리 사회의 뇌관이 될지 모른다며 오히려 반다문화적 움직임이 보이기도 했다. 한국에서의 외국인 출신들이, 국제결혼 이민자와 그 자녀들이 편안하고 행복하게 살아가는 '더불어 행복하게 잘 사는 세상', 이것이 다문화 사회의 비전이다. 한국인이 행복하면 이주민도 행복한 것이다.

많은 이주민들이 한국어에 대한 갈증을 표현했고 1차적인 해결이 안 되어 나타나는 사회적 부적응 사태는 실로 컸다. 여성이면서 엄마인 경우가 다수인 결혼 이주여성은 자신의 가정생활에서의 불편함과 오해와 편견 등으로 힘든 생활을 해야 했고, 결혼과 함께 곧바로 이어지는 출산으로 자녀에게 뚜렷한 언어교육을 해주지 못하는 것에서 오는 많은 파장들 즉 또래아이들이 해야 하는 옹알이부터 엄마의 수유와 함께 듣게 되는 말들, 거기에서 오는 말의 늦음, 더듬거림, 위축감, 자존감 상실, 자신감 상실 등이 차례로 나타나고 있다. 여러 가지 위축감으로 학습 부진, 엄마가 학교 숙제나 준비물을 챙겨주지 못하는 여러 가지 크고 작은 일들로 엄마에 대한 부정, 미움, 분노 등이 어릴 때부터 차올라오게 된다. 이 모든 것이 준비 안 된 국제결혼과 언어를 모른 채 출산한 여파로 보인다.

한편에서는 결혼이주민들의 한국어 수준이 향상되면 한국사회의 완벽한 일원으로 살아갈 수 있을 것이라는 기대가 제기되기도 하지만, 상당 수준의 한국어를 구사하는 이들 역시 같은 문제를 지적하고 있을 뿐만 아니라 오히려 한국어 이해 수준이 높아질수록 문제의식이 심화되어 가는 것을 보면 단지 기술적 차원의 언어 문제로 귀결시키기는 힘든 것으로 보인다. 언어의 문제 이면에는 이들이 한국보다 경제개발 수준이 뒤처진 저개발 국가 출신이라는 사실과 문화적 차이라는 빙산이 존재한다. 이들과 다른 차이의 스펙트럼이 확대되고 서로 다른 민족적, 문화적 배경을 지닌 이들이 일상을 공유하는 상황이 전개되면서 그간 민족적, 문화적 차이에 대한 무관심 속에서 이를 다룰 수 있는 기제를 준비하지 못했던 한국사회 앞에 결코 만만치 않은 과제가 던져진 것이다.

결혼이주여성에게 한국어를 비롯한 살림살이 방법, 가정생활의 노하우 등을 멘토링해 주는 프로그램이 필요하다. 다문화가정자녀의 숙제나 학습을 도와주는 멘토링 등 사회적으로 다양한 필요성이 늘어가고 있다. 현재 멘토링 프로그램의 내용과 대상층이 다양화되고 있다. 여기에서는 다문화자녀를 위한 학습지원과 관련된 멘토링 시스템을 다루고자 한다.

'멘토링 프로그램'은 쉽게 말해 멘토(후원자)와 멘티(구성원)가 1대 1로 짝을 이뤄 교감을 나누고 긍정적인 방향으로 나아가려는 목적을 띈다. 예를 들어 다문화가정자녀(멘티)에게 대학생 1명이 멘토가 되어 서로 간 의견을 공유하는 등 사회복지 차원으로 멘토링 프로그램이 활용된다. 이처럼 멘토링 프로그램이 가장 활발한 곳은 아무래도 '청소년' 관련 분야다. 장애아동 및 가출청소년 등

108 독일 총리 안젤라 메르켈은 독일에 있는 외국 이주민들의 인권 수호를 위해 팔을 걷어 붙이고 나서서 "다문화 현상은 우리가 배워야 할 현실"이라고 강조하며 이 정책에 도전하는 사람은 당에서 추방하는 등 강경한 자세를 취해 왔다. 2010년 11월 총리는 당원들을 모아놓은 공식 석상에서 "독일의 다문화 정책은 철저히 실패했다"고 선포했다.(한국일보, 2010. 10. 17일자.) 메르켈 총리는 그것이 이슬람 때문이라고는 말하지 않았지만 같은 기사에서 연립정부를 구성하고 있는 CSU당의 제호퍼 당수가 "이제 터키와 아랍에서 이민을 더 받을 필요가 없다"고 말한 것으로 보아 이슬람 때문임을 암시한다.

109 2007년 4월 16일 버지니아텍에 재학 중인 한인 영주권자 조승희 씨가 학교 내에서 무차별로 총기를 발사해서 학생과 교수 등 32명을 살해하고 자살했다. 미국 역사상 가장 참혹한 캠퍼스 총기 난사 사건으로 기록되었다. 총격사건의 범인

청소년 프로그램에 조력자가 될 멘토가 힘을 보태면 그 효율이 배로 뛴다. 특히 비행 청소년, 저소득층 아동 및 청소년을 대상으로 자원봉사자가 열연을 맺고 일정 기간 동안 정기적인 만남을 통해 신뢰와 애정을 키워가는 것이다. 이런 과정 속에서 청소년들이 정서적으로 안정감을 되찾고 꿈을 품게 되며 희망을 갖게 된다. 이를 위해서는 멘티의 정서적 이해와 지지, 적절한 역할 모델이 제공돼야 함은 물론이다. 초기 비행화 단계에 있는 청소년을 선도해 가정과 학교, 지역사회에 적응할 수 있도록 돕는 사람이 멘토다.

지혜, 경험, 애정어린 말 한마디, 학습지원, 진로 등 개인의 고민을 상담하고 무엇이든 할 수 있다는 의지에 격려를 아끼지 않는 것이 주요 활동이다. 그 청소년이 다문화자녀일 경우, 멘토가 알아야 할 기본적인 다문화적 소양과 다문화자녀의 특징 등은 사전에 필수로 인지하고 있을 필요가 있다.

멘토로 나서는 대부분의 대학생들은 무조건 봉사한다는 열의만 갖고 달려들어서는 곤란하다. 그러나 현재의 자원봉사 열풍은 그들의 스펙 쌓기나 화려한 도덕적 경력이나 이력을 풍성하게 해주는 도구로 전락하는 느낌마저 든다. 성적과 점수에만 혈안이 되어 있는 이들에게 사회는 너무나 경쟁이 심하고 무엇보다도 앞선 무언가가 필요하기에 이러한 행동이 나올 수밖에 없으리라는 것도 이해는 간다. 그러나 우리나라 학교 교육에서 자원봉사의 개념과 특히 봉사를 하고 싶은 대상에 대한 정보나 연구 등에 대한 교육은 제로인 셈이다. 2009년 대학생과 다문화자녀 멘토링[111]을 위한 자원봉사자 모집에서 기존의 100명 대 100명 수준을 넘어선 대학생

500여 명이 몰려들었다. 실로 놀라운 인원 동원이었다. 그러나 이들이 왜 봉사를 하려는지, 봉사 대상이 다문화자녀라는 점과 다문화자녀에 대한 정보와 다문화 이해에 대한 교육을 하고 나자 반 이상이 떨어져 나갔다. 그 외에 여러 과정을 거쳐 100명이 되었는데, 정보 공유와 다문화에 대한 교육을 마쳤음에도 불구하고 최종적으로는 60명만 남았다. 이들의 중도 하차에는 여러 가지 이유가 있었으나, 대부분은 육체적으로나 거리상 멀어서 '너무 힘들다'였으며 자원봉사 개념과 맞지 않게 '교통비와 수고비 등이 적어서'도 꽤 상당수였다.

그러나 처음엔 아무것도 몰랐다가 다문화에 대한 교육을 받고, 경험을 해보려는 의지를 굳힌 대학생들은 새로운 경험과 오히려 많은 인생의 공부가 되었다는 평을 내놓았다.

총 교육활동 시간은 약 4,360시간을 메워야 했다. 봉사활동 지역은 남양주, 안산, 성남, 의정부, 수원(다문화가족지원센터의 협조) 등을 중심으로 이루어졌으며 중간에 현장체험학습(소풍)도 있었다. 공동참여기관으로는 (사)한국다문화센터, (주)락앤락, 매일경제신문, (주)웅진씽크빅, 교원그룹 등으로 만들어졌다.

> 「안녕하세요~ 수원센터에서 5세 이하 어린이들이랑 함께하고 있는 김승언입니다.^-^
> 봉사활동을 시작한 지 벌써 3주차에 접어들었네요.
> 제 멘티는 태국인 어머니를 둔 네 살의 혜림이에요.
> 처음에는 혜림이가 낯을 너무 가려서 하루에 한마디도 제대로 대화하지 못하고,
> 손도 안 잡아주고 제가 혜림이 손을 잡으면 자꾸 손을 빼더라구요.ㅠ
> 잘해보려고 했는데 조금 섭섭하기도 하고…ㅋㅋ
> 처음엔 한국말이 서툴러서 대화를 하지 않는 것인지 낯을 가려서 대화를 안 하는 것인지도 모르겠고.
> 의사표현이 전혀 없고 혼자 행동하려고 하고… 그래서 조금 힘들었어요.;;;;;;

그러다 요 며칠 날도 풀리고 해서 야외활동을 했는데 그때 혜림이 마음이 많이 풀렸는지 조금씩 의사표현도 해주고 그러더라구요.ㅋㅋ

그런데 오늘은 혜림이를 데리러 가니까 달려와서 품에 안기기도 하고,

'선생님, 혜림이도 공차고 싶어요'라고 의사 표현도 해주고,

혜림이가 예전보다 많이 밝아지고 의사 표현이 늘어서 너무 고맙기도 하고 기쁘기도 하고 그래요^^

혜림이가 '선생님, 선생님'하고 부를 때면 너무 기뻐요.ㅋㅋㅋㅋㅋ

오늘 혜림이가 선생님이라고 불러준 기념으로 글 올려요.^^

다들 파이팅!!! 열심히 해보아요.」

「다문화라는 용어가 생소했던 때라 멘토링 자체도 이렇게 대규모로 한 경우는 처음이었다.

"지훈아, 이게 'ㄱ'이야. 기역 자가 눈, 코, 입처럼 참 재미있게 생겼지?"

경기도 남양주시 와부읍에 살고 있는 다문화가정 자녀인 네 살배기 지훈이는 요즘 최고 인기를 구가하는 '파워레인저'보다 대학생 누나랑 같이 하는 한글 공부에 푹 빠졌다.

지난주 한국다문화센터 측에서 유아용 한글배우기 그림책과 단어 카드, 한글 놀이판, 퍼즐 등이 가득 담긴 교재 한 박스를 선물 받았기 때문이다.

대학생 멘토링을 하고 있는 장아름 양(모 대학 영문학과 2학년)은 양손에 알록달록한 단어카드를 쥐고 살랑살랑 앞뒤로 흔들면서 '지훈이 한글 깨치기 프로젝트'를 위해 땀을 뻘뻘 흘리고 있었다. 지훈이가 가장 좋아하는 단어카드는 '오토바이'와 '자동차'다.

오토바이가 그려진 카드가 나오면 지훈이는 입으로 '부릉부릉' 소리를 내고 오토바이를 타는 흉내를 내면서 거실을 한 바퀴 폴짝폴짝 뛰어다녔다.

지훈이 모습을 지켜보던 김학송(39)·엘리자(29) 씨 부부는 그 자리에서 한바탕 웃음꽃을 피웠고 아버지 김학송씨가 "경찰

아저씨가 지훈이 잡으러 온대"라고 으름장을 놓자 지훈이는 달리기를 뚝 그쳤다.

'ㄱ', 'ㄴ'부터 시작해 'ㅇ'을 동그란 안경테와 비교할 무렵 지훈이는 지겨워하는 표정을 짓기 시작했고 장 양은 금세 색종이 접기 놀이로 전략을 바꿨다.

장 양은 "공부를 조금이라도 어렵게 하면 금세 싫증을 내니 놀이처럼 접근하고 있다"며 "지난 3월에 처음 가정을 방문했을 때만 해도 개구쟁이였던 지훈이가 한글 공부에 열심인 모습을 보니 대견스럽다"고 말했다.

필리핀 마닐라가 고향인 지훈이 엄마, 엘리자 씨는 지훈이와 함께 덩달아서 한글 공부를 하고 있다. 엘리자 씨는 모국어가 타갈로그어와 영어이다 보니 아들에게 직접 한글을 가르칠 수 없었던 것이 가장 큰 고민거리였다.

"한국에 오니까 겨울에 추운 것 빼고는 생활수준이 필리핀보다 훨씬 나아서 만족해요. 다만 어린이집을 보낼 형편이 안 돼 자녀교육을 어떻게 해야 할지 고민하고 있었는데 마침 한국 대학생 선생님이 이렇게 찾아오셔서 아들에게 한글을 가르쳐주니까 정말 고마울 따름이죠."

한국으로 시집온 지 올해로 5년째인 엘리자 씨는 특히 시장에 가서 장을 볼 때 필요한 배추나 무 같은 단어를 연필로 연습장에 써보고 또박또박 읽었다.

엘리자 씨는 "나중에 지훈이가 좀 더 크면 타갈로그어를 가르칠 생각"이라며 아침에 일어나면 지훈이랑 타갈로그어로 '마간다 오마가'라고 아침인사를 나눈다고 말한 뒤 수줍은 듯 웃었다.

멘토링을 받는 자녀 연령층은 두 살배기 아이부터 초등학교 6학년까지 다양하며 방과 후 학습지 형태로 진행되고 있다.

장 양은 매주 금요일 3시간씩 지훈이 한글 공부를 봐주고 화요일에는 일본 다문화가정 자녀인 강문정(12), 우리(10), 수호(7) 삼남매를 가르치고 있다.

112 가. 교육사업 수요 조사의 필요성 ① 교육사업 수요 조사의 어려움 ② 교육사업 수요 조사의 나아갈 방향 모색 전수 수요조사는 어렵지만, 교육사업 수요자에 대한 기준을 마련하여 교육대상을 명확히 하고 보다 적합한 교육 대상자를 물색하는 일은 가능하다고 여겨진다. 이에, 앞으로는 수요자에 대한 기준을 명확히 하고 보다 교육 혜택을 필요로 하는 대상을 찾기 위한 노력을 경주하여야 할 것이다.
나. 다문화가정 대상 신뢰성 제고 필요성 ① 의사소통 채널의 개선: 각 지역 다문화가족지원센터를 통하여 다문화가정에 '사업 및 교육사항'을 전달하였고, 자원봉사자(멘토)를 통해서도 내용을 전달해 주었다. 그러나 중개

2010년 멘토링에서는 지난해 사업에서 얻은 여러 가지 시행착오
와 교훈[112]을 토대로, 대학생들의 스펙 쌓기와 순수한 봉사에 대한
충족감을 학점으로 연결 지어 다시 한 번 멘토링[113]을 실시했는데,
학점 연결로 봉사와 연결 짓는 방법이 자못 성공적이었다. 더구나
거리가 멀어서 후미진 곳을 가야 하는 여학생들에게는 이러한 장
애를 없애고, 더구나 도심과 멀리 떨어진 곳이거나 산세가 험한 지
역에 사는 다문화자녀에게 멘토링의 기회를 접할 수 있도록 하기
위해, 온라인 멘토링으로 시도해 보았다. 결과는 낙오자 없이 1년
을 무사히 치러낼 수 있었다. 이는 성공적이면서도 사회적, 도덕적
인 실패일 수도 있었다. 순수한 봉사란 이제는 사라졌는가 하는 씁
쓸함과 봉사자의 욕구를 충족시켜주는 방법의 일환으로(이들을 묶
어놓을 수 있는) 장치를 두어야 한다는 복합적인 머리굴림이 필요한
세상이 되었다는 의미부여가 되었다.

과정이야 어찌되었든, 참여도와 만족도 등의 결과에서 1차 때보
다 성공적이었다.

멘토, 멘티들의 한마디.
「구미 오산초등학교 멘티 장은지
온라인 멘토링은 나의 삶이다. 왜냐하면 학원에서도 올려주
지 못한 성적을 멘토링을 한 후로 성적이 올랐기 때문이다. 나는

를 통한 전달방식 상,
정보의 변질 및 누락
등의 의사소통 장애요
인을 막기 어려운 면이
있었다.
② 자원봉사단 관리방
식 개선: 자원봉사자의
중도이탈(무단이탈, 사유
로 인한 이탈 포함)이 발
생할 경우, 다문화가정
으로부터 상당한 불신
이 발생하는 경우가 발
생하였다.
또한, 봉사활동 내역
확인에 대한 보다 정교
한 관리방안이 필요하
다. 사업의 특성(가정방
문, 불특정 시간대, 다수의
자원봉사 활동)상 자원
봉사자들의 활동 시 현
장에 (사)한국다문화센
터 측에서 참관할 수가
없다. 다음부터는 봉사
활동 내역 신뢰성을 보
다 높이기 위한 방안으
로, 봉사활동내역에 대
한 다문화가정(보호자
및 피교육자)의 확인 절
차를 문서를 통한 방식
으로 전환할 필요성이
있다.
라. 교육성과를 파악할
수 있는 보고서가 제
대로 활용되지 못함.

[113] 온라인 멘토링 사
업으로 사업기간은
2010년 3월부터 2011
년 2월까지 12개월 동

영어학원만 다니고 전 과목 학원을 모두 끊었다.

엄마께서 조그만 식당을 운영하기 때문에 난 집에서 5살짜리 동생도 돌보며 컴퓨터 앞에 앉아 선생님과 마주보고 공부를 하면서 나의 고민이나 진로문제 같은 것도 상담해 주시니 정말로 나에게는 없어서는 안 될 친구이자 내 삶이 되었다.」

「영남대학교 법학과 멘토 최규영

온라인 멘토링은 오대양이다. 전 세계 곳곳의 지하수, 민물, 하수구 물 등 다양한 곳에서 흘러나오는 물이 언뜻 보기에는 서로 다른 물처럼 보일 수 있지만, 결국 이 모든 종류의 물은 세계의 바다인 오대양을 구성하는 공동체이다.

마찬가지로 다른 피부와 문화가 섞인 가정의 자녀에게 보이지 않는 벽처럼 다르게 바라볼 것이 아니라 급변하는 세계화시대에 단일민족의 한계를 벗어나 어울림과 소통의 장을 펼치는 온라인 멘토링과 같이 하나의 공동체를 나타내고 소통의 장을 뜻한다.」

「성주 중앙초등학교 멘티 이선경

온라인 멘토링은 서로를 이어주는 밧줄이다.」

「경주 내남초등학교 멘티 신수민

온라인 멘토링은 힘들거나 우울할 때 항상 자신의 일처럼 힘들어해 주고 힘을 주는 나무이다.

힘들고 지칠 때 편히 쉬어갈 수 있는 나무처럼 나의 마음을 더 힘차게 해준다.」

「영남대학교 경제금융학과 멘토 이상화

온라인 멘토링은 끌림이다. 다문화 멘토링을 시작했을 때 멘토와 멘티들은 설렘으로 시작했다. 멘토들은 다문화가정 아이들을 진정으로 돕고 싶은 마음에, 멘티들은 멘토를 통한 배움과 경험을 원했으나 사정 상 중도에 그만두고 싶을 수도 있고 웬만한 소통이 불가피할 경우도 있었을 것이다. 하지만 지속적인 관

안 진행되었다. 주요 내용은 온라인 멘토링 학습은 학기당 32시간과 오프라인 체험학습은 학기당 16시간 그리고 상상놀이, 봄소풍, 글로벌 리더십 캠프, 법 탐험 캠프 등으로 다채롭게 진행되었다. 공동참여기관으로는 (사)한국다문화센터, 영남대학교, 교육과학기술부, 법무부, 경상북도, 경상북도 교육청, SK텔레콤, SK브로드밴드, 교원그룹, 매일경제 등의 민, 관, 산, 학, 언론의 대규모 거버넌스 형식으로 이루어졌다.

114 2010 경상북도 다문화가정자녀-대학생 온라인 멘토링 체험수기, 〈우리들의 멘토링 이야기〉 중에서.

115 지방자치단체가
운영하는 보호시설에
입소한 다문화가정 출
신 보호 아동의 경우,
크고 작은 사설보육원
등에 들어간 아동을 포
함하면 다문화가정 출
신의 버려진 아동은 훨
씬 더 많을 것으로 예
상되지만 전국 단위의
통계는 없다. 보호시설
에 들어온 아동들은 대
부분 중국과 베트남, 필
리핀 등지에서 결혼 이
민을 온 외국인 어머니
와 한국인 아버지 사이
에 태어났다가 가정폭
력 등으로 가정이 깨지
면서 보호소에 맡겨진
경우가 많은 것으로 알
려졌다. 불안정한 가정
환경에서 자란 탓인지
산만하고 혼란스러운
모습을 보이는 아동도
적지 않다고 보호시설
관계자들이 전했다. 통
계청 자료에 따르면
2008년 국내에서 있었
던 결혼에서 한쪽 배우
자가 외국인인 경우가
11%(3만 6천여 쌍)나
됐고, 결혼이주여성은
누적 기준으로 12만 8
천여 명에 달했다. 연합
뉴스, 2010. 04.

계를 유지하고 이번 프로그램을 성공적으로 마치게 할 수 있었던 원동력은 바로 서로 간의 끌림이 있었기 때문이라고 생각한다. 단순히 학습의 차원을 넘어 서로 교감할 수 있었던 것은 자석의 양극처럼 다가갈수록 더 가까이 가고 싶었던 그런 마음이 있었기 때문이 아닐까 한다.」[114]

정부는 이미 하인즈 워드 방한을 계기로 교과부의 '다문화가정 지원 대책'(학습결손 방지, 학교적응 지원을 위한 방과 후 학교, 대학생 결연 및 멘토링, 교원 연수 강화 등)을 이미 2006년도에 발표한 바 있다. 더욱이 국제결혼이 급격히 증가하면서 이혼, 가출 등 문제점들도 불거지고 있다. 2009년, 2010년은 2008년에 시행하기 시작한 이혼숙려제로 이혼 건수가 주춤하여 2007년도 수준으로 돌아가긴 했으나(12만 4천 100건), 여전히 불씨는 안고 있는 셈이다. 그만큼 이혼율이 많다는 말인데, 국제결혼에 대한 무분별한 시행과 대책 없는 대안으로 이혼율에 대한 증가는 불 보듯 뻔한 일이다. 국제결혼의 이혼은 곧바로 다문화자녀에게로 영향이 쏠리기 때문에 심각하게 볼 필요가 있다. 더구나 두 부부의 이혼으로 인한 자녀의 향방은 운명의 갈림길에 서게 되는 꼴이 되어버린다. 양육권이 한국인 배우자인 남편 즉 아이의 아빠에게로 갈 경우, 보육원으로 버려지는 아이들이 많으며,[115] 양육권이 이주여성으로 가게 되면, 터전을 잡을 때까지 친정으로 보내져 키워진다. 이때 언어발달은 한국어가 아닌, 외가 나라의 언어를 습득하게 된다. 그러나 법적으로 이러한 아이의 경우는 엄연히 국적은 대한민국이다. 이 아이가 자라나 터전을 잡은(돈을 벌든가 재혼한 엄마가 한국으로 부르게 되는데) 엄마의 요청으로 한국에 귀국하게 되면 10대가 되어 한국어는 전혀 모른 채 학교도 못 가고, 새로운 가정(재혼한 가정에서의 가족들)에서의 불협화음과 함께 사춘기의 불안정한 정서 상태와 함께 혼란스럽고 반항적인 상황에 아무런 대책 없이 내동댕이쳐진 무척 위험한 경우가 되어 버린다. 가정과 사회, 학교에서의 부적응으로 가출이나 학교이탈, 집안에서의 인터넷 중독, 혹은 비행청소년 등 좋지 않은 환경으로 급격하게 하락하기 쉽다. 이러한 아이들을 중도입국자녀라고 부르는데, 이러한 아이들이 계속 늘고 있다는 것이 우려할 만한 우리의 문제이다[116].

아무튼 취학연령대에 학교이탈과 학업 포기, 교육 포기는 결국 가난의 되물림을 맞춰놓는 일이고 종국에 가서는 한국에 대한 반감을 키우고 폭력집단, 이주민 폭동의 주요 요인으로 작용할 가능성이 크다. 포용 못 하는 한국사회는 이에 대한 사회적 대가를 치러야 할 것이다. 이러저러한 많은 경우의 수가 다문화자녀에게서 파생되어 나타나고 있다.

보건복지가족부가 청소년희망재단에 의뢰해 지난해 8월부터 12월까지 5개월 간 서울과 경기 지역 23개 초·중학교 학생 1,725명을 대상으로 결혼이민자 가정 자녀에 대한 인식조사에서 밝혀졌다. 조사결과에 따르면 '다문화가정의 자녀와 친구로 지낼 수 있느냐'는 질문에 응답자의 52.9%가 '있다'고 답했다. '친구로 지낼 의사가 없다'고 답한 비율은 9.3%, '모르겠다'로 부정적 의사를 표시한 비율은 37.7%로 나타났다.

다문화가정 자녀와 친구로 지낼 의사가 없는 이유로는 '한국어

116 행정안전부가 2009년 외국인 주민 조사를 통해 파악한 전체 다문화가정 취학연령 자녀 4만 2,676명 모두를 교육과학기술부의 교육행정 시스템(NEIS)과 대조해 실제 재학 여부를 파악했다. 그 결과 이들 중 3만 4,734명만 학교를 다니는 것으로 나타나 평균 재학률 82%를 기록했다. 일반 학생 재학률이 92~98%인 데 비해 10% 포인트 이상 낮은 수치다. 특히 다문화가정 자녀 가운데 '외국에서 태어나 성장하다 뒤늦게 한국 국적을 취득한 부모를 따라 입국한 자녀(중간입국자녀)'의 재학률은 매우 낮았다. 중간입국자녀의 경우 2009년 기준 전국 982명 중 464명만 학교에 다녀 재학률이 47%에 그쳤다. 다문화가정 자녀 전체 재학률은 학년이 올라갈수록 떨어졌다. 일반 학생 초·중·고교 재학률이 각각 98%, 96%, 92%인데 반해 다문화가정 출신 초등학생은 재학률이 86%, 중학생은 84%였지만 고등학생은 70%에 그쳤다. 중간입국자녀의 경우는 이 같은 현상이 더욱 심해져 초등학생과 중학생

가 서툴러 의사소통이 어렵기 때문(40.4%)'이 가장 많았고 '친구로 지내려면 신경 쓸 일이 많아 피곤하기 때문에(33.5%)', '나와 생각과 생활방식이 다르기 때문(32.3%)' 등의 순이었다. '외모나 피부색이 달라서(24.2%)', '친구로 지내는 것이 창피해서(15.5%)', 16.8%는 '따돌림 당하게 될 것을 우려해서(16.8%)' 등의 이유도 있었다.

'다문화가정 자녀를 한국인이라고 생각하느냐'는 질문에 41.6%는 '한국인으로 볼 수도 있고 외국인으로 볼 수도 있다'고 답했고, 13.0%는 '모르겠다', '한국인도 아니고 외국인도 아니다'는 응답은 2.2%가 나왔다.

또 다문화자녀에 대한 심리적 거리감을 5점 만점으로 조사한 결과 이들에 대한 심리적 거리감은 평균 3.03점이 나와 약간의 거부감을 느끼는 수준인 것으로 조사됐다.

다문화가정의 자녀 10명 가운데 6명 이상이 학교 공부 및 놀림 등으로 인해 학교생활에 어려움을 겪고 있는 것으로 조사됐다. 또한 다문화가정의 자녀에 대한 일반 학생들의 거부감이 크거나 편견이 심해 대책 마련이 시급한 것으로 나타났다. 학습부진으로 시작된 친구들의 무시감을 없애기 위해서는 단연 학습 도움이 절실히 필요한 것으로 나타났다.

경기도 가족여성연구원의 전경순 선임연구위원은 2009년 10월 도내 초등학교 5, 6학년과 중학교 1~3학년에 재학 중인 다문화가정 학생 798명을 대상으로 설문조사를 한 결과 62.7%가 학교생활에 어려움을 겪고 있다고 답했다고 밝혔다. 이에 따르면 이들은 '학교 공부를 따라가기 어렵다(38.5%)'거나 '숙제하는 데 어려움이 많다(20.8%)'고 답했다.

특히 초등학생의 경우 20.2%가 '주위 친구들로부터 놀림이나 차별을 당한다'고 학교생활의 어려움을 꼽았다. 이들이 놀림이나 따돌림을 당하는 이유로 36.1%가 '엄마 아빠가 외국인이기 때문'이라고 답했으며 '특별한 이유가 없다'는 답도 26.2%로 조사됐다.

'학업을 중단하고 싶다는 생각을 한 적이 있다'는 초등학생 가운데 32.5%는 주요 원인으로 '주위 친구들의 놀림 때문'이라고 답했다. 또 도내 일반 초·중학생 1,100명을 대상으로 실시한 다문화 이해 실태조사 결과 '다문화가정 청소년과 함께 있으면 어색하다'는 응답이 전체의 53.3%를 차지했다.

이 장에서는 다문화자녀의 학습, 숙제, 심리, 친구 등의 조력자로서의 멘토 역할을 위해 대학생 이상의 성인을 주요 대상층으로 했다. 〈부록 해당 도표 참조 p.356〉

14. 교사를 위한 다문화 연수(Teacher for multiculture training)

해방 이후 가난에서 벗어나려는 몸부림으로 '잘 살아보세'와 못 배운 한을 풀기 위해 우리는 막무가내 식 주입식 교육이 필요했다. '개천의 용' 나는 식의 교육으로 인해 인생역전은 가능했으며, 조선시대 신분철폐의 지름길이란 글공부의 유무에 의해서라는 개념이 있어 왔던 터라, 출세와 신분상승의 출구는 일단 교육이었다. 우리 나라는 경제성장 과정에서 교육이 유일한 계층상승의 이동통로가 됐고, 대부분의 부모들이 자녀 교육을 위해 헌신적인 투자를 하고 있다. 이 같은 높은 교육열이 넓은 인재풀을 만들었고, 이를 기반으로 경제발전을 이뤄낼 수 있었다. 그렇게 해서 일궈온 우리의 경제발전은 자타가 인정할 만큼 실로 놀라운 성과를 이룩했으며 짧은 시간에 압축 성장을 이뤄냈다. 전지구상에 존재유무조차 희미하게 숨겨졌던 코리아라는 이름도 이제 드날리게 되었다 세상은 하루가 다르게 변하고 국경의 개념도 때에 따라서는 무색해지고 지구촌 시대가 활짝 열린 21세기에 들어서면서 전 세계 국가들의 모든 기업들과 경쟁이 격화돼 소수 인재가 국가·기업 간 경쟁판도를 좌우하게 되었다. 사회는 시대의 변화에 따라 그 시대에 맞는 새로운 인재상을 요구한다.

우리나라도 경제 규모가 커지고 전 세계에 진출하는 기업들이 생겨나면서 이제는 글로벌 인재에 대한 중요성을 깨닫고 있다. 하지만 우리나라는 급격한 성장을 이루면서 세워진 획일적이고 입시위주의 경쟁적 교육방식으로 인해 세계경제를 이끌 창의적·독창적 글로벌 인재가 배출되지 못하고 있다. 그동안의 주입식 교육의 뿌리가 워낙 깊고 넓어서 쉽게 떨쳐버리기가 쉽지는 않다. 그동안 뜨겁게 달구어왔던 교육열에서 방향을 바꿔 교육개혁이 일어나야만 할 때를 만났다. 시대에 새로운 인재상을 요구하는 만큼 새로운 교육체제가 필요한 것이다. 새로운 시대란 세계의 많은 사람들이 이주하고 있고, 우리나라에서도 수많은 이주민들이 대거 들어오기 시작했다는 의미이다.

그러나 뒤늦게 한국의 교육열을 높이 칭찬한 오바마 대통령은 2011년 1월 25일 의회 국정연설에서 한국의 모범사례를 잇따라 소개하며(특히 한국의 뜨거운 교육열) 미국 사회의 분발을 촉구했다. 실제로 버락 오바마 미국 대통령이 수차례 우리나라 교육에 대해 예찬한 바 있다. 국정연설에서 그는 한국에 대한 언급은 교육과 인프라스트럭처 구축의 중요성을 강조하면서 다시 나왔다. 교육 문제의 경우 이번에는 교사들에 대한 한국사회의 존경 분위기가 거론됐다. 그는 "부모 다음으로 자녀 성공에 가장 영향을 미치는 존재가 교사다. 한국에서는 교사가 국가를 건설하는 사람들(nation builders)로 알려져 있다"며 "미국에서도 우리 자녀를 교육하는 사람들을 그와 같은 수준의 존경심으로 대해야 할 때"라고 강조했다. 오바마 대통령의 이런 언급이 나오자 국정연설을 경청하던 미국 상·하원 의원들은 모두 자리에서 일어나 박수를 쳤다.[117]

교육업계의 관계자들뿐만 아니라 거의 대부분의 사람들이(자녀를 키우는 부모, 학교를 다니는 학생들) 공감하는 것은 한국의 교육은 죽었다는 점이다. 높은 교육열은 이제 다 타버려 재만 남은 셈이다.

117 2011. 01. 26. 쿠키뉴스, 매일경제, 각종 인터넷뉴스 등.

과도한 열은 오히려 덥히는 목적에서 벗어나 태워버리고 만다. 개인의 본질적인 특성을 살리지 못하고, 숨어 있는 재능을 억누르고 하향평준화에 똑같은 인간상을 만드는데 여념이 없다. 어느 나라나 존재하는 입시도 우리나라는 역시 과열된 상태라 본지를 흐리고 있다. 울안에서 전전긍긍할 뿐 글로벌 인재를 키우는 넓은 시야를 지닐 새가 없다. 인재 육성을 위해 인재 학교나 기타 특수학교 등을 설립하기보다는 근본적인 교육열에 대한 문제나 교육 시스템, 학교 분위기, 치맛바람 등을 해결하는 게 우선이다.

미래학자 앨빈 토플러는 한국의 교육에 대해 "산업화 시대에 맞는 규격화된 대중교육 방식을 고집하고 있으며 미래사회에는 지식기반 사회에 맞는 교육제도로 가장 먼저 개혁하는 국가가 강대국이 될 수 있다"고 언급했다. 즉, 우리나라는 창의적 인재양성을 위해 교육 패러다임을 시급하게 전환해야 할 때라는 말이다. 21세기 글로벌 사회는 창의력과 다양성을 갖추고 타인에 대한 배려와 존중을 아는 유연한 인재를 원하고 있다. 이 같은 인재를 키워낼 수 있는 힘은 교육이고 이에 따라 학교현장도 알맞게 변화해 나가야 한다. 이는 사회가 원하고 필요로 하는 인재 상, 즉 교육계가 길러내야 할 인재의 기준이 바뀌고 있다는 의미이기 때문이다. 사회가 바뀌고 문화가 바뀌어가는 이 시점에서는 현실 혹은 미래에 필요로 하는 능력 단위가 현격히 바뀌어가기 마련이다. 더욱이 사회가 복잡다단해지고 산업 간, 학문 간 융합이 가속화됨에 따라 아무리 뛰어난 (이론적) 전문가도 창의성 없이는 리더의 역할을 수행할 수 없다. 과학기술정책연구원(STEPI) 한 관계자는 "기존의 선진국 추격 형태 체제에서는 주어진 문제에 대한 해결능력이 중요했지만 이 것만이 전부가 아니다"라며 "스스로 문제를 만들어 창조적 혁신을 주동하는 역량을 확보하는 교육이 필수"라고 강조했다.[118]

118 〈입시교육熱보다 인재육성 교육力 갖추자〉, daum 인터넷 뉴스, 2010. 01.

한국의 '다문화' 현상을 주도하고 있는 정부의 움직임만 보아도 이주민을 대상으로 한 사업에 집중되어 있는데 비해 대한민국 다문화에 대한 중심 틀을 형성할 교육에 대해서는 전무한 실정이다. 한국사회와 본격적인 관련성 즉 다문화 1세대를 위한 교육(국제결혼 사전교육, 이주민을 위한 한국어 교육, 한국 적응교육, 취업교육, 자녀 양육교육 등 민생현안에 밀접한 교육 등과 다문화 1.5세대, 2세대를 위한 한국어 교육, 이중언어 교육, 심리치유를 위한 교육, 전 국민을 위한 다문화 이해 교육, 국가경쟁력을 위한 문화의 틀 바꾸기에 대한 홍보, 국격 높이기 홍보, 한국인 배우자에 대한 교육, 학생들을 위한 전반적인 세계시민 교육, 다인종 다민족에 대한 교육 등) 등에 대한 체계적이고 다각적인 시스템 구비나 이에 맞는 사업은 찾아보기 힘들다. 물론 관련 정책계획에서는 '이주민에 대한 사회적 인식 개선', '우리 국민의 다문화주의 의식 제고', '다문화사회로의 통합기반 강화' 등의 과제를 도출하고 관련 정책 추진을 계획한 바 있지만, 구체적인 추진방안은 부재한 상황이다.

교육현장에서도 '다문화가정 자녀'에 대한 별도의 교육은 점차 가시화되는데 비해 학생 일반이 함께 참여하는 기회는 전혀 찾아볼 수 없으며 현장에서 교육을 추진하는 교사 등이 참여하는 교육이나 워크숍 등도 본격적으로 추진되지 않을 정도로 '다문화' 정책의 한국사회와의 관련성은 찾기 어려운 상황이다. 그런데, 다른 한

편으로는 '위로부터의 정책'과 함께 '다문화'라는 이름을 붙인 각종 사업과 프로그램이 양산되는 가운데, 교육현장에서도 교육청으로 부터 '느닷없이' '다문화' 개념이 전달되면서 갑자기 '다문화가정 자녀'를 발견하고 이들과 관련해 '다문화 교육'이라는 이름의 활동을 전개해야 하는 상황이 펼쳐지고 있다. 다급해진 교육계에서는 각 학교마다 '다문화 전담교사'를 한 명씩 배치하고 다문화에 대처하고 있다는 모습을 보여주기에 급급했다. 각 학교마다 전교생을 두고 단 한 명의 다문화 전담교사란 각 학교마다 있는 다문화자녀의 행정실무 보조역할만 하는 실정이지, 다문화에 대해 교육은 전혀 관계없는 형국이다. 그리고 다문화 교육이란 전교생을 두고 하는 일이지, 다문화자녀만을 위한 일은 결코 아니며 세계의 변화 추이, 국가적 교육의 변화와 새로운 시대의 새로운 교육을 위한 다각도의 창조적인 기획력을 요하는 가운데, 다문화 전담교사란 도대체 무슨 일을 어떻게 하라는 것인지, 정작 각 학교의 학교장들도 모르는 일이다. 그런가 하면 다문화라는 타이틀을 지닌 교사로서는 책임감에 뭔가를 해야 하지 않을까 하는 생각에, 학교생활 적응에 가시적인 어려움을 겪는 학생을 지도해야 하거나 교육현장에서 '다문화가족 자녀'를 일정한 집단으로 설정하려는 교사들은 '한국학생들과 무엇인가 다른 존재'라는 정도로 인식할 뿐, 구체적으로 무엇이 어떻게 다르고, 또 어떤 점이 유사한지에 대해서는 구체적 이해가 결여되어 있는 상황이다. 또한 출신 국가나 경제적 배경, 가족상황 등이 매우 다양한 '다문화가족 자녀들'은 무엇인가 공통점을 지니고 있으며, 특히 부모가 같은 국가 출신이면 공통점이 더 있으리라는 식의 다소 막연하고 일반화된 기대만 지니고 있을 따름이다.

교사들이 다문화가족 자녀를 대면하는 양상은 이들의 수나 교육청과 해당 학교의 정책 등에 따라 서로 비교된다. 한편으로 다문화가족 자녀가 소수이고 다문화가족 자녀와 관련된 프로그램이 시행되지 않는 학교의 교사들은 수업과정에서 다문화가족 자녀에 대해 특별한 관심을 둘 필요성을 느끼지 못하며 따라서 별 다른 어려움도 느끼지 않는 경향이 있다. 다만, 한국어에 익숙하지 않은 학생의 수업태도나 학부모와의 의사소통 문제 정도에서 어려움을 느끼는 정도로 알림장이나 전화로 전달되는 사안에 대해 오해가 생기거나 학생에 대해 상의하고 싶은 경우가 있어도 하지 못하는 경우도 있다.

사실, 대부분의 교사들에게 다문화가족 자녀는 교사의 세계에서 기대하지 않았던 존재로서 이들을 대면하는 것 자체가 당황스러울 뿐이다. 한 번도 만나보지 못했고 무엇을 어떻게 해야 하는지에 대해 아무런 지침이나 교육을 받지 못했던 교사들은 학급에서 해당 학생을 둘러싸고 벌어지는 일상적인 사건에 대해서도 문제 파악 자체에 확신이 없고 어떻게 대처해야 할지 난감한 경우가 많다.

그래서 교사라면 으레 급변하는 세계 추이에 따라 세계화적 이념이나 다문화 개념, 그리고 다문화를 어떻게 수업 속에서 녹여낼 수 있을지를 고민하지 않을 수 없을 만큼 다문화는 우리의 생활 속에 깊숙이 침투되었다. 1년씩 바뀌는 담임 제에서 어떤 교사가 어떤 다문화자녀를 맡을지, 그 학급에서 어떻게 어울릴 수 있게 할지, 다른 아이들과의 교류를 어떻게 지도할지 등은 누구에게나 닥친 일이 되어 버렸다. 그래서 각 학교에 1명 내지 2명 정도 배치되어 있는 다문화 전담교사라는 이름의 타이틀로 막연하게 책임을 지워줄 일은 아니다. 교사임용 시에 필수 덕목으로 다문화적 소양과 교육적 목표 등을 알도록 정책적으로 만들어내야 할 일이다.

다문화가정 자녀를 둘러싼 교사들의 대응은 학습과정 중에 이들이 보이는 부적응 문제에 집중되어 있다. 이러한 점은 공식적으로 천명되거나 제도화되는 단계로 공고한 '사실'로 굳어져가고 있다. 이에 비해, 이러한 부적응의 주요 요인이 이주에 따른 교육환경 변화에 의한 것으로 해당 학생이 이주 전에는 적응에 아무런 문제가 없었을 수도 있다는 점은 교사의 대응으로 가시화되지 않고 있다. 또한 특정 부분에서 이들이 적응에 어려움을 겪을 수 있지만 또 다른 부분에서는 별 다른 어려움을 겪지 않을 수 있으며 우수한 부분도 있을 수 있으며, 도움을 받는 동시에 도와줄 수 있는 부분이 있다는 점 등은 충분히 드러나지 않는다.

또한 다문화가정 자녀들이 학교생활과 관련해 겪을 수 있는 문제 중 학습과정 외에 겪는 문제는 간과되고 있으며 이에 대해 명시적인 대응을 하는 경우도 찾아보기 힘들다. 앞서 살펴본 바와 같이 다문화가정 자녀들이 교우들로부터 흔히 놀림을 당하거나 차별적 언사의 대상이 되고 있음에도 불구하고 이는 '아이들이 자라나는 과정'으로 가볍게 간주되거나 차별적 태도의 가능성을 우려하면서도 교사 역시 별다른 대응을 못하는 상황이다. 다문화가정 자녀를 일정한 범주로 설정하고 이들에게 무엇인가를 하려는 교사들은 우선 이들이 필요로 하는 것으로 보이는 부분을 찾아 도움과 배려를 제공하는 것이 자신이 할 수 있는 최선의 방법이라고 간주하는 경향이 있다. 그런데 다문화가정 자녀에 대한 관심이 지속되고 이들을 도우려는 '선의'의 실천이 진행되면서 교사들은 미처 예상하지 못했던 장벽에 부딪히고 있다.

무엇보다도 자신이 제공한 '선의'가 다문화가족 자녀들에게 도움이 되기보다는 오히려 상처를 입히는 경우가 발생하는 것은 교사들로서는 전혀 예상하지 못했던 바이다. 다문화가정 자녀들 중에는 자신의 배경이 주위 교우들에게 알려지는 것에 민감한 이들이 적지 않으며 이를 감추기 위해 이름을 바꾸고 심지어 학교를 옮기는 경우까지 있다. 교사가 특별히 배려하지 않거나 특별 지원프로그램이 시행되지 않을 때에는 다른 학생들과 별 다른 구분 없이 학교에 다닐 수 있는데 다문화가정 자녀들을 특정한 범주로 설정하고 이들에게 무엇인가 다른 조치를 취함으로써 일반 학생들도 자신들과 '다른' 이들의 존재를 확인하고 다문화가정 자녀 역시 자신들이 일반 학생들로부터 구분되어짐을 느끼게 되면서 의도와는 반대로 상처를 받는 경우가 생긴다.

또한 여러 학생을 대해야 하는 교사들로서는 다문화가정 자녀라는 특정 집단에 관심을 쏟으면서 상대적으로 다른 학생들에게 향하는 관심이 줄어들어 결과적으로 '피해를 줄 수도 있다'는 점도 부담이 된다. 더욱이 다문화가정 자녀에게 특별히 배려하는 것에 대해 교우들이 직·간접적으로 문제를 제기하는 경우에는 부담이 가중될 수밖에 없다. 이외에 자신의 '선의'와 정책적 배려가 도움

일변도로 흐르다 보면 자칫 해당 학생들을 '받는 데만 익숙한' 수동적 존재로 고착시키지 않을까 하는 우려 역시 교사들을 혼란스럽게 하는 부분이다.

이처럼 일반교사로서는 상당한 관심을 가지고 나름대로 최선이라고 생각했던 대응방식을 실제 추진하는 과정 중에 이런저런 장벽에 부딪히고 기대했던 것과는 전혀 다른 효과를 낼 수 있음을 자각하는 경우가 생겨나고 있다. 이처럼 기본적 확신이 없는 상태에서 상식만으로 다문화가정 자녀들을 판단하고 대응해 왔던 데 대해 스스로 의문이 들기 시작하면서 교사들은 혼란에 빠지기 쉽다. 도와주고 배려하는 동시에 그 부작용을 염려하고 '다르게 보지 않아야 한다'고 생각하면서 어느 순간 다문화가족 자녀들을 다르게 보고 있는 자신을 발견하면서 다문화가정 자녀는 '자연스럽게 대하기 힘든' 상대, '무엇인가 필요 이상으로 신경 써야 하는 피곤한' 대상으로 받아들여지기도 한다.

이러한 모순 속에서 일부 교사들은 도움과 배려라는 지배적인 수용 패러다임에 대한 대안으로 '다문화가정 자녀들과 일반 학생들을 똑같이 대해야 한다'는 기본입장을 세우기도 한다. 특히, 다문화가정 자녀들만으로 구성된 환경 속에서 이들과 비교적 긴밀한 관계를 맺을 수 있는 특수한 상황에 있는 교사들 사이에서는 동정 어린 시각에서 일종의 '특별대우'를 하는데 대한 비판이 제기되고 있으며 이들 역시 당당한 사회성원으로서 도움을 받는 동시에 도와줄 수 있는 존재로 접근해야 함을 강조하면서 '다문화가정 자녀'가 아니라 그냥 일반 학생으로 서로를 대하는 계기를 마련하기도 한다.

미국에서의 다문화 교육은 학생들의 소속과 상관없이 학교에서 교육적 평등을 경험해야 하며 교육적 환경은 이러한 목적을 위해서 변해야 한다는 것이 기본적인 생각이다. 교사에게 다문화 교육의 가장 큰 목적은 다양성과 관련된 문제들을 최소화하는 것이고 이러한 다양성이 주는 교육적 기회와 가능성을 최대화하는 것이다.(Banks, 2008) 전자가 교육에서 민족적, 인종적, 문화적 배경에 의한 차별과 구별, 문화적 결핍에 대해 주의를 기울이는 것이라면 후자는 이러한 다양성이 모든 사람들에게 시야를 넓혀주고 다양한 경험의 가능성을 열어주며 세계의 복잡성에 대한 이해와 다양한 사람들과 서로 어울리며 사는 방법을 배우는 것을 포함하는 의미라고 할 수 있을 것이다. 이를 위해서는 교육자 스스로 자신의 인종과 민족에 대한 시각을 비판적으로 성찰한 다음 다문화 교육에 대한 기술과 지식을 습득하여 발전시켜야 됨을 강조하고 있다.(Banks, 2008)

그런가하면 교사의 다문화 감수성 교육이 다문화 교육의 핵심이라고 선언한 프랑스는 교사들에게 다른 문화를 직접 접하고 공부할 수 있는 기회를 제공하는 등 교사들의 연수제도가 다문화자녀의 교육 이전에 철저히 선행되어야 할 기본임을 명시했다. 즉 교사의 교육이 우선시되고 나서 학생들의 교육이 진행되는 순서를 중시했다. 따라서 유럽공동체를 복합적인 감수성에 기반을 둔 하나의 공동체로 묶으려고 노력하고 있다. 이를 위해 유럽 국가들(특히 유럽연합)의 교사들의 교환교사제도가 정착되고 있으며 2006년부터 유럽차원의 교사합동 연수 프로그램도 실시되고 있다.

한편 캐나다의 다문화 교육은 다양성을 존중하면서도 학생들 사이의 유대감이나 일체감을 형성하는 일 사이에서 발생할 수밖에 없는 대립과 갈등을 어떻게 해결할지를 중요한 관심사로 가져오고 있다. 다양성에 관한 논의는 전체 구성원 간의 통합과 동질감 구축이라는 서로 대립되는 목적을 동시에 추구해야만 하기 때문이다. 다양성과 다원성에 바탕을 두는 교육과 사회구성원 사이의 공통된 가치관을 배우는 일반교육은 여러 가지 면에서 충돌할 가능성이 많아 양자 사이의 절충과 조화를 어떻게 이루어낼 것인가가 가장 커다란 과제로 남는다고 할 수 있다. 한 사회에서의 다양한 정체성, 가치, 문화, 종교의 존재는 개인과 집단에게 상호이해의 증진을 통해 협력의 관계를 갖게 하며 그 자체로 문화적 풍요로움을 가져다 줄 수 있다. 진정한 다문화사회는 교류와 접촉 등의 상호작용에 의해 끊임없이 수정되고 변화하는 역동적 공간과 시간 속에 존재하며 실질적인 다문화사회가 되기 위해서는 모든 사회그룹이 문화, 삶의 양식, 뿌리와 상관없이 평등한 조건에서 살 수 있어야 한다는 전제 위에서만 가능하기 때문이다.

　선진 다문화국가의 교육에 대한 이념을 살짝 엿보았듯이, 다문화는 물이 흘러가는 과정으로 계속 역동적인 변화를 안고 있다. 그래서 변화의 추이를 교사들은 누구보다도 더욱 민감하게 느껴야 하며, 이러한 변화에 대한 교육 개념과 방법론 등을 끊임없이 연구하고 모색해 서로 의견을 나누어야 한다. 특히 선진국에서의 공통된 특징이라면, 학교와 지역사회, 가정 등이 유기적으로 연결되어 있다는 점이다. 별도의 기관이 아니라 서로 협력하고 소통하고 교류하는 장으로서 학교는 중심체를 이루고 있다. 그런 면에서 학생이라면(다문화자녀나 다문화자녀를 왕따 시키는 내국인 자녀, 우리보다 못사는 나라에 대해 무시하는 내국인 자녀, 학습부진으로 위축되어 있는 다문화자녀나 다문화가정의 열악한 상황 속에 처해 있는 다문화자녀 등) 학생만을 보고 판단하기에는 경우의 수가 너무나 다양해서 곧바로 손을 놓기 쉽다. 곧 다문화자녀는 다문화가정과 연결되어 있고 다문화를 대하는 우리 사회와 직결되어 있다는 것에 유념해 두어야 한다. 더구나 결혼이주여성에 대해서는 다문화가족의 부부간, 고부간 문제를 비롯해서 가정 내 폭력 등은 곧바로 자녀의 불합리하고 반인권적인 처지에 일상으로 노출되어 있기 때문에 상담의 필요성이 절실하다. 따라서 다문화가정의 자녀에 대한 교육에 이러한 다문화가정, 다문화가족 구성원 및 이주여성에 대한 상담은 수요자의 확보 측면을 넘어 필수적인 요소이다.

이러한 문제까지 학교에서 특히 교사가 책임지라는 것은 결코 아니나, 사회와 연계하여 자녀의 양육과 학습에 간접적으로 도움을 펼칠 수 있다. 다문화가정의 이주여성이나 이주남성 또는 이주가족의 부모들에 대한 역할을 상정해야 한다. 그러나 다문화가정의 부모들이 장시간의 노동에 시달리고 있거나 실업의 상태에 있는 관계로 이들이 교육의 정기교과를 맡기에는 현재적으로 가능성이 희박함으로 일정한 프로그램, 가령 자국 문화 소개나 학부모회 모임, 언어 교육 영역, 특히 전업주부인 경우 하루 보육교사 등의 역할을 맡게 하는 방안이 필요하다.

현재의 '다문화' 교육은 모든 것을 일선 교사들이 직접 채워가야 하는 상황이다. 그런데, 그 교사들 역시 아무런 준비가 되어 있지 않은 상태이다. 많은 경우 '맨 땅에 헤딩하기'라고 할 정도로 시행 착오로 점철되고 있는 상황에서 교육 효과를 기대하기는 쉽지 않 다. 더욱이 교사 개인 스스로 교육 방향을 수립하고 내용과 방법 을 채워가다 보니 개인적 차원의 의도와 무관하게 일반적 편견이 여과 없이 교육 현장에서 재생산되고 심지어 공식화, 제도화될 우 려도 배제할 수 없다. 이러한 상황에서 다문화사회에 적합한 시민 의식이 자리 잡을 수 있도록 교육의 목표와 방향을 정립하고, 교육 내용과 방법을 구체화하는 것은 매우 시급한 과제이다.

다문화사회에 적합한 시민적 태도가 자리잡아가기 위해서는 민 주시민으로서의 역량(civic competence), 문화적 이해 능력(cultural competence), 민주적인 상호문화능력(democratic intercultural competence)을 기본으로 한 다문화적 시민교육의 일반적 방 향(장원순 2007), 이외에 한국사회의 수용 태도에서 나타난 문제에 특화된 접근이 강조될 필요가 있다. 특히, 한국사회에 존재하는 다 양한 배경을 지닌 주체들이 실제 삶에서 서로 관계를 맺고 발전시 키는데 필요한 역량과 덕목을 갖춰갈 수 있도록 교육이 이루어지 기 위해서는 문제 중심적인 접근이 중시되어야 할 것이다.

이와 함께 민족적, 문화적 단일성에 대한 오랜 믿음을 유지해온 한국사회로서는 차이와 다양성의 긍정적 가치를 발견하고 차이에 대해 동화 이외의 대안을 찾아갈 수 있도록 사회 일반의 기반을 다 져가는 것이야말로 교육의 기본적 과제이다. 그런데, 차이와 다양 성의 가치를 다루는 작업은 결코 '다양한 것이 좋다'는 식의 원칙만으로는 부족하며 원칙을 적용하는 과정에서 파생될 수 있는 문제를 함께 고려해야 한다. 다양성을 다룰 때 흔히 범하게 되는 오류로는 차이가 이주민과 비-이주민 사이에서 또는 특정국가 출신자들 사이에서만 문제시되는 것으로 받아들이는 경향을 들 수 있는데, 이러한 경향은 자칫 차이에 대한 오해를 낳고 심지어 이주민과 비-이주민 간에 차이를 필요 이상으로 극화시켜 갈등까지 촉발시킬 우려도 있다. 그런 만큼, 이주민과 비-이주민, 이주민 집단 간의 차이, 다양성과 함께 비-이주민, 이주민 내에서의 지역, 계층, 성별, 연령대 등에 따른 차이와 다양성도 함께 다루는 방안이 검토될 필요가 있다. 또한 차이뿐 아니라 공통점도 함께 찾는 것, 차이를 알고 인정하는 차원을 넘어 소통하고 이해하면서 서로 변화해 가는 방법을 모색하는 것이야말로 무엇보다 중요하게 다루어져야 할 부분이다.

교사들의 임무는 이 시대를 짊어질 중차대한 위치에 놓여 있다. 진실로, 오바마 대통령이 칭찬한 '국가를 건설하는 사람들(nation builders)'이 반드시 되어야 할 판이다. 말 그대로 교사의 임무는 향후 10년 후면 판명이 날 일이기 때문에 교육의 백년지대계가 눈앞에 닥쳐온 것이다. 그런 면에서 혼자의 힘보다는 교사 대 교사, 학교장 대 교사, 학교장 대 학교장 등 공통된 고민을 토로하고 발전을 모색해 보는 자리를 만들어가는 것이 가장 우선시되어야 하며 상시 서로 의견을 나누고 정보를 교환하며 자신의 현 상황에 맞춰나가는 융통성을 발휘할 그러한 살아 움직이는 터전을 마련해야 한다.

세계화의 급물살은 전 지구의 개방화에 노출되어 있다. 특히 유

119 이현정, 〈EU의 사회통합과 유럽시민정체성을 향한 단계별 과정〉, 2011. 01.

120 르네상스시대의 대표적 휴머니스트 철학자 에라스무스(Deside-rius Erasmus, 1466-1536)를 연상시키는 뜻에서 이름을 붙였다.

121 강원택, 조홍식 《유럽의 부활》, p.205.

럽연합의 경우, 상이한 문화가 서로 분리될 필요는 전혀 없다는 것을 스스로 깨우치며 각각의 문화를 서로 이해하고 존중하면서 살려나가고 서로의 다양성을 유지해 나가려는 안간힘을 보게 된다. 오히려 유럽연합의 단일한 공동체의식은 되살아난다는 아이러니를 보여주려는 각계의 노력이 돋보이기도 한다.[119] 특히 유럽연합에서 교육이라는 최고 강점을 살려 언어는 물론이고 유럽인의 자긍심을 드높이고 있는데 유럽은 1980년대 중반 단일시장 계획을 추진하면서 언어교육과 학생 교류에 대한 새로운 인식과 함께 상당한 규모의 예산을 투입하기 시작했다. 일명 에라스무스 프로그램(Erasmus Program)[120]을 수립한 것이다. 이는 EU회원국 학교 간에 학교, 교사 교환 프로그램이 활발히 시행되고 있음을 보여준 대표적인 사례이다. 그래서 이 에라스무스 프로그램은 유럽대학생이동계획(European Scheme for the Mobility of University Students)의 약어이다. 이는 곧 유럽 공동문화의 뿌리를 내린 역사를 고양시키고자 함이 드러난다. 이미 1972년 유럽대학(European University Institute)이 피렌체에서 문을 열었고 석박사 과정의 학생들을 받기 시작했다. 이 대학은 유럽연합과 회원국 정부가 제공하는 예산으로 운영되고 있다. 유럽대학의 임무는 말 그대로 인문, 사회 과학적인 연구와 교육을 통해 유럽연합의 정신적, 문화적 발전을 도모하자는 데에 있다.[121] 대학뿐 아니라 중학교도 있다. 더 나아가서는 유럽연합 집행위원회와 회원국 정부가 공동 운영경비를 부담하는 유아, 초등학교, 중학교를 둔 유럽학교도 있다. 이곳에서는 자기 나라의 문화적 정체성을 유지하면서도 다른 나라에 대한 이해를 갖게 함으로써 학생들을 유럽 시민으로 키운다는 교육 목표가 뚜렷하며 유럽학교 특유의 교수법을 펼치고 있다. 어릴 때부터 분열적 편견에 사로잡히지 않고 다른 문화의 위대하고 좋은 점에 익숙해지도록 교육시킨다. 그들이 함께 속해 있다는 것도 인지시킨다. 각자의 조국을 사랑하고 자긍심을 갖게 하며 마음속 깊숙이는 유럽인이 되어 번영하는 통합 유럽을 실현하려는 의지도 강화시킨다. 또한 외국어와 지리, 역사를 제외한 전 과목을 모국에서 파견한 교사를 통해 모국어로 가르친다. 그러면서도 유럽인의 공동체의식 함양을 위해 외국어, 지리, 역사 및 예술 분야의 교육을 중시한다. 최소한 어릴 때부터 서너 개 언어를 자유자재로 구사할 정도로 언어교육에도 치중한다.[122]

122 강원택, 조홍식 《유럽의 부활》, p.204.

이러한 복잡다단한 커리큘럼을 시스템적으로 돌리기 위해 각 나라의 교사들이 함께 움직이는 모습은 또 하나의 작은 유럽연합이다. 국가 간의 교사들의 교환체험 그리고 이를 바탕으로 한 사례발표 그리고 정보교환과 교류 등은 결국 학생들에게 가져다줄 영양덩어리이다. 교사라는 공통된 역할과 상황을 서로가 만나 이야기를 나누며 연구하는 모습은 또 하나의 교육개혁의 시작일 수 있다. 그런 면에서 교사의 다문화를 위한 연수는 반드시 실행되어야 하며 필수 덕목으로 자리매김 되어야 할 것이다. 다음에 제시하는 교사연수 프로그램은 가감이 가능하며 필요하다고 생각하는 것을 나열한 것이다. 〈부록 해당 도표 참조 p.357〉

2

다문화가정 자녀 및 이주민을 위한
다문화 교육

2 다문화가정 자녀 및 이주민을 위한 다문화 교육

다문화가족 자녀(줄여서 다문화자녀로 한다)는 너무나 다양한 경우의 수와 만나고 있다. 이렇듯 예전에는 혼혈아, 튀기(잡종)[123], 아이노꼬(間子, あいのこ), 코시안(Kosian)[124], 코피노(Kopino)[125] 등의 정립되지 않은 비하적 용어로 떠돌아다니다가 다문화란 용어가 처음 쓰이기 시작한 것은 1990년대 중후반부터다. 그러다가 2005년 전후로 정부에서 정식으로 다문화라는 용어를 사용하기 시작했으며, 국제결혼가정, 다문화자녀, 북한이탈주민, 장기체류 외국인, 유학생, 난민, 화교, 재외동포, 이주노동자 등 이주민 즉 다문화인들에 대한 여러 가지 사회적 문제가 거론되기 시작했다.[126]

일반적으로 국제결혼가정(한국인과 외국인의 결혼)을 대표적으로 다문화가족이라고 칭하게 되었고, 그 안에서 출생한 자녀를 흔히

123 튀기는 트기의 사투리로, 트기는 트다(종을 가리지 않고 혼합하다. 막혔던 것을 통하게 하다. 말을 놓다)라는 말에 명사형 접미사 '기'를 붙여 만든 말로 잡종, 혼혈이란 말로 쓰였다.

124 한국인(Korean)과 아시아인(Asian)의 합성어다. 본래 한국(Korea)에 거주하는 아시아인(Asian)이라는 뜻으로 만들어진 언어이나 변질되어 외국인 노동자와 한국인 사이에서 태어난 국제결혼 2세, 한

국에 거주하는 아시아 이주노동자의 자녀를 가리키는 말로 알려지게 되었다. 때문에 국제결혼 자녀와 이주 아동들의 인권과 권익을 보호하기 위하여 만들어진 말이 최근에는 한국인과 구별 짓는 또 다른 차별적 용어로 잘못 사용되기도 한다.

125 코피노(Kopino)는 한국 남성과 필리핀 현지 여성 사이에서 태어난 2세를 필리핀에서 이르는 말이다. 코리안(Korean)과 필리피노(Filipino)의 합성어로 역시 비하적 뉘앙스가 숨어 있다.

126 이현정, 《우리의 미래 다문화에 달려 있다》, 2009.

127 현재 한국에 체류하는 결혼이민자는 67개국에서 온 181,671명으로 되어 있고 여성 결혼이민자는 89.2%인 161,999명이며 남성 결혼이민자는 10.8%인 19,672명으로 조사되었다.(2010, 행정안전부 통계, 외국계 주민현황 조사)

다문화자녀라고 말한다. '다문화'란 용어 자체가 이들을 구별 짓는 일이라며 반대하는 의견도 있으나, 이는 어쩔 수 없는 사회적, 행정적 규정이 필요하기 때문에 사용하는 것이다. 그렇다고 죽 나열해서 '외국에서 들어와 우리나라에 정착하면서 사는 사람인데 결혼한 외국인 혹은 이주민 혹은 동남아시아에서 우리나라에 일하기 위해 온 노동이주민, 이주노동자' 식으로 말할 수도 없는 노릇 아닌가. 이들을 위한 사업이나 지원, 정책 등 모든 것들을 아우를 수 있는 사회적 분위기에서는 편의상 통칭 '다문화'라는 명칭을 사용할 수밖에 없는 일이다. 민생현안으로 하루하루 힘들게 살아가는 이주민들에 대한 실질적인 지원, 교육 등에 힘을 쏟아야 할 때에 '다문화'란 용어가 옳으니 그르니 하고 탁상공론이나 하는 모습은 어울리지 않는다.

우리는 말에 끄달려 본질을 놓치는 경우도 종종 있곤 한다. 마치 손가락으로 가리키는 달은 안 보고 손가락 자체에 문제가 있다고 우기는 것과 마찬가지다. 우리가 한국어 표준어에 실려 있는 용어를 그대로 현실에서 쓰지 않을 때도 많지 않나. 현실에서 사용하고 누구나 알아들을 수 있는 단어를 사용하는 것에는 시시비비를 가리지 않듯이, 우리가 편의상 쓰고 있는 다문화란 용어에도 그렇게 시시비비를 가릴 일은 아니라고 본다. '이민자 가정이라는 표현이 더 적절하다'고 주장하는 사람도 있었다. 그러나 한국의 다문화가족을 4가지 유형으로 구분짓곤 한다. 흔히 예상하듯이, 결혼이민자, 외국인 근로자, 유학생, 북한이탈주민이라고 보고 있으나, 이보다 더 복잡하고 다양한 경우의 수가 속속 나오고 있기 때문에 이민자 가정이라고 한정짓는 것도 어패가 있다.

　다문화라고 굳이 강조한다는 것 자체가 그 전엔 단문화였다는 반증이 되다 보니까 오히려 거부반응이 된다는 것도 쉽게 고개가 끄덕여지는 것이고 이해가 간다. 그러나 아직은 단일민족, 순혈주의를 고집하는 반다문화주의자가 많고, 완전한 다문화사회로 가는 국민적 합의가 이루어지는 과정에 있다고 본다. 아직은 혼란기에 있는 것이, 국민적 합의도 제대로 이루어지지도 않았고, 정책에서도 완전하지 못하고, 세계화, 다문화사회로 가는 초입단계라 이것도 과정 중의 하나라고 본다. 정말 다문화란 용어가 필요없어질 만큼 자연스러워지면 누가 뭐라 하지 않아도 자연히 소멸될 일이다.

　처음에 북한동포라는 말이 안 좋다고 새터민으로 달리 불렀다가 오히려 더 차별화시킨다는 반발에 북한이탈주민, 탈북민으로 편하게 사용하고 있다. 말이라는 것은 한마디가지고도 소외감을 느낄 수도 있고 따뜻한 마음을 전달할 수 있는 면에서 어떻게 사용하느냐가 관건이라 용어 사용에 대한 사회적 고민과 합의에 대한 노력은 계속될 것이다. 그러나 말 하나에 소모적인 논쟁으로 제도적인 정책발전이나 전진이 늦어지거나 정작 사람에게 가야 하는 관심이 다른 곳으로 흩어질까 그것이 우려되는 바이다.

　국제결혼은 다문화가 붐을 이루기(2000년대 들어) 전부터 실은 있어 왔으나, 전 세계적인 추세와 국내의 이주민의 급증으로 인해 다문화사회라고 불리기 시작하면서 하나의 층으로 굳어지게 되었다. 여기에서 결혼이민자로 온 이주민으로서 여성이 압도적으로 많기 때문에 흔히 결혼이주여성(다문화자녀의 엄마)이라고 부른다.[127]

이 결혼이주여성과 한국인 노총각의 무분별한 국제결혼으로 인해 즉 한류의 영향과 잘사는 나라에서 살아보자는 욕구 등으로 무작정 결혼하고 보자는 심리와 한국의 결혼하지 못해 노총각신세로 남아 있는 남자와의 결합은 국제결혼 브로커들과 영세국제결혼중개업소의 이해득실과 맞아떨어져 급속도로 결혼의 수를 늘려나갔다. 그러한 결혼이주민은 한국이라는 나라에 대해 전혀 알지 못할 뿐 아니라 언어까지도 모른 채 가정생활로 들어가 버리는 결혼생활을 시작하면서 많은 부작용과 파장을 낳고 있으며, 나이 많은 한국 남편 때문에 결혼과 동시에 출산하게 되는 연유로 아무런 준비 없이 모든 것들이 한꺼번에 들이닥치는 꼴이 되어 버렸다. 1차적 소통도구인 한국어의 미흡은 고부간의 갈등 및 가족들 간의 소통을 원활하게 하지 못하게 하여 인간적이고 가족적인 분위기를 만들기 어려운 상황 속에서 이어지는 출산이라는 전환점을 맞으면서 아이를 양육할 방법과 아이에게 들려줘야 할 여러 가지 말들이 힘들어지게 된다. 푸른 꿈을 안고 시집온 철부지 나이의 결혼이주여성은 TV화면 속의 한국드라마 식 삶이 아니라는 실망감에 도망가는 일도 많이 생겨나게 되었다. 이런 일들이 여기저기서 나타나면서 아예 집안에 가둬버리려는 남편들의 행각이 시작되기도 했다. 한국어를 배우기 위해 지역 다문화가족지원센터라도 나가게 해주는 배려조차도 막아버리는 답답한 현실 속 울타리를 더 강하게 만들어 버렸다. 누구의 탓이냐고 따져 묻기 이전에, 서로 물고 물리는 여러 가지 좋지 못한 상황들 속에서 가정이라는 삶을 영위해 가기 위한 처절한 몸부림이라고 보인다. 이러저러한 어려움이 눈에 보이는데도 열심히 살아가는 사람들이 물론 더 많다. 아무것도 모른 채 시집와서 덜커덕 아이를 임신하고 출산까지 하고는 그때부터 눈치껏 배워가고 알아가며 아이를 키우는 힘든 여정을 겪어나가는 이주여성들이 태반이다. 교육에 초점을 맞춰보자면, 한국어의 기본적인 말 트임도 없이 아이를 키운다는 것은 엄마에게도 아이에게도 힘든 일의 시작이 된다. 기본적인 개월 수에 맞는 옹알이를 시작으로 아이는 태아부터 들어온 여러 가지 말들을 들으면서 말문이 터지는 것을, 아이는 엄마의 한국어 미숙으로 언어능력을 제대로 발휘하지 못한 채 크게 된다. 이러한 출발선에서 아이는 결국 학습부진과 심리적 위축감으로 젖어들게 되는 것은 순차적인 뻔한 결과이다.

그러나 아이들은 어릴수록 언어 능력이 자유로워서 또래 아이들과 놀게 되고 유아원, 유치원을 거쳐 초등학교에 들어가면서는 언어는 쉽게 터득되곤 한다. 그러나 어릴 때의 엄마로부터 시작된 늦은 언어 발달의 후유증은 기초학습 부진으로 이어진다. 실제로 충청북도 교육청에서 실시한 다문화가정 자녀에 대한 실태분석 결과, 다문화가정 자녀들의 학교생활에서의 문제점을 파악한 결과, 다문화자녀의 경우, 일상적 의사소통에는 문제가 없었으나, 독해와 어휘력, 쓰기, 작문능력이 현저히 떨어지는 것으로 나타나고 있다.[128] 둘째, 교육 기회의 소외로 올바른 성장과 자아실현까지 파급현상이 빚어지는 것이다. 이로 인한 자아정체성 혼란과 부정적 자아개념으로 부모에 대해 반항과 부정심이 싹트게 된다. 또한 한국문화에 대해 무지한 결혼이주여성인 엄마로 인한 한국문화에 대한

[128] 이는 국제결혼 가정 자녀들은 글을 배우는 중요한 시기인 유아기에 한국말이 서투른 외국인 어머니의 교육 하에 성장하기 때문에 언어능력이 부족하고 이로 인해 학습 부진이 초래 되었기 때문이다.(2010, 충청북도 교육청의 다문화 교육우수사례 발표대회 중, p.38.)

이해도가 저조한 까닭에 학교생활 및 사회생활에서 뒤처지는 현상을 초래하기 십상이다.

이러한 복합적이고 혼란스러운 상황에 노출되어 있는 다문화자녀는 부모의 이혼, 재혼 및 부모의 불법체류자 신세, 여러 가지 가정불화로 인한 학교이탈 등의 여러 가지 불우한 상황에 노출되어 있다. 그런 연유로 학교에서는 다문화자녀를 대할 때 그 가정의 상황을 따뜻한 마음을 지닌 조심스러움으로 파악할 필요가 있다. 이러한 면면을 보면, 교사 한 명이 다문화자녀를 위해 가정사도 봐야 하고, 이를 위한 해결방안까지도 생각해내고, 이를 위한 지자체연결고리까지 마련해야 한다면 너무나 일이 많아지면서 자포자기할 수밖에 없을 것이다. 다문화자녀를 위한 각고의 노력은 각 학교마다 힘든 과정을 갖게 되며, 이를 위한 많은 교사들의 힘겨운 노고도 필연적으로 겪을 수밖에는 없을 것이다. 다만, 정부의 다문화 지원정책에 의해 여러 가지 지원과 대안이 모색되고 있는 상황에서 사회 전체의 움직임으로 유기적인 합체가 형성되어야 가능할 것이다.

다문화자녀의 문제는 비단 학교만의 책임도 아니고, 교사들만의 부담으로 안겨질 수도 없는 노릇이다. 다문화자녀는 다문화가족의 구성원으로서, 다문화가족의 분위기 정도, 엄마의 역할, 아빠의 폭력 정도, 부부간의 불화, 친가 쪽의 불협화음 등의 가족의 분위기가 직접적인 영향을 좌우한다. 그리고 주변의 왕따와 차별 행위에 대한 경험 유무, 주변 친구들의 반응 정도 등 자녀 한 명을 중심으로 한 전 사회적인 요소들, 넓게는 국민 모두가 자녀에게 끼치는 영향의 요인들이 된다. 자녀 한 명 한 명은 멀지 않은 미래의 결과물들이다. 그리고 우리의 아들과 딸이다. 이들이 올곧고 훌륭하게 자라날 수 있도록 우리 모두는 관심과 애정을 쏟아야만 한다. 인간관계는 언제 어디에서 누구를 만나게 될지 모르는 구축망을 만들며 살아가게 되어 있다. 그런 만큼, 당장 나와 관련이 없다고 치부할 것이 아닌 문제이며, 우리 사회를 짊어지고 가게 될 우리 사회의 중심부를 이룰 나무들이다. 이 묘목들에 물과 영양분, 햇빛 등을 주지 않고 잘 되기를 바라는 것은 말도 안 되는 것이고, 나랑 관계없다고 해도 연결될 수밖에 없는 촘촘한 네트워크 사회를 살아가고 있다.

그뿐만 아니라 교육열이 높은 한국에서는, 비능률적으로 실업자를 고수하더라도 남들에게 버젓하게 보일 수 있는 곳만 선호하는 소위 '교육 받은 자'(대학졸업출신)들이 3D업종을 꺼리는 가운데, 기초산업이랄 수 있는 생산직과 중소기업의 기초산업, 영세업, 가내공업, 공장직, 위험도가 높은 고위험군 직업이나 농업직, 어업, 광업, 축산업 등 이러한 일들의 일자리들이 텅 비게 되었다. 이를 메우기 위한 국가적 노력이 노동을 위한 이주민들을 불러오게 하였다. 이래저래 이주민은 들어올 수밖에 없었고, 한번 들어온 이주민은 좀처럼 출국하려 하지 않았다. 이러한 일련의 일들이 함께 맞물려가면서 우리나라 다문화 인구 중 가장 많은 비율을 차지하는 층이 바로 노동이주민이다. 현재 전체 다문화 인구 중 3분의 2를 차지할 정도로 압도적인 숫자이다. 그러나 우리의 정서와 정책은 결혼하러 오는 이주민에 대한 애틋함과 진짜 뿌리를 내리고 살

129 외국인정책위원회, 〈2011년 외국인정책 시행계획〉 참조.

130 물론 중국동포 중에서 결혼이민자들은 다문화가족지원예산에 포함되어 있기 때문에 수치상으로만 나타난 것으로 단정할 수는 없다.

131 김성회, 〈세계인의 날 기조발제〉 중에서, 2011. 05.

아갈 우리사람으로 결혼이주민에게만 애정을 쏟는 경향이 짙다. 이주민지원정책에 대한 편중된 예산과 여러 가지 지원활동 등이 바로 그 증거가 된다.

2011년도 외국인정책 시행계획에 나타난 정책대상별 예산계획을 보면, 우수인재 및 전문인력 확보에 62억 원, 유학생 대상 사업에 347억 원, 외국인 근로자 및 내국인 고용주 관련 사업엔 비예산(예산 없음), 결혼이민자 대상 사업엔 418억+@원(별도 산출이 곤란한 기초생활 보호 사업이 포함됨), 다문화가족 및 아동 대상 사업엔 367억 원, 재외동포 국내정착지원(중국동포 등) 대상 사업엔 0.12억 원, 난민 대상 사업엔 2.4억 원, 범죄피해 이주여성 및 외국여성 대상 사업엔 30.78억 원, 외국인 주거지 개선 사업엔 7억 원 등이 배정되었다.[129]

결국 결혼이주여성과 그 가족(자녀포함 약 30만4천 명)에 대한 사업에 418억+367억+30.78억+@=815.78억+@원이 배정된 것이다. 그 외엔 유학생(약 9만 원) 347억 원이다. 그리고 나머지 전체 이주민 150만 중에서 110만에 대한 사업예산은 70억 원도 안 되는 상황이다. 심지어 40만에 달하는 국내체류 중국동포의 국내정착 지원예산은 겨우 1천2백만 원에 불과한 실정이다.[130] 하지만, 방문취업으로 국내 들어와 있는 30만 명의 중국동포에 대해선 예산 책정이 되어 있지 않다.[131]

어쨌든 이렇게 편중되고 차별된 다문화정책은 지양되어야 하며, 우리는 골고루 교육을 시켜줘야 할 의무가 있다. 이주민을 위한 교육은 이 땅에서 살아가야 하는 사람들이 경험할 일체 모든 것을 배경으로 해야 한다. 실로 어마어마한 일이 될 수도 있다. 그러나 통으로 봤을 때 우리나라의 국민이 된다는 의식소양교육부터, 한국인의 정서와 풍습 등도 알고 있어야 실수하거나 오해받지 않을 것이다. 또한 한국어는 지극히 당연한 교육이 되어야 하며, 작업장에서 쉴 새 없이 돌아가는 인간기계로 살아가는 이주노동자들에게도 작업주 혹은 사업주는 한국어 교육이나 한국생활 교육, 문화 교육에 시간을 내주었으면 한다. 결혼이주민에게도 마찬가지이다. 이들이 다문화정책을 펴고 각계각층에서 지원이 쇄도한다는 것을 한껏 누리면서 오히려 당당한 수혜자의 입장을 대놓고 드러내기도 한다. 가뜩이나 반다문화 정서가 팽배한 집단들이 증가하고 있는데 이들의 이런 모습은 분명 바람직하지 않다. 한국생활과 한국문화습득은 그래서 필요한 것이며, 마냥 누리려는 의식을 지양하고, 함께 잘 살아가려는 마음도 가르쳐야 할 것이다. 세계화와 다문화 소양의식은 이들부터 심어줘야 할 부분이다. 그래야 다문화자녀도 올곧게 자라날 수 있으며, 사회통합을 부르짖는 이때에 편애나 편중은 반드시 부작용을 불러오기 십상이다. 이주민에 대한 한국을 알기 위한 교육, 함께하는 화합교육 등은 필수의 필수가 되어야 한다.

아마도 살아가기 벅찬 이주민들에게 교육이란 사치스럽게 여겨질 수도 있겠다. 그러나 여러 선진 다문화국가에서 터져 나오는 반다문화 움직임과 각종 사건들을 접할 땐, 국민적 합의를 이끌어내는 것이 어쩌면 가장 시급한 일일지 모르기 때문이다. 일단 이 장에서는 다문화자녀를 중심으로 교육을 열거했으나, 다문화자녀와 함께 이주민도 이러한 소양교육은 받아야 옳다. 단, 이주민인 경우에는 입국하기 전 이러한 교육을 의무사항으로 법제화하는 것도 생각해 볼 수 있겠다. 무엇이든지 한국에 사는 사람들(이주민이든, 내국인이든 모두) 전체가 함께 교육이 되고, 서로 바뀌어갈 때 통합이나 화합의 길이 보이는 것이기 때문이다. 함께 변해야 한다.

1. 일반학교에서의 학교급별 다문화자녀 교육

위에서 상론했듯이, 다문화자녀의 출산은 엄마의 영향권 아래 크게 좌우되기 때문에 한국어가 어눌한 엄마로 인한 폐해는 다문화자녀에게 좋지 않은 결과를 자아낸다. 이에 유아부터 취학까지, 그리고 취학 후 각 단계별로 나누어 살펴볼 필요가 있다. 시기에 맞는 교육  을 다문화가정에 널리 홍보하여 적절한 시기에 적당한 교육을 받을 수 있도록 권유하고 지도하는 범사회적인 지원 시스템이 구축되어야 한다.

시기별로 나누어보면 유아기, 초등학교, 중·고등학교 시절 등으로 나눌 수 있다. 특히 다문화자녀는 각각 처한 상황과 환경이 달라 그에 따른 어려움이 크다. 초기 유아기에는 엄마의 한국어 미숙으로 또래 아이들보다 언어발달이 더디고 느리다. 엄마의 수유와 접촉에 의해 받게 되는 엄마의 말로 아이는 자연스럽게 말문이 트일 때까지 엄마의 말을 듣고 자연스럽게 언어능력을 인지하게 된다. 그러한 과정이 자연스럽게 이루어져야 순탄하게 성장하게 되는데, 엄마의 서툰 한국말은 아이에게 그대로 전달되어 직접적인 영향을 미칠 수밖에 없다. 이러한 상태로 초등학교를 입학하고 초등학교 저학년을 보내게 된다. 학교에 들어가 친구들과 어울리면서 아이들은 한국어가 급격히 증가하게 되긴 한다(아이들은 성인보다

언어습득이 빠르기 때문이다). 그러나 여전히 학업에 필요한 한국어 습득은 힘들어 한다. 더구나 한국어가 어눌한 결혼이주여성인 엄마는 우리나라의 선행학습이라는 틀에 끼지도 못할 뿐더러 숙제나 준비물조차 챙겨주지도 못하기 일쑤이다. 아이들은 숙제도 못하고 준비물도 못 가져오면서 열등아로 낙인찍힌다. 학급의 아이들은 후진 아이, 어느 것도 잘 못하는 아이로 치부하게 된다. 자신감은 없어지고 주눅 들고 위축되어 어느 것도 잘 할 수 없는 지진아가 되어버린다. 이런 아이들과 친하고 싶어 하는 아이들도 거의 없다. 일상대화는 어느 정도 소통은 되나, 학습에 필요한 쓰기나 개념이 섞인 단어의 뜻을 이해하는 데 어려움이 생기는 것이다. 초등학교 고학년이 되면 본격적인 학습부진이 나타난다. 어머니의 학습지원 부족, 어려운 경제 형편 등으로 모둠 활동이 부진하기 때문이다. 이런 학습부진과 모둠활동 부진은 때로 왕따 현상으로까지 비화된다.

이 나이 때에 보통 내국인 아이들은 이르면 사춘기가 슬슬 찾아오는데, 다문화자녀는 학교에 입학하는 저학년에 사춘기 아닌 다

른 종류의 사춘기가 함께 시작된다. '엄마 때문에'라는 생각이 커지면서 엄마 때문에 이런 왕따까지 당해야 하는 것에 분노가 일고 엄마를 원망하게 되고 미워하게 되고, '엄마가 나한테 뭘 해줬냐'고 따져 외치기까지 한다.

일단 학교생활에 흥미를 잃기 쉽다.

공부도 안 되는데다가 아이들은 차별대우를 하고 놀리기까지 하면, 살아갈 의지를 상실하기 쉽다. 거기다 내국인 아이들이 엄마나라에 대한 비하발언을 해대면 침체상황으로 빠져드는 정도는 심해지고, 정체성의 혼란까지로 치닫는다. 아이는 자신에 대한 존재가치, 존재여부 등 숨찬 정서적 고통으로 힘들어지게 되는 것이다.

이런 상황에서 대단히 예민한 사춘기인 중·고등학교에 들어가면 더욱 다양한 문제점을 보이게 된다. 예를 들어 외모, 피부색 등 주변의 일상적인 말 한마디가 자격지심이 되어 심한 상처를 받는다. 이때 외모나 학습부진, 가정형편 그리고 기타 문제로 학교이탈로까지 이어지기도 한다. 특히 중학교에서 고등학교로 들어갈 때 학교이탈률과 탈락률이 극대화되고 있다. 심한 차별을 받는 탈북민 자녀의 경우 고등학교 진학률이 70% 미만에 불과하다.

이 아이들을 올곧게 잘 자랄 수 있도록 터전을 만들고 분위기를 조성하고 제대로 이끌어서 우리의 동력으로 키워내는 것은 우리 국민 모두의 책임이고 의무가 아닐까 한다. 다문화자녀는 엄연히 대한민국 국민이고 우리 모두의 아들, 딸이라고 생각해야 한다. 이 아이들이 학교 밖에서 방황하거나 사회문제를 일으키는 것을 부추기는 꼴로는 안 된다.

다문화에 대한 전반적인 이해와 서로 간의 교감 없이는 학교이탈 문제를 해결할 수 없다. 내 눈에 보이지 않고 당장 내가 경험하지 않는 일이라고 외면할 것이 아니다. 우리 모두가 해결해야 할 일이고 우리 사회문제이다. 다문화자녀 교육에 나타나는 일반적인 경향을 정리해보면, 학습부진과 이에 따른 자존감의 결핍 그리고

132 〈초중등교사 다
문화 교육 직무연수 및
다문화 교육 전문교원
연수〉에서 인용, 교육
과학기술부, 2010.

엄마에 대한 무시가 공통적으로 나타나고 있다. 한국어 부진으로 시작된 외톨이와 왕따의 악순환이 그대로 사회로 되돌아간다. 따라서 다문화자녀가 학습부진이 보이는 초기에 극복할 수 있게 지원하는 것이 매우 중요하며 이는 전 국민의 협조 없이는 이뤄질 수 없는 일이다.

공통적으로 다문화자녀 교육지원 프로그램의 기본은 다문화 이해능력과 공동체의식을 키워주는 것이다. 동시에 이중언어 교육과 한국어 습득, 외국문화 이해교육과 한국문화 적응 교육이 필요하다. 또한 자아정체성을 강화시키고, 학교생활적응 프로그램이 수반되어야 한다.

학년이 올라갈수록 진로 교육과 직업 교육이 있어야 한다. 이러한 틀 속에서 세분화하여 각 연령별, 학년별로 적절히 배치하여 수준에 맞는 교육안을 기획하여 실행해 나가야 하지 않나 싶다.[132] 이는 곧 이 시대의 우리의 과제이다.

❶ 유치원급 다문화자녀 교육

유치원급이라고는 하지만, 0세부터 다니는 곳은 사실상 우리나라에서는 공식적인 곳이 없다. 보육원이나 개인적인 베이비시터 정도이다. 그러나 교육이란 사실 0세부터 시작해야 한다는 것이 선진 다문화국가의 공통된 견해이다. 특히 유아교육의 천국이라고 하는 독일에서는 이중언어 교육도 0세부터 한다고 한다. 단, 말을 하기 전에는 일단 엄마나 아빠 그리고 그 주변의 소리들을 듣고 머릿속에 입력하는 시기인데, 이때는 부모 출신국 언어를 넣어주라는 것이 독일의 다문화 교육의 최초 교육개념이다.

우리의 경우, 이중언어의 인지도가 아직은 낮기 때문에 한국어 배우기에도 급급한 실정으로 치닫고 있다. 이 정도까지는 아니더라도, 다문화자녀에 대한 관심을 가져주길 바라는 마음에서 강조한다. 0세부터 3세까지 말이 시작되는 시기에 이중언어를 시작하고, 3세부터 5세까지 각종 편견과 선입견 등을 바로 잡아주라는 것이다.

어찌 보면 다문화사회를 살아갈 가장 기본적인 소양을 태어나자마자 심어주라는 것이다. 우리의 경우는 어떤가. 사회 생활하는 여성이 급증하다 보니, 아이를 맡아줄 만한 곳을 찾느라 조급한 나머지, 교육의 내용과 질 따위는 사치스러울 정도이다. 엄밀히 말해서 이때의 교육이 인생에서 가장 기초를 다지는 시기라 무척 중요할 수 있다. 그저 아이를 맡아만 주는 것이 최상의 일일 뿐이다. 이제 여기에도 교육의 생명을 불어넣어주어야 한다.

반편견 교육과 이중언어 교육은 기본이다. 각종 놀이문화를 통해서 얼마든지 실행할 수 있기 때문에 유아교육자나 보육교사들의 기본 소양교육이 절실히 필요한 시점이다. 유치원급이라고 통으로 말하고는 있으나, 향후 세분화할 필요가 있으며 이에 대한 세심하고 배려 깊은 연구가 있어야겠다.

유치원급의 다문화 교육 관련 교육 지원에는 유치원 아동들이 어리다 보니 교사나 혹은 유아 전문가의 요구사항을 파악하는 것이 급선무다. 유치원 교사들은 여러 프로그램들 중에서 한국어 교육을 가장 우선적으로 지적하고 있다. 또한 다문화 이해능력 증진과 한국의 문화와 역사에 쉽게 접할 수 있는 한국문화 이해 프로그램들도 요구하고 있다. 이 외에도 부모와 함께 참여하는 프로그램이나 부모교육 프로그램 요구도 있다. 그러나 이러한 요구와는 다르게 다문화 교육 프로그램이 부족하다는 점이다. 기존의 유치원급의 교육 내용은 초등학교에 입학해서 학교생활에 어려움을 겪지 않도록 하기 위해 선행학습 위주로 프로그램을 진행하는 곳도 많다. 그런 면에서라도 언어 습득은 기본 중의 기본이 되고 있다. 유치원은 부모 대신 자녀를 돌보는 기능을 담당하기 때문에 실생활에 바탕이 되는 모든 것들이 교육으로 녹아들 수 있다. 그래서 유치원 교육은 모든 생활의 터전과 기본을 이루기 때문에 중요하다.

유아들의 경우, 여러 가지로 예측하지 못할 반응을 즉각적으로 보인다는 점에서 많은 접촉과 쉬운 설명 등이 준비되어야 한다. 한 유치원에서는 흑인을 보고 울음을 터뜨리는 아이도 있었는데, 그렇다면, 흑인 다문화자녀가 같은 유치원에 다니게 된다면 이 아이에게 노골적으로 '밉다. 무섭다. 넌 왜 검은색이냐' 식의 표현을 하게 될 가능성이 크다. 이러한 말을 받는 다문화자녀일 경우에는 어릴 때부터 받는 상처가 깊게 형성될 것이다. 이러한 상처로 인한 부적응 상태 즉 불안감, 정서불안, 틱 장애, 산만함, 과격함, 신경질, 자폐증적 기질, 극도의 내성적인 성향, 우울 등 여러 가지 양상으로 나타나기 쉽다. 또한 일반 가정에서 학부모가 무심코 던진 다문화에 대한 부정적인 발언 등을 그대로 일반적으로 유아는 전달하듯이 표현하기 때문에 가정에서의 학부모의 협조도 함께 이어져야 하는 이유가 바로 여기에 있다. 실제 일반 유아들이 갖고 있는 외국인에 대한 편견은 우려할 수준이라는 보도도 있었다.[133] 다문화

유아를 대할 때 주의 깊게 잘 관찰할 필요가 있으며, 이들이 어떠한 반응을 나타내는지 교사는 알아야 할 것이다. 〈부록 해당 도표 참조 p.360〉

133 매일경제, 〈세계인으로 키우기… 유치원부터 다문화 교육〉, 2009.

134 〈초중등교사 다문화 교육 직무연수 및 다문화 교육 전문교원 연수〉에서 인용, 교육과학기술부, 2010에서 인용.

❷ 초등학교급 다문화자녀 교육

초등학교급에서의 요구사항은 학생의 요구, 교사의 요구, 학부모의 요구로 나누어질 수 있는데.[134] 학생들은 한국문화와 생활적응교육을 가장 높게 요구했다. 이는 현장체험학습이나 지역문화체험 등의 한국의 문화를 체험할 수 있는 견학 프로그램 등을 포함하고 있다. 특히 학교생활적응에 대한 요구에서는 교과학습이나 방과후 학습에 대한 요구를 했다는 점이 특이하다. 교사들의 요구사항을 보면, 주로 학생들과 비슷한데, 한국어 교육과 한국문화적응교육을 꼽았다. 특히 학습지도방법이나 외국문화이해교육에 대한 교육프로그램을 절실히 원하고 있다. 그런데 학생들과는 달리 자아정체성 강화 교육의 필요성을 별도로 요구 혹은 중요하다고 목소리를 모으기도 했다. 학부모들은 교육지원을 위한 경제적 지원을 높이 요구하고 있다. 또한 친구들의 차별적 인식교정을 원하고, 학업성취에 대한 기대나 걱정을 함께 드러내고 있다. 따라서 학습도우미 등을 활용한 학교 수업에 대한 보충을 강력하게 요구하고 있다.

이렇게 저마다 요구사항이 조금씩 달라지기 시작한다. 초등학생은 이제 사회라는 조직생활을 시작하게 되는 것이고, 사회생활에서 어떻게 하면 잘 적응하며 인간관계를 형성하며 나아갈 것인지가 평생의 인성과도 연결되는 관계로, 다문화자녀라는 이름에 대한 스트레스를 어떻게 해쳐나갈 것인지, 어떠한 반응을 수렴하며 지낼 것인지, 이 모두가 실험대 위에 놓인 셈이다.

공부에 대한 자신감이나 흥미를 돋우는 것이 우선이냐, 자신감을 키우는 길이 우선이냐를 따지는 것은 어리석다. 모든 것이 함께 맞물려 형성되기 때문이다. 일찍이 재능을 발견하고 특기를 개발하는 것도 좋은 방법이다. 단, 한국의 유별한 교육열에 대한 정보로 조급한 마음에 공부만 다그치는 것은 더욱 바람직하지 않다. 그런 의미에서 특기적성교육이나, 여러 가지 캠프 등을 참여하도록 권유하는 것이 바람직하다. 교사들이 요구하는 자아정체성 교육이라는 것도 이러한 다양한 체험경험으로 간접적으로 느껴지도록 유도하는 것이 더 나을 수 있다. 또한 학부모 교육, 즉 내국인 학부모와 다문화가정의 학부모 교육이 스스럼없이 자연스럽게 만들어지는 것이 중요하다. 내국인 학부모는 다문화적 소양이 있어야 그것이 자녀에게 그대로 전달되기 때문이며, 다문화가정의 학부모의 경우는 특히 결혼이주여성으로서 한국어가 부족하다는 위축감으로 학교에 찾아오는 것을 무척 꺼리기 때문에 엄마들끼리 멘토링처럼 짝을 맺어주는 것도 필요하고, 학교에서 자연스럽게 다문화관련행사를 열어서 만남의 기회를 가질 수 있도록 하는 것이 좋다. 무릇 학부모가 학교에 간다는 것은, 자녀에 대한 평가를 듣기 위함이 큰 부분이라는 부담감이 최고의 스트레스로 작용하기 때문에, 학교장이나 교사들은 학교에 오는 것이 어렵지 않다는 인식을 줄 필요가 있으며 더 나아가서는 학교에 가서 모든 정보를 가져올 수 있고, 많은 도움을 받을 수 있다는 안도감을 안겨줘야 한다.

또한 이때부터 학교생활에 적응하기 힘들어하게 되면 중학교 이상으로 진학하면서 학교이탈률이 급속도로 높아질 가능성이 크다. 그래서 초등학교급의 즐거운 학교생활의 경험은 무척 중요하며, 이를 위한 다양한 경험은 다각도로 만들어져야 한다. 학교에서는 다문화자녀의 학교이탈률을 예방하는 차원의 상담이나 심리상담 및 심리치유 등이 필요하다. 초등학교 때의 교사의 편애는 상당한 심리적 상처를 받게 한다. 친구의 왕따보다 더 큰 중압감은 교사의 왕따이다. 1년만 참자고 해도 아이들에게는 인생 전반을 차지할 정도로 크게 내리누르는 경험을 갖게 한다. 촌지를 통한 편애, 그 외의 무관심(관심을 준답시고 들추어내어 오히려 화근이 되는 경우도 있다. 상황별 지혜가 요구된다), 공부를 잘 못하는 아이에 대한 무관심과 체벌행위, 다문화자녀에 대한 잘못된 관심 등은 커다란 상처를 줄 수 있다.

필자의 이야기이지만, 필자의 오빠가 다니던 초등학교는 당시 부유층들의 자제들만 다니던 유명한 상층학교였다. 필자의 집안은 돈 없는 학자의 집안이라 겨우겨우 살기 바쁜 가세인데 동네 학교라 우연히 제비뽑기로 합격이 되어 다닌 학교가 된 셈인데, 거기에서 우리 오빠는 부유층의 거리감에 어린나이에 상처를 깊이 받았다. 교사들에게 주는 촌지의 액수가 우리 아버지의 월급을 상회할 정도이니 도저히 알고도 따라갈 수 없는 수준이었다. 왜 우리는 못 살아야 하냐는 질문을 많이 해대곤 했다고 부모님들이 회상하실 정도이다. 어느 날 교실에서 분실사고가 났다. 아이들 사이에서는 누가 범인인지 공공연히 다 아는 사실이었고, 담임교사 역시 뻔히 알게 되었으나, 이를 쉬쉬할 수밖에 없었던 것 같다. 그 범인이었던 아이는 우리나라에서도 이렇다 할 집안의 자제였기 때문에 담임선생님 역시(지금 생각해 보니) 이 아이를 감히 혼내지 못할 정도였던 것 같다. 생각하던 끝에 별로 잘 살지 못하던 집안의 우리 오빠를 불러 "네가 했다고 해라"라고 권유하더라는 것이다. 어찌할 줄 몰라 하며 억울해서 눈물을 흘리는 오빠를 보며 "그래, 억울하겠지만, 네가 했다는 게 제일 낫겠어. 네가 좀 참고 그렇게 해. 알았지?" 하며 (이상한 권유로) 달래더라는 것이다. 이 이야기는 나 역시도 몰랐고, 그 누구도 몰랐다. 가족 아무도 몰랐다. 우리 오빠가 쉰 살이 넘은 어느 날 아버지한테 전화를 걸어 이 이야기를 울면서 하더라고 했다. 갑작스런 이런 전화에 아버지는 당황하시며, 갑자기 그 어렸을 때 이야기를 하면서 억울해 하냐며, 오빠를 달래기도 하고, 나이 먹어서 그런 것을 되새기느냐며 애써 넘겨버리셨다고 했다. 그러나 며칠 후 오빠는 자살했다. 어느 교사인지 모르겠으나, 두고두고 오빠의 한이 맺혀 서려 있을 것만 같다. 어린나이의 상처란 이렇게 깊다. 초등기간은 그래서 가장 중요하고 가장 기억에 오래 남는다.

다문화자녀는 경제적으로 취약하고 촌지 같은 것도 그리 익숙하지 않은 가정일 것이다. 합창단을 운영하는 입장에서 그들을 대하면서 보면, 이들은 교사들에게 감사의 마음보다는 뭔가 혜택을 받아야 한다는 이상한 심리가 존재한다. 이는 우리나라의 무조건식 퍼주기 정책이 문제이다. 뭐든지 받아만 봐 노릇한 이주민들은 받아야만 하는 존재로 잘못 인식되어 있기도 하다. 여러 이야기는 다른 논지로 번질 우려가 있으니, 여기에서 접고, 일단, 다문화가정의 부모는 경제적인 취약성과 교육열, 정보성 등에 내국인 부모보다는 몇 발짝 뒤떨어져 있다. 오히려 많은 도움과 손길이 필요한 이들이다.

어쨌든 우리나라에서는 아직도 촌지라는 것이 공공연한 비밀로 되어 있는 만큼, 이를 근절시키는 것이 가장 최우선이겠으나, 교육정책이 전반적으로 바뀌지 않는 이상, 기대하기는 힘든 모양이다.(그렇게 교육정책이 쇄신되길 바란다)

어쨌든 초등교사의 입지는 너무나 중요하고 한 인간을 형성시키는 최고의 인생도우미이다. 한 명 한 명, 소중히 생각해주길 정말이지 간곡히 간곡히 바라고 또 바라는 바이다. 〈부록 해당 도표 참조 p.361〉

❸ 중학교급 다문화자녀 교육

먼저 학생들은 역시 학업에 대한 관심과 욕구는 날로 커가는 터라 학업에 대한 요구가 역시 크다. 한국문화와 생활적응 교육과 경제적 지원 그리고 학교생활적응 등을 꼽는다. 그러나 교사들의 경우, 정신적으로 커가는 면에 있어서 자아정체성 강화가 가장 높게 나타나고 있다. 다음이 한국문화적응 교육 학교생활적응으로 나타났다. 그리고 학부모는 친구들의 차별인식교정과 교사의 차별인식교정을 가장 우선순위로 꼽았고 한국문화적응 교육, 학교생활 적응, 그 다음이 경제적 지원이었다. 학부모들의 공통된 우려는 다문화가정이든 아니든, 촌지에 의한 교사의 차별행위이다. 여기에서도 역시 드러나는 우려감인데, 유치원이나 초등학교에서는 단순히 서로 다름에 대한 낯설음으로 표현되는 것인 반면, 중학교급 이상에서의 차별은 의도적이거나 악의적인 것으로 받아들일 수 있기 때문에 이 연령대에 받을 상처는 무척 크다고 할 수 있다. 특히 사춘기에 교사나 동료학생들의 차별적인 태도는 감수성이 예민해진 학생의 세계관이나 인생관을 왜곡시킬 수 있다는 점에서 그 심각성은 너무나 크다고 할 수 있다.

그리고 이때부터 다문화자녀의 학교이탈률이 현격하게 늘어나고 있다는 점도 고려해야 할 사항이다. 학교이탈을 예방하기 위한 (로테이션 격이 아닌, 전문인으로서) 상담교사를 학교마다 배치하는 배려가 필요하다. 학교이탈 이후의 대책은 사실상 국가적으로도 전무한 상황이기 때문이다. 이 아이들이 학교 밖에서 배회하는 것을 생각할 때마다 안타깝고 조급해지는 마음이 가득하다. 비행청소년집단으로 가거나, 심지어 조폭으로도 들어간다. 여학생이라면 성매매에 쉽게 빠져들고, 집안에서 인터넷 중독자로 전락해버린다. 다문화자녀가 아니더라도 내 자식이라고 생각해 봐야 한다. 어떠한가? 아찔하지 않은가?

한창 감수성이 발달되어 가고, 신체 활발하고 다혈질적이고 혈기왕성한 이때에 이들의 학교를 나온다면 이들만의 집단화를 형성하기 쉽고, 그렇게 되면 결국 가난의 되물림으로 이어지면서 반사회적 집단으로 치솟을 수 있다. 선진외국인의 사례를 보면, 이주민 폭동은 다문화 1.5세대, 2세대로부터 시작하기 마련이다. 그렇잖아도 민족주의, 순혈주의를 고수하는 반다문화주의자들이 벼르고 있는 와중에 이들의 음성화된 네트워크화는 반다문화주의자들의 표적이 될 수 있으며, 그렇게 될 경우, 사회적 혼란은 불 보듯 뻔한 일이 되고 만다. 가장 감수성이 예민한 이때의 아이들이 학교이탈을 막는 대책을 학교마다 서로 의논하고 공통점을 찾아내어 연구하고 보다 나은 실행책을 발굴하도록 해야 할 것이다. 학교는 이제 더 이상 예전의 단순한 학교가 아니다. 사회의 흐름을 만드는 중요한 기관이 되고 있다. 〈부록 해당 도표 참조 p.361〉

❹ 고등학교급 다문화자녀 교육

이제 고등학교로 가면 학교이탈률은 더욱 심해진다. 중학교급과 마찬가지로, 전문상담교사의 배치와 세계화와 다문화에 대한 인지를 심어줘야 한다. 또한 다문화자녀 역시 예비사회인으로서, 이중언어의 철저한 교육과 권유, 그 중요성을 강조해주고, 이들이 국가적인 인재로 커갈 수 있는 정신적인 자세도 갖춰주도록 한다. 그리고 이때는 실질적으로 본격적인 입시의 문턱으로 가는 곳이라 직접적인 진로상담 등이 요구되는 때이나 아직 다문화 고등학생만을 대상으로 하는 교육지원과 관련된 요구사항은 거의 없는 편이다. 아무래도 다문화 고등학생들의 수가 적다 보니 그럴 것인데, 학부모들은 친구들과 교사들의 차별인식교정을 원했고 한국어 및 한국문화 이해 교육, 학부모에 대한 한국어 한국문화 이해 교육, 교과서의 편견 수정, 학교수업 보충과 문화적 다양성 장려분위기를 요구하고 있다. 또한 여기에서는 직업상담 등이 본격화되어야 할 것이다.

　문제는 다문화자녀의 수가 적다고 치부할 것이 아니라, 이 아이들은 예비사회인으로서 세계시민적 소양을 닦아야 하며, 다문화사회로 곧바로 진입할 예비사회인으로서의 소양을 갖춰야 할 아이들이다. 그래서 이때는 이러한 교육이 반드시 실시되어야 하며, 다문화자녀에 대한 실태, 상황, 대학생이 되어 자원봉사소개, 보다 나은 사회를 위한 자세 등을 심어줘야 한다. 또한 자신과 비슷한 처지에 있는 어린 다문화자녀들을 위한 도움, 보탬 등을 위해 해야 할 일들이 많다는 것, 그래서 사회에 공헌할 수 있는 여지가 크다는 것도 알려줘야 할 것이다.

　한마디로 본격적인 성인으로 가기 위한 준비단계로서 세상을 보는 눈을 키워줘야 할 때이다. 어떻게 살아가고 어떻게 자기 자신을 보듬어갈 것인지, 불안정한 정체성을 그대로 유지하고 있다면 이를 위한 교육이 반드시 첨가되어야 할 것이다. 그래서 이 시기의 다문화자녀는 정서교육과 함께 학습보충에 대한 교육이 겸하여 관리되어야 한다. 〈부록 해당 도표 참조 p.362〉

2. 다문화 대안학교에서의 교육

2010년 대안학교의 설립기준 완화, 교육과정의 자율성 확대, (일반학교 학생의) 위탁교육 허용 등을 주요 내용으로 하는 '대안학교의 설립·운영에 관한 규정' 개정안을 입법 예고했던 것은 무척 고무적인 일이다. 밀려드는 다문화자녀들의 수요층들을 어느 정도 포용할 수

있는 여지가 생겨날 수 있다는 호신호이기 때문이다. 기존의 대안학교가 아닌 다문화 대안학교로서의 특수학교는 그리 활성화되어 있지 못하다.

물론 대안학교란 특수한 목적[135]이 강하게 드러나기 때문에 이에 대한 강한 욕구가 있거나 필요한 학생들이 모여들기 마련이다. 그러한 면에서 다문화 대안학교도 마찬가지이다. 다문화 대안학교란, 여러 가지 이유로 학교생활에 적응하지 못하는 다문화 아이들을 위한 대안적 학교 형태이다. 현재로는 종교단체에서 운영하는 소규모 대안학교들이 몇몇 있을 뿐인데 이마저도 다급해 하는 다문화가정의 학부모들이 대거 몰려들고 있으나 턱없는 시설불충분으로 다 수용하지 못하고 있는 것이 현실이다.

여기에서야말로 교육대상층과 대상에 대한 하나하나의 상황별 맞춤교육이 시급하다. 기존의 우리의 일반학교 학생들은 일률적으로 나이도 거의 다 똑같다. 다양한 경우의 수가 존재하는 다문화

135 종교, 환경, 시민단체에서 주말이나 방학에 자연답사, 체험활동, 방과 후 학습활동 등의 대안학교 프로그램을 운영하는 비상설 대안학교 등과 저소득층 중고교 자퇴생, 거리의 아이들, 정신적 장애나 신체적 장애가 있는 아이들, 아토피 학교, 인터넷 중독 학교, 농촌생활 체험학교 등 여러 가지 목적성이 있다.

자녀의 경우는 그 대열에 끼어들기가 참으로 힘들다. 특히 중도입국자녀는 학년에 상관없이 교육을 받아야만 하는 아이들이다. 한국어를 모르고 10대에 들어오는 상황이기 때문에 학년으로 가늠할 수 없다. 그래서 이러저러한 다양한 경우의 수에 맞게 보다 자유로운 토대 위에서 대안교육을 마련해야만 한다.

우리나라는 90년대 중반으로 넘어가면서 다양한 언론 매체에서 억압적이고 획일적인 기존의 학교 교육에 대한 대안을 제시해 주목받게 되면서 대안교육이 시작되었다. 우리의 대안교육의 역사는 참으로 짧다. 이러한 대안교육이 등장한 후 경직되고 정형화된 지금까지의 학교 대신 얼마든지 유연하고 다양한 새로운 형태의 학교가 가능하다는 인식이 사회적으로 확산되었다.

급격하게 진행되어온 다문화사회에서 다문화자녀의 방황과 학교이탈 상황에 놓여 있는 아이들이 지금 수만 명에 달하고 있다. 아이들이 학교를 못 가거나 안 가는 이유도 저마다 다 다르기 때문에 이에 대한 획일적이고 보편타당한 분류는 거의 불가능하다. 불법체류자녀일 경우, 부모들이 발각될까 봐 부모가 아이를 학교에 안 보내는 경우이고, 중도입국자녀의 경우는 이미 10대가 되었는데 한국어를 할 줄 모른 채 입국해서 학교에 합류할 수 없는 경우도 있으며, 학교에 다니다가 여러 가지 이유로 적응을 못해서 학교를 나온 아이들 등 다양한 사례들이 있다.

나이가 많아도 초등수준을 밟아야

할 아이도 있고, 아니면 이중언어를 부각시키는 수준 높은 외국어 교육을 받을 수도 있다.[136] 한국에서 교육을 받을 아이들이기 때문에 기초적인 학과에 대한 적응과 무엇보다도 한국어와 한글교육을 기본으로 해야 한다. 이 아이들이 상처받지 않도록 혹은 이미 상처받고 있는 아이들일 경우 심리적인 치유까지 세심하게 꼼꼼히 배려해줘야만 한다.

왜냐하면 이 아이들은 태생적인 불안전한 가정 내 분위기와 혼란한 정체성이 커지면서 자라게 되고, 주변의 이상한 눈초리와 노골적인 언사 등을 겪으면서 발생하게 되는 본능적인 분노심을 일으키고 그에 대한 반발과 폭언 및 폭력적 행동이 사회로 향한 폭발성을 야기할 수 있기 때문이다.

그래서 심리치유나 정신치유는 반드시 있어야 한다. 필자가 운영하는 다문화어린이합창단이나 다문화 공부방에서 보면 과잉행동이나 분풀이식의 언행이 눈에 띄는 아이들이 상당히 많다.

이 아이들의 적성과 희망사항, 꿈 등을 살펴서 이들의 적성과 특기를 살리는 교육으로 유도하는 것이 바람직하다. 특히 이중언어는 특히 국가적 인재로 커갈 수 있는 좋은 토대라는 것을 강하게 심어줘야 한다. 그리고 이를 더욱 부각시켜서 키워나가도록 해야 한다. 그래서 대안교육은 아이들 저마다의 적성과 심리, 행동 하나하나 세심하게 관찰하는 노력이 필요하다. 또한 대안교육은 말 그대로 정규교육에 대한 대안이기 때문에 정규학교로 보내기 위한 전초 단계로 생각해야 한다.

다문화 대안학교 자체를 정규학교로 하려는 바람이 거세긴 하지

136 부모의 학력수준이 높거나 교육열이 높은 이주민의 경우, 한국학교에 자녀를 보내고, 주말에는 자신의 출신학교 즉 외국인학교를 보내기도 한다.

만, 이는 장기적으로 봤을 때 그리 좋은 방향은 아니다. 이 아이들이 어차피 사회에서 살아갈 때면 서로 섞이고 차별도 받아야 할 테고 마음의 상처도 겪어나가게 될 텐데(심지어 군대까지 가야 할 판에) 이러한 것이 싫다고 그들만의 울타리로 만들어 놓는다는 것은 사회적인 통합과정을 잠시 유예하는 꼴밖에는 안 되기 때문이다. 섞여가며 살아가는 것도 알아야 하고 그러한 것을 무난히 넘길 수 있는 마음의 예방주사를 맞을 필요도 있다. 아이들이 마냥 아이들로 남을 것도 아니다. 정규학교로 묶어두면 이 아이들이 다문화라는 성에 갇혀 버려서 더욱 그 내성만 길러질 뿐이다. 자기들끼리 단합해서 하나의 집단을 이루려고만 한다면 서로 좋을 게 없다.

무엇이든지 그 토대가 형성되려면 이론적이고 철학적인 기본이 든든히 받쳐줘야 한다. 그래야 오래 유지할 수 있고 아이들이 탄탄한 교육체계 속에서 잘 자라날 수 있기 때문이다. 말 나온 김에 학교생활이 싫고 공부에도 적응이 안 되고 공부할 생각도 날아가 버린 다문화아이들이 바로 학교이탈 자녀들인데, 이 아이들에게 수학 한 문제, 영어 한 단어 가르치는 것은 아무런 효과가 나지 않을 것이다. 이러한 아이들에게는 자기들의 적성에 맞는 직업교육이나 기술교육을 소개하고 이러한 일들로 나중에 사회에 나가 전문가가 되도록 부추기는 것도 하나의 방법일 수 있다. 그래서 학교이탈 자녀에게 문화예술 교육이나 기술교육은 필수적으로 해줄 필요가 있다. 특히 문화예술 교육은 심리치유의 효과도 겸하고 있어서 자신의 흥미와 관심도 발견할 수 있고 심리치유까지 할 수 있는 좋은 기회가 된다. 이러한 기회와 경험들을 고루 맛볼 수 있도록 여러 가지 체험 교육과 만남의 장을 마련해 주는 것이 필요하다.

그러나 우리 사회 일각에서는 대안교육에 대한 논의 자체에 곱지 않은 시선을 보내는 것이 사실이다. 대안학교가 설립되려고 하는 지역에서는 완강히 반대하는 목소리도 크다.[137] 마치 쓰레기 소각장이나 장애인 학교, 화장장, 하수처리장 등 혐오시설 건설에 반대하듯이 말이다. 또한 대안학교의 필요성을 강조하는 시민단체나 일부 공무원들 중 일부는 대안학교의 종착점은 정규학교라고 규정하는 데에도 문제가 있다. 대안학교는 말 그대로 현실적으로 기존 교육체제가 감당하고 있는 다양한 역할을 대신할 수 없기 때문에 당장 기존의 학교교육을 대체할 수 없다. 또한 그러한 것을 목표로 나아간다는 것조차 대안학교의 성격을 무마시키는 꼴이다. 기존의 교육체계에서 잡지 못하는 여러 가지 다양한 변화 요구에 대안학교가 오히려 발 빠르게 적절한 대응과 대처방안을 적용할 수 있다. 대안학교가 모범적인 학교 상을 보여줌으로써 기존의 고리타분한 교육체계에 신선한 바람을 불러일으킬 수도 있다.

특히 학생 스스로 배우고 익히는 교육, 상호공존과 협력을 중시하는 공동체 교육, 개개인에게 필요한 맞춤형 교육 등이 다문화 대안학교가 지향하는 점이다. 그도 그럴 것이, 각자 다양한 상황에서 다종다양한 경우의 수가 존재하기 때문에 집단적으로 모여서 통으로 가르칠 수 있는 일이 못 되기 때문이다. 성공적인 다문화 대안학교는 기존 교육체계에 찌든 학교 개념에서 오히려 선진적인 학교의 모델로 자리 잡을 수 있다. 그러므로 다문화 대안학교는 발

137 반대로 외국인 학교(특히 영어권 선진국, 영국이나 미국 등의 유명한 학교)의 설립은 시나 구 차원에서 유치하려고 안달이다. 그리고 시나 구의 자랑거리이자 땅값, 집값의 영향까지도 거론하면서 대단히 환영하고 있다.

전 가능한 대안이며, 우리가 심혈을 기울여봄직한 교육의 미래상이다. 여러 가지 살아있는 교육으로서 이것이 사회에서 되살아나기 위해서는 정부 지원이 절대적이다. 재정적 지원과 함께 사회적인, 아니 범국가적인 교육의 한 장을 만들어간다는 차원으로 적극적인 협력과 지원이 요구된다.

독일은 우리와 비슷한 순혈주의 및 민족주의가 강한 국가로 엿볼 수 있는 좋은 사례이다. 독일 정치는 오랫동안 이민국으로서의 현실을 인정하지 않았던 탓에(이민자의 비율이 높은 주들은 현재 학생의 삼분의 일 이상이 다문화가정 자녀로 구성) 낙후된 인프라와 수리가 필요한 학교를 포함한 공공건물 등 게토화된 지역에 머물며 독일의 주류사회와 고립된 '그들만의 삶'을 살게 되었다. 이런 게토화된 지역은 독일의 대부분의 도시에서 관찰할 수 있으며 이 지역에 사는 이민자들의 언어적·사회적·경제적 고립화를 일컬어 '수평사회(Parallelgesellschaft)'라는 수식어까지 붙게 되었다. 이 수평사회라는 개념은 종종 독일 주류사회에 통합되지 않으려는 이민자들의 문제적 태도와 거주현상을 일컫는 단어로 왜곡되어 사용되곤 한다.

그 시작과 배경 및 의도는 어찌됐건, 실제로 이 지역은 다른 지역에 비해 상대적으로 가난, 범죄, 마약과 알코올로 인한 문제가 두드러진 곳이기도 하다. 이렇게 게토화된 대표적 지역으로는 베를린(Berlin)의 노이쾰른(Neukölln)과 도르트문트(Dortmund)의 노어트슈타트(Nordstadt), 쾰른(Koeln)의 코이프스트라세(Keup-strasse) 지역이 있다.

특히 그중에서도 베를린의 이민자 밀집지역인 노이쾰른(Neu-kölln)에 위치한 하웁트슐레(Hauptschule) 학교는 2006년 그 학교 선생님들이 학생들의 폭력을 견뎌내지 못하겠다는 등의 이유로 공개적으로 폐교를 요구하는 편지를 쓴 이후 이민자로 구성된 문제학교의 대명사처럼 거론되는 학교이기도 하다.

문제가 되었던 2005년과 2006년도에 뤼틀리 학교는 학생의 35%는 아랍 출신, 25%는 터키 출신으로 전체 학생의 80% 이상이 다문화자녀로 구성되어 있었고 단지 17%만이 독일계였다. 독일 사회에 엄청난 토론과 파장효과를 가져왔던 이 '뤼틀리 문제'가 있기 전인 2004년에 이미 학교 교장은 학교의 존속이 위협받고 있으며 선생님들은 절망적인 상황이라고 말해 논란이 되기도 했었다.

뤼틀리 문제가 논의되기 시작하면서 이 학교는 외부의 수많은 경제적 후원을 받으며 각종 프로젝트를 수행했다. 그 결과 문제 상황을 개선한 모범사례로 평가되기도 하나 이는 언론의 주목을 많이 받고 알려지기 시작하며 많은 비난과 함께 '동정'을 받아 생긴 개별적 사례이다. 하웁트슐레와 다문화가정 자녀의 밀집화 현상 등에 대한 근본적 문제 해결은 전혀 이루어지지 않았다. 비슷한 학생 구성과 현상을 보이는 다른 하웁트슐레들은 어떤 재정적, 행정적 후원 없이 과거와 같은 해결되지 않은 문제들을 그대로 안고 있다.

또 다른 이야기를 하자면, 독일 이민자 출신 중 대다수를 차지하는 터키 출신의 학생들의 절반 이상이 하웁트슐레에 재학 중인 현실에서 다른 형태의 사립학교가 있다. 쾰른에 위치한 독일-터키

사립학교인 디아로그 쾰른이란 학교다. 여기에서는 독일어로 수업
이 진행되지만 터키어가 제2외국어이며 교과과정 중 터키의 문화
및 종교에 대한 비중이 높은 학교이다. 이 학교는 교육열이 높은 일
부 터키 이민자 커뮤니티에서 터키 학생들의 인문계 진학률을 높
이기 위해 설립되었다. 이 학교는 터키 출신 이민자들이 스스로 문
제해결을 모색한 하나의 사례이기도 하다. 이 학교의 설립취지와
재학 중인 학생들의 부모의 기대는 인문계 진학과 연결되는 대학
진학률을 통한 독일 사회 내에서의 신분상승의 효과이다. 그들은
터키 학생으로만 구성된 게토화된 학교를 원하지 않는다.

　초등과정에서 이민자 자녀들의 언어적 결함 또는 문화적, 사회
적, 경제적 배경의 차이에서 오는 '다름'을 극복하기 위해선 그들을
하웁트슐레에 몰아넣는 것이 해결책이 아니라는 지적은 이미 오
래 전부터 논의되고 있다. 대안으로는 유치원 시설의 확대와 초등
학교에 진학하기 전에 독일어를 학습하게 하는 방법들이 점차 확
대 실시되고 있다. 또한 다문화 학교라는 차별화된 분리된 학교 설
립보다는 일반 정규학교에서 이중언어 수업 도입 및 정규학교 교육
과정을 보완하는 기관을 통한 이중언어, 문화 및 예술 교육 실시
그리고 종일학교(Ganztagsschule-한국의 자율보충학습의 개념)의
도입 대안책으로 제시되고 있다. 〈부록 해당 도표 참조 p.363〉

3. 중도입국자녀 교육

가족 동반 중도입국 다문화 청소년(흔히 중도입국자녀라 한다)이라 하면, 첫째 한국인 배우자와 재혼하여 본국의 자녀를 중간(아이가 10대로 성장해서)에 한국으로 데려오는 경우를 말한다. 둘째 국제결혼가정의 자녀 중에서 외국인 부모의 본국에서 성장하다가 청소년기에 재입국한 청소년의 경우다. 셋째는 외국인 부모와 함께 동반 입국한 청소년의 경우를 가리키기도 하고, 넷째는 근로 및 학업을 목적으로 청소년기에 입국한 외국인 무연고 청소년인 경우도 있다. 다섯째는 북한이탈주민이 외국인과 제3국에서 출생한 자녀를 데려온 경우로 구분할 수 있다.[138] 여기에 더 보태자면, 국적 회복을 한 해외의 우리 동포 1세의 3세가 2세 부모를 따라 입국하는 경우도 있다. 더욱이 2005년부터 중국동포들의 국적 회복 및 취득 증가에 따른 동반입국 청소년의 증가가 현격히 눈에 띌 정도로 많아졌다.[139]

이렇게 다양한 경우의 수에서 파생되어 나타나는 사회적 현상으로 중도입국자녀라는 용어가 갑작스럽게 생겨났다. 한마디로, 학교 밖 다문화가정 청소년 중 '이주청소년'[140]이라고 불리는 아동이나 청소년들이 이에 해당된다.[141]

이렇게 중도입국자녀라고 해서 다 같은 처지는 못 된다. 중도입국자녀에서만도 여러 가지 상황별 갈래가 만들어지기 때문이다. 일단 한국의 다문화가정에서 태어난 후 부모의 이혼으로 외가로 가서 자라야만 했다가 다시 한국으로 입국한 중도입국자녀는 원래

138 김재우, 송연숙, 〈도입국 청소년 초기적응 프로그램 시범운영〉, 2011, '중도입국청소년 현황 및 과제 진단' 토론회 자료 중에서.

139 2007년 정부는 중국·CIS 지역 동포들에 대한 5년 간 자유왕래와 취업기회를 확대하는 방문취업 (H-2) 체류자격을 신설했다. 연고동포는 종전과 같이 초청 형식으로 방문이 가능하며 입국이 제한되었던 무연고 동포에 대해서는 매년 쿼터를 정해 한국어시험 및 추첨 등의 절차를 거쳐 방문취업이 가능토록 한 것이다. 세계한인신문, 2010. 12.

140 이재분의 표현이기는 하나, 다분히 미국식 표현이다. 우리나라는 가족이민이 허용되는 국가가 아니기 때문에, '이주청소년'이라는 말 속에는 다분히 가족이민이라는 색깔이 묻어 있다. 그것이 아니더라도, '이주청소년'하면 이주 주체자가 아직은 미성년자인 청소년이라는 말로도 보일 수 있어, 우리나라에서는

어울리지 않는다. 그러나 중도입국자녀를 설명하는 최단거리의 이해도는 있다고 보인다.

141 이재분, 〈중도입국청소년 현황 및 교육지원 방안〉, 2011, 위의 같은 토론회.

142 〈2010 '오늘'이 선정한 올해의 다문화 키워드 '중도입국 이주청소년'〉, 아시아이주 신문, 2010. 12. 20일자.

143 국내 이혼 소송 가운데 결혼이주여성 등 외국인이 당사자인 사건이 전체 가사소송의 40%에 이른다. 국내 체류 외국인이 135만여 명인 점을 감안할 때 이 같은 소송비율은 무척 높은 편이다. 서울신문, 2011. 05. 01일자.

한국 국적이었기 때문에 한국인이다. 또한 엄마의 재혼(한국인 남성과)으로 인해 외가 나라에 있던 자녀가 입양의 형태로 한국 국적을 취득한 예도 있다. 이렇게 한국어는 못해도 이미 한국 국적이 있는 중도입국자녀의 경우는 재한외국인 처우기본법 및 다문화가족지원법의 지원대상이 된다. 즉 법의 보호를 받을 수 있으며 법적 지원 대상이 된다. 아니면 방문비자의 확장으로 들어왔다가 중도입국자녀가 된 사례도 있다. 이럴 경우 중도입국자녀는 90일 미만의 단기비자로 입국하여 국적 신청 후 장기비자로 전환하는 경우가 상당수 있다. 연간 2천여 명의 중도입국자녀가 발생하고 있다.[142] 이러한 경우에 처한 중도입국자녀는 재한외국인 처우기본법 및 다문화가족지원법 등의 법적 개정이 필요하다. 이를테면 아직 한국 국적을 취득하지 못한 중도입국자녀에 대한 특별규정 같은 것 말이다.

위의 여러 가지 요인들 중 충분히 예방할 수도 있고, 발생하지 않을 수도 있는 경우로 다문화가정에서의 이혼이라는 '사건'이다. 즉 국제결혼에서의 이혼[143]이 불러오는 다문화가정의 자녀에 대한 운명의 갈림길로 인해 다문화자녀라는 타이틀에다가 다시 중도입국자녀라는 이름을 붙이도록 만든 요인이 된다는 점에서 심히 안타깝다. 결혼의 증가율만큼 이혼도 만만치 않게 생겨나기 때문에, 아이의 국적 문제, 이주여성의 거취 문제, 한국인 남편의 재혼 등으로 삶은 급박하게 변화되고 만다. 또한 이혼으로 인한 양육권의 갈림이 자녀에게는 치명적인 운명으로 굴러가는 결과도 낳고 있다. 엄마의 모성애란 지극히 본능적이고 인류애적이고 무조건적 사랑이 강한데, 엄마가 이혼한 후, 직업전선에 전전긍긍하려면 아이를 어떻게 해야 할지 난감할 것이다. 그래서 친정에 보내는 경우가 많은데, 이 아이가 외가에 가서 자라나면서 외가 나라의 언어만 습득하게 된다. 어차피 엄마는 한국에서 터전을 잡아야 하고 그러려면 재혼을 하든 돈을 모아서 터전을 잡든 해서 아이를 한국으로 다시 데려오길 바라는데, 그러기 위한 시간적인 소요가 불가피하다. 따라서 아이는 이미 10대에 들어서서 청소년이 되어 있고 한국어를 전혀 할 줄 모르기 때문에 극히 혼란스럽고 부적응 상황에 노출된다. 이러한 중도입국자녀들은 한국어를 전혀 하지 못하기 때문에 밖으로 나가려 하지 않는다. 학교는 물론이고, 근처 슈퍼마켓이나 약국까지도 가려고 하지 않는다. 엄마나 아빠는 일 때문에 밖으로 나가야 하는 입장이고, 아이는 집에 남아서 오로지 하는 것은 컴퓨터게임이나 TV 시청이다. 인터넷 중독자가 되는 것은 시간문제인 셈이다. 이렇게 집안에만 움츠러들어 있기 때문에 정확한 통계수치 조사도 불가능하고 외부인들의 접촉이 힘들기 때문에 국민들이 전혀 알지 못하는 상황에 놓이게 되었다.

「다문화가정의 인터넷 중독율이 일반가정보다 3배 이상 가까이 높은 것으로 나타났다. 정부는 한국갤럽조사연구소에 의뢰해 최근 1개월 이내 1회 이상 인터넷을 이용한 만 9~39세 국민 7,600명을 대상으로 '가구방문 대인면접방식'으로 인터넷 중독 실태를 조사한 결과 이같이 나타났다고 밝혔다.

조사 결과 다문화가정의 인터넷 중독율은 37.6%로 일반가정 12.3%보다 3배 이상 높았다. 특히 다문화가정의 중독율이 높게 나타난 것은 부부 사이 또는 부모·자녀의 언어와 문화 차이 등으로 인한 가정불화와 언어 불소통, 그리고 다문화가정 자녀에 대한 학교에서의 따돌림 등이 인터넷 게임 등에 빠져들게 하기 때문으로 보인다.」[144]

더욱 암담한 상황은 가정폭력이다. 〈다문화가정폭력, 4년 새 4배 이상 급증〉이라는 보도(노컷뉴스, 2011. 02. 16.)는 한숨짓게 하기에 충분했다. 투명사회를 위한 정보공개센터가 이주여성 긴급지원센터로부터 제출받아 공개한 자료에 따르면, 다문화가정 내 성폭력 및 가정폭력 사건은 지난 2007년에 비해 4배 이상 늘었다는 것이다. 이는 결혼이주여성이 받는 폭력뿐만 아니라 그 자녀에게로 미치는 파급효과까지 내다봐야 할 문제가 된다.

더구나 중도입국자녀의 경우는 일반 다문화자녀보다 더 열악한 상황에 노출되어 있기 때문에 인터넷 중독율과 함께 가정 내 불화, 특히 한국인 새아버지와의 불협화음과 갈등 폭발로 인한 가출 등의 문제가 도미노 식으로 발생하게 된다. 중도입국자녀의 학교생활 부적응과 함께 학교이탈은 자연스런 과정으로 이어지면서 가정 내 폭력으로 인한 가출행태는 사회부적응으로까지 연결되면서 사회 내의 반감세력으로 커가기 십상이다. 또한 가난의 되물림은 기정사실화되어 갈 수밖에 없다. 물론 다문화가정에서의 인터넷 중독률과 학교이탈, 가정 내 폭력도 연거푸 발생되는 문젯거리이나 중도입국자녀의 경우는 그 정도가 너무나 심하다.

어쨌든 답답한 마음에 아이를 무조건 학교에 넣는 부모도 있는데, 알아들을 수도 없고 쓸 줄도 모르기 때문에 시험이라는 것도 무의미하고 친구들 간의 관계형성도 힘들다. 오히려 마음에 상처

144 〈다문화가정 자녀 인터넷 중독율, 일반가정 자녀의 3배〉, 세계일보. 지원선 선임기자. 2011. 03. 03일자.

145 다문화 2세대인 다문화자녀는 태생적으로 자기의 의지와 상관없이 다문화가정에 태어난 것으로, 태생적인 의문과 분노, 부모에 대한 반항이 깊숙이 스며들어 있다. 이와 대조적으로 다문화 1세대인 이주노동자 및 결혼이주민은 자신의 의지가 있어서 입국한 사람들이라. 어떠한 고생에 대해서 자신이 선택한 대가를 감수하기라도 한다. 그래서 다문화자녀에 대한 교육과 특별한 관심과 배려가 필요한 것이다.

만 안게 되는 격이라 자연도태가 되어버린다. 그냥 집에서 컴퓨터나 두드리는 게 더 낫다는 식이다. 어쨌든 간헐적으로라도 이러한 아이들이 만여 명 정도 된다고 하고 각 지역의 출입국사무소에서도 이러한 아이들이 계속 들어오고 있다는 말을 듣는데, 이런 아이들을 위한 지원센터나 학교(대안형식이든 예비학교형식이든)가 시급하다.

이들을 위한 기관을 만들고 이들만을 위한 특수한 교육프로그램을 기획하고 연구해야 할 것이다. 우선 꼼꼼한 한글교육을 해야 한다. 10대를 위한 한글과 한국어 교육을 그것도 종일수업으로 해야 하고 즐거운 한국생활이 들어 있는 한국문화교육을 몸에 배이도록 해야 한다. 이들은 자기의 의지와 상관없이[145] (어찌 보면 반강제적으로) 한국에 들어온 경우이기 때문에 이들에게 한국을 심어주는 것이 급선무라 할 수 있다.

한국을 알리고 어떻게 살아가야 하는지, 그들에게 희망을 심어주고 자긍심을 주는 것이 너무나 중요한 일이 될 것이다. 그리고 기초학습에 대한 노력도 같이 해줘야 하기 때문에 이들은 기숙학교식으로 해야 좋지 않을까 한다. 민간단체로서 하기로는 너무나 힘이 들고 재원이 들기 때문에 정부와 연관 지어서 민, 관, 산, 학의 거버넌스 형태로 비교적 규모가 있게 해야 한다. 탈북민[146]인 경우 현재 2만여 명 정도인데, 그중의 탈북민가정의 자녀들은 (결혼이주민 등 외국에서 온 다문화가정 자녀에 비해서는 비교적 적은 숫자이다. 그러나 중도입국자녀는 다문화자녀 중에서도 만여 명 혹은 훨씬 그 이상이나 차지할 정도[147]로 다문화자녀의 수는 어마어마하

146 다문화의 분류에 있어서 이질적인 문화를 지닌 국가에서 온 이주민은 통칭 다문화에 포함된다고 봐야 한다. 그러나 탈북민의 경우에는 독특한 우리 역사의 상황과 정치적인 상황 등 여러 가지가 맞물려 있어서 남북문제로 더 가까이 보기 때문에 통일부에서 관리하고 있다.

147 현재 우리나라에서 중도입국자녀를 위한 통계자료는 나와 있지 않다. 단 2009년 통계와 교과부의 다문화가정 학생 재학 통계를 이용해 1만 7천여 명이 학교 밖 아동 및 청소년일 가능성이 있음을 제시했을 정도이다. 또한 원희목 의원실에서는 2010년 2009년 행정안전부의 외국인 주민조사를 통해 파악된 초·중등 학교급의 국제 결혼 가정 자녀 42,676명의 명단을 교육과학기술부의 교육행정시스템을 통해 재학여부를 대조해본 결과, 35,316명(평균 83%)이 재학하고 있었고, 나머지 7,360명(27%)은 학교 밖에 있음을 보도자료로 발표하였다. 그리고 상급학교로 진학

하면 할수록(초등학교 연령 14%, 중학교 연령 16%, 고등학교 연령 30% 정도) 탈학교 비율이 상승하고 있음도 지적했다. 〈이재분의 중도입국 청소년 현황 및 교육지원 방안, 2011, 인용〉 그러나 오경석의 토론문(2011, 인용)을 보면, 원희목 의원실의 탈학교 비율은 실제보다 많이 낮게 책정되어 있어 보인다고 밝혔다. 안산의 경우 고등학교 연령대의 탈학교 비율은 무려 80%에 달하는 것으로 조사된 바 있다고 했다.

148 각 부처에서 하는 일대일 멘토링이나 대안학교에서 소수의 중도입국자녀를 가르치는 행위 등은 제외한다.

149 국제결혼의 연도별 혼인유형 〈2009년 전국다문화가족 실태조사 재구성으로 보건복지부, 여성부, 법무부, 한국보건사회연구원〉

게 증가하고 있고 그 숫자도 많다.

현재 중도입국자녀의 출신국으로는 단연 중국(한족 포함)이 50%를 상회하고 있다. 이는 이주민의 비율과 마찬가지의 비율 수치로 봐야 할 것이다. 특히 중국동포에 대한 방문취업비자F-4의 허용으로 인해 급격히 증가했고 앞으로도 증가할 추세다. 아무튼 이러한 증가 추이에 맞게 이들을 맞이할 교육기관은 거의 없다고 봐야 하는 실정이다.[148] 이는 국가 미래적으로도 시급한 일이다. 한국남성들의 재혼(혹은 배우자 양쪽이 모두 재혼인 경우)[149]을 국제결혼으로 하는 경우가 또한 증가하고 있다는 것도 중도입국자녀의 증가에 일조를 가하는 격이 되고, 중국인을 위한 친인척 방문비자 허용도 중도입국자녀에 대한 증가에 한몫을 하고 있어서 앞으로도 더욱 크게 늘어날 것이라는 예측은 거의 분명하다. 〈부록 해당 도표 참조 p.364〉

구분	부인, 남편 모두 초혼	부인 초혼, 남편 재혼	부인 재혼, 남편 초혼	부인, 남편 모두 재혼
1990-1994	79%	6%	3.4%	11.6%
1995-1999	75.1%	6.1%	5.5%	13.3%
2000-2004	62.2%	8%	8.8%	20.9%
2005-2009	63.8%	10.5%	7.6%	18%
합계	65%	9.3%	7.6%	18.1%

4. 한글, 한국어 교육에 대하여

우리나라 사람들은 너무나 쉽게 하는 한국어와 한글이라서 이거 뭐 교육이랄 게 있나 하는 것이 외국인들에게는 이처럼 어려운 게 없을 것이다. 그들이 빨리 배워서 한국생활에 어려움을 덜어주기 위한 체계적인 교육 토대가 필요하고 마구잡이식으로 배워서 오히려 해가 되는 한국어를 사전에 예방하는 차원에서라도 반드시 올바른 한국어를 가르쳐야 한다.

어느 나라이든 자국어를 제대로 구사하지 못하는 이주민에게 고분고분하게 봐주지 않는 법이다. 특히 이주민에게는 더욱 그렇다. 우리도 마찬가지이다. 이주민의 한국어 구사능력이 모자라거나 잘못 배웠구나 하는 이해와 동시에, 반말 쓴다고 오히려 혼이 나고 폭행까지 받는 사례는 너무나 흔히 있다. 특히 우리보다 경제적으로 낮은 국가에서 왔다는 무시와 함께 어눌한 우리말에 대한 반감은 더욱 부추기는 꼴이다. 특히 우리말이 존경어와 반말이 있어서 배우는 입장에서는 너무나 어려울 것이다. 이러한 것을 제대로 가르쳐 줄 필요가 있는 것이 언어란 바로 우리나라의 얼굴이자 자존심이기 때문이다. 이는 단순하게 생각해서 동화주의라고 치부할 일이 아니다. 다문화시민운동가나 다문화 관련 단체인 그리고 특히 학자들 중에는 동화주의가 옳지 않다고 목소리를 높여대는 사람들이 간혹 있다. 그럴 때마다 답답함을 느끼게 되는데, 화살에 맞아 쓰러진 사람을 보고, 빨리 화살을 뽑고 응급치료를 해야 함에도 불구하고 이 화살이 무엇으로 만들어진 화살이며, 어디에서 만들어졌으며, 길이는 얼마나 되는지 등을 분석하느라 시간을 보낸다는 옛 우화처럼 이와 똑같이 어리석기 짝이 없게 우매하기 때문이다. 지금의 다문화는 현실적인 삶의 문제이고 하루하루 힘들게 살아가는 사람들의 이야기이다. 탁상공론의 한 메뉴가 아니다.

다문화는 '주의'라기 보다는 삶 그 자체이기 때문이다. 이들이 우리나라에서 터전을 잡고 살아가려면, 우리나라 공기를 마시고 우리나라 사람들과 어울려 맞춰 살아가야만 한다. 이것이 어쩔 수 없는 가장 기초적인 이방인의 자세이다. 또한 그래야만 이방인이 빨리 적응하면서 삶의 제자리를 만들어가기 때문이기도 하다. 소통의 문제는 언어 이전의 삶을 영위해 가야 하는 운명의 인간이라면 가져야 할 화두이자 과제이다. 어찌 보면 이는 곧 생존이 달린 일이고 소통이 안 되었을 경우 언어마저도 효용가치가 떨어지기 때문이다. 같은 언어를 사용하는 자국민들 간에도 커뮤니케이션(communication) 즉 소통이 되지 않아 여러 가지 사건 사고들이 끊임없이 벌어지는 것은 우리의 삶에서 누구나 경험하는 바일 것이다. 남자와 여자의 언어가 다르고, 모든 연령대별로 언어가 다르다.

말 이전에 몸말이라고 하는 바디랭귀지(bodylanguage)로도 소통은 얼마든지 가능하다. '말과 마법은 본래 하나였다. 그리고 지금도 말은 가장 강력한 마력을 지닌다', 지그문트 프로이트는 이 표현을 위해 살다간 사람 같다. 말은 일방통행이 아니라 서로의 교환이며 소통이다.[150] 그래야 언어가 빛이 나고 말의 의미가 되살아난다. 더구나 21세기는 커뮤니케이션의 시대라고 할 만큼, 전 세계적으로 커뮤니케이션에 대한 자극과 중요도에 대한 노력이 엄청나게 벌어지고 있다. 국가와 국가 간의 커뮤니케이션으로 국가의 운명을 가릴 수도 있으며, 국가와 한 조직 간의, 국가와 국민 간의, 국가와 개인 간의 커뮤니케이션 등 커뮤니케이션은 일파만파로 우리의 생활과 모든 면에 작용하고 있다. 우리의 인생 과정 전체가 소통을 어떻게 해 나가느냐의 과정이다. 2000년이 열리기 직전, 세계적인 미래학자이자 경제학자, 경영학자이던 90세가 넘은 고령의 피터드러커 박사[151]에게 모든 기자들이 그의 말 한마디를 듣기 위해 숨죽이며 마이크를 들이대며 물었던 질문은, '어떻게 하면 21세기에 우리가 더 잘 살아갈 수 있을까요?'였다. 조금은 우문현답이 될 수 있을 만한 추상적인 질문이었는데, 이에 대한 답변은 의외성이라 이 의외성에 모든 기사가 전 세계로 퍼져나갔다. 그의 대답은 '인간에게 가장 중요한 능력은 자기표현이며, 현대의 경영이나 관리는 스피치 커뮤니케이션으로 좌우된다'였다. 그러면서 이어지는 커뮤니케이션에 대한 그의 강조는 논리적으로 이어나갔다. 첫 번째, 커뮤니케이션은 듣는 사람이 알아들어야 한다는 것이다(Communication is perception). 아무도 듣지 않은 말은 그냥 소리에 불과하다는 것인데.

여기에는 두 가지 점을 포괄한다. 즉, 언어적인 이해와 내가 아는 것이 전부가 아님을 알고 상대방을 배려하는 마음을 둬야 한다. 다시 말해, 세상의 모든 것은 서로 다른 면이 있어서 내가 앞면을 보고

150 이현정, 《5분 스피치에 내 모든 것을 걸어라》, 2008, p.34.

151 피터드러커(Peter Ferdinand Drucker: 1909~2005) 미래학자, 경제학자, 대학교수, 오스트리아 출생, 프랑크푸르트 대학교 법학 박사.

이야기한다면, 옆면과 뒷면이 있다는 사실을 인정하고 커뮤니케이션을 해야 한다. 그렇지 않은 것은 커뮤니케이션이 성립하지 않는다는 간단한 명제이다. 두 번째, 커뮤니케이션은 기대를 관리하는 것이라는 점이다(Communication is expectation). 상대방이 어떤 기대를 하고 있는지 정확하게 파악하지 못하고 이야기할 경우에는 상대방을 배려하지 못함에 대한 문제가 발생할 것이다. 그러나 '배려하지 못함'은 인간관계에서 그 어떤 것도 아니다. 상대방의 기대가 무엇인지 모르고 이야기할 경우에 상대방은 내가 하는 이야기를 무시하거나, 자기 나름대로의 이해를 할 뿐이다. 여기에서 엄청난 간극이 생겨나게 된다. 세 번째, 커뮤니케이션의 특징은, 커뮤니케이션은 '요구'를 한다는 점이다(Communication makes demands). 커뮤니케이션은 늘 듣는 사람들이 무엇이 되게 한다거나, 무엇을 하게 한다거나, 믿고 있는 것을 바꾸게 한다는 것이다.

마지막으로, 커뮤니케이션의 특징은 '커뮤니케이션과 정보는 다르다'이다(Communication and information are different and indeed largely opposite). 드러커는 정보는 논리이고 커뮤니케이션은 인식이라고 구분시켜 준다. 그리고 정보가 많아지면 커뮤니케이션이 더욱 많아져야 한다. 정보는 그냥 사실이고 논리일 뿐이다. 그 사실과 논리를 인식시키기 위해 우리가 해야 하는 과정이 바로 커뮤니케이션이다. 그렇기 때문에 정보 즉 논리가 많아질수록 그것을 인식시키기 위한 커뮤니케이션은 더욱 어려워지게 되어 있다.[152] 통신기술과 통신기기들이 하루가 멀다 하고 계속 진화되어 판매되는 이 시대에 그 진짜 내용인 사람과 사람 간의 말, 소통, 대화가

152 Drucker, Peter F. "The Essential Drucker", 2007, p.262.

빠진다면 기기는 무용지물일 뿐이다. 어떻게 보면 기기의 진화만큼 인간은 더욱더 진화되어야 한다는 암시이기도 하다. 그렇지 않으면 기계나 기기류(로버트)에 인간이 치이게 된다.

하물며 한국문화와 한국어가 구비되어 있지 않은 이주민에게서 제대로 된 소통을 요하는 것은 처음부터 끝까지 무리일 수밖에 없다. 이들은 실제로도 언어소통을 가장 힘겨운 일로 꼽고 있으며 한국어 교육에 대한 열망을 가장 소원하고 있다. 소통이라는 것이 얼마나 인간에게 소중한 것인지 새삼 느낄 것이다.

현재 한국어 교육에 있어서 문제점이라면 표준이 없다는 것이다. 또한 단계별 시스템이 구축되어 있지도 않고 문화별로 가르쳐야 할 한국어 교재도 없다. 예를 들어서, '전기 소비가 많다'고 배우지만 실생활에서는 '전기를 많이 잡아먹는다'라고 표현하기도 한다. 이런 것은 해석도 안 되고 안 통하게 되어 있다. 그 나라 언어문화에 맞게 재해석해서 가르칠 필요가 있다.

많은 이주민들이 호소하는 것이 언어 소통이라는 통계는 계속 나오는데 이에 대한 대책이나 구체적인 대안 마련 등은 나오지 않는다는 점이다. 그런 면에서 가장 중요한 한국어 교육에 대해서는 우리가 너무나 등한시하고 있다. 지금 동남아 등지에서는 한국에 오려고 한국어를 배우려는 사람들이 줄을 잇고 있다. 이들을 위해서라도 표준 한국어나 표준 한글이 있으면 당연히 배포하고 배우도록 권해야 한다. 한국어는 국내뿐만 아니라 국외도 해당이 된다. 우스갯소리로 말하긴 하지만, 이주노동자들이 동료 노동자한테 배운 문장 몇 마디를 자기 고향에 가서 한국어 교실을 열어 돈벌이를 한다는 말도 들었다. 주로 쓰는 대화체가 '왜 때려요? 돈 줘요. 싫어요. 아파요', 이런 식이라고 한다. 한국어는 우리의 얼과 정신이 고스란히 숙성 발효된 우리말이고 한국의 가장 심지 있는 문화이자 자존심 그 자체이다. 이런 상황에서 막말을 한국어로 한다든가 엉터리 한국어를 사용하는 것은 국민의 한 사람으로서 마음이 편치 않다. 현재 이주노동자로 한국에 가기 위해 본국에서 치열한 경쟁을 뚫고 와야 하는데, 그 기준으로 한국어가 있다. 그러나 그 한국어가 어떻게 구성되어 있으며, 어떤 내용인지 정작 우리는 모른다. 그들이 편의상 만들어 대충 가르치는지 그 여부에 대해 우리가 모른다는 이야기이다. 그것도 말이 되지 않는 이야기인데, 우리나라에서도 거기까지는 관심의 끈이 닿지 않는 것 같다. 아무튼 같은 한국어 교재라도 국가별, 즉 그 나라의 특수한 문화에 맞추어 만들어야 한다. 예를 들어서 인도네시아에 보내야 하는 한국어 교재에는 '돼지고기를 맛있게 먹어요'라든가, '돼지가 뭐 어쩌요'라는 사례를 넣어서는 안 된다. 해당 국가에서 호감을 가질 수 있고 그들이 애호하는 사례를 넣어줘야 교육 효과도 함께 상승한다. 이것은 각 나라의 문화를 먼저 우리가 알아야 하고 그 문화를 존중하는 입장에서 한국어, 한글교재를 만들어야 한다는 것이다.

현재 한국어 평가시스템만 구축되어 있는데, 이는 이주노동자나 결혼이주민에게는 해당 사항이 없다. 보여주기 위한 형식적 구축이랄 수밖에 없다. 실생활에 필요한 것은 그들의 언어이지 평가받은 인증이 아니기 때문이다. 물론 유학생들에게는 필요할는지 모르겠으나 전체 다문화 인구를 봤을 때 너무나 현실에 어두운 실정이 아닌가 싶다. 현재 한글 교재나 한국어 교재를 보면 사기업들이 만들어 판매하고 있다. 그러나 잘 안 팔리고 수지가 안 맞으니 더 이상 개발할 필요를 느끼지 못하고 있다. 수요층들은 대개 일반 내국인 가정이고 더구나 영어로 된 교재만 사지 한국어를 살 이유가 하등 없는 것이다. 그렇다고 다문화가정에서 그러한 교재를 돈을 주고 살만한 가정이 안 될 뿐더러 지역 다문화가족지원센터에서 무료로 한글, 한국어 교육을 실시하고 있기 때문에 살 생각도 없을 것이다. 그나마도 이런저런 이유로 다문화가족지원센터를 이용하는 비율은 전체 다문화가정 중에서 20%에도 못 미치고 있다. 현실은 식당 언저리나 공장 주변, 동료들, 가족들이 쓰는 언어, 이렇게 어깨 넘어 대충 주워 담아 들은 풍월로 익혀 나가는 수준이다. 앞서 문화별 시스템 구축이 필요하다고 했는데, 이주노동자용 한글, 한국어 교재와 결혼이주민용 교재, 중도입국자녀용 교재 등으로 상황별 시스템 구축도 필요하다. 이 외에도 단계별로 시스템 구축을 해놓아야 한다. 초급, 중급, 고급 그리고 더 나아가서는 취업 목적용, 한국대학에서 수업 가능한 수준 등으로 나누어 가르쳐야 이들에게도 교육의 목적과 희망을 불어넣어 줄 수 있을 것이다. 다시 말해서 복합적이고 입체적인 한글, 한국어 시스템 구축이 절실하다. 이에 대한 연구와 대책 마련 그리고 방안들을 마련하는 것이 시급하다. 사실 이것은 정부가 해야 할 일이다.

한글, 한국어는 우리만의 최고 문화상품이다. 많은 국가에서 우리말을 배우겠다고 몰려드는 것은 정말 자랑스러운 일이다. 몽골에서는 한글의 날 기념식까지 한다는데, 정작 우리는 너무 방만하고 있다. 중국은 소수민족인 조선족이 여러 민족 중 하나라고 해서 그들이 사용하는 한글을 중국에서 사용하는 언어 중 하나로 전세계에 표방한다고 준비한다는데, 우리는 넋을 놓고 있다. 안타까운 현실이다.

❶ 국내 거주 이주민

국내로 들어와 어떻게든 살아보겠노라고 다짐하고 들어온 이들이 다문화 1세대이다. 크게 보면, 이주노동자와 결혼이주민이다. 이들은 죽을 각오를 하고 입국했으나 실상은 너무나 다르다는 것을 깨닫게 된다. '돈만 벌면 되지'하는 안이한 생각에 말 한마디 제대로 못해 얻어맞거나 각종 폭언에 시달리며 인간 이하의 취급을 받기 십상이다. 물론 이주노동자로서 우리나라에 들어오기까지는 높은 경쟁률을 뚫고 시험을 치루고 들어오는 사람들이다. 그러나 우리가 토익, 토플의 상위 점수를 받고도 정작 회화에서는 벙어리가 되는 식과 똑같이 이들도 정작 말을 못 하는 실정이다. 그러나 어휘력과 대화소통 능력은 생산성과 직결하기 마련이어서, 어학 수준은 반드시 필요하고, 생활하는 데에도 필요 그 이상인 것은 본인들이 더 뼛속깊이 느낄 것이다. 이들에게도 한국어 교육이 절대적으로 필요하며, 이들이 동료들에게서 어깨 너머로 대충 배운 저급한 한국어 수준으로 본국에 가서 한국어 교사를 한다는 것은 소름끼치는 일이 아닐 수 없다.

영어의 우월성은 어떤 계층에서 사용하느냐에 크게 달려 있다. 하버드 대학의 전 총장인 찰스 엘리어트(Charles Eliot,

1834~1926) 박사[153]는 많은 업적 가운데에서, 자국어인 영어의 우월성을 전 지구상에 드날린 사람 중 하나였다. 이분은 하버드 대학에 입학한 학생들을 위해 입학생들과 학부모들을 초청해 이렇게 외치곤 했다.

'이제 하버드 대학에 들어온 신사 숙녀 여러분은 앞으로 최고의 세련되고 멋진 영어 구사를 위해 애쓸 것이고, 그것을 이 하버드 대학에서 배워서 익혀 가져가게 될 것입니다. 최고의 신사 숙녀는 멋진 자국어를 구사하는 능력을 가져야 하기 때문입니다'라는 말을 해마다 강조하곤 했다. 공부야 자기들이 알아서 할 일이고 또한 기본 중의 기본이므로 군이 언급하지 않았을 테고, 의외로 언어구사 능력을 상당히 강조하여 졸업생들이 전 세계로 흩어져 저마다 리더급이 되었을 때 그들이 구사하는 영어 한마디가 모든 사람들이 우러러보일 수 있도록 가장 세련되고 격조 있는 영어가 되도록 힘쓴 사람이다. 이는 영어의 우월성을 지킨 사례가 되고도 남는다.

영어는 최상급 언어이고, 우리말은 저급한 언어라는 인식이 되어서야 되겠는가? 실제로 다문화자녀에서도 영어를 구사하는 영어권 국가의 다문화자녀는 그나마 대우를 받고 주변에서 부러움의 대상이 되곤 한다. 반미운동을 하는 대학생이라도 책상머리에서는 어쩔 수 없이 토익, 토플의 영어공부를 해야만 하는 시대이다. 한 국가의 언어라는 것은 문화 그 자체이고 국격 그 자체이다. 이주노동자들이 마구 사용하는 저급 한국어를 바로잡고 올바른 언어구사를 하도록 지원하고 협조해줘야 할 부분이 바로 언어 문제이다.

또한 결혼이주민이 하루하루 살아가면서 부딪히는 문제도 언어

[153] 869년부터 40년이나 하버드 대학의 총장으로 있으면서 하버드 대학교를 세계 최고의 수준으로 만드는데 엄청난 기여를 했으며 전 지구상에서 최고의 대학으로 우뚝 세운 장본인이다. 엘리엇 총장은 이전의 낡고 경직된 고전적 교육과정 대신 선택 과목제를 도입해서 학부생들이 자신들의 관심분야를 전문적으로 연구할 수 있게 교육제도를 뜯어 고친 최초의 시행자이다.

문제이다. 한국 남편은 혹여 외부에 한국어 배우러 나갔다가 이상한 물이 들어오는 것은 아닌가 싶어, 자기 아내를 밖으로 내보내려 하지 않는다. 그렇지 않으면 컴퓨터로 온라인 한글 교육이나 드라마, 영화 등을 보려고 하면 그것은 한낱 놀이나 게으름의 표상으로만 볼 뿐, 공부라고 생각해주지 않는 것도 암담한 실상 중의 하나이다. 격조까지는 바라지 않더라도 올바른 한국어는 이들이 당장 생활하는데 도움을 주는 최일선의 지원책이다. 한국어 구사는 생활 전반에 있어서 이들이 자생할 수 있는 힘을 키워줄 수 있으며 자신감과 타국에서의 이질감을 무마시킬 수 있는 최상의 도구이다. 우리는 한국어 구사에 너무 쉽고 안이하게 생각하는 경향이 있다. 한글, 한국어 보급에 그 중요성은 이론상으로 인지하면서도 실행하려는 정부 부처는 아직 보이지 않는다.

올바른 표준어 보급과 부드러운 말씨, 예의바른 말, 친절한 말투 등 우리의 아름다운 말을 알려줘야 할 일이 우리로서도 시급하다.

❷ 유학생

한국어를 시급히 익혀야 할 대상들로 유학생 부류가 있다. 먼저 유학생은 해마다 많이 늘어나고 있는 편[154]이어서 우리나라의 홍보와 경제적인 면, 대학별 학생유치 등과 직접적인 관련이 있는 관계로 환영할 만한 일이다. 선진국은 세계 각국에서 몰려드는 유학생으로 국가경제에 큰 보탬이 되는 곳이 많다. 호주의 경우 그들의 주요 수출품목인 양모 수출액보다도 유학생들이 지출하는 비용이 더 많은 정도이다. 외국인 유학생은 우리나라 기업에서 활용할 수

[154] 국내에서 공부하는 외국인 유학생은 총 8만 7,480명으로 2009년 8만 985명에 비해 8.0% 증가한 것으로 나타났다. 국적별로는 ▲중국인 6만 6,635명(76.2%) ▲몽골인 4,405명(5.0%) ▲베트남인 3,033명(3.5%) ▲일본인 1,745명(2.0%) 순으로 아시아계가 대부분을 차지했다. 여학생이 전체의 51.3%인 4만 4,880명으로 남학생보다 조금 많았다.(법무부 통계, 2011. 01.)

있는 인재로 끌어들일 수 있는 최상의 방법이자 통로이다. 그렇지 않아도 우수 인재 및 인력을 저마다 자기 나라로 끌어들이기 위한 국가별 경쟁이 치열한 요즘이다. 우리나라에서 교육을 받아 우리 식의 인재로 만들어 세계 인재의 허브로 삼을 수 있다는 것은 무척 유혹적인 일이다.

유학 형태는 자비로 오는 유학생이 79%, 정부 초청 장학생이 2%, 대학 초청 장학생이 8%, 자국 정부 파견 장학생이 1%, 기타 10%로 분류된다.[155] 이러한 유학생들은 전국 각지로 흩어져 어디에서나 볼 수 있다.

그러나 문제는, 서울도 그렇지만, 특히 지방의 경우는 무척 심각한데 이들이 교육의 장에서의 역할이 허수라는 점이다. 즉 등록만 하고 장기 결석, 시험은 0점 수준이며 거의 취업현장에서 열심히 일하는 모습을 볼 수 있다. 이러한 현실을 다 알고도 묵인하는 이유는 줄어드는 지방대의 학생 수 때문에 다른 대학과 합병하느냐 마느냐, 아예 대학 문을 닫느냐 마느냐의 기로에서 일단 급한 불부터 끄는 일이 바로 부족한 학생을 메우는 일이기 때문이다.[156] 한국 내의 유학생 중 중국 학생이 77%나 차지한다. 이러한 국가적 치우침으로 오는 불균형은 오히려 인적 네트워크 형성에 그리 도움이 되지 못한다. 정부에서도 다양한 국가, 특히 선진국 등을 중심으로 우수한 인재 유치에 총력을 기울이려고 한다. 고무적인 일이다. 그러나 유치만이 전부가 아니다. 얼렁뚱땅 세월만 낚으면 졸업장을 딸 수 있는 최상의 (쉬운) 나라라는 이미지에서 벗어나야 한다. 각 대학의 유학생 유치 경쟁으로 혈안이 되어 있는 이 틈을 이용해 대

155 교육과학기술부, 2010.

156 법무부는 2005년 9월 대학의 철저한 외국인 유학생 관리를 위하여 외국인 이탈자 신고를 의무화하고 이 사실을 은폐한 학교에 대해서는 처벌규정을 신설하였다. 처벌규정이 생기자 유학생의 이탈 신고가 늘어났다. 또 유학생을 대상으로 취업을 알선하는 브로커도 경찰에 적발되기도 했다. 외국인 유학생의 중도탈락률과 불법취업 실태를 조사한 결과 2005년부터 2008년까지 3년간 국내에서 전체 유학생 중 11.8%가 학교를 이탈한 것으로 드러났다. 이성미, 〈다문화코드〉, 2010.

충 얼버무려도 된다는 식은 한국이라는 국가브랜드 및 자존심이 무너지는 일이다. 한국의 대학에 들어왔으면 최소한 한국어라도 구사하도록 해야 한다. 일본은 물론이고 중국만 하더라도 최소 6개월에서 1년 정도의 어학코스는 어느 대학이나 운영되고 있으며, 이를 거쳐야 할 필요성을 강조하고 있다. 한 국가의 언어를 습득하기 위한 피나는 노력은 그 나라의 힘, 즉 만만치 않다는 힘이 느껴지게 된다. 한국에 유학하고 왔다는 외국인은 자국에서의 자부심과 활용도에 따라 한국에 대한 이미지가 간접적으로 표출되는 또 하나의 홍보인 셈이기 때문이다.

각 대학은 외국인 유학생을 수용하기 전에 고등학교 졸업자와 동등 학력에 대한 이수여부, 한국어 구사능력과 대학 자체의 기준에 의한 수학능력 등의 관문을 통과해야 한다. 그러나 외국인 유학생들의 경우 정작 교양과목이나 전공과목을 따라가기 힘들어 하는데, 그들이 구사하는 언어능력이라는 것이 실생활에서 불편함이 없을 정도의 약한 한국어이기 때문에 대학에서의 언어구사와 용어들에 힘겨워하고 있다.(현남숙, 2010) 일상 언어도 외국어라면 힘든데, 전문적인 용어나 어려운 문자 등을 해독하기 위해 쏟아야 하는 시간적, 물질적 노력보다는 대충 때워도 용인되는 분위기로 몰아가고 있으며, 실제로도 그렇게 흘러가고 있는 추세로 이들은 엉뚱하게도 학교 밖에서 서빙 등의 단순 아르바이트를 하고 있다. 언어의 후련함을 갖지 못하고 답답함을 이어가는 가운데, 이들은 끼리끼리 모여서 술만 마시는 양상으로 치닫고 있다. 각 대학마다 늘어나는 유학생을 위한 별도의 방안이 시급히 별도로 마련되어야 할 것이다.[157] 즉 이들을 위한 어학 강좌나 관련 전공과 연관된 한국어 습득, 더 나아가서는 전공과 별도로 대학의 기초교육인 의사소통 교육의 일환으로 다문화 의사소통 프로그램과 그 교재, 강좌운영 등에 대한 관심과 개발, 연구 그리고 실행프로그램 등을 시스템화하여 챙겨놓아야 한다.

선진국의 사례를 보면, 어학코스워크만 봐도 대학 못지않은 커리큘럼과 교육비, 이에 따른 숙식비 등이 다양하게 펼쳐져 있다. 굳이 대학을 들어가지 않더라도 어학코스만 밟는 것만으로도 경력에 들어가기 때문에 이 또한 중요한 몫을 단단히 하고 있다. 어설프게 대충 대학을 다니고 나왔다고 하느니, 대한민국의 교육수준만 떨어뜨릴 뿐이다. 철저한 어학코스만으로도 경제적인 효과와 국익적인 효과를 가질 수 있다. 이런 방안 모색이 시급하다.

> 「2010년 8월 28일. 나는 드디어 한국에서 석사학위를 받고 사회인이 되었다. 한국에서의 지난 4년(학부 2년, 대학원 2년) 유학생활을 끝으로 학생 신분은 종지부를 찍었다. 다사다난했고 소중했던 지난 4년간의 유학생활을 떠올리며 내가 중국인 유학생으로서 한국에서 겪었던 많은 에피소드 가운데 학교에서 느꼈던 것들을 전해보고자 한다.(오마이뉴스, 2011. 01. 20.)」

이렇게 시작한 그의 글들은 당시 인터넷 사이트에서 회자되었다. 그의 말을 모아보자.

> 「* 외래어가 너무 많아서 가끔은 이 단어가 영어인지 한국어인지 구분하기 어려울 때도 있었다. 한국에서는 한글을 사랑한

[157] 유학생의 문제에 있어서 상호쌍방의 문화교류 차원의 이야기를 하자면 다른 차원이라 여기에서는 자제하기로 한다. 즉, 제 발로 들어온 외국인 유학생 특히 중국학생들에 대해 그들의 문화를 소개하면서 한국인 대학생의 문화인식력을 높이는 방향의 프로젝트나 프로그램도 있을 만하다.

다고 하면서 왜 이렇게 많은 외래어를 아무 문제없이 쓰고 읽고 말하는지 이해가 잘 되지 않았다.

* 한국은 중국에 비해 언론자유가 보장된 나라이다. 하지만 나를 포함한 많은 유학생이 한국 신문을 처음 봤을 때 혼란스러웠다. 신문마다 논조에 큰 차이가 있어 도대체 어떤 신문의 내용이 맞는 것인지 판단하기 어려웠기 때문이다.

* 중국은 주입식 교육이 강한 나라이다. 쉽게 설명하자면, 나는 한국에 유학 오기 전까지만 해도 중국 교과서에 적혀 있는 내용과 선생님께서 강의하시는 모든 내용이 100% 정답인 줄 알았다. 하지만 유학생활을 하면서 한국 학생들이 과감하게 교과서 내용을 비판하거나, 교수님 의견에 반박하고 교수님들이 또 그 의견을 자연스럽게 인정하는 모습을 보면서 다소 충격을 받기도 했다. 그러나 이러한 충격은 학업에 관심 많은 내게 신선하게 다가왔고 매우 좋았기 때문에 이른 시간에 적응할 수 있었다.

하지만 학문적인 부분 등에서 허용됐던 '다른 의견'에 대한 관대함은 특정 문제를 두고선 찾아보기 어려워 나를 당혹스럽게 할 때도 있었다. 어렴풋이 생각나는 것들이 바로 동북공정과 멜라민 파동, 올림픽 보도 등이다. 이런 민감한 문제에 대해 중국인 유학생들이 자칫 의견을 잘못 얘기하거나 비판을 가할 경우, '혐한류'로 낙인찍히기 십상이었다.

* 지난 2008년, 나와 함께 대학원에 입학한 유학생 동기 중 3명이 학업을 중도에 포기하고 1학기도 마치지 못한 채 안 좋은 감정을 안고 중국으로 돌아갔다. 그 가운데 한 명은 중국의 국비 장학생으로 한국에 온 친구였는데 그는 한국사회의 차별과 학업 부담 과중 등의 이유로 유학 온 지 6개월이 채 못 돼 한국을 떠났다. 나는 그들이 비단 그들의 인생에서 소중한 시간을 낭비한 것뿐만 아니라 한국에 와서 미처 적응도 하기 전에 상처만 받고 귀국한 것이 늘 가슴 아팠다.

또 나와 같은 중국인 유학생 친구 말에 따르면 일부 학교, 일부 학과에서는 한국어 능력 등 준비가 부족한 유학생들을 받아 따로 가르치는 반을 둔다거나 하는 형식을 취하기도 한다. 이 때문에 어느 정도 어학능력을 갖춘 유학생들도 중국 유학생 반에 편입돼 한국 친구들을 만나지 못하는 것을 아쉬워하는 상황이 발생하기도 한단다.

　이와 같은 현실을 보았을 때 나는 한국정부와 대학이 철저한 준비 없이 무작정 유학생을 받아서도, 또 준비가 안 된 유학생을 무작정 받아서도 안 된다고 생각한다. 다시 말해, 한국정부가 한국 대학의 무분별한 유학생 유치에 문제가 없는지 점검해봐야 한다.」

❸ 한국거주 중국동포와 탈북민

　그 다음으로 염두에 두어야 할 것으로는 중국동포(혹은 그 자녀)와 탈북민(혹은 그 자녀)에 대한 한국어 교육이다. 얼핏 보면 한국어를 기본적으로 하는 다문화인으로서, 다른 이주민보다는 한발 앞선 것으로 보인다. 실제로 중국동포와 탈북민을 제외한 다른 언어권에서 온 이주민들은 이러한 사실을 두고 무척 부러워하고 있다. 소수집단에 대한 고정관념, 편견 그리고 사회적 거리감에 대한 조사연구에 의하면[158] 청소년들이 각 집단에 대해 갖고 있는 태도를 토대로 집단에 대한 선호도를 연구한 결과, 국제결혼자녀(다문화자녀)에 대한 선호도가 가장 높았고, 그 다음이 중국, 외국인 노동자, 탈북민 순이었다.

　인지적 부정적 태도에서도 역시 탈북민에 대한 태도가 가장 부정적이었다. 그 다음의 부정적인 대상이 중국동포였다.[159] 사실 우리가 살아가면서 낯선 언어, 새로운 언어를 습득한다는 것은 많은 시간과 세월이 필요한 일이며 부담되는 일이다. 그래서 이미 한국어를 할 수 있고 내국인과도 소통이 가능한 중국동포와 탈북민은

[158] 양계민, 《한국인의 다문화사회 인식 분석과 정책적 제언》, 2010.

[159] 그 외에 교사들은 소수집단에 대해 교사들의 인지, 정서, 행동의 모든 측면에서 일관되게 긍정적인 경향을 보였고, 학부모들의 태도는 일관적이지 못했다. 교사 집단보다는 긍정적 태도의 수준이 낮으며 청소년 집단보다는 긍정적이었다. 더구나 학부모들의 경우, 외국인 노동자, 다문화자녀, 탈북민 집단에 대해 교사 다음으로 긍정적이었으나 정서 특성에서는 청소년과 유사하거나 낮은 태도를 보였다. 이는 학부모들의 경우 인식의 수준에서는 소수집단에 대해 편견을 가지지 않으려고 노력하지만 무의식적 수준까지 편견을 제거하지 못한 수준이며 그 결과 정서까지 긍정적으로 형성하지는 못한 상태임을 나타낸다.(양계민의 위논문 인용.)

부러움의 대상이 되어 보인다. 그러나 우리나라에서 하층 직업군에 속하는 중국동포와 탈북민을 바라보는 우리의 시선은 그 정반대이다. 우리나라에서 가장 싫어하고 비호감으로 보는 이주민의 국적이 바로 이들이기 때문이다. 그리고 학교에서도 내국인 자녀들은 이들의 자녀들을 가장 무시하고 싫어했다.

필자가 아는 지인은 식당에 들어갔을 때, 중국동포가 주문을 받는 순간-자신이 의도하지도 않았고, 다문화에 대한 부정적인 생각이 없다고 생각했는데- 기분이 확 나빠지더라고 토로하기도 했다. 그럴 필요가 하등에 없는 것임에도 불구하고 본능적으로 그 어투만 듣고도 기분이 나빠지더라고 하면서 왜 그런지 자신도 모르겠다고 했다. 심지어 어떤 사람은 그러한 식당에서 불친절하게 다가오는 중국동포를 본 순간 그냥 나와 버렸다고 했다.

중국은 말투 자체가 억세고 강하다. 특히 여성의 사회진출이 당연시되는 나라로서 여성들이 상당히 활동적이고 말투 역시 거센 편이다. 그래서 자칫 오해와 대인관계에서 미움을 불러일으키기도 쉽고 본의 아니게 오해를 사는 것에 대해 스트레스를 심하게 받았다는 이주여성을 만난 적도 있다. 또한 서비스 교육의 중요성에 대해 어느 정도 교육이 되어 있는 우리로서는 불친절하거나 말을 하지 않는 것에 대해 분노를 일으키는 고객은 상당수이다. 중국동포의 어투와 탈북민의 그것은 비슷한데, 거기에 탈북민은 북한에서 사용하는 단어가 우리와 너무나 이질적이어서 의미파악이 힘들 지경인 경우도 많다. 더구나 미묘한 정치적 관계와 예전의 이데올로기 뿌리가 남은 사람들의 경우, 북한이라는 말 자체에 불신과 혐오를 노골적으로 드러내는 경우도 있다.

이런 여러 복합적인 이유 등으로 이들에게는 한국어에 대한 교정이 필요하다. 최소한 무시당하지 않기 위한 자기만의 노력이 주어져야 한다. 지역감정이 짙은 우리로서 그 지역을 표현하는 지역어는 본의 아니게 불이익을 받게 되고 사회통합 면에서도 득이 되지 않는 일이다. 표준어에 대한 노력과 교정은 반드시 필요하다. 어찌 보면 새로운 언어를 습득하는 것보다 더 어려운 일일 수 있다. 바른 언어로 새로운 생활을 시작한다는 동기부여와 함께 수적으로도 많은 이들을 위해 표준어 교정은 반드시 있어야 한다.

호주에서는 이주자의 영어 문해력을 성공적인 교육, 취업, 사회참여를 위해 가장 기본적인 능력으로 강조하고 있다. 이는 우리 사회도 마찬가지로 다문화가정과 그들 자녀의 성공적인 한국사회 적응과 교육, 취업을 위해 한국어 교육이 무엇보다 중요하다는 것을 제시해준다.

❹ 해외교포와 그 자녀

다음은 800만이 넘는 해외교포 그리고 2세, 3세들이다. 이들의 한국어 교육은 마침 한류의 영향을 타 무척 고무되어 있으며 수요도 자연스럽게 증가하고 국익에도 보탬이 되고 있다. 이들을 위한 한국어 교육시스템은 한시가 시급할 정도이다. 필자의 여동생이 중국 상하이에 거주하고 있는데, 조카 둘에 대한 한국어 교육을 위해 여기저기 알아보다가 할 수 없이 한국에 와서 교재를 사가는 동생을 보고, 그렇게 교육받을 곳이 없다는 것도 새삼스럽게 알게 되었다. 한국인 출신치고 한국어 못하는 아이들 보면 정말 징글징글하다는 동생의 말을 듣고, 자기자식만큼은 한국어를 반드시 가르칠 것이라고 다짐했다. 결국 상하이에서 일대일 과외수업으로 한국어 수업을 하게 했다고 한다. 수많은 한국교포 자녀들이 한국어 교육에서 소외되어 있다. 이들을 위한 한국어 교육 시스템이 절실하다. 해외교포가 아니더라도 한류바람으로 이젠 동아시아뿐 아니라 유럽에서까지도 한류바람이 거세다. 상당히 좋은 징조이다. 이를 바탕으로 우리는 순풍에 돛 단 듯이 제대로 된 한국어 교육 시스템만 구축하여 전 세계로 뻗쳐 내보내기만 하면 된다.

단, 해외한국문화원이나 영사관 등과 제휴하여 철저한 교육 시스템이나 온라인 시스템 등 각종 편리한 기기 사용으로 우리의 멋진 한글을 보급해야만 한다. 미국 대사관으로 내정되어 오게 될 성김은 다문화 1.5세대인 셈인데, 70년대 당시, 한국이라는 이름조차 알려지지 않았던 시대에 미국에서 영어 배우기도 급급한 때에도 한국과 한국문화, 한국어를 잊지 않고 배우고 익히고 사용했다는 것은 여러 가지 의미 부여가 된다. 70년대, 초등학교 3학년 때 미국으로 갔으니, 한국말을 잊어버리는 것은 시간 문제였을 것이다. 그리고 사용하지 않으면 잊어버리는 것은 당연한 이치인데 여기에서 이중언어 즉 출신국 언어에 대한 철저한 교육과 배려를 바탕으로 한국에 대한 관심을 놓치지 않았다는 점이다. 스스로도 그렇고, 가정에서도 그렇고, 국가에서도 이를 인정해주는 분위기, 이 삼박자가 잘 맞아떨어져야 하는데, 성김은 자기 자신도 한국인이라는 긍지를 유지하고 한국어와 노래까지 계속 잊지 않고 사용했다고 한다. 또한 국가 차원에서도, 부모 출신국에 대한 언어를 사용하는 사람이라야 그 출신국에 대한 진정성이 인정된다는 것이다. 어찌 보면 참으로 아이러니한 말인데, 철저히 미국화되기를 원하면서도 출신국에 대해서도 정통하기를 바라는 이중성.

그러나 이것은 이중성이라기보다는 이주민만이 가질 수 있는 최고의 장점을 최대한 배우고 가지라는 말이다. 성김 내정자는 이후 미국 펜실베이니아대를 졸업, 로욜라 로스쿨을 거쳐 로스앤젤레스 검찰청에서 검사 생활을 하다 외교관으로 전직해 2003년 주한 미대사관 1등서기관으로 근무했다. 이때부터 북한 관련 업무를 본격적으로 다루기 시작해서 그는 현재 북한을 10번 넘게 방문한 북한 전문가가 됐다. 2006년에는 미 국무부 한국 과장으로 발탁돼 전시작전 통제권 전환, 북핵 문제 등을 다뤘고, 2008년 6자회담 수석대표 겸 대북특사로 활동을 시작했다. 이제 그는 미국 국무부 내 최고의 북한 전문가이면서 최초의 한국계 미국인이라는 특수성으로 한국인의 감동을 끌어낼 수 있는 절묘한 카드였다.

얼마 전 버락 오바마 대통령이 중국계 미국인 게리 로크 상무장관[160]을 주중대사로 지명한 것과 비슷한 맥락이다. 성김 역시 이민 1.5세대의 한국계 미국인이 주한 미국대사로 온다는 것 자체가 의미가 있다고 보고, 최초의 한국계 주한미대사라는 특징 때문에 한국 국민 입장에서는 한·미의 이익이 충돌할 때 과연 성김이 어떤 입장을 취할까 호기심이 들 수도 있다. 미국에서는 한국계이기 때문에 아무래도 한국을 더 잘 이해할 수는 있겠지만, 어디까지나 그는 미국인이라는 얘기다. 주재국 임명 동의라고 하는 아그레망이

160 게리 로크 주중대사는 태어나던 해 1950년 중국에서 미국으로 이민 가서 태어났고, 5세 때까지 영어를 전혀 배우지 않았으며 6세 때까지 공영주택에 살 정도로 어려운 유년 시절을 보낸 것으로 알려졌다. 로크 장관은 장학금과 정부의 재정지원을 받고 파트타임 일을 하며 1972년 예일대를 졸업했다. 이후 보스턴대 로스쿨을 졸업하고 검사로 일했다.

곧 완료될 것으로 보인다. 때는 바로 지금이다. 국내적으로 들여다 보면, 4만여 명 이상 되는 다문화자녀들이 지금 학교에 다니고 있다. 성김처럼 도중에 들어온 중도입국자녀의 경우는 더욱더 형편없는 실정에 놓여 있다. 이들을 건사해줄 교육기관이 없다. 심지어는 다문화자녀는 태생적으로 종자가 좋지 못하다는 발언까지 서슴지 않고 해대는 요즘이다.

이중언어, 교육, 사회적인 뒷받침과 국민적 인식 등이 다 같이 맞물려 돌아가야 한다. 지금 동남아시아에서 왔다고 왕따하고 차별하고, 업신여기고, 후진나라 말은 해서 뭐에 쓰냐고 할 것이 아니다. 사실 버락 오바마 대통령도 다문화자녀 출신이다. 그것도 요즘의 흔한 다문화가정도 아니다. 오바마는 아버지가 케냐, 엄마는 미국 백인이었으나, 다시 새 아빠 인도네시아인을 두었다. 그러나 외할머니와 산 조손가정 아이였다. 이렇게 최악의 상황에서도 한 나라의 대통령이 되었다. 문제는 놓인 상황이 아니라 전반적인 국민적 인식과 교육이라고 생각한다.

국외적으로 넓게 보면, 재외동포는 800만이다. 국내 다문화 인구는 이제 겨우 135만 정도인데, 해외로 나간 동포들의 2세, 3세들이 배울 한글 교재, 한국어 교재도 없어서 한국어를 본의 아니게 잊어버리는 경우가 허다했다. 우리는 이러한 시대에 해외동포도 함께 아우를 수 있는 정책을 다각도로 펴서 입체적인 이민다문화 정책을 수립해야만 한다. 〈부록 해당 도표 참조 p.365〉

5. 이중언어 교육(Education for bilingual)

　일단 언어적 배경이 다른 배우자를 맞아들여 형성된 다문화가정은 한마디로 이중언어 가족(interlingual family) 구성원이랄 수 있다. 다문화가족은 곧 이중언어 가족이라는 등식이 성립된다. 여기에서 태어나 자라나는 다문화자녀는 부모 양측의 언어를 전수받아 양쪽의 언어 모두가 익숙한 이중언어 사용자로 성장할 가능성이 있다. 이 이중언어의 중요성은 정부에서도 공감하는 차원이라서 바람직한 방향으로 정책을 지원할 가능성과 기대감이 있어 무척 고무적이다. 이주민을 부적응의 대상, 지원의 대상으로 보고 이러한 구성원이 증가하는데 우려를 표명하는 경향을 긍정적인 방향으로 환기하는 계기를 마련한다는 점에서도 중요성이 크다.

　정책 입안자나 다문화 활동가들은 목 놓아 외치는 부분이긴 한데, 막상 다문화가정의 현실은 그렇지 못하다는 게 안타깝다. 다문화가정에서는 결혼이주여성이 한국어 배우기에도 급급하고 아침부터 일하러 나가기에도 급급한 상황에서 '이중언어? 그거야 여유 있는 사람 이야기지'하고 치부하고 만다. 더구나 다문화가정의 부부 자체가 이중언어에 대한 인식과 인지가 상당히 부족하다. 국제결혼한 부부를 몇 쌍 만나서 아이들 교육에 대해 서로 이야기를 나누다가 이중언어에 대한 중요성을 말하니, 이주여성이 대뜸 묻기를 '그렇게 쪼끄만 애 머리에 어떻게 2개 이상의 서로 다른 말을 집어넣을 수 있어요? 한국어 배우기도 힘든데, 머리가 터지면 어떻게요?'하는 것이다. 그러나 그 정반대이다. 어리면 어릴수록 다양한 언어를 스폰지처럼 흡수하는 능력이 탁월하기 때문에 얼마든지 자유자재로 생활하면서 입력시킬 수 있다는 것은 거의 정설이다. 이러한 이중언어에 대한 당위성과 효율성 그리고 아이의 장점을 부각시키는 것이 최고의 선물이라는 점 등을 다문화가정에 알려줄 필요가 있다.

그러나 결혼이주여성으로서는 여러 가지 육아나 양육 혹은 자녀교육에 대한 자세한 설명을 들을 기회조차 없으며 한국인 배우자가 협조해주는 것은 더더욱 아니기 때문에 정작 다문화가정에 홍보함이 가장 시급하다.

일단 대부분의 결혼이주여성은 한국어를 거의 모른 채 결혼하게 되고, 계속 한국어가 어눌한 채 출산을 해서 아이를 양육하게 되는데 아이들이 자기처럼 어눌할까봐 일단 한국어 중심으로 키우게 된다. 또한 가부장적 가족제도의 뿌리가 깊은 한국인 남편이나 시부모는 아내 국가의 언어를 무시하는 경향이 짙다. 그런 후진 말 쓰지 말라고 야단을 치는 경우가 허다하다 보니, 자기가 낳은 아이에게 한국어를 가르치기에 급급할 뿐이다. 아주 가끔 남편이 부인의 모국어를 배우려는 경우도 있다. 이렇게 부인의 모국어를 배우려는 목적이란, 주로 부인과의 의사소통이나 처가 식구들을 만났을 때를 위한 것이다. 그러나 부인이 한국어 습득이 진전되면서는 그 필요성은 급격히 감소하기 마련이다.[161] 즉 자녀교육과는 거리가 멀다는 이야기다. 결혼이민자의 모국어를 사용할 때는 간헐적으로 발생하는데, 그럴 때조차도 자녀교육과는 전혀 무관하다. 이를테면, 부부싸움을 할 때, 화가 나거나 기분이 좋지 않을 때 감정을

161 김이선, 〈소수언어 배경 다문화가족의 세대 간 언어전수 양상과 변화 가능성〉, 2010, 한국여성정책연구원 세미나 중에서 인용.

한국어로 표현하기 힘들어 자신의 모국어로 감정을 표출하기도 한다.[162] 그렇지 않고는 조국에 있는 친정에 전화할 때나 한국에서 자신의 국가 출신의 사람을 만났을 때뿐이다.

162 위의 글과 같음.

이러한 분위기에서 이주여성의 모국어를 적극적으로 자녀에게 전수하고자 하는 의지와 이에 대한 긍정적 태도를 만들기란 어려운 일이다. 자녀 자신도 자라면서 엄마가 한국인이 아니라는 사실 자체에 대해 수용하기 어려워하는데 하물며 엄마나라 언어까지 습득하려는 의지는 더더욱 없어지게 된다.

결혼이민자 즉 엄마의 출신 문화와 모국어에 대해 결코 긍정적이지 않은 태도를 내보이는 이러한 여러 가지 요인들로 인해 정작 당사자인 다문화자녀는 더욱더 수용하기 어려워지고 꺼려지게 된다. 이중언어 발달을 위해서는 자녀 자신이 두 언어 모두에 대해 정서적으로 만족스러운 경험을 갖고 있는 것이 우선순위라는 지적이 있다.(Dopke, 1992)

가장 중요한 것은 다문화가족. 즉 이중언어 가족의 환경에서 자녀가 가족 내에 존재하는 언어능력을 발전시키기 위해서는 가능한 한 서로 다른 언어가 균형적으로 사용되고 특히 소수언어가 자유롭게 사용될 수 있는 환경을 만들어야 한다. 이러한 환경이라는 것은 적어도 부모들 사이에는 언어 사용에 대한 일정한 전략이 있어야 한다. 즉, 아이들이 자라나면서 말하기 전부터 아이들은 일단 다 듣는 연습을 하게 되는데, 아이 앞에서 부모는 엄마나라 언어와 한국어를 자연스럽게 들려줘야 한다. 이것이 다문화가정에서의 이중언어 교육의 가장 중요한 것이고 어찌 보면 전부일 수 있다. 이

163 위의 글과 같음.

것이 핵심이다. 가정 내에 자연스럽게 이중언어가 흐르고 이렇게 지내는 것이 당연시되었을 때 아이는 말문이 열리면서 동시에 두 언어를 습득하게 된다. "자녀의 이중언어 발달은 부모를 중심으로 한 가족에 의해 의도되고 '계획된 일 (planned affair)'이라고 할 정도로 가족들의 언어소통과 관련된 일관된 목표와 원칙, 즉 가족언어정책이 필수적이며 이를 달성하기 위한 언어사용전략이 지속적이고 열정적으로 준수되는 상황에서만 성취될 수 있을 것이다" (Okita, 2002.)[163]

가정 내에서 두 개의 언어를 자연스럽게 듣고 말할 수 있는 의도적인 분위기 조성이 필요하다. 이것은 부부가 함께 노력해야 할 부분이다. 대부분의 아버지들은 자녀와 관련된 제반 사항에 무관심하고 언어문제에 대한 노력 역시 아버지 역할은 거의 공백상태라 해도 무방할 정도로 기여도가 낮다. 대부분의 가정에서 언어 역할은 엄마의 몫인데, 한국어도 어눌하고 자신의 모국어를 쓰지 않도록 강요당하는 상황에서 아이의 언어발달은 오히려 저하될 수밖에 없다. 그래서 엄마는 제1차 목표인 한국어 교육에 총력을 기울일 수밖에 없다. 이중언어의 효율성은 자녀가 성장한 후에 나타난다. 세계는 더욱더 오고감이 빈번해질 것이고, 교류도 활발해질 것이다. 자녀가 성인이 되어 어떠한 일을 하더라도 언어적 자유로움은 자녀 개인은 물론이고 사회 전반에, 그리고 국가적으로 큰 도움이 될 것이다.

이미 성장한 학생이라도 이중언어 교육을 시켜야 한다. 다문화 자녀의 가장 큰 장점이라면 이중언어를 할 수 있다는 점이기 때문이다. 이것이 공부려니 하면 아이들은 받아들이려 하지 않기 때문에 놀이삼아, 이야기삼아, 재미삼아, 또한 생활 속에서 함께 버무려지는 것이 좋다. 전래동화를 엄마나라 언어로 읽어주고 각국의 동요나 음악을 들려주는 것도 좋다. 그냥 흥얼거리는 식으로 입에 붙도록 엄마나라 민요를 따라하게 해주는 분위기를 만들어주는 노력이 필요하다. 시부모나 남편, 그 외 한국 측 친인척들이 이를 이상하게 생각하지 않고 오히려 힘을 실어주고 부추겨주고 잘한다고 해줘야 한다. 이것이 가장 아이들에게 자극을 주는 것이고 동기부여를 시켜주는 것이다. 또한 외가에 가서 외가 쪽 친인척들을 만나고 접촉하면서 언어에 대한 필요성과 자극을 받는 것도 바람직하다.

2008년 6살인 리투아니아 다문화자녀인 요가일래는 TV에 나와 예쁜 재롱을 펴서 많은 시청자들의 궁금증을 자아내기도 했다. 요가일래 엄마는 리투아니아인이고, 아빠는 한국인이다. 요가일래가 구사할 수 있는 언어는 한국어, 리투아니아어, 러시아어, 영어, 에스페란토이다. 인터넷에 요가일래의 아빠가 쓴 글을 담아보았다. 이 많은 수의 언어를 어떻게 가능하게 구사할 수 있었느냐는 폭발적인 질문에 답한 글이다.

「우리 부부는 리투아니아어도, 한국어도, 영어도 아닌 에스페란토로 만났다. 리투아니아에 살고 있지만, 지금도 우리 부부의 일상 언어는 에스페란토이다. 이런 언어 환경에서 요가일래가 다섯 개 언어를 말할 수 있게 된 것은 아래와 같은 원칙 때문이다.

164 2008. 09. daum 에 실린 글 〈다문화가 정의 2세 언어교육은 이렇게〉 인용.

1. 모태부터 지금까지 아빠는 무조건 한국어를 말한다.

2. 엄마는 무조건 리투아니아로만 말한다 (원칙: 어느 한쪽이 두 말을 절대로 섞지 말 것)

3. 소련으로부터 독립 후 리투아니아에선 영어가 현재 러시아 어를 밀어내고 있다. 하지만 가까운 장래에 러시아어가 다시 중 요한 언어로 부각될 것이라 생각해 러시아어 어린이집에 다니도 록 했다.

4. 영어 만화 채널을 아주 어렸을 때부터 자유롭게 보도록 했 다. 어린이집에 갔다 오면 잘 때까지 거의 영어채널을 틀어놓는 다. 영어가 자연스럽게 노출되면서 아이가 스스로 자연스럽게 익 히도록 했다.

5. 부모는 늘 에스페란토를 사용한다. 아이는 부모 대화를 들 으면서 자연스럽게 이 언어를 습득한다.

한국 다문화가정의 언어교육의 실상이 어떠한지는 잘 알 수 없다. 예를 들면 엄마가 베트남인이면, 늘 아이에게 베트남어로 말함으로써 자신의 모국어를 잊어버리지 않고, 또한 아이가 커 서 엄마의 친척들과 대화할 수 있다. 이런 가운데 아빠도 조금씩 베트남어를 배워갈 수 있다. 한국에 산다고 한국어만 강요하지 말고, 배우자의 언어도 존중하는 것이 좋겠다. 우리 가정의 예가 다문화가정을 이루고 있는 분들에게 도움이 되었으면 한다.」[164]

곧바로 5개 언어로 노래하는 요가일래의 동영상은 무수히 올라 회자되었다. 그러나 폐쇄적인 다문화가정의 분위기와 달리, 부부 의 생활 반경이 한국과 리투아니아를 번갈아 다니는 것이 큰 도움 이 되었을 것이다. 필자가 운영하는 합창단에서도 보면, 러시아 엄 마를 둔 찬솔이라는 아이는-유전인자를 엄마의 것만 받았는지, 완전한 서양 골격의 모습을 한 인형 같은 외모를 가졌다- 한국어 밖에 할 줄 모른다.

그 반면, 카자흐스탄의 엄마를 둔 수라는 아이는−엄마와는 전혀 다르게 거의 동양인의 얼굴이었다− 러시아어와 한국어를 둘 다 능수능란하게 구사한다. 수는 3년 한국에서 살다가 1년 카자흐스탄에 가서 살고 또 3년 한국에서 살다가 1년 정도는 카자흐스탄으로 간다고 한다. 이렇게 넘나드는 생활이 언어에 대한 자극이 되었을 것은 분명하다. 그런 것을 보면, 외가 나라에 자주 가거나 외가 친척을 자주 접촉하는 아이와(언어의 접촉빈도), 한국에서만 살면서 한국식만 고집하는 다문화자녀의 경우는 그 갈림길이 판이하게 나타난다는 것을 간접적으로 느낄 수 있었다. 더구나 부모의 노력이 가해지느냐 아니냐에 따라서도 자녀의 이중언어에 대한 관심과 표현은 더욱 크게 벌어진다.

가까운 나라 일본에서도 이중언어에 대한 교육이 지역별로 잘 되고 있다. 대만도 역시 꼼꼼히 시행되고 있다. 특히 우리와 가장 가깝고 다문화 형성과정도 비슷한 일본은 우리가 봐둘 만하다. 일본의 이중언어 교육은 외국인 당사자들의 필요에 의하거나 민간단체에 요구하면서 시작되었다. 과정을 보면 학교나 민간단체는 지자체에 지원을 요청하고, 지자체는 다시 중앙정부에 지원을 요청하면서 정책으로 굳어진 경우다. 아래로부터의 정책입안이랄 수 있는데, 일본의 다문화정책이 그렇듯이, 주로 지자체에서 별도로(그 지역의 특성에 맞게) 시행되는 경우같이 이중언어 교육도 그렇게 시행되는 경우가 많다.

이중언어 교육에 오랜 역사를 보여주는 오사카는 오사카후 교육위원회와 오사카후 교육센터가 이 사업을 추진하고 있다. 오사카후 교육위원회는 이중언어 교육지원 시책으로 '과외자주활동(민족학급 등)'을 지원하고 '과외자주활동을 설치한 학교에 강사를 배치'하고 '이중언어교사 육성 연수' 등의 사업을 한다.

한편 오사카후 교육센터는 교육의 지속적인 진행을 위해 연수, 조사연구, 교육상담, 정보제공의 사업을 추진하고 있다. 그리고 효고켄의 교육위원회는 이중언어를 기반으로 하여 공립 초·중학교를 이중언어 교육지원센터로 지정하고 이중언어가 가능한 사람을 파견하여 일본어 습득과 함께 동시에 이중언어, 모국의 문화와 접촉하는 다양한 체험을 갖게 한다. 고베 시, 히메지 시 등을 비롯한 8개 시의 17개 학교에서 7개 언어로 교실을 운영하기도 한다.

어쨌든 일본에서의 이중언어 교육은 크게 학교에서 시행하는 것과(주로 대부분의 다문화국가에서 행하는 방법) 지역사회에서 시행하는 것으로 볼 수 있다. 학교에서 하는 경우, 엄마나라의 문화접촉을 통한 정체성 강화, 자존감 부재에 대한 해결, 자부심 및 긍지를 키우기 위한 목적에서 하는 경우가 많다. 지역사회에서의 대표적인 것으로는 관서브라질 커뮤니티와 돗까비뿌리어 교실, 토요나카 국제교류센터 등이다. 여기에서의 목적은 부모와의 소통을 돕고자하는 것이다. 두 군데 목적은 조금 다르지만, 결국 자녀교육에 대한 지대한 관심을 표출하는 것에서는 동일하다.

대만도 역시 학교 단위로 이주민을 위한 교육 및 그 자녀를 위한 여러 가지 프로그램을 운영하고 있다. 타이베이 현의 이중언어 전승 교육과정은 우리가 본받을 만하지 않을까 싶다. 이중언어 교육과정도 자녀 그 자체만으로 쏟아 붓는 교육이 아니라 자녀를 둘러싼 가족들에게도 확대하여 전 구성원이 공동 참여하여 이주민에 대한 문화를 존중하고 교육을 꾀하고 있다.

이러한 이중언어 교육은 후에 계속 입국하는 신생이주민들에게 안내 및 양육의 노하우에 대한 가교 역할을 해주는 계기도 되고 화합 차원에서도 중요한 역할을 담당하게 된다. 이민자 자녀의 언어 교육에 대한 관점 변화는 유럽연합, 유네스코, OECD 등 국제기구뿐 아니라 서구의 다인종 다문화국가들의 경우에도 잘 드러나고 있다. 이민국의 언어사용 능력 부족을 이들의 문제로 보던 관점은 이민국 구성원의 다양한 언어사용을 인정하는 '인간권리'의 관점, 더 나아가 언어를 하나의 '사회적 자원'으로 보는 관점으로 변화하였다.

다문화정책을 편 지 30년이 된 호주는 바람직한 사회통합 차원의 다문화국가로서 모범적인 사례를 보여주고 있다. 이들의 다문화자녀에 대한 관점이란, 국력의 주인공이기에 공교육에 대한 투자를 아끼지 않는다는 점이다. 그런 의미에서, 소수문화 존중에 무게를 실어 이민자에게는 영어뿐 아니라 모국어에 대해서도 교육을 시킨다.

학교에서는 범교과적인 필수 학습요소로 다양한 환경에서 효과적으로 소통할 수 있는 커뮤니케이션 능력을 강조하고, 영어 이외의 언어를 통한 다양한 언어교육을 실시하여 남부 호주의 경우 10학년까지의 모든 아동이 2007년까지 중국어, 프랑스어, 독일어, 그리스어, 인도네시아어 등 9가지 언어 가운데 하나를 선택할 수 있도록 하고 있다.(Joy de leo, 2003)

특히 아시아인들이 대거 증가를 보이면서, 아시아 4개 언어에 대한 집중교육-중국, 일본, 인도네시아어, 한국어 포함-을 실시하고 있다. 이렇게 연방정부차원에서 이렇게 타국 언어를 위해 지원해주는 것은 호주가 유일하다. 결국 호주의 자국의 이득을 위한 활동이다. 또 하나, 호주에서 발견한 바람직한 방법 중 하나가 부모들의 참여다. 자녀뿐 아니라 부모 역시 같은 교육을 받아야 한다는 것이다. 이주자 어머니와 함께 자녀교육을 돕고 내국인 어머니가 같이 만나게 한다. 이러한 학부모 동반 교육은 자녀 혼자 하는 교육보다 훨씬 큰 효과를 보고 있다. 이러한 모든 것이 모두 학교에서 이루어진다는 점이 우리와 현격히 비교되는 일이다. 우리는 다문화지원센터를 비롯해 각종 이름을 외우기도 힘든 여러 가지 센터들이 즐비하다. 이들이 맡고 있는 여러 가지 프로그램들도 웬만큼 정보력이 뛰어나지 않으면 찾기 힘들 정도다. 학교는 학생이 공부만 하러 가는 곳이고, 학부모가 학교에 간다는 것은 뭔가 학생이 잘못을 저질러서 부모가 불려간다는 위축감이 서린다. 학교가 곧 지역사회의 중심이 되고 허브가 되어 지자체와 시민단체 등이 학교에만 가면 연결되고 각종 정보를 취합할 수 있는 호주의 시스템은 그 자체가 사회통합적이다.

사회통합 차원에서의 성공적인 케이스가 바로 호주국영방송인 호주특별방송국 즉 다문화방송국(SBS:Special Broadcasting Service)이 있다.(1. 미디어교육 편 참조) 1930년대 시작해서 1970년대에는 다른 언어 필요성을 깊이 인식하고 타국어로 방송되는 라디오 방송국을 정부가 지원하게 되었다. 이 시기는 이민자를 받아들이면서 정부정책을 바꾸는 시기로 60년대 말, 70년대 초에는 남유럽 사람들이 대거 유입되기에 이르렀으며 이때 남아시아, 동아시아 사람들은 소수로서 공장에서 힘들게 일했던 부류였다.

아무튼 이때부터 소수자를 위한 방송으로 시작하여 매주 700만 이상이 시청하는 이주민의 사랑방 구실을 톡톡히 해주며 왔다. 영어를 모르거나 서툰 이민자들에게 아주 중요한 방송이다. 새로운 이민자들에게 소식을 전하고 사회정착을 돕는다. 특히 1970년대 초반에 유럽인, 중국인, 홍콩인, 베트남인, 소말리아인, 에티오피아인 등도 크게 늘어나면서 소말리아 언어가 추가되었다. 이후 에티오피아 언어인 딩카가 소개되었다. 아프리카에서 온 이민자들은 지난 2, 30년대에 지친 전쟁으로 사회에 적응하기가 힘들었는데, 방송을 통해 서로 소통할 수 있게 유도하고 있다. 그들의 의견이 호주사회에 전달되어 이민자들은 쉽게 사회에 편입되고 정착할 수 있게 한다. 이런 추세로 보면 현재의 68개 언어에서 계속 증가할 추세로 보인다. 이러한 다문화방송국 같은 호주의 노력은 다문화자녀의 이중언어에 대한 자연스런 접근과 사회적 분위기를 만들어주는 데에 큰 역할을 하는 셈이다.

한편 동아시아의 말레이시아로 가보면, 말레이시아의 공식교육은 아이들이 학교에 입학한 7세부터 시작된다. 공립학교는 크게 국립학교와 지방학교로 분류되는데, 국립학교에서는 말레이어로 주로 교육하지만 영어도 의무과목이다. 반면 지방학교에서는, 예를 들어 중국계 또는 인도계 지방학교에서는 중국어나 타밀어로 주로 교육한다. 말레이어, 영어 역시 의무과목으로 정해져 있다. 여기에서 보면 최소한 2개 국어 정도는 어디에서나 당연하게 진행되고 있다는 것을 볼 수 있다.

동아시아의 대표적인 다문화국가인 싱가로프를 보자. 말레이 반도, 중국, 인도 그리고 스리랑카에서 온 사람들로 이루어진 도시국가로서 다인종적·다종교적·다문화적 특징을 가지고 시작한 나라이다. 일찍이 영국의 식민지여서 영어 사용이 가능하며 그 외에 영어, 중국어, 말레이어, 타밀어를 포함한 네 가지 언어를 국가 공용어로 사용하고 있다. 즉, 이중언어 교육과 능력주의를 강조하고 있다. 그리고 당연히 다양성을 보장하고 인정하면서도 사회통합을 강조한다. 종교 역시 불교, 도교, 이슬람교, 기독교, 힌두교 등이 다양하게 골고루 분포되어 살아가고 있으며 동아시아라는 특징답게 동양적 예의 즉 효사상과 어른 존중 등을 철저히 가르치고 있는 점이 신선하게 보이는 곳이다.

한편 유아교육의 중요성도 무척 강조하는 나라로서 유아교육의 천국이라는 독일은 1세부터 이중언어가 가능하다고 보고 이때부터의 이중언어 교육을 강조하고 실행하는 국가이다. 반편견 교육도 1세부터 시작해야 한다고 하여 그 중요성을 교육의 현장에서 철저하게 관철시켜 나가고 있다.

그러한 프로그램으로 '손잡고 이끌기(Griffbereit)'가 있는데 1~3세 아동을 대상으로 한다. 언어의 문법적 구조를 습득하고 일상 언어로 모국어를 익히는 과정은 3세에 이미 다 이루어진다고 본다. 그리고 이때까지의 언어습득 과정이 향후 다른 언어의 성공적인 습득에 중요한 역할을 한다는 관점에서, 제2언어인 독일어보다 모국어 습득에 일차적인 중요성을 두는 것이 본 프로그램 운영의 기본방향이다.

또한 호주의 학부모 참여 학습의 중요성과 마찬가지로 독일에서도 유아시기부터 학부모의 참여를-아예 교사로-권유한다. 일명 '배낭 프로젝트(Rucksack-Projekt)'이다. 4~6세 시기를 잘 활용하여 제1언어인 모국어와 제2언어인 독일어를 체계적으로 교육한다. 이중언어 습득이 원활하도록 하는 것이 이 프로그램의 취지이다. 아동의 언어능력 향상을 위하여 부모와 보육교사가 본 프로그램 운영의 파트너가 된다. 이주민가정 부모로 하여금 모국어 교육의 전문가임을 인식시킨다. 모국어 능력이 부모교육을 통하여 향상된다면, 제2언어인 독일어 능력의 신장은 아동을 돌보는 보육시설 교사가 중요한 역할을 담당한다.

초등학교에서는 코알라라는 프로그램이 작동하는데, 이는 모국어 교사와 독일어 교사 간 공동의 계획과 협력 하에 이루어지는 체계적이고 구조적인 교육프로그램이다. 즉 독일어를 새롭게 습득하는 과정에서 모국어가 절대 배제될 수 없다는 것이다.

베를린 시의 교육정책은 이중언어 교육과 유네스코 프로그램 참여를 통한 문화 간 이해교육으로 구성된다. 이중언어 교육을 위해 베를린 시 교육당국은 외국계 이주노동자 및 외국계 학생이 집단 거주하고 있는 지역 소재의 학교에 이중언어 교육과정을 운영하고 있다. 2000년부터 14개의 초등학교와 4개의 사립계 고등학교에서 이중언어 교육을 비롯한 다양한 문화 간 이해교육을 실시하고 있다.

외국의 사례를 보았듯이, 우리는 이제 시작이다. 이처럼 소수 언어를 포함함 가족의 언어가 원활히 전수되고 이를 자유롭게 구사하며 성장해가는 것은 우리나라가 성장해가는 것이다. 위의 사례에서처럼 한 자녀가 이중언어를 배우고 익히고 구사하기까지에는 가족관계, 사회적 환경, 소수언어와 관련된 사회적, 경제적 기회 제공, 소수언어를 사용하는 국가에 대한 국가적 배려 및 이해도 증가 등이 씨줄 날줄로 형성되어야 한다. 동시에 사회적인 홍보와 언어 교육에 대한 다문화가족에 대한 인지도 형성, 교육, 다문화자녀에 대한 이중언어 장려 등이 함께 연결되어 시행되어야 한다. 어느 것이 먼저 이루어져야 하느냐는 나중에 따질 일이 아니다. 그래봤자 끝없는 학문적 논쟁의 소용돌이에서 뱅뱅 돌고 말 것이기 때문이다.

이중언어 교육은 이제 단순한 외국어 습득이 아니라 소수민족에 대한 존중, 소수인종에 대한 인권문제 등과 맥을 같이 하고 있다.
〈부록 해당 도표 참조 p.366〉

6. 학교이탈 자녀를 위한 교육

국제결혼의 증가는 자연히 다문화자녀의 증가로 나타난다.[165] 다문화자녀의 학교이탈률은 일반자녀의 이탈률보다 훨씬 높은가? 그이유는 뭘까? 이탈 후의 자녀들의 향방은 어떻게 될까? 우리 모두의 고민과 우려가 아닐 수 없다. 우리가 떠안아야 할 우리 사회의일, 우리 미래의 일이며 바로 우리 자녀의 일이기 때문이다. 다문화자녀들은 부모의 소득 경제의 높낮이에 그들의 자존심과 자신감등이 좌우되기 쉽다. 경제력의 발판은 이들의 친구관계와 교사와의 관계까지도 연결되기 때문이다. 특히 촌지가 성행하고 있는 한국의 교육 판도에서는 아이들이 알게 모르게 지탱해 나가기 힘든일이기도 하다. 또한 부모의 맞벌이[166]로 인한 자녀에 대한 세세한보살핌이 부족한 것도 아이들에게는 교우관계에서 밀리기 쉽다. 더구나 엄마의 한국어 미숙으로 인한 과제물의 비협조적인 부분과유인물에 따른 정보력 미비성이 그대로 아이에게 드러나게 되어 있다.[167] 항상 준비물을 챙기지 못해 혼이 나고, 초등학교 숙제는 곧엄마 숙제라는 이상한 교육체계로 인한 폐해로 이러한 아이는 학급에서 미운오리새끼 신세가 되어버리기 십상이다. 더구나 피부색이 한국인과 조금 다르거나 한국인과 같은 얼굴이라도 다문화가정 출신이 밝혀지기 시작하면서 놀림과 차별, 왕따 현상에 시달리게 된다.

이렇게 다문화자녀는 여러 가지 이유 등으로 위축되기 쉬운데, 그중에서도 기초학습이 부진한 것이 이들의 자신감을 떨어뜨리는

165 다문화자녀의 증가 추이(행정안전부, 2010. 6. 외국계 주민현황조사)

연도	명수 (단위: 천 명)
2006	25천 명
2007	44천 명
2008	58천 명
2009	107천 명
2010	122천 명

다문화자녀 연령별 현황 (위와 같음)

연령대	단위 (단위: 명, %)
만 6세 이하	75,776명 (62.1%)
만 7~12세	30,587명 (25.1%)
만 13~15세	8,688명 (7.1%)
만 16~18세	6,884명 (5.7%)

166 이는 다문화자녀 뿐만 아니라 내국인 자녀에서도 맞벌이부모인 아이와 사귀지 말 것을 강요하는 학부모들이 의외로 많다.(필자의 경험에서, 아예 대놓고 이런 말을 하는 학부모들이 많았다) 이는 한국교육마당의 현실이다.(2010. KBS, EBS 다큐멘터리 '교육을 말하다'에서도 여러 학부모들의 인터뷰 중에서도 나온 바 있다)

167 결혼이주여성은 초등학생 자녀를 교육할 때 가장 어려운 점으로 27.4%는 학원비 마련을 꼽았다. 23.2%는 예습과 복습 등 학습지도에 대한 어려움을, 20.6%는 숙제하기, 숙제 지도하기 등을 들었다.(전국 다문화가족 실태조사, 보건복지가족부, 2009)

168 다문화자녀의 언어지능에 있어서 유아는 81.22, 초등생은 88.15로 국내 저소득층 자녀의 언어지능에 있어서 유아는 98.39, 초등생은 96.22에 비해 상당히 낮은 수준이다. 부모를 통한 언어습득 기회 및 또래문화 경험 부족 등으로 언어발달이 지연된 것이 큰 이유인 것으로 나타났다.(보건복지부, 2007)

작용을 한다. 이 모든 것들의 가장 원초적인 이유를 거슬러 올라간다면, 준비 안 된 국제결혼이다. 한국어 한마디도 모른 채 결혼을 해서 덜커덕 임신과 출산으로 이어지는 사례가 많다. 그렇다 보니, 결혼이주여성의 한국생활의 부적응과 남편과 시댁식구들과의 커뮤니케이션에서의 여러 가지 문제들을 안고 말도 안 통하는 가운데 임신과 출산으로 이어지는 큰 전환점을 맞게 된다. 아이를 낳는다고 저절로 엄마가 되는 것이 아닐진대, 한국어가 미숙한 이유로 아이에게 전해줘야 할 여러 가지 말들이 역시 미숙할 수밖에 없다. 미숙한 채 옹알이도 미숙해지고 말이 시작되는 것도 다른 또래아이들보다 늦다. 여러 가지 미숙하고 늦은 과정을 겪으며 학교를 입학하게 되면서 어린아이라 말은 쉽게 따라가나, 쓰기나 읽기, 그 외의 한국전통과 관련된 여러 가지 정보들이 또래보다 계속 늦을 수밖에 없다. 이러한 것들이 쌓이고 쌓여서 기초학습부진으로까지 가게 되는 것이다.[168]

내국인 자녀의 학교교육을 비웃을 정도의 발 빠른 선행학습과 격차는 엄청나게 벌어지게 되며 과외수업, 학원수업 또는 특기적성 교육 등에 대한 기회도 떨어지게 된다. 이러한 크고 작은 소외감은 아이들로 하여금 확실한 놀림의 대상으로 굳어지게 되며, 업신여김의 대상이 되기에 적격이다. 이러한 것들에 아이들은 초등학교 입학을 하면서부터 고민으로 다가오게 되며 사춘기 아닌 사춘기를 겪게 된다. 엄마에 대한 창피함과 엄마가 해주지 않아 생긴 이러한 폐해에 대해 분노와 울분이 만들어지게 된다. 이 모든 일들이 모두 이주민인 엄마 때문이라는 귀결을—외부의 자극에 의해— 만들어내기도 한다. 자신이 왜 하필이면 다문화가정 출신이 되어야 했는지에 대한 억울함과 삶의 저주까지도 뼛속깊이 느끼기 시작한다.

거기에 다문화가정 내 성폭력 및 가정폭력 사건은 지난 2007년에 비해 2010년 말 4배 이상 늘었다.[169] 다문화가정 내 부부 및 가족갈등, 법률 및 체류 관련 피해 상담도 줄을 이어 2007년 전체 1만 8,401건에서 2010년 6만 1,393건으로 무려 4만 3천여 건이나 늘었다. 이주여성지원센터에서 피해상담 후 조치한 현황을 보면, 직접 상담 또는 2차 상담 권고 등 '상담'으로 조치한 사례가 5만 1천여 건으로 전체의 90%를 넘는다.[170]

반면, 보호시설(0.85%)이나 전문기관(2.57%), 의료기관(0.19%), 수사기관(0.38%) 등 타 기관으로의 연계는 불과 5% 남짓한 것으로 집계됐다. 이는 상당히 심각한 또 하나의 우리 다문화의 현주소를 그대로 드러내고 있는 심각한 문제이다. 결혼이주여성의 힘든 생활은 곧 자녀에게 직접적으로 연결되기 때문이다. 즉, 원만한 부부생활은 자녀의 안정감과 자신감에 지대한 영향력을 행사하기 때문이다. 여기에서 시사하는 바는, 상담 그 자체가 중요한 일이고 필요한 일이지만, 상담만으로 무엇이든지 해결되는 것은 아니라는 것이다. 그들의 억울한 이야기만을 들어주고 공감해주는 것으로만 그치고 나머지는 알아서 해결하라는 식은 더 큰 화를 예고하는 일밖엔 안 된다.

다문화가정 자녀의 학교이탈은 범죄나 청소년 비행으로 이어져 사회적 문제로 비화될 소지가 크다. 특히 탈북민 자녀를 비롯해 중간입국자녀들의 이탈률이 높은 것을 보았을 때 이들의 한국 학교

169 2007년 1,793건에서 2010년 6,985건으로 4년 만에 급증했다.

170 CBS, 〈다문화가정 폭력, 4년 새 4배 이상 급증 상담만으로 조치 완료…폭력 줄이지 못하고 있어〉, 2011. 02.

171 국내 입국 탈북자의 출신지는 함경도가 77%로 가장 많고 그 다음으로 평안, 자강, 양강도(무순) 등 중국 접경지역 출신들이 많았다. 또한 압록강에 비해 함경도의 두만강이 강폭도 좁고 수심이 얕아 탈북이 상대적으로 쉽다. 북한의 경우 평양에서 멀리 떨어진 외곽지역일수록 식량배급이 원활하지 않고, 중국 접경지역은 상거래 등을 통해 외부 문화에 대한 접촉이 상대적으로 찾다는 것도 한 이유이다. 또한 북한이탈주민들의 성별은 여성이 68%로 남성의 2배이고, 탈북자들의 입국 당시 연령대는 30대가 33%로 가장 많고, 이어 20대 (27%), 40대(15%), 10대 (12%) 순이다. 탈북과정이 험난하고, 젊은층의 사회이탈 욕구가 높다.(통일부자료, 2010. 12.)

172 윤영상, CNB저널 198호, 〈탈북민 2만 명, 통일준비에 귀중한 인적자원〉, 2010. 12.

에서의 적응이 매우 힘들고 언어문제가 크게 작용하기 때문이다. 한국사회에 잘 적응할 수 있도록 하는 이들만의 교육지원기관이나 대안학교 같은 기관설립이 절실하다. 또한 이러한 기관설립은 지역사회의 관심, 정부의 지원 등이 받쳐줘야 바람직하다.

2010년 통일부는 '국내 입국 북한이탈주민이 2만 명을 넘어섰다'고 밝혔다. 국내 입국 탈북자는 1999년 1,000명을 넘어선 이후 2007년에 1만 명을 돌파한 데 이어, 이후 3년 만에 2만 명대를 넘어섰으니 그 유입 속도가 점점 가속화되고 있음을 한눈에 알 수 있다.[171]

그러나 한국으로 들어와서의 생활 특히 교육은 그리 녹록치 않다. 북한이탈주민들에게 대학교의 원서 교육은 엄청난 고통과 괴리감으로 다가오게 된다. 탈북 대학생 3명 중 1명이 퇴학하고, 40%가 휴학을 하는데 그 이유가 영어라고 한다. 그나마 10대 이하의 어린아이들은 남한 사회에 적응하는 데 가장 무리가 없는 편이다. 편견에 사로잡히기 이전의 나이기 때문이다.

하지만 청소년기의 학생들은 남한의 또래집단에 비해 작은 체구와 다른 말씨, 교육 수준 차, 학년에 비해 높은 연령 등 때문에 학교 적응이 매우 어려운 실정이다.

그러나 다문화 이전에 통일부에서의 탈북민에 대한 정책과 지원 등으로 이들을 위한 여명학교, 셋넷학교, 하늘꿈학교, 한꿈학교, 한겨레학교 등 탈북청소년 대안학교에 몰리거나 학교를 떠나게 된다. 그러다가 대학 진학 후, 대학에서는 학습부진으로 인한 도중이탈률이 높아지게 된다.[172]

그런가 하면, 행정안전부가 2009년 외국인 주민조사를 통해 파

악한 전체 다문화가정 취학연령 자녀 4만 2,676명 모두를 교육과
학기술부의 교육행정시스템(NEIS)과 대조해 실제 재학 여부를 파
악한 결과, 이들 중 3만 4,734명만 학교를 다니는 것으로 나타나
평균 재학률 82%를 기록했다. 이는 일반 학생 재학률인 92~98%
비해 10% 포인트 이상 낮은 수치다. 특히 중간입국자녀의 경우
2009년 기준 전국 982명 중 464명만 학교에 다녀 재학률이 47%
에 그쳤다. 다문화가정 자녀 전체 재학률은 학년이 올라갈수록 떨
어졌다. 일반 학생 초·중·고교 재학률이 각각 98%, 96%, 92%인
데 반해 다문화가정 출신 초등학생은 재학률이 86%, 중학생은
84%였지만 고등학생은 70%에 그쳤다. 중간입국자녀의 경우는 이
같은 현상이 더욱 심해져 초등학생과 중학생 재학률은 각각 60%,
56%였지만 고등학생은 30%까지 낮아졌다. 10명 가운데 7명은 학
교에 다니지 않는 셈이다.[173]

이렇게 힘든 과정을 겪고 있는 다문화자녀에게 우선적으로는 학
교이탈을 막기 위한 예방프로그램이 가장 급선무이다. 각 학교마
다 다문화상담사(전문가로서 별도로 배치해야 하며, 교사들 중의 어느
한 사람이 지목되어 배치되는 식이면 의미가 없다)가 있어 이들의 학교
이탈과 고민들을 어루만져 줄 수 있어야 한다. 학교장은 학교이탈
에 대한 따뜻한 관심과 배려가 있어야 한다. 이를 위해서는 앞서
언급한 교사의 다문화 인식개선 및 다문화 교육을 위한 연수, 토
론, 재교육 등을 체계적으로 해나가야 한다. 이러한 교사의 인식이
우선시되지 않을 경우, 어떠한 프로그램도 이루어지기 힘들다. 산
학협동의 꿈은 아예 생각지도 못할 것이다. 다문화자녀에 대한 각

173 연합뉴스, 2010, 〈다문화가정 자녀들의 재학률 저조〉, 원희목 의원실 주체 세미나 중에서.

별한 관심은 특별예우가 아니라, 내국인 자녀보다 많은 어려움 속에서 자라나야 하는 현실을 함께 공유하자는 차원이다. 우리의 미래가 걸려 있는 문제이고, 이를 지혜롭게 키워나갈 수 있는 곳은 학문의 장인 학교가 가장 중요하기 때문이다.

그런데 어쩔 수 없이 학교를 다닐 수 없는 자녀도 생길 수 있다. 바로 불법체류 자녀이다. 이 아이들은 부모가 사회에서 발각될까 봐 두려운 나머지 자신의 학교 행을 거부하고 막아버리려 한다. 실로 안타까운 일이다. 어느 중학교(경기도 지역의 모 중학교) 1학년 네팔 아이는 학교 적응도 잘하고, 각종 대회에서 입상을 하는 등 공부도 잘하고, 모든 생활을 즐기는 적극적인 아이였다. 학교에서도 이 아이에 대해 집안형편이 안 좋은 데도 불구하고 열심히 공부하고 적극적이고 밝은 아이를 자랑삼아 거론하곤 했다. 그런데 돌연 불법체류자 신세가 되어버린 부모가 학교를 가지 말라고 하는 말을 듣고, 학교에 와서는 엉엉 울더란다. 즐거운 학교를 다니지 말라니, 이 아이에게는 받아들이기 힘든 고문이었다. 부모의 생사가 달린 일이라, 결국 그만 다니게 되었다는 소식을 듣고 무척 가슴이 아팠다. 어쩔 수 없는 일도 생긴다. 어쨌든 학교이탈을 최대한 학교에서는 막아줄 의무가 있으며, 어쩔 수 없이 학교를 나갈 경우, 이들이 정착하고 다닐 수 있는 기관이나 학교 등을 연결해 주는 시스템이 아쉽다.

이들이 학교를 이탈한 후에 어디에서 무엇을 어떤 식으로 하며 자라나는 것일까? 생각해봤자 뻔한 답이 나올 수밖에 없다. 불량 서클을 만들어 돌아다니거나, 부모의 가난을 되물림하여 살아가거나, 여학생이라면 성매매에도 빠지기 쉽다. 문제는 사회에 대한 분노를 기르고, 충돌을 만들어 보려는 집단화 및 그러한 부류로 전락하기 쉽다. 다른 선진국의 사례에서 보듯이, 이주민폭동의 주요 원인이 될 수 있으며, 막대한 사회적 비용을 들어야 할 테고, 이를 통한 다문화에 대한 반감이 커져나가 사회 안에서의 혼란이 가중될 수밖에 없을 것이다.

이러한 아이들에게 당장 무엇을 심어줘야 할까. 국어, 수학, 영어를 집어넣어주기 위한 노력은 아마도 허사일 수 있다. 이들은 자신감을 잃고 동시에 공부에 대한 의욕과 관심도 잃어버린 상태에서 지긋지긋한 학교생활을 떠올리기 힘들 것이기 때문이다. 이들에게는 여러 가지 심적으로 받은 고통과 상처를 어루만져주고 학습에 대한 관심도를 키워나가도록 권유해줄 필요가 있으며, 직업 전선으로 가기를 희망하는 청소년에게는 적성에 맞는 직업교육을 권하는 것이 더 바람직하다.

독일의 사례는 우리가 눈여겨볼 만하다. 독일은 1960년대 이후 급속하게 증가하기 시작한 이주노동자와 학교에 재학 중인 이주민 자녀에 대한 사회통합문제가 제기되는데 이주민가정의 차세대에 대한 지원에 주력하여 유아기부터 청년기에 이르기까지 광범위한 지원정책이 이루어지고 있으며, 주정부와 민간기관 및 단체가 협력하여 최대의 시너지 효과를 거두고 있다.

'가능성 부여(Potenziale)' 프로그램은 이주민가정 자녀들이 원활하게 노동시장에 진입하여 직업인으로서 성공적인 삶을 이끌어갈 수 있도록 지원하기 위한 것이다. 청소년과 부모를 대상으로 직업선택의 과정 및 기회, 직장에서의 승진 가능성, 학교에서 직업으로의 이행과정에서 나타나는 저해요인과 문제점, 그리고 이를 해결하기 위해 지원을 받거나 요청할 수 있는 방법 등에 관한 상세한 정보를 제공한다.

이 과정에서 청소년들은 자신과 비슷한 출발조건을 가졌던 성공적인 사례를 알게 되며, 이들보다 먼저 독일사회에 정착하여 성공한 사람들이 조언자 및 안내자 역할을 하면서 프로그램이 운영된다. 기업과 행정기관의 대표들과 협의하여 이주민가정 청소년들을 위한 견습과 교육의 기회를 제공하도록 하는 일도 '가능성 부여(Potenziale)' 프로그램이 시도하는 주요 사업이다. 본 프로그램을 주관하여 운영하고 있는 대표자들은 기업, 회사, 노동자연합 및 이주민 관련 기관 등과 협력하여 각종 행사나 전시회, 박람회 등을 공동으로 개최하며, 여기에 이주민가정 청소년들을 주요 대상으로 하여 원활한 직업세계로의 진입을 돕는다.

또 하나, '미래준비(Auf KURS in die Zukunft)' 프로그램이 있다. 이 사업은 유럽에서 공동으로 운영하는 단체 중의 하나인 EQUAL의 범주 내에서 이루어지는 사업으로 유럽사회기금의 제정지원을 받는다. 독일 내의 6개 파트너와 유럽의 4개 파트너가 공동으로 운영하는 사업으로 NRW 주의 탄광지역과 산악지역에 특별히 초점을 두고 있다. 주요 지원대상은 지난 2년간 Hauptschule(전문학교)와 Sonderschule(특수학교)에 재학 중인 학생들로, 낮은 학업성취도로 직업세계에서 불리한 위치에 있을 수 있는 학생들을 대상으로 하고 있다. 역시 이 사업도 학교와 기업 간에 상호협력체계를 구축하여 운영하는 사업으로 학생들에게 직업선택을 위한 준비, 진로결정 등에 관한 각종 정보와 실습을 제공하고 있다.

특히 청소년들에게 자립심을 키워줄 수 있는 것으로 자격증 제도를 꼽을 수 있다. 일명 '다문화 사업능력 자격코스(Zerti-fikatskurs Interkulturelle Hnadlungs-kompetenz)' 사업이다. 2년간 다문화적 사업능력에 관한 전문적 지식 습득과 실습이 이루어지며, 과정 후 자격증이 주어진다. 주요 참가자는 현재 기업을 운영하는 중견 기업인이거나 향후 기업 경영에 관심이 있는 사람들이다. 많은 기업들은 조직구성원의 다양성을 현실적으로 실감하고 있다. 조직구성원의 문화적 차이에 대처하는 방법과 다양한 잠재능력을 개발하여 활용하는 방법들을 익히게 되는 것이다. 이는 궁극적으로 다른 배경을 지니고 있는 이주민가정 청소년들이 원활하게 노동시장으로 진입하도록 현실적인 도움이 되고 있으며, 조화로운 다문화사회 조성에도 기여하는 격이다.

일본 사례에서는 상급학교로 진학하거나 진로를 결정하는 데 어려움을 겪고 있는 이주민 자녀와 그 부모들에게 공립과 사립의 형태, 학비, 입학절차, 시험 준비 등을 다언어로 정보를 제공해 준다. 어찌 보면 본국어를 익히는 시간적 한계로 각종 정보들에 뒤처질 수 있는 것에 비해 발 빠른 조치로 보인다. 그래서 가장 선행되어야 할 부분이 아닌가 한다.

우리나라에서는 특히, 이주민인 어머니의 서툰 한국어 실력으로 그 자녀들의 학업에 많은 도움이나 정보수집이 어려서 진로에 대한 조언과 상담이 어려울 수 있다. 이러한 다문화자녀의 진로와 취업의 문제에서 일반학생들에 비해 정보력 부족으로 학교에서의 과제물이나 각종 준비물에 뒤처졌듯이, 취업에 있어서도 뒤처지기 십상이다. 독일과 일본의 이러한 프로그램들은 다문화자녀들의 학교이탈에 따른 정서적 불안감과 불안정한 생활의 연속으로 미래에 대한 불확실성에 하나의 햇살과 같이 그들을 품어 안아줄 수 있다. 나아가서는 그들의 미래를 위한 직업과 한국사회에서의 실질적인 사회생활의 정착을 위해 다문화자녀에게 진로와 취업과 연관된 장기적인 프로그램의 필요성을 보여주고 있다. 〈부록 해당 도표 참조 p.367〉

7. 자아정체성 강화교육(Education for potential identity)

정체성이란 변하지 않는 존재의 본질을 깨닫는 성질, 독립적 존재라는 사전적 의미가 있다. 즉 여기에서 풀이하고자 한다면 한 사람이 자신의 가족과 관련된 인종적 또는 문화적 집단에 소속되어 있다고 느끼는 감정의 정도라고 할 수 있다.[174] 종교적인 숭고함까지 느껴질 이야기이긴 하지만, 주변을 거론하기 전에, 자신부터 긍정하고 수용하고 인정하고 사랑할 때 주변으로 눈을 돌리는 양상이 넓어지고 안정적이 되어 타인 수용, 타인 긍정, 타인 이해로 나아갈 수 있다. 그런 면에서는 자아정체성에 대한 강화는 심신안정과 정신건강 면에서 상당히 중요하고 소중한 것이다. 그렇다고 같은 소속감을 갖는다고 다 똑같은 성질을 지녔다고 볼 수는 없다. 사람마다 출신지역마다 다른 몸짓, 사회적 가치나 전통, 풍습, 음식 등이 저마다 다를 수밖에 없기 때문이다.

자아정체성이란, 자신에 대한 규정과 긍정적 평가, 소속집단에 대한 애착, 애정, 민족에 대한 관심과 지식, 소속집단에 대한 동일한 움직임과 참여도 즉, 언어나 인종, 관습과 역사 등의 다양하고 포괄적인 요소로 버무려져 있다. 일제강점기 때부터 시작된 민족주의, 민족성 강화 등이 합쳐지면서 '민족정체성'이란 이상한 용어까지 생겨나 정체성이란 민족성과 동일시하는 것으로 잘못 알려져 교육되었다.

이제 한 나라는 그 구성원이 다양해지고 있으며, 세계적으로도 서로 넘나들면서 이주하는 것이 보편화되어 가고 있다. 이럴 때 과

174 Christine I. Bennett, 《Multicultural Education-Theory and Practice》, 2009, p.139.

연 출신국에 대한 애정과 정 붙이고 살아가야 하는 새로운 땅에 대한 애정도에 있어서 어떻게 바라봐야 할 것인가? 낳아준 엄마와 키워준 엄마에 대한 애정도를 측정하는 것도 아니다. 이제는 단편적인 선택의 기준이 아닌 다변화되고 다양화된, 이러한 뒤섞임(Mixing)과 넘나들기(Cross-over)와 융합(fusion)이 수시로 일어나 전혀 다른 무언가가 나타나고 생성된다. 카멜레온적 세상에서 우리는 살아가야 한다. 시시때때로 발생하는 변화에 누가 잘 적응하며 맞춰 가느냐가 능력의 관건으로 자리매김하는 시대이다. 이러한 다양화는 한순간 일어나는 바다의 파도도 아니고 거품도 아니다. 극히 초단기에 생겼다가 사라지는 이를테면, 15일에서 1년 사이 자극적으로 번쩍였다가 없어지는 '유행'이 아니다. 최소한 5년에서 10년 간 장기간 지속되는 트렌드와 가깝다. 그러나 이것 역시 짧다. 다문화, 다양성은 50년에서 100년의 긴 기간을 진단해서 우리의 국가적 체계를 다시 점검하고 세우는 미래학이다.

그런 면에서 다문화시대의 다중적 정체성은 우리가 지녀야 할 미덕이 되어야 할 것이다. 현재 다문화자녀들이 정체성 혼란으로 일찌감치 사춘기를 겪으며 그들만의 고민과 울분을 삭이고 커가고 있는 것을 보면, 좋은 점을 오히려 단점으로 생각하고 있는 점들이 안타깝다. 많은 다문화자녀들이 이를 경험하고 혼란스러워한다. 그리고 과잉행동과 우울감 등으로 표출하곤 한다. 심지어 같은 동포라고 하는 탈북민의 경우에도 그 심각성은 우려할 만하다. 국내에 정착한 탈북자의 58.4%가 자신을 남한이 아닌 북한사람으로 여기는 반면 남한사람이라고 인식하는 사람은 6.3%에 불과한 것으로 한 설문조사에서 나타나 국내정착 탈북자들 사이의 정체성 혼란을 보여줬다.[175] 이는 곧 남한주민과 북한이탈주민 상호인식에서는 적지 않은 차이가 있음을 확인할 수 있다. 탈북자들에 대한 남한 주민의 편견 이유에 대해 탈북자의 34.9%는 '못사는 나라에서 왔기 때문'이라고 꼽았고, '북한에서 왔기 때문' 28.6%, '북한 정권이 싫기 때문' 22.4%, '사회주의에서 살다 와서'가 14.1% 순으로 나타났다.

반면 남한 주민 500명을 대상으로 실시한 조사에선 탈북자에 대해 편견을 가지게 되는 이유로 '북한정권에 대한 혐오감 때문'이라는 응답이 38.8%로 가장 많았다. '남한에 대한 지식수준이 낮아서' 29.0%, '북한에서 왔기 때문' 24.2% 순으로 답했다고 설명했다. 탈북자에 대한 정착지원 이유에 대해 탈북자들 사이에선 '통일준비'라는 응답(52.2%)이 가장 많았지만, 남한 주민들은 '동포애 차원'이라는 응답이 47.2%로 가장 많아 접근 방식에 차이가 있음을 보여줬다.[176]

중국동포는 이민민족으로 150년의 역사를 갖고 있으면서 모국문화와 전통은 물론 중국의 문화도 갖고 있어 그들의 정체성에 대한 논의와 담론은 전부터 많은 국내외 학자들의 관심거리였다. 그 중 대표적인 이론으로는 중국 국민정체성을 강조한 '100% 조선족', '이중정체성', 이중문화 성격을 반영한 '변연문화론', '사과배론', '며느리론', '100% 중국인' 등이다. 이런 이론들은 각각 다른 시각으로 중국동포의 정체성에 대해 대변하고는 있지만 대부분 중국에 있는 중국동포의 정체성에 대해 논한 것이다. 그렇지만 40만 재한

175 한나라당 홍사덕 의원과 '새롭고 하나된 조국을 위한 모임(새조위)'이 '북한이탈주민 한국사회 적응 10년, 현주소라는 제목으로 공동주최한 세미나에서, 연합뉴스, 2009. 06. 30일자.

176 위와 같음.

177 중국에서 불리는 조선족동포라는 용어가 아닌 중국동포라는 말을 사용하면서 취업현황을 산업연수생제도, 취업관리제, 고용허가제, 방문취업제, 재외동포 등으로 구분하여 분석하고 중국동포의 취업 업종 제한을 두고 취업 종류에 따라 비자가 정해져 있다는 점이 불합리하다고 주장했다. 또한 비류화를 극복하기 위해서는 방문취업자격을 졸업하고 재외동포 자격으로 부여해야 된다는 점과 동포체류지원센터와 같은 것을 설립하는 등 동포들의 눈높이에 맞는 공공서비스를 개발하고 제공해야 한다는 점, 출생국에서 부여받은 교육 및 자격증 승인, 동포 개인의 자기계발 활동 및 인적 네트워크 구

축을 대안으로 내놓았다.
문민, 샐러드TV, 2010.

178 칼럼 〈반한 감정이
낳은 재한중국동포 정
체성 혼란, 어떻게 극복
할까?〉, 재외동포신문,
2011. 02.

179 중국사회와 한국
사회에서의 조선족의
사회지위 변동을 살펴
본 예동근의 말. 샐러드
TV, 인터넷 뉴스, '조선
족은 동포인가 다문화
인가—다중적 정체성이
좋다?' 중에서.

동포시대 특히 반한감정이 커지고 있는 시점에 놓인 재한중국동포들의 정체성 확립은 그 어느 때보다 시급하다고 느껴진다.

특히 같은 동포임에도 탈북민에 비해 중국동포들은 정서적 소외감과 물질적인 비형평성을 크게 느낀다. 정부정책은 중국동포들의 여러 가지 볼멘소리들[177]을 도외시하거나 다문화정책 안으로 포함시켜 뭉뚱그려 다문화정책으로 커버하려 했다. 정부정책은 재한중국동포들은 '설 대신 춘절'을 쇠게 만들고, 정체성에도 혼란을 초래하게 하는데 한몫을 했다고 보고 있다. 중국동포들의 반한감정이 낳은 정체성 혼란이 국내 안정과 발전 심지어 한중, 남북관계에 심각한 영향을 끼칠 수 있다는 사실을 인식해야 한다.[178]

또한 2010년 4월에 열린 조선족 또는 중국동포의 사회적 위치를 평가해 보는 '조선족 동포의 사회주류화를 위한 실천과 모색' 토론회에서도 다문화 하류사회 구조에서 중국동포 이주민집단들이 다른 국적 집단에 비해 재정적 지원, 다문화의 담론에서 배제되는 경향도 있다[179]는 지적이 있었다.

사실 다문화 안에서도 조금은 별도의 부류로 더 깊이 생각해야 할 이들이 탈북민과 중국동포가 아닌가 싶다. 이들의 정체성에 대한 이야기는 곧 정부정책과 지원으로 자연스럽게 귀결되기 때문에 순수한 정서적 감정으로서의 정체성 이야기가 무색한 면이 있다.

어찌 보면 다문화는 세계화에서 파생되어 나왔고, 세계화는 다문화의 소산이다. 다문화와 세계화는 동전의 앞뒷면이고 이는 떼려야 뗄 수 없는 인연관계이다. 그렇다면 우리나라 다문화의 역사보다 더 깊다고 할 수 있는 재외동포(엄밀히 말해 재외국민) 800여만 명에 대해서 우리는 더욱 깊은 관심을 가져야만 할 것이다. 왜냐하면 우리의 재외동포 문제는 해당 국가에게는 다문화 문제이고 한국의 다문화 문제는 해당 주민이 속한 나라에게는 재외동포 문제이기 때문이다. 재외동포와 다문화라는 두 개 문제는 결국 넓은 의미의 한민족공동체라는 관점에서 풀어야 할 문제로 다가가는 목소리가 생겨나기 시작했다. 실제로 재외한인 연구를 통해 모국과 재외한인을 연계해서 상생의 민족공동체를 만들어가고 있다. 나아가 재외한인 연구의 잠재적 자원을 결집하고 네트워크화해 협력 체제를 만들어야 한다는 조언도 성공적인 다문화국가로 나아가기 위해서 귀담아 들을 만하다.[180]

180 고려대학교 인촌 기념관에서 재외한인 학회와 전남대 세계한 상문화연구단이 공동 주최한 '재외동포와 다문화' 주제 공동학술회의 중에서, 〈재외동포와 다문화는 동전의 양면〉, 연합뉴스, 2010. 12. 23일자.

아무튼 다문화정책이 소수자들에게 이 정도는 해주겠다는 선심성 정책이 아니라 평등성을 일깨우는 정책이 되어야 한다. 외국인으로서 한국사회에서 살아가기 위해서 가장 기초적인 생활력은 언어능력이다. 동시에 언어 문제와 함께 다문화 교육에서 가장 우선시되어야 할 사항은 정체성과 관련된 교육이다. 정체성 교육에서는 단지 사회내의 적응이라는 관점이 아니라 이들 자신의 문화에 대한 긍정과 이를 자신의 능력으로 받아들일 수 있는 교육이 전제되어야 한다.[181] 이러한 출발점은 단순히 다문화자녀이기 때문에 하는 다문화 교육이 아닌 철학이 들어 있는, 자녀 하나하나에게 심지를 심어주며 불꽃을 만들어주는 출발점이기에 확연히 다르다. 정체성에 대한 그 무언가가 심어진다는 것

181 유네스코한국위원회와 한국정보화진흥원 주최 '제1회 다문화사회 모든 이를 위한 정보 포럼' 중에서, 2009. 12. 09.

은 성장의 마디마디가 건강하게 자랄 수 있게 도와주는 영양분이 될 것이다.

'먼저 자신의 정체성을 확립하게 한 후 열린 마음으로 서로 다르다는 사실을 받아들이도록 하는 게 다문화 교육의 핵심입니다', 뉴질랜드 오클랜드 대학에서 사회학을 가르치는 질 머레이 교수가 2010년 방한하여 한 말이다.[182] 그녀는 다양성으로 대표되는 다문화 개념은 문제가 생겼을 때 여러 가지 해법을 제시할 수 있다는 게 장점이므로 후손에게 그 다양성의 기회를 박탈해선 안 된다고 조언하기도 했다.

다문화자녀들로 다시 돌아가 보자. 이들은 준비 안 된 국제결혼의 2차적인 피해자들이다. 그들의 눈으로 보자면 1차적 피해자들이다. 초등학교 저학년이 되면 또래아이들보다 늦은 언어능력 장벽과 이에 준하는 기초학습부진, 고학년에는 본격적인 학습장벽, 중학교에서는 이 모든 것들의 도미노 현상으로 인한 교우관계 장벽 등에 시달리게 된다. 이러한 대표적인 어려움들[183]은 다문화자녀의 학교생활에 있어서 낮은 자아정체성을 형성하게 만드는 주요 요인으로 작용한다. 이는 학교생활에 적응을 어렵게 하고 있으며 대인관계 회피나 학교이탈로까지 연결되고 있다.

이러한 다문화자녀의 낮은 자아정체성은 첫째 피부색에 따른 다름과 이를 차별하는 외부의 반응이다. 필자가 운영하는 레인보우 합창단에 멋진 용모의 미국 다문화자녀 남자아이가 들어왔다. 물

182 질 머레이 교수는 유네스코 한국위원회 산하 아시아 태평양 국제이해 교육원이 마련한 교사 연수 프로그램에 참여하였다. (포커스, 2010. 07에서 인용)

183 최문성, 김순자, 《다문화가정 자녀의 자아정체성 확립을 위한 도덕교육의 과제》, 2009.

론 모든 아이들이 다문화자녀들로 구성되어 있지만, 이성에 대한 관심이 시작되는 요즘의 아이들로서는 잘생긴 용모의 아이는 눈에 띄기 마련이었던 것 같다. 초등학교 3학년인 남자아이인 보남이는 베이지색의 머리 색깔과 적당한 구부림이 있어 막 미용실에서 머리손질을 하고 나온듯한 헤어 컬(Hair curl), 오똑한 코에 계란형 얼굴, 적당하게 한국형 얼굴을 지녔으나 왠지 반듯한 얼굴생김새, 금세 남다른 관심의 대상이 되었다. 공부도 잘하게 생겼다는 아이들의 쑥덕거림도 있었고, 당연히 영어도 잘할 것이라는 기대감이 그 아이에 대한 평가를 높여주고 있었다.

어느 날 필자는 자신감을 주기 위해 보남이 엄마에게 다른 다문화자녀−백인지향, 영어권의 국가에 대한 높은 호감도−보다 유리한 점을 지녔다는 이야기를 건네주었다. 그런데 보남이는 엉뚱하게도 반대의 생각으로 울부짖었다는 엄마의 말을 듣고 너무나 놀라웠다. 열심히 공부하라는 말을 했을 때, 갑자기 펑펑 울더라는 이야기였다. 보남이 엄마조차도 보남이에게 왜 우냐고 했을 때, 보남이는 왜 자신의 외모는 다른 아이들과 다르냐면서 왜 머리는 색깔이 이렇고, 왜 머리는 구불거리는지, 다른 아이들과 달라서 신경 쓰여서 싫다고 했다. 그런 이야기가 왜 나왔는지 물어보니, 학교 밖에서 중학교 누나들(전혀 불량한 사람들은 아니었다고 했다)이 보남이가 너무 잘생겼다면서 한번 보자고 불렀더라는 것이다. 영어도 잘할 것 같이 생겼는데, 영어도 한번 해보라고 시키더라며,−실은 영어를 잘 못해서 항상 스트레스를 받고 있었다− 영어시킬까 봐 겁이 나서 도망쳐 나왔다면서, 그를 아는 다른 아이들(내국인 아이들뿐만 아니라 다문화자녀들조차도)은 그 아이의 외모를 무척이나 부러워했음에도 자신의 외모를 비난하고 있었다.

둘째, 언어발달이 늦을수록 정체성과는 직결된다. 더구나 결혼이주여성인 엄마의 한국어 구사는 자녀에게 직접적인 영향으로 연결되므로 엄마의 한국어 교육은 자녀를 위해서라도 열심히 해야만 한다. 열악한 가정경제로 인한 맞벌이부부의 생활은 아이와의 접촉빈도가 낮고 더욱 말배우기에 늦을 수밖에 없다. 초등학교 입학 전의 한글쓰기와 읽기, 각종 선행학습 등을 해오는 일반 내국인 자녀와 격차가 나면서 기초학력에 대한 미비점이 더욱 이 아이들을 주눅 들게 만들고 있다.

셋째는 다문화가정 내에서의 부모의 언행에서 혼란은 가중된다. 즉 한국의 문화와 사회 그리고 엄마나라의 문화와 사회를 익혀야 함에도 한국인 남편이 아내나라에 대한 폄하와 무시 등은 이 아이에게는 심한 충격으로 심어지게 된다. 더구나 외부에서조차 엄마나라에 대한 하찮은 언사 등은 더욱 자녀의 마음을 어지럽게 만든다. 학교생활로 들어가서는 모든 교과서에 나오는 교재의 내용과 교사들의 태도, 친구들의 무시나 차별과 배제는 엄마나라 때문에 자신이 피해를 보게 되었다는 원인론으로 귀결시키게 한다. 이로 인한 엄마나라에 대한 원망과 국제결혼의 다문화가정 자체에 대한 창피함과 외국인인 엄마를 부정하는 반항아로 커나가기 십상이다. 그 외에 가정 내 폭력, 낮은 소득의 가정경제 등이 자녀들을 옥죄게 하며, 자기 자신에 대한 부정의 싹을 만들게 하고 있다.

당연한 이야기이자 과정인데, 낮은 자아정체성은 낮은 자존감을 형성한다. 자존감은 개인이 자신을 유능하고 중요하며 성공적이고 가치 있다고 생각하는 것이다. 열심히 공부하고 자신이 꿈꾸는 희망을 실현하고자 앞으로 나아가는 중추력이자 마음속 동력이다. 다문화자녀들이 자아정체성을 형성하고 건강한 대한민국의 국민으로, 세계의 시민으로 성장해 나가기 위해서는 자아존중감의 수준을 높여야만 한다. 자아존중감이 떨어지는 자녀는 자기표현 능력이 무척 떨어진다. 합창단을 처음 결성해서 시작할 때, 아이들은 저마다 얼굴이 어둡고 수심에 차 있었으며, 아무리 물어보고 즐겁게 해주려 해도 대부분의 아이들은 말 한마디 하려 하지 않았다. 이러한 아이들을 어떻게 이끌고 가야 할지 앞이 캄캄할 때가 생각난다. 아이들이 서로 친해지고 합창을 통해 우애가 다져지고 자신의 꿈이 생겨나면서 무대에서 박수세례를 받으면서 이 아이들의 마음이 환해지고 밝아지게 되었다. 많은 아이들이 재잘거리면서 발랄해지고 자기표현능력이 탁월해지는 과정을 보면서, 마음이 환해지고 열리면서 입도 같이 열린다는 것을 실감했다.[184]

다니엘 골먼(Daniel Goleman)은 〈정서지능〉(Emotional Intelligence, 1995)을 통해 정서지능의 개념을 널리 펼쳤는데, 그런 면에서 그가 주장한 정서지능의 5가지 구성요소는 다문화자녀의 자존감형성을 위한 정서함양에 접목시킬 수 있어 보인다. 그는 자기인식(Self-awareness)과 자기조절(Self-management), 자기동화(Self-motivation), 감정이입(Empathy), 대인관계 기술(Social skill)등을 통해 내놓았다.

먼저 자기인식은 자신이 느끼는 감정을 인식하고 알아차리는 능

184 이는 개인의 성격 차이와는 다르다. 자기 표현 능력과 밝은 표정과 무언가 자신에 대해 이야기하려는 의지는 자존감과 연관이 깊다.

력인데, 정서지능의 가장 기본이 된다. 다문화자녀가 자기인식이 가능하도록 유도하는 것으로 시작할 수 있다. 두 번째 자기조절은 인식된 자신의 감정을 적절하게 처리하고 변화시킬 수 있는 능력이다. 자신의 현 상황을 파악하고 어떻게 해서 이러한 상황을 해결할 수 있을까 생각하게 하는 능력이다. 세 번째 자기동기화는 어려움을 참아낼 줄 알고 자신의 성취를 위해서는 어떻게 해야 할지 어떤 노력을 해야 할지 마음속에서 만들어내는 능력이다. 네 번째는 감정이입인데, 타인이 느끼는 감정을 자신이 느끼는 것처럼 함께 느끼고(공감) 타인의 감정을 읽어내기도 한다. 그리고 대인관계 기술은 인식한 타인의 감정에 적절하게 대처할 수 있는 능력인데, 마음의 여유가 이미 생겼기 때문에 적절히 대응하고 심각성을 넘길 줄 아는 능력이다. 적당히 자기표현도 할 줄 안다.

합창단을 보았을 때 다문화자녀들을 위한 교육에서는 다문화라는 것이 거리낌이 없다. 그리고 학교에서 다문화라는 이유로 폭언을 들었을 때 서슴지 않고 서로 이야기하는 것을 보았다. 다문화자녀를 위한 자존감 상승을 위한 교육은 단기적이라도 반드시 필요하다는 것을 느낀다. 학교에서 폭언이나 심한 욕설을 들었을 때가 언제인지, 왜 그랬는지, 어떤 말을 들었는지 가끔 물어볼 때가 있었다. 그럴 때마다 이야기하면서 우는 아이도 있고, 속이 후련하게 말로 풀어대는 아이도 있었다. 말을 할 때와 가슴속에 간직하고 있을 때는 정서상 큰 효과가 있다. 말을 하고 났을 때 시원하다는 말을 듣는다. 그런 면에서 말로 풀어버리는 효과는 심리적으로 상당하다. 마치 샤워기로 오물과 때를 씻어버리는 것과 같은 느낌이다.

정체성상승의 과정에 대해서는 제임스 A. 뱅크(James A. banks)의 민족정체성 발달유형을 참조해 볼 만하다.

1단계는 심리적으로 속박된 상태(ethnic psychological captivity)로 자존감이 낮고 자신의 정체성에 대해 혼란 혹은 창피함 등을 갖고 있다. 서양 사람처럼 보이기 위해 백인처럼 성형수술을 원하는 동양사람, 백인처럼 보이기 위해 노력하는 흑인, 동양 이름이 부끄러워 미국식 이름으로 바꾸는 동양계 미국인 등이다.

2단계는 폐쇄적 민족성 상태(ethnic encapsulation)로 민족배타성이 심하고 이질적인 사람들과 분리하려는 사람들이다. 단일민족을 부르짖거나 순혈주의를 주창하며 다문화를 강력히 반대하는 사람들이다. 신나치주의자들도 이 부류에 속하며, 일본의 군국주의자들도 마찬가지이다. 이슬람과도주의자들의 타종교에 대한 부정 등도 이에 해당한다. 자신의 인종이나 민족 집단이 가장 우월하다는 주장을 펼친다.

3단계는 민족정체성 명확화 단계이다. 여기에서는 자신과 자신의 민족정체성에 대해 건강하게 인정하고 자신의 태도나 입장을 명확히 한다. 자신을 건강하게 긍정한다는 것은 타인도, 다른 집단도 긍정적으로 수용하는 능력이 생긴다. 또한 그들과 함께 살아갈 수 있으며 수용적이다.

4단계는 자신의 정체성에 대하여 긍정적인 것은 물론이고 자신이 속한 민족문화는 다른 민족문화에 참여할 수 있는 심리상태와 기술을 갖추고 있다고 생각하고 상호교류의 가능성을 표방한다. 두 문화에서 모두 효과적으로 기능하고 싶어 한다. 이중민족성이다.

185 Christine I. Bennett, *"Multicultural Education—Theory and Practice"*, 2009, p.144.

5단계는 여러 민족의 사회문화적 환경에서 기능이 가능하고 여러 민족문화의 가치와 상징, 제도를 이해하고 존중하고 공유할 준비가 되어 있다. 6단계는 세계화와 세계화 역량 단계이다. 여기에 속한 사람은 긍정적인 민족적, 국가적, 세계적 정체성을 함께 갖고 있으며, 타민족 문화와 자민족 문화에서 풍부한 기술과 태도, 능력을 즐긴다.[185] 이는 점진적인 과정을 겪어 나간다는 것이 아니라 사람에 따라 1단계에 머무는 사람도 있고, 6단계의 성향을 보여주는 사람도 있다. 이러한 다양한 단계의 성향을 교육을 통해 보다 건설적인 단계로 끌어올리는 데에 노력을 가할 수는 있을 것이다.

다문화자녀의 경우는 어떤 것이 옳은 것인지 조차도 알지 못한다. 보다 미래지향적이고 자신을 위해서나 사회를 위해서나 어떠한 마음을 갖고 어떠한 자세를 취해야 하는 것조차 안내받지 못했기 때문이다. 이러한 안내와 설명을 해주고, 보다 폭넓은 세상을 향해 나아가는 첫발로서 희망적인 이야기로 닫힌 마음을 활짝 열도록 해주는 것이 중요하다. 한일 월드컵 경기라든지, 어떠한 종목과 상관없이 한일전이라면 우리는 무척 예민해진다. 경기가 있는 시간이면 거리가 한산할 정도로, TV 앞에서 죽어라 응원을 해야만 하는 피가 흐른다. 국가 간의 정치적이거나 외교적인 꺼끌꺼끌한 사안이 생길 때마다 예민해질 수밖엔 없을 것이다. 그러나 통합차원에서는 축제나 스포츠경기 등이 좋은 도구가 될 수 있다.

단, 감상적인 흥분이나 분노는 정체성 교육에 도움이 되지 못한다. 문제는 정확히 알고 느끼고 경험하는 데에서 정체성이 확립된다는 것이다. 대한민국과 엄마나라의 역사와 문화, 전통, 예절 등은 기본적으로 교육이 되어야 한다. 오히려 자아정체성은 정치성향이 담긴 국가정체성으로 대변되기에 이르렀다. 여러 가지 국가 간의 현안들, 국경문제라든지, 경제적인 실리추구 등의 각종 뉴스들로 인해 자기도 모르게 분노심이 일어나는 등의 감정표현은 곧 국가정체성의 단면으로 이해되기도 하기 때문이다.

186 장승진, 《다문화주의에 대한 한국인들의 태도: 경제적 이해관계와 국가 정체성의 영향을 중심으로》, 2010.

일반적으로 볼 때 국가정체성이란 국민들로 하여금 동일한 정치 공동체의 구성원으로서의 소속감을 불러일으키는 국민성에 대한 자기인식을 말한다. 많은 사람들에게 국가는 자기인식의 중요한 준거 집단의 하나로서 강력한 감정적 애착의 대상이며, 따라서 국가의 고유한 정치적, 사회적, 문화적 특성에 위협이 되는 존재에 대해서는 부정적이거나 적대적인 태도를 보이기도 한다.(Chandler and Tsai 2001: Fetzer 2000: Sides and Citrin 2007)[186]

국가정체성은 다시 두 가지로 나누어 볼 수 있는데, 서유럽국가들의 국민국가 형성기에 나타난 시민적 정체성(civic identity)와 국민국가 형성이 뒤늦게 이루어진 국가에서 나타나는 인종적 정체성(ethnic identity)이 그것이다. 시민적 정체성은 법적·제도적 공동체로서 이해할 수 있다. 국가의 영토는 단순한 공간적 의미로 그치는 것이 아니라 그곳에서 살아가는 사람들 사이에 만들어진 역사적 기억과 연결고리를 함께 지니고 있는 것으로서 역할을 한다. 여기에서부터 시민문화가 생겨나고, 이데올로기가 펼쳐지게 되었다. 반면 인종적 정체성은 혈연관계가 주류를 차지한다. 여기에서는 이념이나 사상보다는 개인의 출생지로서 태어나면서 무조건 결정되어 버린다. 세월이 흘러 이러한 것들이 서로 만나 형성되어지는

187 한국종합사회조사,
2003.(위의 글에서 인용)

과정에서 국가정체성은 복합적으로 작용하게 되고, 자아정체성은 마련된다. 오히려 개인적인 삶의 영역이 중요해지고 커진 스마트폰 시대에 와서는 교육의 수준, 가족 형태, 경제력과 소득 수준, 다양화의 경험, 문화 수준 등에 따라 시민적 정체성에 대한 중요성을 깊게 생각하고, 이주민출신보다는 내국인인 인종적 정체성에 더 강점을 둔다는 것은 지극히 일반적인 경향으로 받아들일 수 있다.(Jones & Smith, 2001)

그렇다면 대한민국의 국민으로서의 확실한 정체성이란 무엇인가?[187] 첫째 한국 국적을 가져야 한다. 둘째 한국어를 해야 하는 것. 셋째는 한국의 정치제도와 법을 존중해야 한다. 넷째는 한국인임을 느끼는 것이다. 다섯째는 한국에서 태어나야 하는 것이다.(속인주의) 여섯째는 생애 대부분을 한국에서 살아야 한다. 일곱째는 한국의 세시풍습에 능해야 한다. 여덟째는 한국인 조상을 가지고 있는 것 등인데, 시대에 따라 국적의 의미도 많이 바뀌어가고 있는 것을 느낀다. 한국에서 굳이 태어나지 않더라도 귀화나 망명, 이주 등을 통해 한국국적을 가질 수 있다. 또한 생애 대부분을 한국에서 살지 않더라도 한국인으로 선거권까지 가질 수 있는 시대가 되었다. 또한 한국인 조상을 가지고 있지 않는 상황도 많아지고 있다. 즉 새로운 성씨의 시조가 속속 출연하고 있기 때문이다. 자아정체성이란 기본적인 권리와 의무를 기반으로 정서적인 공감의식을 지니는 것이 오히려 더 중요하다. 그런가하면 동화주의(assimilation)에 알레르기 반응을 일으키는 일부 학자나 활동가들은 한국인의 정체성만 강조하는 것이라며 이 또한 반대의 소리를 높이기도 한다. 유럽연합도 그렇고 미국도 그렇지만, 자기 나라에 대한 애국과 애정이 없이 세계화를 떠들지는 못하는 것이다. 우리나라에 대한 기본적인 의무와 애정, 충성도는 오히려 이 시대에 더욱더 요구되는 바이다. 〈부록 해당 도표 참조 p.368〉

3

한국과 세계를 잇는 다리,
재외동포

3 한국과 세계를 잇는 다리, 재외동포

사실 다문화의 열풍이 불기 훨씬 이전, 재외동포[188]는 아주 오랜 전부터 있어왔다. 나라마다 저마다 대문을 활짝 열고 서로 자유롭게 넘나들면서 도외시했던 재외동포에 대한 인식이 새삼스러워진 것도 요즘에 와서의 일이다. 대한민국의 이주민의 폭발적인 증가로 이들이 겪는 어려움을 공감하는 사람들이 늘어나면서, 예전에 외국으로 이주해간 우리교포들의 어려움을 되새겨보게 되었다. 다문화 인구가 120~150만으로 늘어나면서 '우리 땅에 외국인이냐' 하면서 반다문화주의자들도 속속 생겨나 우리의 일터를 빼앗아가고 있다며 볼멘소리를 하고 있다. 그러나 외국으로 이주해 간 우리의 동포들은 800만(남북한 포함해 전체 인구의 11% 이상이 해외에 거주한 특이한 사례에 꼽힌다)에 가깝다. 세계화와 다문화는 동전의 앞뒷

188 법적 재외동포는 2004년 3.5 재외동포 자격을 신청한 후, 허가를 받을 때 '법적동포'로 대우를 받게 되었다. 일본 등 제3국의 국적을 취득한 조선족 즉 중국동포도 이에 포함된다.

189 황필규, 《이민관련법》, 이민정책연구총서 중에서, 2011. 03. 30. p.118.

면으로 생각해야 할 판에, 수적으로도 너무나 균형이 안 맞는다. 도저히 동전의 앞뒷면이 되기에는 다문화 인구가 역부족이다. 역사로 보나, 인구 수량으로 보나, 어느 모로 보나 우리의 재외동포가 단연 선배 격이다.

그러나 우리나라의 분단의 특수한 상황처럼, 재외동포 정책 또한 이데올로기의 그늘에 가려 순수한 제힘을 발휘하지 못하고, 더구나 정치적, 외교적 논리바람에 쏠리면서 중국의 화교들처럼 건강하게 쑥쑥 커나가지 못하고 주눅이 들어 있었다. 아주 다행스럽게도 다문화시대가 돌입하면서 1999년 9월 2일, 재외동포법 〈재외동포의 출입국과 법적 지위에 관한 법률〉이 제정, 시행되기에 이르렀고 사회적 관심으로 떠올랐다. 이 법은 재외동포에 대해 사실상 출입국과 체류뿐만 아니라 취업의 자유를 부여하고 있고 부동산거래, 금융거래, 외국환거래, 의료보험, 연금, 건강보험, 국가유공자, 독립유공자와 그 유족의 보훈급여금까지도 특례를 보장하고 있다.[189] 사실, 다문화다, 재외동포다, 세계이주다, 뭐다 하는 시대적인 거센 바람도 결국 엄밀히 따지고 보자면, 재외동포의 틀 안에서의 일이다. 적어도 대한민국에서만큼은 그렇다. 참으로 복잡 미묘한 부분이 동포문제인데, 아직까지도 확실하게 정착된 법률과 해법이 없다. 한국이 잘 살게 되면서 예전에 나갔던(자의로든, 타의로든) 동포들이 대거 들어오려고 애쓰는 형국이 되자, 동포에 대한 폭과 특혜를 넓혀주고 이에 따라 저마다 동포로 귀속시키려 안간힘을 쓰고 있다. 이에 대해 경우의 수가 어마어마하게 다양하고 많아서 어디에서부터 동포 개념을 사용할 수 있는지부터 따지기 시작했다. 그러니까 대한민국정부수립 이후 해외로 나간 이주동포와 정부수립 이전의 동포는 엄연히 그 성분이 다르다고 보게 된 것이다. 그러다가 대한민국 정부수립 이전이든 이후이든 국외로 이주한 것만으로도 같이 봐야 한다는 원칙이 만들어졌다. 일제치하에서 할 수 없이 떠날 수밖에 없었던 가슴 아픈 역사의 한 파편이어야 했던 동포들을 이제 와서 법적으로까지 차별할 수는 없는 일이다.

　그러나 한국이 경제적으로 잘 살게 되고, 번영하게 되자 재외동포이면서 이주노동자 목적으로 들어오는 경우가 많아지고 마침 다문화가 몰려오면서 문제가 달라지기 시작했다. 특히 불법체류 다발 국가로 고시된 중국이나 러시아 등 이주노동자들이 들어오는 국가들이 해외동포가 가장 많은 국가로 겹치기 때문이다. 이들은 동포로서의 권리를 취하려고 하고 있으며, 다문화사회에서 다문화 이주민으로도 끼어든다. 그러면서도 귀화는 하지 않으려고 하는데, 이는 중국이라는 미래지향적인 경제국가라는 것을 누리고 싶은 마음에 중국 국적을 고집하는 것이다. 현재 중국동포의 31.03%(2010년 법무부 통계)가 한국에 거주하고 있는데[190] 이는 우리나라 한국 내 외국인 개별 집단 중 가장 큰 규모이다. 재외동포정책은 국내 외국인 정책 즉 다문화정책과 연관되면서 마침 급증하던 이주노동자와 결혼이민자를 중심으로 한 다문화정책과 결합되기 시작했다.[191]

190 등록외국인을 국적별로 분석하면 중국인이 전체의 53.5%인 53만 6,917명을 차지했다. 이중 39만 7,656명은 흔히 '조선족'으로 불리는 한국계 중국인이다. 이어 ▲베트남인 9만 8,225명(9.8%) ▲미국인 6만 4,144명(6.4%) ▲필리핀인 3만 9,537명(3.9%) ▲태국인 2만 7,576명(2.8%) 순으로 조사됐다. (법무부 출입국·외국인정책본부 통계, 2011. 01.)

191 연합뉴스, 〈재외동포정책, 다문화정책과 조화돼야〉, 2011. 02. (인하대 이진영 교수)

해외로 나간 재외동포 이야기

192 이진영, 《한국의 재외동포정책》 2011.

통상적 개념으로 보면, 일반적으로 재외동포란 해외에 살고 있는 우리 동포를 의미한다. 하지만 재외동포에 대한 호칭은 매우 논쟁적이다. 자주 사용하는 통상적인 용어는 재외(在外), 해외(海外), 외국 거주, 개별 국가 거주(예: 재일, 재독 등) 등이 있고, 여기에 의미를 나타내는 명사로 동포, 교포, 교민, 한인, 한교, 민족, 한민족, 한족, 우리민족, 한국인, 조선인, 거민, 체류민 등의 용어가 사용되고 있다. 거기에 해외동포, 해외교포, 해외한인, 해외한민족, 해외체류민 등의 용어의 사용이 가능하다. 재일동포, 재중한국인, 재미한족, 러시아교포 등도 물론 가능하다. 정부의 공식 문건도 명확한 정의가 없이 혼용하여 사용하였다.(김봉섭, 2009)

또 하나, 법률적 개념으로 보면, 재외동포에 대한 법률적 개념 정의는 곧 재외동포에 대한 법안이 발의되어 통과 후 시행되고 있는 경우를 의미하므로, 정부 재외동포정책의 기초가 되는 개념이다.[192]

우리의 재외동포정책은 기형적인 형태로 출발하여 다문화사회로 들어서면서는 더욱 혼란스러워 종합적인 면모를 잃고 있다.(이진영, 2010) 냉전시기에는 북한과 대척하고 있는 상황에서 재외동포정책은 성립 자체가 먼 이야기였고, 탈냉전 시기에는 외교적 고려와 정치적인 이유로 이 또한 확고한 이론적 관심과 토대가 이루어지기 힘들었다. 아직까지도 재외동포에 대한 관심과 인식은 배타적이다. 특히 60년대 이후 미국 등 선진국으로 떠난 해외동포들의 경우, 우리나라가 싫다고 가놓고, 우리가 좀 잘 살게 되니까 기웃거린다는 텃세 성향도 있고, 정부수립 즈음에 반 강제로 떠나야 했던 해외동포의 경우도 과거지사야 어떻게 되었든, 우리나라가 잘 살게 되었다고 기대어 보려고 들어오는 것이라는 시각이 팽배하다. 그러나 장기적인 안목에서 해외동포와 이들의 네트워크는 협조가 긴요하고 세계화시대에 더욱 손을 잡아야 할 대상들임은 확실하다.

외교통상부와 재외동포재단에 따르면, 2009년 국가별 재외동포 총계는 다음과 같다. 일본(91만 2천 명), 중국(233만 6천 명) 등 아주지역이 371만 명이며, 미국(210만 2천 명), 캐나다(22만 3천 명), 중남미(10만 7천 명) 등 미주지역이 243만 2천 명이다. 그 외 러시아(53만 8천 명)를 비롯한 유럽지역이 65만 5천 명 정도이다. 나라별 비율별로 볼 때, 중국>미국>일본>러시아>캐나다 순으로 주로 한반도 주변 4대강국에 집중적으로 분포되어 있다.

재외동포 대상으로도 '대한민국 국민으로서 외국에 장기체류하거나 외국의 영주권을 취득한 사람 혹은 국적에 관계없이 한민족의 혈통을 지닌 사람'이라고 폭넓게 규정하고 있다. 기관 소속은 외교통상부에 지도 감독권을 부여하는 등 외교통상부의 산하기관임을 명시하고 있다. 사업으로는 '재외동포 교류사업, 재외동포사회에 관한 조사 연구사업, 재외동포를 대상으로 하는 교육 문화사업 및 홍보사업'으로 정하여(제7조), 비정치적인 영역에 치중하고 있다.[193]

2010년 국내 체류 외국인 중 31% 이상이 중국동포로, 재외동포가 외국인의 개별집단 가운데 가장 큰 규모라는 점이 확실한 가운데, 재외동포문제를 통해 이주문제를 바라봐야 한다는 목소리들이 조금씩 나오고 있다.[194] 그러나 재외동포라는 큰 테두리에서

193 이진영, 위와 같음.

194 〈재외동포정책, 다문화정책과 조화돼야〉, 연합뉴스, 2011. 02.

195 재외동포 출입국과 법적지위에 관한 법률 [재외동포 출입국과 법적 지위에 관한 법률]은 재외동포들의 기본 권리와 처우를 규정하기 위해 1999년 9월 2일에 제정되었다. 법 내용을 보면 재외동포에 대해 출입국과 체류 및 취업의 자유를 부여하고 있고, 부동산 거래, 금융거래, 외국환 거래, 의료보험, 연금, 건강보험, 국가유공자 및 독립유공자와 그 유족의 보훈급여금 등에 있어서 특례를 규정하고 있다. 그러나 처음엔 이 법의 규정을 제한적으로 규정 해석하여 재중 및 재러동포를 배제하였다. 규정상 '대한민국 국적을 보유하였던 자'가 문제가 된 것이다. 결국 국내 체류 중국동포들 사이에서 문제제기가 지속되고, 헌법 불합치결정이 일어난 후 2004년 3월 5일 제4차 개정을 통하여 '대한민국 국적을 보유하

였던 자'와 '대한민국 수립 이전에 국외로 이주한 동포' 모두를 포함시키게 되었다. 그럼에도 여전히 단순노무 행위를 목적으로 하는 경우는 법의 적용에서 배제되고 있다. 또 중국 등이 불법체류 다발국가로 고시되어 중국동포나 재러동포 이주노동자들은 [재외동포 출입국과 법적 지위에 관한 법률]의 특례에서 배제되고 있다. 그리고 또 다른 일부에서는 재외동포에 대해 특례규정을 두어 특혜를 제공하는 것이 과연 타당한가 하는 문제제기도 있다. 즉, 다른 이주노동자나 이주민에 대한 차별은 아닌가 하는 점이고, 결국 출신국과 인종, 종교, 문화에 따라 차별을 하지 않는다는 헌법정신에 어긋나는 것이라고 주장한다.

196 〈정치권의 재외국민 교육지원 논의〉, 재외동포신문, 2011. 02.

어떻게 이들과 상호협력하여 더 좋은 나라로 나아갈 수 있을까를 모색해야 함에도 불구하고 재외국민으로 한정지으려는 것은 좁은 시각일 수 있다. 재외국민이라 하면, 한국 국적을 소유하고 있는 재외동포를 말한다. 이들은 현재 200만 정도인데, 2012년부터 선거권이 주어진다는 가정 하에 그 중요성이 부각된 것은 당연한 이치일 것이다.[195] 2009년 '재외국민의 교육지원 등에 관한 법률 개정안'과 2010년 7월의 '재외국민의 교육지원법' 그리고 12월의 '한국국제교육진흥원 설립 및 운영에 관한 법률안', '재외국민교육청 설립을 위한 정부조직법 개정안' 등 세 개의 법안이 발의됐다.[196] 그러나 재외동포 600만을 도외시할 수는 없는 일이다. 중국은 오래전부터 화교, 화인들에 대하여 세계적으로 널리 알려진 만큼 조국에 대한 영향력을 톡톡히 하고 있다. 중국개방 이후 급속도로 스피드를 펼치는 중국의 경제발전은 해외에 나가 있는 화교들의 힘이었다. 일본 역시 저출산의 국가적인 고민거리도 해소할 겸 세계적인 인재활용 겸해서 해외에 나가 있는 재외동포들을 활용하는 정책으로 바꾸고 있다. 우리 역시 각국의 한인회를 중심으로 힘을 모아가는 곳이 꽤 있다.

외국으로 이주하여 어느 정도 발판을 삼은 동포나 정치적인 권력을 행사할 수 있는 자나 사업을 통해 부를 취득한 동포들의 경우는 국가 간 실리를 얻을 수 있는 최고의 발판이 되기도 한다. 특히 미주지역은 재외동포가 가장 많이 나가 있는 곳 중의 하나로, 미국 내 여성 및 소수민족이 사회, 정치, 문화 등 각 분야에서 주류사회로의 진입이 구조적으로 차단되고 있는 현상인 '유리천정

(Glass Ceiling)'인 셈이며 미국 내 재외동포가 주류 사회로 진입하고자 하는 것이 미국 사회의 주류를 이루고 있는 백인들에 의해 차단되고 있다. 이를 해결하는데 우리나라 중앙정부 및 지자체와의 협력네트워크 구축이 필요한 것이다.(이정택)[197]

툭 터놓고 이야기하자면, 이 모든 것이 크게는 국익과 깊은 관련이 있기 때문에 관심과 연구를 해야 하는 것이다. 그렇다고 치면, 미국 인구의 2%(600만 명)밖에 안 되는 유태인들이 미국정치인의 20%를 차지하고 노벨상 수상자도 가장 많은 수를 배출해냈으며 각 분야에서 두각을 나타내는 톱 리더도 엄청나게 많이 나오고 있는 것은 우리에게 많은 점을 보여주기에 충분하다. 이를 보면 타국에서의 자국인들의 모임 즉, 국가별 네트워크는 상당히 큰 역할을 하고 있으며, 자국과 이민국에 얼마나 중요한 자리매김이 되는지 알 수 있다. 각 지역에 거미줄처럼 짜여 있는 유태인 공동체가 바로 그들의 힘이 되며 저력이 되는 기초를 이루고 있는 셈이다. 이는 유태인 집단의 활성화뿐만 아니라 이주국 즉 미국에서도 좋은 현상이다. 네트워크의 양성화는 해당국가와 국가별 네트워크가 서로 힘을 합쳐 좋은 사회를 만들기 위한 협력체가 되어야 한다. 각종 범죄나 사건사고에서도 함께 협력해 해결해 나가는 것은 좋은 모습이다.

또한 중국의 세계적인 화교집단은 우리가 본받을만한 사례가 아닐 수 없다. 전 세계에 퍼져 있는 화교와 화인들[198], 이들은 중국개방 이후, 굉장한 실력을 발휘한 경제개발 일꾼들이다. 20세기 1980년대 이후 중국의 개혁개방과 더불어 해외교류와 경제활동이

197 C-TV대학방송, 〈단국대, 재외동포연구소 국제학술회의 개최〉, 2010. 10.

198 화교(華僑)는 국외에 정착, 거주하면서 외국 국적을 갖지 않고 살아가는 중국인과 그 자녀들을 말하고, 화인(華人)은 거주국 국적을 취득한 중국인과 그 자녀를 가리킨다.

199 정신철, 《세계 화상 네트워크와 중국 지역경제 발전》, 2009.

활발히 진행되었으며, 이에 따른 중국인의 국외진출도 급속히 증가했다. 화교들은 전 세계 53개국에 차이나타운을 형성하면서 그들의 세력을 형성해 나가는데, 특히 출생지에 근거한 혈연, 지연을 무척이나 따져 뭉치는 경향이 짙다. 그들은 이렇게 유대감을 주된 힘으로 모아서 다시 자신의 고향에 새로운 생활기반을 닦고 경제적 활동을 한다. 중국인들은 동향, 동족끼리 모이면서 상권을 형성하는데, 이것이 유기적인 상업 네트워크를 만들고 있다. 세계화상(華商)대회는 전 세계 화교들의 네트워크 구축과 경제적 이익 증진을 위해 지난 91년 싱가포르 리콴유 전총리가 제안한 비즈니스 행사로 2년마다 세계 각지에서 열린다. 세계화교는 중국 국내총생산(GDP)의 배에 해당하는 2조 달러의 유동자산을 보유하고 있고, 아시아 1,000대 기업 중 517개를 운영하고 있다. 또 동남아 인구의 6%, 동남아 자산의 86%, 동남아 상권의 70%를 차지할 정도로 막강한 경제력을 갖고 있다. 500대 화교기업의 분포를 보면 역시 홍콩, 타이완으로 많이 분포되어 있으며 다른 동남아시아 지역에서도 이들이 평정 혹은 석권하다시피 많은 영향력 끼치고 있다.

회의는 화교기업인들의 경영능력을 과시하고 상호협력 분야를 발굴할 뿐만 아니라 중국 본토와 협력분야를 찾는데 그 목적을 두고 있다. 이렇게 해외화상 네트워크는 수많은 혈연, 지연 등을 기반으로 조직된 단체의 집합체라고 할 수 있다.[199] 세계 각 지역에 분포되어 있는 화인, 화교 상공인들은 중국 경제발전에 많은 공헌을 하였고 개발자금을 조국에 제공하여 해외투자 가운데 화교권 자본이 절대적 비중을 점유하게 만든 장본인들이다. 즉, 화교와 화인 자본이 대중국투자에서 막대한 영향력을 행사했고 중국과 세계와의 교류에서도 따끈따끈한 중개역할을 하였다. 더구나 아무리 외지에 나가 있더라도 강력한 그들의 귀소본능은 중국 내의 지역경제와 사회발전에도 큰 기여를 하였다. 광동성과 복건성은 중국의 동남 연해지역인데 화교 화인의 원적지이다. 개혁개방 이후 중국정부는 이곳을 경제특구로 칭하고 국외교민의 자금을 유치하여 사용하였다. 1993년까지 해외투자의 50% 이상이 광동성과 복건성에 집중되었다. 이렇게 개혁개방 30년 사이 중국은 눈부신 성장을 이룩하며 미국에게 으르렁대고 있다. 빠른 과정으로 G-20에 등극한 중국의 힘은 그 속에 해외에 나가 있는 화교와 화인의 대중국투자가 작용한 것이며 앞으로도 더욱 막강한 세력권으로 움직여 나갈 것이다.

우리는 어떠한가? 전 세계에 중국인만큼 한인들의 터전도 만만치 않다. 그러나 그들의 한국에 대한 애정을 피우도록 우리가 그만큼 애정을 쏟았는지, 앞으로는 어떠한 방향으로 그들을 품어 안을 것인지, 또한 국내로 속속 들어오는 역귀화인들을 포함하는 재외동포들을 어떻게 받아들이며 초기에는 그들을 키우는 방향으로 해서 그들과 상호교류하며 나아갈 것인지를 심도 있게 다뤄야 한다.

우리의 과제는 어쩌면 다문화라는 커다란 포장 안에 재외동포문제가 핵으로 들어있는 모습일 수 있다. 대한민국이 건강하고 튼튼할 때 재외동포들도 외국에서 어깨에 힘이 들어갈 수 있을 것이며, 그럼으로써 부를 획득하고 권력을 잡는 일련의 일들이 더 가까워질 수도 있을 것이다. 그들이 잘 되어가면서 우리는 그들을 다리삼아 국가적 자본획득, 외교실리추구 등이 훨씬 더 가까워질 수 있을 것이다. 대한민국의 다문화의 숨은 문제는 여기에서부터 풀어나가야 순조로워질 것이다. 재외동포를 위한 정책과 지원, 그리고 재외동포의 후예들을 위한 한국어 교육이나 한국문화 교육 등을 지금보다 더 활발히 하면서 광범위한 한국인의 활동영역을 키워나가야 한다. 재외동포를 따뜻하게 품어 안아야 한다. 그러면서 우리의 인재활용으로 서로 공생하고 교류해야 한다.

재한 외국인이 120~150만(법무부 통계로는 135만, 행안부 통계는 126만, 여기에 불법체류자나 난민 등을 합하면 150만은 능히 넘어설 것이라는 것이 현장업무가들의 공통된 견해) 시대에 진입했고, 다문화사회 현상이 광범위하게 진행되고 있음에도 우리 사회의 담론은 여전히 '글로벌화'의 주제 아래 다문화 문제를 논하거나, 인권문제의 연장선상에서 논의되고 있는 수준이다.

하지만, 이런 논의로는 국가적 현실로 다가온 이민, 다문화 문제를 해결할 길이 없다. 다문화 문제를 이주노동자의 노동조건 문제, 결혼이주여성의 인권이나 정착 문제, 다문화가족 자녀에 대한 교육 문제로 국한시키거나, 이들에 대한 지원 문제로 한정한다면, 국가적인 패러다임 전환에 대처할 수 없다. 국가적 패러다임 문제를 고민하지 않는 이민, 다문화는 오히려 국가적 불행의 씨앗이 될 것이다. 외국인 근로자 도입은 노동력이 아니라 사람이 오는 것이며, 결혼이주여성은 성적인 대상이나 씨받이가 아니라 사람이 오는 것이며, 다문화가족 자녀는 학생에 머물러 있는 것이 아니라, 대한민국을 책임지는 국민으로 성장할 것이다.[200] 따라서 재외동포와 함

200 김성회, 《이민 다문화정책 포럼》, 2011. 05. 26.

께 다문화를 다뤄야 하며 그럴 때 구체적인 현황과 각론 뿐 아니라 국가적인 패러다임의 변화를 함께 모색할 길이 보일 것이다.

저출산과 고령화 등으로 시작된 다문화사회를 맞아 해외로 나간 동포들에 대해서도 포섭하는 전략과 기획을 함께 수립할 필요가 있다. 그렇지 않아도 재외동포에 대한 정부의 인식도 변화되고 있다. 즉 '모국과 거주국을 매개하는 주요 행위자이자 우리 국력의 외연을 형성하는 소중한 자산'으로 인식하게 되었고, 지식기반 경제로 이행하는 과정에서 '한국과 거주국 언어, 문화, 제도에 모두 익숙한 국제경쟁력을 갖춘 우수한 인재풀'로 바라보게 되었다는 점이다. 그러나 다문화라는 붐이 급격히 일어나면서 국내의 다문화 변화에만 초점을 맞추는 비율이 거의 대부분이어서, 재외동포정책은 오히려 그늘에 가려진 양상이 되고 있다. 800만이나 되는 재외동포에 대한 관심과 연구가 앞으로의 과제가 될 것이다.

국내로 들어온 동포 이야기

그런 반면 우리나라에 들어온 동포들 중 가장 많은 비율을 차지하는 중국동포를 보는 시각은 어떠한가? 경제력이 우리나라보다 저조한 국가에서 들어온 동포들에 대한 시선은 까다롭고 냉정하기 이를 데 없다. 세대가 바뀌고 전쟁의 참상이 흐려져 가는 이때에 과거의 역사를 들먹이면서 '우리가 원래 한국인인데, 뭐 어쩌고······', 하면서 들이대는 것이 무색해져 버렸다. 180여 개국의 다양한 국가에서 한국으로 들어오는 이주흐름 속에서 중국동포는 가볍게 무시되기 시작했고, '저개발국가에서 온 외국인 = 다수의 하층 이주민(하위계층) = 다문화'라는 등식으로 잘못 착각하는 일부 다문화주의자들 속에서 또 한 번 서러움을 받아야 했다. 자본주의 시대를 살아가는 세계의 추세에 있어 '국적 없는 자본'과 '국적 있는 노동력'의 갈등으로 생긴 '소수자들의 저항'을 다문화사회 통합 차원으로 한데 묶으려는 연구들이 드러나고 있어 늦은 감은 있지만 다행이다. 그러다가 앞서 상론했던 다문화와 중국동포와의 애매한 부류체계와 뒤섞임에 대한 우리만의 고민이 있다.

선진국이 된 한국, 빈곤한 나라에서 온 중국동포, 민주주의 국가인 한국, 사회주의 국가인 중국, 예전 역사가 서려 있는 자본주의, 공산주의식 비교잣대, 못사는 동포의 무시, 잘사는 동포의 환대, 혜택을 바라는 중국동포, 혜택을 주는 동포, 구제받으러 온 중국동포, 구제해줘야 하는 한국국민 등의 애매모호한 등식이 반다문화주의자들(민족주의, 순혈주의자)의 강력한 제재를 표출하기에 이르렀다. 더구나 방문취업비자의 확대로 더 많은 중국동포들이 대거 들어올 것이 예상되는 바, 우리는 이에 대한 국민적 인식과 자세, 그리고 관심적 시각, 방향성 등이 아직은 모호하다. 수많은 불법체류자들[201], 믿을 수 없는 자들(한국어를 잘 못하는 중국한족을 상대로 중국어와 한국어를 잘 구사하는 중국동포들의 브로커 행위, 사기행각들), 돈만 밝히는 하층직업군, 각종 범죄와 사건사고의 중심세력 등으로 얼룩지고 이미지가 만들어진(타자에 의해) 이들을 우리는 중국동포라고 부르기보다는 '조선족'이라고 비하하는 식의 호칭을 쓰고도 있다. 워낙 입국한 숫자가 가장 많다 보니, 중국동포들이 몰려 사는 곳이 많아지고 있다. 이들은 어떠한 공동체를 만들어갈 것인가, 내국인과 적대하고 요구하는 집단인가, 보다 한 차원 높은 삶의 질을 위해 노력하고 한국사회에 적응하기 위해 그들 나름대로의 보편적 가치를 추구하는가, 그들만의 피해의식을 극복하고 동북아시아의 시민의 한 사람으로서 당당함을 표출할 것인가, 하는 것이 그들의 문제로 남는다.

필자가 운영하는 다문화어린이합창단(레인보우합창단)을 취재하기 위해 수많은 방송사와 출판, 잡지, 언론사들이 드나드는데, 되도록 외국인다운 다문화어린이, 한국 얼굴과는 다른 외모만을 선호한다. 그리고 갓 들어온 단원이라도 외국인처럼 생긴 이국적인 아이만을 취재하느라 그런 아이들 쪽으로만 카메라가 쫓아간다. 아무리 노래 잘하고 모범적이며 이야깃거리가 많은 중국과 일본 다문화가정의 자녀는 제외되어 버린다. 한국인 얼굴과 똑같기 때문에 카메라로 찍어갈 이유가 없다는 것이다. 한 중국동포가정의

[201] 불법체류자는 전체 체류외국인의 약 13.4%에 해당하는 16만 8,515명으로 나타났다. 이는 2009년 17만 7,955명에 비해 5.3% 감소한 수치인데 정부의 불법체류자 정책이 지난해 제법 성공적이었음을 보여준다. 국적별로는 중국인이 7만 6,566명으로 전체의 45.4%를 차지하며 1위에 올랐는데, 여기에는 조선족 2만 3,159명도 포함돼 있다. 이어 ▲베트남인 1만 5,440명(9.2%) ▲태국인 1만 2,408명(7.4%) ▲몽골인 1만 883명(6.5%) 순이었다(법무부 출입국외국인정책본부 통계, 2011. 01).

자녀는 어느 날 참다못해 이런 말을 터뜨렸다. "선생님, 다문화가
정이라고 놀림 받을 때는 싫었는데, 요즘 TV들이 막 찍어가는 것
보면, 아예 외국인처럼 확실한 다문화였으면 좋겠어요"하더니 며
칠 후 노란색 브릿지 염색[202]을 하고 나타나기도 했다. 다문화자녀
에게 힘과 용기, 그리고 자신감을 배양시키고, 떳떳하게 자라날 수
있도록 합창단을 만들어 많은 보람을 얻고 또한 효과도 많이 봐왔
으나, 이러한 일에는 속수무책이었다. 다시 한 번 다문화자녀에게
상처를 주는 격이었다. 피부색이 다르거나 생김새가 조금만 달라
도 아이들은 놀린다. 하지만, 어설픈 다문화 얼굴 즉 한국인과 똑
같은 외모의 다문화자녀는 언론과 기타 매체를 통해 차가운 외면
을 받아야 한다. 더구나 중국동포나 고려족 등 동포계열로 드러날
땐 노골적으로 '이 사람들은 다문화가 아니네'라며 당연한 듯이 제
쳐놓는 것을 보면 비주얼을 중시하는 언론에서의 이들은 아예 다
문화 축에도 끼지 못하는 신세다.

한국인도 아니면서 다문화도 아닌 이상하고도 묘한 취급을 받는
경우라 할 수 있다. 정책적인 면이나 민생현안의 지원적인 면에서
더욱 절실한 경우가 바로 재외동포들이다. 특히 중국동포와 북한동
포의 경우 내국인들이 가장 싫어하는 다문화민족 중의 하나이다.

그도 그럴 것이, 정책과 예산 면에 있어서도 외면당하고 있다고
보이는 것이, 외교통상부와 재외동포재단은 해외 체류하고 있는
재외국민이나 해외동포만 대상으로 하고 있을 뿐, 국내 체류동포
에 대한 사업이나 예산 책정이 거의 없다. 그러면서도 국내 체류하
는 중국동포들(방문취업자 30만을 포함하여 약 40만 명)에 대해선 어

느 부처도 신경을 쓰지 않는 상황이다. 외국인근로자를 담당하는 고용노동부는 이들을 외국인근로자의 한 사람으로 볼 뿐, 별도의 지원 프로그램은 전혀 없다. 또한 일반 국민의 다문화 인식 개선과 교육, 그리고 사회의 다문화 인프라 구축에 대해선 별다른 예산을 반영하고 있지 못하다. 관련 공무원 및 교사와 예비교사 연수, 그리고 일반 국민의 다문화 인식을 위한 홍보예산 정도가 편성되고 있을 뿐이다.

1. 중국동포(조선족)

203 2010년 3월 현재 한국 내 외국인 총 체류자 중 31.03%가 중국동포로, 이는 한국 내 외국인 개별 집단 중 가장 규모가 큰 것이다.

들어오는 동포 중에서 가장 많은 수를 차지하고 있는 중국동포[203]에 대해 후진 국가, 못사는 나라에서 온 사람들이라는 선입견과 편견은 오래가지 못할 것이다. 우리가 조금 잘 살게 되었다고 오만하고 잘난 체하는 동안 중국은 엄청나게 빠른 속도로 경제력을 거머쥘 수 있기 때문이다. 지금까지의 상승추이만 보더라도 그렇다. 한치 앞만 보고, 팔짱끼고만 있기에는 세계는 너무나 변화무쌍하다. 중국 경제력의 놀라울 정도의 빠른 증가와 상호교류는 무척이나 많아지고 있다. 현재 한국이 외국에 출국하는 국가 중에 중국이 단연 1위를 차지하고 있으며, 각종 무역비즈니스와 경제합작, 그리고 여러 방면에서의 상호의뢰관계 등이 폭넓어지면서 상호이익관계의 실리추구가 급속도로 우회적으로 변하고 있다. 또한 젊은층의 중국동포들이 대거 들어오게 되면서, 한국 내에서의 중국동포들의 판도도 달라질 것이다. 중국과의 외교, 국가 간의 여러 가지 협력과정에서 중국동포들이 쏟아야 할 일들이 많아질 것이고, 오히려 우리가 의지해야 할 일도 많아질 것이다.

또한 각 대학마다 이곳이 중국인지, 한국인지 모를 정도로 중국 유학생들투성이다. 엄청나게 쏟아져 들어오는 유학생 군단, 이들을 무시할 수 없다. 무조건적 선입견으로 싸잡아 평가하는 시대는 지났다. 더럽고, 시끄럽고, 몰상식하고, 무식해 보이고…… 하는 일련의 잘못된 편견이 얼마나 큰 우를 범하는지 모른다. 동양문화권의 중심부이고 세계경제를 주무르는 국가가 되어 버렸다. 우리는 겸허하게 배워나가야 한다. 이들의 문화흡수력과 문화파급력 그리고 배움에 대한 열의, 경제관념, 세를 확보하는 방법, 여러 소수민족을 다루는 방법과 그 노하우, 우리에게는 없는 여러 배울 점들이 많이 있을 것이다. 조금 잘 산다고 오만하고 앞뒤 안 가리는 경솔함은 또 다른 비극을 초래할지 모른다. 우리는 항상 이웃나라에 대한 긴장과 겸손의 자세 그리고 항상 배워나가는 열정과 노력을 놓치지 말아야 한다.

204 MBC, 〈부흥의 길〉, 2008.

2003년 선저우 5호 유인 우주선 발사로 세계의 3번째 유인우주선 기술 보유국이 됐다. 바로 그해 중국경제는 8% 이상의 성장속도를 유지해 세계 3대 무역강국으로 올라섰다. 그해 UN의 보고서는 2003년 중국의 경제성장률은 세계 그 어느 나라보다 빠르며 주요무역국가로 부상하고 있다고 전했다. 맨체스터 대학의 윌리엄 칼라한 교수는 '중국의 화합 사회건설은 매우 흥미로운 개념이다. 중국식 발전관의 일부이기 때문이다'라면서 중국의 현재 나아가고 있는 모든 모습은 매우 긍정적이며 강력한 개념이라며 극찬했다.

중국주재 세계은행 초대 수석대표였던 링총경은 '저는 중국이 고속성장을 유지하면서 사회복지를 이뤄낼 것이라 확신한다. 그 점이 바로 사회주의 시장경제의 특징이다'라며 자신감을 드러냈다.[204]

더구나 하버드 옌칭연구소의 두웨이밍 소장은 경제대국, 정치대국 실현은 문화 없이는 불가능하지만 문화의 힘은 전통문화를 근간으로 할 때 발휘된다고 했다. 그리고 문화의 힘과 핵심 가치를 무시한다면 원하는 사회를 건설할 수 없는 것인데, 중국은 이를 잘 알고 잘 해 나가고 있다. 그 외에도 베이징대학의 지 셴린 교수, 교육부부장인 위안구 이런 역시도 문화의 힘을 강조했다. 〈국가 11.5문화발전규획강요〉에 의하면 중국의 발전 로드맵에 있어 문화의 힘으로 중국의 화합, 세계와의 화합을 꾀하자는 내용이 함축되어 있을 정도이다. 중국은 실로 엄청난 기세로 전 세계를 향해 포효하고 있다. 우리가 못사는 나라에서 왔다고 놀리고 업신여길 문제가 아니다. 초대형강국으로 급부상하고 있는 중국. 우리가 이들에게 배워 나가야 할 일도, 서로 협력해 나가야 할 일도 많아질 것이다. 중국인의 특성 중 하나인 집단화는 그들의 큰 힘을 도모하기 쉽다는 것을 보여준다. 단지 우리가 이들이 커질 것을 염려해 잘 봐주자는 것이 아니다. 잘 사는 나라에서 오든 못 사는 나라에서 오든 우리의 모습에서 무시와 업신여김 등이 표가 나서는 선진시민이라 할 수 없다.

그러나 반대로, 정부는 하염없이 작아지는 모습을 보여주고 있다. 정부의 이런 모습에 아마도 국민이나 시민들이 더 분노를 표현하는지도 모른다. 정부가 일관성 있고 당당한 외교 모습을 보여주면서 국민들에게 협조를 부탁하는 형식이 되어야 하며, 일각에서는 국민적 합의를 위한 교육에 매진해야 한다.

다음은 당시 있었던 한 신문기사의 일부분이다.

「2008년 4월 27일 베이징 올림픽 성화 봉송 시 서울에서 중국 유학생들이 난동을 벌였다. 중국 정부의 조직적 지원을 받은 것으로 의심되는 재한 중국 유학생들의 집단난동 때문이었다. 당시 중국인들은 티벳 독립과 탈북자 인권보호를 주장하던 인권단체는 물론, 경찰, 시민들까지 무차별 폭행했다. 하지만 실제 조치는 실망스러웠다. 외교통상부가 '강한 유감'을 표시하자 닝푸쿠이 대사는 양비론을 폈고, 사법처리를 하겠다던 경찰이 잡은 한국인은 4명인데 반해 중국인은 1명, 그것도 한국인은 구속, 중국인은 불구속 상태였다.

우리 정부는 여론이 들끓기 시작하자 진화에 나섰다. 28일 외교통상부는 '감사'를 표시하기 위해 온 닝푸쿠이 대사에게 '강한 유감'을 표시했고, 경찰은 난동을 부린 중국 유학생들을 사법처리 하겠다고 밝혔다.

세계 최강국이라는 미국과 경제대국 일본에게는 거침없이 쓴소리를 내뱉고, 국내의 웬만한 일에는 인권과 평등을 내세워 난리를 피우던 언론과 지식인 그리고 정부관료들이 왜 중국 앞에만 서면 이렇게 작아지는 것일까.」[205]

더욱 기세등등한 중국은 2010년 9월 7일 일본과 센카쿠열도 분쟁(중국명 댜오위다오·釣魚島)이 일어나자 당차게 일본의 코를 눌러버렸다.[206] 중국의 영토분쟁은 이 외에도 동아시아 곳곳에서 벌어지고 있다. 이 외에도 해가 갈수록 중국의 위세는 아무도 겁내지 않는 발언과 행동으로 일관해 나가고 있다. 이러한 외교적 문제와 정치적 문제는 곧바로 우리의 사고방식 속으로 침투해 들어가곤 한다. 그래서 정부의 행동, 발언, 자세 하나하나가 중요하게 다가오는 법이다. 특히 이렇게 모든 것이 개방되어 드러나는 세상에서는 더욱 그렇다.

중국의 대외적인 방침은 더욱 기세등등하게 변하고 있다. 중국의 대외적인 모습을 '조심하면서 재능을 감추고 때를 기다린다'는 도광양회(韜光養晦)의 시대는 끝이 났고 기세가 등등하다는 뜻의 '돌돌핍입(咄咄逼人)'의 시대로 전환했다'고 선언하였다.[207]

205 서울포스트, 〈중국 유학생 난동은 국가 자존심의 문제〉, 2008. 05. 02.

206 센카쿠 열도가 1970년대 초부터 풍부한 어업자원과 지하자원, 전략적 위치 등으로 주목받자 1978년 중국 어부들은 열도 인근에서 조업을 시작했다. 이에 일본 극우단체가 열도에 등대를 설치하는 등의 방법으로 맞서면서 분쟁이 격화됐다. 일본은 청일전쟁 당시 센카쿠 열도가 자국 영토에 편입됐다고 주장하는 반면 중국은 이미 자신들의 영토였던 곳을 빼앗긴 것뿐이라는 입장이다. 분쟁은 지난해 9월 센카쿠 열도 부근에서 일본 순시선을 들이받은 혐의로 중국 선박의 선장이 구속된 뒤 다시 본격화됐다. 당시 중국은 희토류 수출을 중단하는 등 일본을 전방위로 압박했다.

이런 상황 속에서 서로간의 분노를 만들 필요는 없다. 모든 크고 작은 일들은 아주 작은 곳에서 시작된다. 인적교류, 이주민과의 사회통합, 중국동포, 중국유학생 등 서로 얽힐 일들이 많아질 것이기 때문이다.

G2의 국가 중국, 거기에서 오는 중국동포, 국가정책과 함께 현재의 다문화 열풍에서 어떻게 이들을 바라봐야 하며, 어떻게 이들을 교육시켜야 할 것인가 등의 노력은 끊임없이 발전되어야 할 우리의 과제이다. 또한 그들을 어떻게 안을 것인가는 대한민국 다문화의 향방을 가르는 최고 정점이 될 것이다. 다문화시대를 맞아 대거 들어온 중국동포에게는 재외동포 출입국 및 법적지위에 관한 법률의 틀 안에서 우대받고 있다. 방문취업제도에 의해 언제든지 F-4 비자 발급이 가능해졌으며 이로 인한 중도입국자녀의 현격한 증가가 나타나는 계기도 되었다. 이는 고려족인 러시아동포에게도 해당된다. 현재 다문화인구 중 가장 많은 비율을 차지하고 있는 중국동포, 앞으로도 더욱 늘어날 것이 예측되는 바, 우리는 어떻게 이 문제를 발전적으로 담아갈 것인지 신중하고 현실적으로 모색해야 할 과제를 안고 있다.

2. 고려인동포(고려족)

「"고려사람은 바위를 올려놔도 살아난다", 이 말은 러시아에서 고려인에 대한 대표적인 속담입니다. 초기정착, 독립운동지원, 강제이주, 구소련의 해체 후 다시 시작되는 방랑의 길, 험난했던 고려인 이주 140년사를 돌아보면 잡초처럼 다시 일어서는 고려인을 만날 수 있습니다. 또한 점점 더 긴밀해져 가는 한-러 관계, 동북아에서 식량과 에너지의 열쇠를 쥐고 있는 러시아 극동의 위상 속에서 이제 고려인은 "한국이나 러시아정부가 도와주어야 할 시혜의 대상"이 아니라 21세기를 함께 열어갈 "대륙의 인도자"가 되고 있습니다.」(동북아평화연대 홈페이지 중에서)

구소련 정부의 공식 집계에 따르면 1989년 당시 소련 내 한인은 43만 9천 명으로서, 전체 120여 민족 가운데 29번째에 해당한다. 이들 한인 대부분은 중앙아시아 각국에 집중 거주하고 있다. 중앙아시아 지역에 거주하는 고려인은 현재 약 35만 명 정도로 추정한다. 극동 지역에 고려인의 분포는 연해주에 1993년에 약 8천5백 명 정도로 추정하며 현재는 약 4만 명 정도로 추정한다. 그리고 사할린 주에 약 3만 6천 명, 캄차카에 약 5천 명, 하바로프스크 주에 약 9천6백 명 정도로 추정하고 있다. 공식적인 주민등록을 하지 않은 숫자를 포함한다면 그보다 더 많은 수의 고려인이 연해주로 이주한 것으로 추정하고 있다. 중앙아시아의 민족주의와 경제적 위기, 언어의 문제, 정치 사회적 불평등 문제 등이 계속 존재되면서 고려인의 러시아 이주는 계속되며, 이들의 한국행도 계속해서 늘어날 것이다. 이렇게 동북아로 흩어져 살고 있는 동포들은 실

208 91년 소비에트 연방 해체이후 독립한 10개의 공화국 연합체를 말한다. 여기에는 러시아, 몰도바, 벨라루스, 아르메니아, 아제르바이잔, 우즈베키스탄, 우크라이나, 카자흐스탄, 키르키스스탄, 타지키스탄이 이에 해당되며, 투르크메니스탄은 준 회원국이다. 그루지야는 러시아와의 전쟁으로 탈퇴했다. 몽골은 옵저버로 참여하고 있다.

209 세계일보, 2006. 09. 19.

210 성동기, 《CIS지역 동포의 정계진출 실태와 자원외교 협력실태》, 2009.

핏줄처럼 살아가고 있다. 강제이주라는 치욕으로 시작했으나, 세계 시민의식이 커가는 시대에 발맞춰, 이들의 입국을 거부하지 말아야 하고, 오히려 이들이 우리나라로 들어와 또 다른 발전의 동맥을 만들어가도록 할 필요도 있다.

그리고 에너지 자원 외교 대상 지역 중 독립국가연합(CIS: Commonwealth of Independent States)[208]을 무시할 수 없다. 이 중에서도 러시아, 카자흐스탄, 우즈베키스탄 등은 중심국가로서, 특히 여기에서는 우리의 재외동포인 고려인이 다수 거주하고 있으며 동시에 우리나라로 들어오는 이주민도 많다. '카레이스키'는 러시아 등 독립국가연합(CIS)에 거주하는 한인동포들을 부르는 말로서, 러시아어로 '고려족' 또는 '고려사람'이라는 뜻이지만, 사실상 옛 소련인들이 하대하는 식으로 부르던 '한국 놈' 정도의 말이다. 가난이나 독립운동 등을 이유로 조선시대 말과 일제강점기 때 연해주 등지로 이주한 한인들은 1937년 스탈린의 '소수민족 강제이주 정책'에 따라 전원이 중앙아시아로 강제 이주됐다.[209] 고려인의 강제 이주는 '설움과 한(恨)'의 역사이며 70주년이 훨씬 지났다.

우즈베키스탄에는 고려인 16만 5천여 명, 카자흐스탄에는 10만여 명의 고려인이 있다. 그리고 러시아에는 14만여 명이 거주하고 있다.[210] 이들의 설움과 한을 달래줄 만하며, 이들에게 한국이라는 자부심을 갖도록 해줘야 한다. 또한 국가적인 면에서도, 자원이 없는 우리로서 호재의 땅으로 보이는 이곳에 대한 관심과 상생은 앞으로 더욱 커갈 수밖에 없을 것이다. 오히려 다른 선진국들의 관심과 터전 확보에 있어서는 늦었으나, 재외동포에 대한 연구와 관심을 키우는 시점에서는 우리가 정성을 쏟아야 할 동포들 중의 하나가 아닌가 싶다. 오히려 지역적으로 중국보다 더 멀기 때문에 더욱더 우리의 관심대상에서 떨어져 있었던 동포였고 고려창가를 부르며 울부짖어도 누구 하나 가슴 쓸어주는 사람도 없었을 것이다. 그토록 외롭게 살아야 했던 우리의 동포들이다. 더구나 구소련의 공산주의 체제하에서는 더욱더 알 길이 막막했으며 접촉조차 꿈꿀 수도 없었기 때문에 그들을 위한 제휴라든가 교류는 극히 멀었다. 러시아와 중앙아시아에 퍼져 있는 재외동포를 포섭하는 교육기관이라든지, 차세대 권력층 양성은 앞으로 우리가 해야 할 일이면서 중국동포와 마찬가지로 대접받는 국내의 고려인들에게도 동포애 적 온기를 함께 나눠야 할 일이 남아 있다.

3. 북한동포(탈북자)

　재외동포와 한국에 거주하는 동포. 동포 중에서도 가장 이질적인 북한동포, 국적이 있는 재외동포, 국적이 없는 동포출신, 순수외국인으로서의 이주민 등 성분 가리기를 할라치면 얼마든지 가르고 또 가르기를 하고 있다. 남북분단의 뼈아픈 후유증이 남아있는 우리로서는 다문화시대라고 하면서도 다 같은 다문화가 아닌 것이다.

　지구상의 우리만이 분단되어 갈 수 없는 땅이 되어버린 북한, 통일만이 합칠 길이 없는 막막한 상황에서 북한을 탈출하여 들어오는 북한동포가 증가하고 있다. 북한동포에게는 북한이탈주민 보호 및 정착지원에 관한 법률이 적용되고 있으며 이로 인한 주택과 지원금이 주어진다.(초기정착금 600만 원, 취업장려금 2,000여 만 원, 주택보증금 1,300만 원을 준다. 또한 임대주택을 공급하고 있다. 그리고 생계급여 월 42만 원, 의료보호 혜택, 직업훈련비 등 사회복지·취업·교육 분야 지원도 따른다) 사실 이들은 어떤 이주민보다도 사회적응력이 가장 떨어진다. 자본주의사회와 개인주의사회를 접한 바 없기 때문에 무척 힘들어한다. 이들에게는 다른 차원의 교육이 필요하다. 넓게 봤을 때는 다른 문화 속의 하나이겠으나, 세심한 배려가 필요한 사람들이다. 그런 만큼 정부에서 제공하는 각종 혜택은 큰 보탬이 될 정도인데, 실은 가장 힘든 생활인 중의 하나이다. 초기정착금은 탈북 브로커에게 약속한 알선비 600만~700만 원을 갚는 걸로 동이 나고 이렇게 빈털터리가 된 탈북자 취업률은 25% 선밖에 안 된다. 그나마 탈북자의 85%가 월평균 소득 150만 원 이하로 살아간다. 탈북자들은 태어나서부터 감시와 세뇌교육의 대상으로 살아와 남쪽의 개인주의 문화에 쉽게 익숙해지지 못해 다문화 가정보다 소외감이 더 심하다.[211]

어쨌거나 북한동포에게만 각종 지원혜택이 있냐는 원성에 중국동포에게 방문취업비자가 열린 셈이다. 이들은 같은 동포이고 같은 민족인데, 북한 동포와 왜 차별을 두냐고 하는 볼멘소리를 하고 있다. 북한에서 탈출해 넘어오는 사람들은 중국동포들이 자기네들도 북한동포와 똑같이 피를 나눈 사람들이 그와 상응하는 지원을 요구한다. 그러나 북한만큼은 달리 봐줘야 한다고 본다. 사선을 넘어온 사람들로서, 법으로 금하고 국가체제조차 달라 갈 수 없는 곳을 향해 목숨 걸고 온 사람들이다. 중국과는 사뭇 다를 수밖에 없다. 북한의 영양실조 걸린 아이들에게 각국에서 구호물품을 보내곤 하지만, 우리 땅으로 들어온 북한 동포를 똑같은 다문화인으로 대할 수는 없다.

2011년 현재, 북한동포는 올 4월 말 현재 2만 1,294명에 이르렀다. 2007년 1만 명을 돌파한 지 3년 만인 지난해 2만 명을 넘어섰다.[212] 이런 속도라면 탈북자 10만 명 시대가 머지않아 닥칠 것이 쉽게 예상된다. 북한에서 감시의 감시를 한다 해도 넘어오는 숫자는 늘고 있다. 참으로 아이러니컬하게도 같은 피를 가진 국민이면서도 지구상 그 어느 곳보다도 우리와 다른 문화, 가장 이질적인 문화에서 온 사람들이다. 얄궂은 이데올로기와 국가정책 등으로 이렇게 다르게 굳어질 수 있을까.

그런 면에서 다문화 문제는 통일에 대한 연습이라는 모 의원의

211 조선일보, 〈탈북자 대책, 2300만 북한동포 바라보며 해야〉, 2011. 05. 15일자.

212 위와 동일.

213 〈다문화시대 리더십〉 강연, 김성동 의원, 연합뉴스, 2011. 05. 25일자.

발언에 전적으로 동의한다. 이질적 문화 배경을 가진 사람과 하나의 공동체를 형성하는 훈련이 통일에 대한 연습이다.[213]

그래서 다문화 교육은 다문화시대를 발전적으로 승화시키는 지렛대 역할을 할 것이며, 이 중에서도 통일을 대비한 하나의 예비학교차원의 국민적 평생교육으로 자리매김해야 할 것이다.

현재 다문화인구 구성 중에서도 가장 내국인들에게 인정받지 못하고 비호감의 1순위로 있어야 하는 부류가 북한동포들이다. 이들에게 여유 있고 인내심 있는 포용성을 발휘하면서 우리는 통일을 대비한 기초체력을 만들어가야 할 것이다. 퍼주기 식 지원에서 벗어나 이들이 자립할 수 있는 토대를 마련해주는 대책수립이 아쉽다. 2011년 6월에는 북한이탈주민 출신으로 조명철 씨가 통일부의 신임 통일교육원장으로 공모를 통해 탄생했다. 이는 '탈북자의 코리안드림'이고 탈북자 출신 첫 고위 공무원으로서, 또한 탈북자 2만 명 시대의 상징으로서 의미가 크다. 실로 반가운 일이다.

4. 입양인

입양에 대해서는 우리가 다가가기에 조금은 낯선 느낌이 든다. 더구나 다문화에 끼어 넣는 것 자체에 의구심을 가지는 사람도 있다. 입양이란 우리나라에서 태어나고 외국 부모에게로 건너갔으나, 이들은 성장해서는 자신을 버린 한국을 찾으려는 회귀성이 강하다. 인간은 자신이 누구이고 어디서 왔나를 알고 싶어 하는 본능이 있으며 이 또한 인간은 역사적 존재로서 알아야 할 권리가 있다. 입양인들의 정체성 찾기, 나의 뿌리 찾기는 그래서 그들의 당연한 권리이며 서양 양부모들이 오히려 더 열심히 친부모 찾기에 열심이다. 인간은 자신의 뿌리에 대해 알 권리가 있고 이것은 인권의 문제다.(제인 정) 이들을 다문화로 보는 이유는 우리나라 출생이면서 이질적인 문화에서 자라난, 어찌 보면 겉모습으로는 조기유학으로 건너가 그곳에서 자란 아이들과 별반 다르지 않아 보인다. 아니면 이민으로 해외로 갔다가 다시 돌아온 해외동포와도 겉으로는 다르지 않다. 특히 우리 재외동포의 품에 안긴 입양아라면 재외동포 개념으로 흡수되기도 한다.[214] 그러면서 넓게는 다문화다.

2011년 입양이 확정된 916명의 해외 입양아 중 98명이 해외동포 양부모의 품에 안겼다.[215] 또 지난해 해외 입양아 1,013명 중에서 95명이 동포가정에 입양됐다. 홀트아동복지회에 따르면, 이 기관을 통한 해외입양 중 15% 안팎이 동포가정이다. 동포라고 해도 특혜가 없고 신청 순으로 입양이 이뤄지기 때문에 순위에서 밀린 것까지 감안하면 동포들의 입양수요는 훨씬 클 것이라는 설명이

214 그러나 조금은 의아스럽게도, 입양 그 자체 업무는 보건복지부의 소관이다.

215 2011, 보건복지부.

216 〈해외입양, 동포들은 쿼터제 제외를〉, 〈국내입양 늘리려 매년 10% 축소〉, 한국일보, 2011. 06. 23일자.

다.[216] 현재 우리나라는 해외입양수출국이라는 오명(우리나라는 매년 1,000명 이상의 어린 아기가 해외로 입양돼 해외 입양 세계 1위, OECD에 가입한 나라 중 장애인 아기를 해외에 입양 보내는 유일한 국가라는 불명예를 안고 있다) 때문에 그러한 이미지를 어떻게 해서든 무마해보고자 해외입양쿼터제를 시행하고 있다. 이 때문에 많은 반발을 사고 있으며 현실감이 떨어진다는 말을 듣고 있다. 해외입양쿼터제는 매년 해외입양을 10%씩 강제로 줄이는 것이다. 정말 미봉책일 뿐인데, 그렇다고 해외입양의 오명이 씻기지도 않고, 국내입양을 늘려보고자 하는 것도 그리 썩 와 닿지 않는다는 데에 문제가 있다. 오히려 오갈 데 없이 남겨진 아이들만 많이 양산될 뿐이다. 이 때문에 가정을 찾지 못한 아이들이 해마다 늘고 있고, 반대로 입양을 원해도 입양을 하지 못하는 동포들도 늘고 있다. 국내입양은 아이 1명이 입양되면 입양기관이 수수료로 270만 원을 받으며 해외입양은 평균 1,500만 원을 받는 실정으로 입양기관들이 해외입양 확대에 집중할 수밖에 없는 것도 자명한 현실적 문제이다.

2011년 고정희 자매상을 받은 제인 정 트렌카 해외입양인모임 대표는 본인이 입양아 출신으로서 국가의 소원함에 아쉬움을 토로했다.

"북유럽 국가에선 남녀평등차원과 국가의 장래에 대한 투자라는 입장에서 아동과 엄마를 전적으로 지원한다. 엄마가 미혼모라고 해서 그 자녀를 구조적으로 그 엄마와 이별할 수밖에 없이 만드는 것은 지상에서 없어져야 한다. 한 여성이 한 남성에게 속해 있어야만 한 아이가 태어날 수 있다는 생각은 아주 가부장적인 사고다. 한국사회는 미혼모에게 낙인을 찍는 사회다. 대부분 미혼모들은 남자(아빠)가 애를 돌보지 않고 책임을 회피하고 도망간 상황에서 혼자 아이를 힘겹게 키운다."

이처럼 엄마의 희생이나 책임의식이 오히려 한국사회에서는 지탄받고 낙인찍히는 것이 우리의 현실이다. 이러한 편견은 그대로 아이에게 전달되면서 사회의 잔인성과 비인간성에 직면하게 되는 것은 불 보듯 뻔한 이치이다. 자녀를 버린 아버지에 대해선 별 문제 삼지 않고 그 아이를 어떻게든지 키워보려고 애쓰는 엄마를 오히려 이상한 눈으로 보는 사회는 극도의 가부장적 사회이며 이러한 사회적 모순이 바뀌지 않는 한 입양문제도 별로 달라질 수 없을 것이다. 또 하나, 입양 풍토가 척박한 우리 사회에서 국내 입양의 손길에서 소외되는 입양에서도 더욱 소외되는 '특수아동'들이 있다. 다문화자녀, 장애아동, 첫돌이 지난 '연장(年長)아동'들이 그들이다.[217] 이 아이들은 국내 양부모들한테도 외면 받아 두 번 버림받는 셈이다.

대부분 입양아들은 미혼모의 자식들(전체 입양아 중 90%가 미혼모 출신)이다. 미혼모는 사회적으로나 경제적으로 아이를 도저히 키울 수 없는 처지이기 때문에 어쩔 수 없이 입양아로 보내는 경우가 허다하다. 이는 사회적으로 아이를 버리게끔 만든다는 말로도 이해할 수 있다. 미혼모가 아이 한 명을 양육할 때 정부 및 지방자치단체로부터 지원받는 양육비는 월 5만 원에 그치고 있다. 그나마 만 24세 이하인 청소년 한부모라야 고작 15만 원이 지원된다. 반면 아동복지시설에 소속된 아동은 기초수급자로 지정돼 생계

217 지난해 국내입양 아동 1,462명 중 만 1세 이상 '연장아동' 비율은 7.6%(112명)에 그쳤고, 장애아동 비율도 전체의 3.2%(47명)에 불과했다. 양부모들이 연장아동은 친자식과 같은 관계형성이 쉽지 않다거나 장애아동은 양육과정이 곱절 힘들 것으로 여기는 경향 때문으로 분석된다. 반면 같은 기간 해외입양 아동 1,013명 중 연장아동과 장애아동 비율은 각각 30%(300명)와 20.2%(205명)에 달했다. 보건복지부, 2010.

218 〈차라리 고아원에〉 '입양 부추기는 미혼모정책 애 키우면 月 5만 원, 버리면 105만 원?', 서울신문, 2011. 05. 11일자.

비·학용품비 등을 포함해 1인당 월 105만 원 정도 지원받고 있다.[218]

자, 정리해보자면, 해외입양은 첫째, 입양아가 많은 것은 우리나라의 사회문제, 여성억압, 미혼모의 방치, 사회적 통념 등과 맞물려 돌아가는 결과물이다. 둘째, 대다수가 재외동포로 가는 입양이다 보니, 재외동포개념과 겹치게 된다. 셋째, 귀소본능, 한국인의 회귀성 등은 자연스러운 것인 만큼, 이들이 한국에 들어오는 것에 적극적인 정책과 교육 등이 병행되어야 할 필요가 있다.

아이들은 우리나라의, 좁게는 우리 사회의 얼굴인데 그 미래가 현재의 경제적인 고통으로 좌지우지된다는 것은 지금 동시대에 살아가고 있는 우리로서도 비극이며 철저한 기성세대들의 직무유기이다. 미혼모가 당당하게 자기 아이를 키울 수 있도록, 아니면 국내입양이 자연스러워질 수 있도록 사회혁신과 개혁이 필요하다. 이를 바라보는 가시 돋친 시선도 바뀌어야 하며, 양육과 입양 사이에서 올바른 선택을 할 수 있도록 친부모에게 기회도 주고 주변에서 이들을 도울 수 있는 터전 마련을 해줘야 한다.

건전하고 훌륭한 양부모를 만나는 것 자체가 나쁜 것은 아니다. 그러나 사회적 인식과 제도가 올바로 되었을 때 이러한 비극의 드라마는 계속되지 않을 것이며, 조국에게 버림받고, 부모에게 버림받았다는 그 태초의 상처와 울분, 그리고 외로움을 달래줄 수 있는 국가적 배려가 절실하다. 또한 국가인재양성과 우수이주민확보 등의 일환으로 우수한 입양인에 대한 환영과 적극적인 유치도 저출산, 다문화사회통합 등의 일환으로 우리가 펴야 할 적극적인 움직임이 되어야 한다.

부록 1

실제 교육현장에서
응용 또는 활용할 수 있는
프로그램 사례

미디어 교육

 초등학교 저학년(3~4학년)

수업제목	활용도구	교육목적	참고
스누피 만화를 통한 다문화 교육	TV, 스누피 만화, 크레파스, 스케치북 끈이나 고무줄, 가위, 풀 등	다양한 친구들과 함께 지내는 것이 중요하고 재미있다.	다양성 유도

> **응용** 먼저 TV나 DVD로 스누피 만화를 보여준다. 재미있게 보도록 하고, 스누피 만화에 나오는 여러 친구들의 모습을 선택하게 하여 다양한 색깔로 칠하면서 같이 그려보도록 한다. 자기가 좋아하는 친구 그려보기. 왜 좋은지 서로 말해보기, 자기가 좋아하는 친구를 그려서 가면 만들기를 한다. 가면을 쓰고 만화를 본 내용을 재현해본다.

수업제목	활용도구	교육목적	참고
여러 인종 되어보기	자기가 좋아하는 만화책. 크레파스, 색연필. 스케치북 끈이나 고무줄. 가위. 풀 등	자기가 되고 싶은 인물. 혹은 자기가 좋아하는 만화주인공, 혹은 동화 속 인물 등 다양한 존재(여러 인종의 사람, 만화 속 존재, 외계인 등 상상속의 존재 모두 가능)를 그릴 수 있게 폭을 넓혀주고 고정관념을 깬다. 그리고 되도록 학급 안에서 같은 인물이 중복되지 않도록 유도한다.	다양성 유도

> **응용** 그룹별로 동화이야기나 만화 속 이야기를 선정해그 이야기를 서로 공유한다. TV를 통해 만화를 보거나, 만화책을 같이 나눠보거나, 동화책을 함께 나눠본 후, 그룹에서 하나의 이야기를 선정하여 각 인물들을 가면으로 그려본다. 그래서 그룹별로 가면을 쓰고 이야기를 엮어서 소박하게 발표해본다. 혹은 개인별로 다양한 가면을 무작위로 모아서 이야기를 꾸며보도록 유도해도 좋다.

초등학교 고학년(5~6학년)

수업제목	활용도구	교육목적	참고
예 EBS 초음이의 풀잎학교 (이와 비슷한 종류의 프로그램)	TV, 초음이의 풀잎학교	지나치게 어두운 내용을 부각시키거나 과장된 희망 메시지를 전달하기보다 다문화 가정이 우리의 이웃으로 인식될 수 있도록 있는 그대로의 이야기를 전한다.	화합 유도

> 응용 만화를 보고 느낀 점을 적어보거나, 그림을 그려본다. '내가 그 다문화 자녀(주인공)이었다면 아마도 … 했을 것이다' 라는 가상 시나리오를 만들어본다. 서로 발표한다. 혹은 직접 이야기를 꾸며본다. 그룹별 연기를 직접 해보게 하는 것도 좋을 것이다.

중학교

수업제목	활용도구	교육목적	참고
연예인이나 스포츠인 중에서 외국인이나 다문화인 골라보기	인터넷이나 각종 자료	그들의 일과 지나온 과정 알아보기 힘들게 정착한 과정에 초점을 맞춘다. 또한 한국인으로서 외국무대에서 활약하는 사람도 함께 알아본다. 또한 그들도 외국에서 성공하기까지 어려움을 알아본다.	세계화와 다문화 동시에 느껴보기

> 응용 문화의 교류를 통해 서로 섞이고 발전해감을 인지하도록 유도한다. 유입된 연예인과 유출되어 국위 선양한 연예인을 동시에 게재한다. 인터넷 자료 가지고 오기 흥미유발을 위해 자기가 좋아하는 가수의 노래를 부르거나 춤을 춰본다. 아니면 스포츠 선수들 중에서 선정하여 보여주고 스포츠인 선수가 되고 싶으면 자기의 희망까지 말해본다.

수업제목	활용도구	교육목적	참고
KBS 역사스페셜, '외국에서 온 성씨' 편 혹은 '장보고' 편	TV 역사스페셜 DVD	우리가 모르게 외국인으로 귀화한 사람을 알게 되고, 그들과 함께 살아왔던 우리를 느끼게 된다. 장보고의 활약상은 곧 한류의 한 면이었고 세계문물을 교류하면서 발전했다는 것을 알도록 유도한다.	문화의 발전은 서로 섞이고 혼재된다.

> **응용** 우리나라의 외래성씨 조사, 나의 조상은 어디에서 왔나? 우리는 민족주의에서 어떻게 깨어나야 할지 서로 토론한다. 장보고의 활약 루트(세라믹 루트)를 지도 위에 그려 본다. 그의 광대한 활동영역에 놀랄 것이다.

수업제목	활용도구	교육목적	참고
다큐멘터리 르네상스의 과정 혹은 레오나르도 다빈치	TV, DVD 다큐멘터리	이탈리아 르네상스의 기원과 발전상을 한눈에 볼 수 있게 하거나, 진정한 르네상스 인물인 레오나르도 다빈치의 여러 업적들을 직접 시청각 자료를 통해 보도록 한다. 그럼으로써 여러 문물의 혼재. 혼란한 시기가 오히려 새로운 문화 창조를 가져온다는 것을 느끼도록 한다.	문화의 발전은 서로 섞이고 혼재된다.

> **응용** 르네상스가 오기까지의 세계사적 공부도 함께할 수 있다. 그리고 레오나르도 다빈치의 많은 작품들과 연구과정의 습작들, 발명품들을 보여주고 그의 고민이 담긴 일기나 낙서 등을 함께 감상한다. 문과적·이과적 분류보다는 함께할 수 있다는 것.
> 좌뇌와 우뇌의 융합 등이 이 시대의 화두라는 것을 보여주고 어느 한 틀에 매이지 말 것도 가르친다. 여러 가지 무한한 세계를 창조할 수 있다는 가능성을 열어준다

국제이해 교육

 초등학교 저학년(3~4학년)

수업제목	활용도구	교육목적	참고
세계는 한 가족	세계지도, 여러 가지 교통수단사진(스티커용), 여러 인종사진(스티커용)	세계지도를 펴고. 탈것을 붙여서 가는 과정과 시간을 느끼게 한다.	다양한 사람들이 지구상에 살아가고 있다는 것을 간접적으로 느끼게 한다.

응용 그룹별로 대륙의 이름을 붙여 자료조사를 하게 한다. 그리고 그룹별 조사한 내용으로 발표하는 시간을 갖는다. 조사는 사진이나 인터넷. 잡지 등에서 뽑은 사진 등을 붙여서 한눈에 잘 보이도록 전지에 붙여서 대륙을 소개한다. 장점과 단점 등을 골고루 소개하는 시간을 갖는다. 발표 후, 교사는 여러 가지 교통수단 등을 자료를 통해 보여준다. 어느 정도의 시간이 걸려야 도착하는지도 알려준다.
그리고 아이들이 조사한 국가를 중심으로 그 나라에 대한 보충적인 이야기를 해준다. 그곳에 사는 인종도 소개하고 보여준다.

수업제목	활용도구	교육목적	참고
우리나라 소개	세계지도, 각종 자료	외국에 대한민국 대표자로 나갔다고 설정하고 무엇을 어떻게 소개할지 그룹별 토론 및 발표	대한민국의 자긍심을 키워 본다.

응용 소개할 국가를 선정하고 그 국가에 우리나라 대표로 나갔다고 설정한다. 우리나라를 자랑할 수 있는 것들을 모두 모아서 자료를 붙이거나 그림을 그리거나 글로 쓰거나 해서 그룹별로 발표한다. 외국 사람들에게 권할 수 있는 우리 음식 소개, 우리 문화, 우리 지역 소개를 적극적으로 해 보도록 한다.

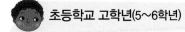

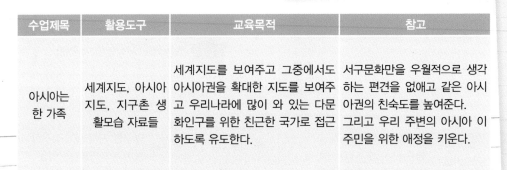

수업제목	활용도구	교육목적	참고
아시아는 한 가족	세계지도, 아시아 지도, 지구촌 생활모습 자료들	세계지도를 보여주고 그중에서도 아시아권을 확대한 지도를 보여주고 우리나라에 많이 와 있는 다문화인구를 위한 친근한 국가로 접근하도록 유도한다.	서구문화만을 우월적으로 생각하는 편견을 없애고 같은 아시아권의 친숙도를 높여준다. 그리고 우리 주변의 아시아 이주민을 위한 애정을 키운다.

응용 아시아권의 다양한 국가를 선정하여 그 국가에 대해 자료를 조사한다. 특히 그 학급에 이주민 자녀가 있으면 해당 이주민국가에 대한 장점을 부각하여 인지하도록 한다. 다문화인에 대한 관심을 유도하고 우리와 친할수록 우리에게 얼마나 도움이 되는지도 함께 곁들여준다.

수업제목	활용도구	교육목적	참고
자랑스런 우리 문화	난타기구, 태권도	우리나라의 난타 공연을 비디오로 보여주고 직접 난타를 배우고 실제 해보도록 한다. 혹은 태권도를 할 줄 아는 친구는 태권도를 해본다.	대한민국의 자긍심을 키워본다.

응용 직접 공연을 해본다. 이를 널리 알리는 역할을 해 본다. 그 외에 우리나라를 자랑할 수 있는 것들을 경쟁적으로 나열하도록 한다. 우리의 좋은 점들이 무한적으로 나오도록 릴레이 게임식으로 한다. 단, 다른 사람과 똑같은 답이 나오면 무효로 하고 무엇이든지 생각해서 말하도록 유도한다. 누가 어떤 말을 하더라도 결코 비난하거나 부정하지 않아야 한다. 무엇이든지 그 말을 한 것에 존중해 주고 칭찬해 준다.

수업제목	활용도구	교육목적	참고
세계는 한 가족	세계지도, 사전 자료조사	세계지도를 펴고 여러 나라들 중 그룹별로 조를 편성해 해당 국가를 조사한다. 그 국가의 현재 상황과 모습 등을 보고 그 국가의 친구에게 어떻게 편지를 쓸 것인지 가상으로 편지를 써 본다.	다양한 사람들이 지구상에 살아가고 있다는 것을 간접적으로 느끼게 한다.

응용 해당국가에 대한 각자 흥미 있는 분야를 조사한다. 그것을 토대로 그 국가의 친구를 가상으로 만들어 편지를 쓴다. 그리고 그룹(짝수로 편성)에서 아무에게나 그 편지를 보낸다. 편지를 받은 그룹 내의 친구는 그 편지에 대한 답장을 써야 한다. 답장을 쓰려면 인터넷 자료조사가 필수이다. 그러한 자료를 토대로 정성스런 답장을 써야 한다.

수업제목	활용도구	교육목적	참고
우리와 친해야 하는 아시아 국가들	아시아지도, 문화, 자원, 기업진출, 교육 등	여러 아시아 국가들의 문화와 자원, 장단점을 파악하고 우리와 협력했을 때의 서로 좋은 점을 모색해 본다.	아시아에 대한 편견을 없애고 우리가 가까이 해야 할 당위성을 심어준다.

응용 아시아에 대한(주로 이주민이 많은 국가를 대상으로) 여러 나라에 대해 배운다. 그 국가들에 대한 자국의 이익과 합치될 만한 것들을 상호 매치해본다. 그랬을 때 우리에게는 무엇이 좋고, 타국에게는 어떤 점이 좋은지 서로 장점을 나누어 함께 협력해 살아가야 하는 시대라는 것을 심어준다. 우리나라에 와 있는 많은 아시아권의 이주민에 대한 홀대를 지우도록 하고 그들이 우리나라에 와서 서로 좋은 점은 무엇인지도 알려준다.

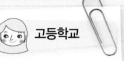

수업제목	활용도구	교육목적	참고
세계는 한 가족	관련 비디오	지구상의 분쟁지역을 살펴본다. 그들의 분쟁이 미치는 여파를 생각해 본다. (지진, 해일 또는 전쟁, 분쟁 등)	지구상의 어느 한곳에서의 움직임에 대한 미세한 영향력에 대한 중요성을 인지하게 한다.

> **응용** 비디오를 상영하고, 분쟁지역(문제 지역)혹은 기타 혼란지역에 대한 이모저모를 배운다. 원인, 과정, 현 상황 그리고 이로 인한 세계 여러 나라의 여파, 우리나라에게 주는 영향 등을 알아보고, 그럼 어떻게 했으면 좋을지를 토론하게 한다. 정답은 없다.
>
> 여러 가지 다양한 안들이 나오도록 유도한다. 잘못되었다거나 틀렸다거나 하는 지적은 하지 않는다. 활발한 토론문화를 조성해야 하며, 어떠한 말이라도 자유롭게 말할 수 있는 분위기가 중요하다. 단, 중점 내용에서 벗어났을 때 바로 잡아 줄 필요는 있다.

수업제목	활용도구	교육목적	참고
함께 생각 해보기	해당 비디오	환경오염에 따른 생태계의 파괴, 식량난과 인구문제, 자원의 고갈문제, 환경을 위한 국제적 활동, 우리가 해야 할 일 등	미래지향적인 자부심을 키워준다. 지구촌의 한 사람으로서 해야 할 일 등을 생각해 보도록 한다.

> **응용** 비디오를 보고 심각한 환경문제를 직시한다. 어느 한 국가만의 해결 사안이 아니라는 것을 인지하도록 유도하고 주변국을 위시해서 지구상이 받을 재앙을 알도록 한다.
>
> 우리가 받을 영향까지, 어떠한 여파를 받게 될 것인지 알아야 하고 이를 위해 국제적 활동을 보여주고, 우리는 어떠한 일을 앞으로 해나가야 할지 서로 발표하는 시간을 갖는다.

세계화 교육

수업제목	활용도구	교육목적	참고
일본의 대지진	일본 지도, 지진이 발생한 지역	지구를 한눈에 볼 수 있는 넓은 안목을 키운다. 한 나라의 재앙이나 재난은 그 나라만의 일이 아니라는 것을 일깨워준다. 어려울 때 함께 돕고 누구에게나 있을 수 있는 일이라는 것을 알려준다. 또한 서로 돕고 살아가야 함을 알도록 한다.	지구촌은 하나라는 의식을 심어준다.

응용 우리와 이웃나라의 지도를 함께 보여줘도 좋다. 서로가 어떻게 연관되어 살아가는지 한눈에 보여주면 좋다. 그들의 지진 참사 사진이나 동영상 등을 다시 보여주고 이들을 도울 수 있는 방법은 무엇이 있는지, 왜 도와야 하는지 쓰고 발표하는 시간을 갖는다.

수업제목	활용도구	교육목적	참고
중국과 몽골에서 오는 황사	동북아시아 지도, 바람의 방향 표시, 황사에 대한 지식	어느 한 국가를 탓하기보다는 서로가 함께 환경문제에 신경을 써야 한다는 것을 일깨워준다. 황사가 발생하는 지역과 그 원인, 그리고 이를 예방하기 위한 각계각층의 활동사항 등을 알려준다.	황사지역의 사진과 활동하는 모습 등을 보여준다.

응용 우리나라에서 몽골의 황사를 방지하기 위한 나무심기 시민단체 등의 활동상을 보여주거나 알려주고 황사에 대한 정보와 이를 대처하기 위한 방법 등을 배운다. 이 외에도 화산 폭발이나 대홍수, 기상변화 등으로 서로가 무관하지 않다는 것을 보여준다.
환경에 대한 세심한 관심과 보호를 저마다 해야 함이 곧 나라를 사랑하는 일이며 세계시민의 자격이라는 점도 일깨운다.

수업제목	활용도구	교육목적	참고
여러 나라 알아보기	세계지도, 국가, 국기, 인사	서로 다른 나라들에 대한 상호존중감을 알도록 유도한다. 그 나라의 고유인사를 외워서 함께 해본다.	세계는 넓다는 인식을 심어준다. 우리는 세계시민의 일원이라는 의식도 함께 준다.

응용 세계지도를 펼쳐 보이고(각 학급마다 세계지도를 벽에 붙여두는 것이 좋다.) 큰 덩어리로 보는 안목을 키워주기 위해 대륙별로 위치를 알아가도록 유도한다. 그리고 각 국가의 인사법을 익힌다.
예
한국: 안녕하세요?(다소곳이 두 손을 모으고 고개를 숙인 후 인사를 한다)
중국: 니하오마(두 손을 모으고 공손히 인사를 한다)
이스라엘: 샬롬(아주 반갑게 인사하며 두 팔을 서로 뻗쳐서 어깨를 토닥인다)
인도: 나마스테(두 손을 합장하며 인사한다)
하와이: 알로하(서로 부둥켜안고 인사한다)
스페인: 부에노스 디아스(서로 꼭 껴안는다)
에스키모: 부댄니(서로 코를 부빈다)

수업제목	활용도구	교육목적	참고
문제 지역 알아보기	아프리카 지도, DVD 혹은 사진이 있는 OHP 활용	지구촌 한 가족으로서 아프리카 아이들의 험난한 고생, 사선을 넘나드는 힘든 생활을 보고 우리가 어떤 자세로 살아가야 할지 생각하게 하는 시간을 갖는다.	중학생으로서 어떤 생활을 해야 그들에게 도움이 될 지까지 생각하게 한다.

응용 세계지도를 펼쳐 보이고(각 학급마다 세계지도를 벽에 붙여두는 것이 좋다) 아프리카 어린이의 고통스런 모습을 보며, 직접 봉사를 위한 기금마련을 해도 좋다. 당장 자신의 위치에서 할 수 있는 역할을 생각해내도록 유도한다. 음식물 함부로 버리지 않기, 동전모아서 지원금에 보태기, 쓰던 책 모아서 자기보다 못한 아이들을 위해 보내기, 쓰레기 함부로 버리지 않기 등을 유도한다.

수업제목	활용도구	교육목적	참고
여러 나라와 사람 이름 찾기	세계지도, 신문 여러 종류, 가위, 풀, 전지	지구에는 여러 나라들이 함께 공존하며 살아가고 있음을 자각시킨다. 세계 여러 나라의 글자, 이름, 국가 이름 등 다양성을 느끼도록 유도한다.	신문을 펼쳐서 외국인의 이름을 찾고 사진이 있으면 사진까지 오려붙인다. 그리고 이 사람이 나온 이유를 말해 준다.

응용 그룹별로 하면 더 재미있다. 날짜와 상관없이, 여러 종류의 신문을 넉넉히 준비하여 배치한다. 외국인이면 누구든지 찾아서 이름과 사진을 함께 붙인다. 각 그룹별로 5명 정도의 이름과 사진, 그리고 그 사람이 나온 배경 이야기 등을 엮어서 재미있게 이어서 발표하도록 한다. 영어권 아닌 희귀한 언어의 이름이면 더 좋다.

수업제목	활용도구	교육목적	참고
세계 속의 한국	한국의 건축, 세계의 건축문화 비교하기, 사진 OHP 활용 또는 PPT	프랑스의 건축미, 이탈리아의 건축미, 미국의 건축, 독일의 건축, 스웨덴의 건축, 그리고 우리의 성냥갑 같은 아파트를 비교하여 어떻게 해야 우리만의 창조적이고 한국적인 건축을 보여줄 수 있을까 서로 고민하고 그려보기	외국 사람들이 찾는 각국의 고유의 미를 우리는 어떻게 되살리고 있는지 돌아보는 시간을 갖는다.

응용 우리의 전통과 현대미, 그리고 환경을 생각하는 다각도의 미래건축을 창조해 본다. 그룹별로 해도 좋다. 우리의 현재 모습을 어떻게 개선해야 세계 속의 한국으로 드높일 수 있는지 고민해 본다. 이렇게 세계 속의 한국을 독창적으로 보일 수 있는 것에 대한 여러 가지 소재를 찾아 비교하고 더 나은 창조를 하도록 권유할 수 있다.

수업제목	활용도구	교육목적	참고
세계 속의 한국 제대로 보기	인터넷 활용 자료조사	우리나라가 세계 속에서 이름을 드날리는 분야에 대해 조사하고 그 반대로 우리가 가장 미흡하고 뒤떨어지는 분야에 대해 조사한다. 그 둘을 비교하여 어떻게 해서 발전시켜 나가면 좋을지 고민해 본다.	우리나라에 대한 자긍심을 키우고 앞으로 우리가 어떤 준비로 미래를 대비할 것인지 생각해 보는 시간을 갖는다.

응용 현재 우리의 위치를 객관적으로 조사하여 알아보는 것은 시사 공부로 연결시킬 수 있다. 우리가 잘 하고 있는 것, 다음세대에 할 수 있는 것 등을 분류하여 조사한다.

동아시아 교육

 초등학교 고학년(3~4학년)

수업제목	활용도구	교육목적	참고
동아시아 알기	동아시아 지도, 아시아 국가 이름, 각국의 특징, 자료화면, 사진	아시아 국가만의 공통점을 알아본다. 인종, 민족성, 역사, 문화 등을 알아보고 동질성도 가져본다. 현재 우리나라에 들어오는 많은 나라의 사람들도 함께 알아본다.	아시아인으로서의 자부심을 갖는 시간

응용 동아시아권의 여러 나라들을 함께 알아본다. 우리와 비슷한 점을 나열해 본다. 우리가 그 나라로부터 받아들인 점은 무엇이며 우리가 그들에게 준 것은 무엇인지 그러한 것들이 모여서 서로 문화를 만들어간다는 것을 알도록 이끌어준다.

 초등학교 고학년(5~6학년)

수업제목	활용도구	교육목적	참고
동아시아 알아보기	해당국가의 고유의상을 입은 이주민을 직접 초대해 해당국가에 대한 여러 가지를 들어본다.	동아시아의 어느 한 나라(특히 다문화자녀가 해당되는 국가로서 그 어머니가 나오면 더욱 좋다)에 대한 여러 정보를 보여주고 들려준다. 그로써 함부로 마구 대하는 우리의 아시아인에 대한 태도를 전환시키는 계기를 만든다.	아시아인이여, 영원하라.

응용 다문화자녀가 있는 그 가정에서 직접 나와 해당국가에 대한 여러 가지 소개와 장점, 특이점, 아름다운 풍경 등을 소개한다. 음악과 여러 문화를 소개하며 우리가 마구 대하며 놀리고 하대할 이유가 전혀 없음을 깨우치는 계기가 되도록 유도한다. 특히 중국, 일본 등 우리와 가장 가까우면서도 역사적인 어두움이 연결된 국가에 대해서도 원만하게 생각을 지닐 수 있도록 한다.

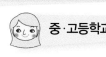

수업제목	활용도구	교육목적	참고
우리나라의 성씨 조사	외래 성씨 나열, 도표 등으로 보여 준다.	성에 대한 유래와 귀화 성씨에 대해 배워본다. 우리가 얼마나 많이 섞이었는지 성씨 하나만으로도 느낄 수 있을 것이다.	단일민족이란 있을 수 없다.

> **응용** 성씨를 통해 역사 이야기를 곁들일 수 있어 흥미 위주로 역사의 한 부분을 익힐 수 있다. 또한 자기 자신의 성씨에 대해 알아보는 시간이 될 것이다. 왜 이렇게 섞이게 되었는지, 한번 역사를 통해 되돌아보게 되며 그를 통해 얼마나 많은 다인종이 이 땅에서 살았었는지를 느끼게 할 것이다. 또한 귀화를 해서 새롭게 신청한 새로운 성씨들을 알려준다. 또한 귀화한 이주민으로서 우리나라에 혁혁한 공을 세운 이 우리나라 사람보다 더 우리나라 사람 같은 이주민 등을 알아보는 시간도 바람직하다.
>
> 그런가 하면 다문화 위인을 알아보는 것도 추천한다. 세계적인 인물로서 찾아보는 것은 극히 쉬운 일일 것이다. 그만큼 너무나 많기 때문이다.

수업제목	활용도구	교육목적	참고
동아시아의 자원 및 미래 비전	동아시아 지도 각 나라마다 풍부한 자원 소개	동아시아의 공동체 네트워크의 필요성을 피력하고 각 나라마다 보유하고 있는 인적 자원이나 물적 자원을 조사하고 알아본다. 그들과 협력했을 때 서로 도움이 되고 발전이 되는 방향을 모색해 본다.	동아시아 대륙의 이점과 장점, 특징, 미래 지향적인 발전 방향을 차세대에게 전달하는 차원이 되어야 한다.

> **응용** 우리나라 다문화 속에서 아시아인들의 대거 유입이 진행 중에 있다. 이로써 아시아인인 우리가 이들을 무시하거나 차별하거나 학대할 이유가 어디에 있는가? 함께 살아가기 위한 시대가 온 것이다.
>
> 동아시아와의 협력과 조화는 우리가 나아가야 할 길이며 동시에 우리의 발전과 동아시아의 공동성공을 이룰 수 있는 최적의 조건이 되고 있다. 이에 차세대인 학생들에게 이러한 점들을 주지시키고 각 국가의 장점과 보유자원 등을 잘 알아 우리와 어떻게 협력해야 할 것인지 비전을 꿈꿔보는 것도 좋은 기회가 될 것이다. 또한 헐벗고 굶주리고 자연재해가 많은 아시아 국가를 우리가 돕는 데 앞장서 주기를 바란다.

수업제목	활용도구	교육목적	참고
잊히는 아시아 문화 체험하기	서예 붓, 한지, 먹, 한자 배우기	동양에 대한 긍지를 심어 주고 우리만의 독특한 문화를 함께 느끼도록 한다.	먹과 한지를 접하는 경험도 중요하다. 한자로 자기 이름과 나라 이름을 써도 좋다.

응용 이름을 쓰고 한글로 자신의 포부를 써도 좋다. 그림을 그려도 좋다.
그림이나 글씨를 쓰기 전에 예전의 훌륭한 작품(중국, 일본, 한국 등의)을 감상하는 시간을 먼저 갖는다.
또한 서양 사람들이 배우는 것도 사진을 통해 보여준다. 서양 문화의 도입으로 붓 한번 제대로 잡아보거나 그 맛을 느껴본 사람은 극히 드물다. 이에 자신이 쓴 글(이름이나 나의 꿈 등)을 써서 자랑하고 발표하는 시간을 갖는다. 서로 칭찬해 주고 깜짝 전시도 한다.

수업제목	활용도구	교육목적	참고
나만의 부채 만들기	서예 붓, 한지, 먹, 한지 소재의 접는 부채 혹은 펼쳐진 부채	동양에 대한 긍지를 심어 주고 우리만의 독특한 문화를 함께 느끼도록 한다.	부채에 그리거나 쓰기 전에 미리 한지에 연습을 하고 확인을 받는다. (망치는 것 방지)

응용 이름을 쓰고 한글로 자신의 포부를 써도 좋다. 그림을 그려도 좋다. 그림이나 글씨를 쓰기 전에 한지에 먼저 해본다. 여러 번 해도 좋다. 접는 부채나 펼쳐진 부채 중에서 골라 자신의 그림이나 글을 써본다. 자신만의 부채로 소중히 간직하게 한다. 선물로 해도 좋다고 권유한다. 아니면 부채 전시회를 해본다.

인권 교육과 외국인 범죄를 바라보는 시각

 초등학교 고학년(3~4학년)

수업제목	활용도구	교육목적	참고
모두가 소중하다	인종의 종류, 인간생활 누구나 똑같다는 것을 보여줌(의식주). 올림픽 주요 경기 우승자들 인종별로 보여줌.	어떠한 인종이든 인권이 있으며, 모두가 소중하다는 것을 깨우쳐 준다. 어떠한 인종들이 있는지 파악하고, 각 인종마다 장점, 특징 등을 제시한다. 모든 인간은 행복할 권리가 있음을 알려준다.	인종적 선입견이나 편견에서 자유로워지도록 유도한다.

> **응용** 인간이면 누구나 행복할 권리가 있다는 것을 알려줘야 한다. 누구나 엄마한테 젖을 물리고 자라난다.(자연권) 그리고 교육을 받고 훌륭한 인물이 되기 위한 공통점이 있음을 알려준다.(인권) 누구나 행복하게 살고 싶어 한다. 누구나 맛있는 것을 먹고 싶어 하고 좋은 곳에서 살고 싶어 하고 평화를 원한다. 모습은 다르지만, 그들의 장점, 특기를 스포츠를 통해 보여준다.

 초등학교 고학년(5~6학년)

수업제목	활용도구	교육목적	참고
모두가 소중하다	국제봉사기구나 단체들의 활동이 담긴 자료 DVD	어떠한 인종이든 인권이 있으며, 모두가 소중하다는 것을 깨우쳐준다. 모두가 행복해야 할 권리를 인지시킨다.	인종적 선입견이나 편견에서 자유로워지도록 유도한다.

> **응용** 어떻게 하면 함께 행복하게 살아갈 수 있을지 나름대로 창의적으로 아이디어를 모아보게 한다.(그룹별이든 개인적이든) 국가적, 사회적 불평등에 대한 모습을 보여주고 모두가 소중하다는 인식을 심어주는 것이 중요하다.

중학교

수업제목	활용도구	교육목적	참고
누구나 소중하다	눈을 가린 친구 1명, 안내하는 친구 2명, 3명씩 조를 만든다.	눈을 가리고 길을 안내한다. 안내는 순전히 말로 해야 한다. 잘 안내하도록 유도해야 하고 협동심을 기르고 우애를 다지게 유도한다.	눈을 가렸을 때의 답답함을 서로 교감하고 이를 통한 자상한 안내로 인도해야 함을 알도록 한다. 누구나 소중하다는 것을 알아야 한다.

응용 3명이 1조가 되어 서로 바꿔가며 경험하도록 한다. 누구나 힘들 때가 있으며 누구나 어려울 때가 있으므로 서로 도와야 하고 서로를 존중해줄 줄 알아야 함을 알도록 유도한다.

 고등학교

수업제목	활용도구	교육목적	참고
집단토론 – 누구나 평등해야 한다.	인권이 짓밟힌 자료를 보여준다. 토론에서 사용할 질문	모든 인간은 똑같이 행복하고 싶어 하고 똑같이 잘 살아가길 원한다는 공통의 명제를 각인시키고 누가 누구를 짓밟을 이유가 없음을 알린다.	다문화사회에서 인권유린이 일어나고 있는 것에 대한 우리의 자각을 알린다.

응용 현 시대에 일어나고 있는 일련의 일들을 모아서 토론에 붙일 수 있다.
사례 1. 이주노동자로 온 이주민을 무시하는 사례를 보여주고 어떻게 해야 옳은지 토론한다.
사례 2. 가난한 사람이 부유한 집안과 결혼하게 되었다. 이때의 비인권적 행태를 가상으로 설정하여 토론하게 한다.
사례 3. 학대하는 한국인 배우자를 복수하기 위해 복수극을 벌이는 이주여성에 대해 어떤 잣대를 줘야 하나.
사례 4. 예전 혼혈아로 멸시받았던 사람을 선정하여 보여주고 이들이 받았던 수모를 이야기해 준다. 우리는 어떻게 해야 하나? 혼혈아로 멸시받다가 성공한 사람을 선정하여 보여주고 이들을 환호하는 우리의 자세에 대해 토론하게 한다.
사례 5. 가난해서 먹을 것을 훔친 아이를 우리 사회에서 어떻게 대해야 하나? 우리 사회의 총체적인 문제점은 무엇인가?

반편견 교육

 초등학교 고학년(3~4학년)

수업제목	활용도구	교육목적	참고
동화 속 주인공 만들기	신데렐라, 백설공주, 인어공주 등의 전형적인 동화 속 주인공 설정(남녀) 여러 가지 다양한 국가의 전통 옷과 구두 헤어스타일 등을 그림이나 자료화면으로 준비	모든 세계는 동일하다는 것을 보여주고, 문화적 다양성에 대해 편견을 갖지 않도록 한다.	인종적 선입견이나 편견에서 자유로워지도록 유도한다.

응용 어릴 때 본능적으로 가리게 되는 피부색. 타성에 젖어있는 미국식 주인공에 대한 편견을 없애준다. 여러 가지 자료를 보여주고 이에 맞는 다양한 설정을 그려보도록 권유한다. 독특한 그림일수록 칭찬해 준다.

 초등학교 고학년(5~6학년)

수업제목	활용도구	교육목적	참고
동화를 리모델링	신데렐라, 백설공주 등의 전형적인 동화이야기 선택, 다양한 모습으로 다양한 분석을 안내한다.	그룹별로 다시 이야기를 재구성한다. 현 시대를 배경으로 만들어 보게 한다. 선과 악, 수동성과 능동성, 인간관계형성, 주인공 역할 등에 구애받지 않도록 한다.	인종적 선입견이나 편견에서 자유로워지도록 유도한다.

응용 출신 국가별 상황이 다를 수 있으니 다른 국가 특히 아시아권으로 설정하기를 권하고, 이에 따른 자료조사를 하도록 한다. 그룹별로 조사해야 할 부문이 다르게 해서 다들 모였을 때 여러 가지 이야기가 나올 수 있게 한다.

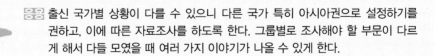

중학교

수업제목	활용도구	교육목적	참고
다양한 가족 구성원 소개하기	다양한 가족구성원 사례 설정하기, 그룹별로 토론	흔히 보는 국내 양부모만 있는 가정만이 정상이라는 것을 깨준다. 어떠한 가족구성원이라도다 소중하고 위축될 필요가 없음을 알려준다.	남의 기준이나 자신을 얼마나 힘들게 하는지 느끼게 해준다.

> **응용** 대가족, 한쪽 부모만 있는 경우(이혼가정, 사별가정, 직업상 떨어져 있는 가정, 별거가정 등), 조손가정, 증조부가 살아계신 가정, 입양가정, 보육원출신, 형제가 많은 가정, 맞벌이 부모가정, 엄마만 일하는 가정, 아빠만 일하는 가정, 부모 모두 집에서 일하는 가정, 집에서 공부하는 홈스쿨링 아이, 장애인이 가족 중에 있는 경우, 가족 중에 외국에 나가 있는 사람이 있는 경우, 아파트, 개인주택, 기와집, 상가건물에 있는 집 등 다양한 경우의 수를 나열한다.
> 이 모두는 다 행복하게 살 권리가 있고 탓할 일이 아니라는 것을 알려준다. 이러한 설정을 하고 어떠한 경우에라도 행복하게 살아갈 수 있는지 자신의 일로 생각해서 장단점을 이야기해 보도록 한다. 어떠한 경우라도 누구든지 만날 수 있는 경우이기 때문이다. 해당되는 그룹에서는 당당하게 살아가는 권리를 주장한다.

 고등학교

수업제목	활용도구	교육목적	참고
남녀 성 역할에 대한 토론	미리 준비한 토론에 쓰일 질문들, 그룹 정하기(남녀 섞여도 좋고, 남자별, 여자별로 나누어도 좋다. 사례별 특성조사)	남녀의 성역할에 있어 부모세대의 고정관념에서 해방되어야 한다. 특히 다문화시대에 있어 우리보다 못사는 아시아권의 여러 나라보다도 성평등에서 월등히 떨어지고 있다.	성적 편견이 학대와 폭력으로 이어지고 있음을 간접적으로 시사한다.

> **응용** 사례 1. 태어나서 반드시 해야 할 일은 무엇이며, 여자는 무엇인가? 남자가 되어 하지 말아야 할 일은 무엇이며, 여자는 무엇인가?
> 사례 2. 남자에게 어울리는 직업은 무엇이며, 여자는 무엇인가? 맞벌이부부라면 아이가 아플 때 누가 어떻게 해야 할까?
> 사례 3. 남자에게 가장 중요한 것은 재산인가? 외모인가? 개인의 능력인가? 이유가 무엇인가? 객관적으로 왜 이러한 답이 나오는가? 어디에 문제가 있는가? 여자에게 중요한 것은 외모인가? 능력인가? 재산인가? 그 이유는? 객관적으로 봤을 때 왜 이런 풍조가 되었나?
> 사례 4. 내가 만일 흑인이라면 어떤 마음이며, 어떻게 살아야 할까? 인종차별을 경험한다면 어떻게 처신해야 하나? 자신을 무서워하는 사람을 향해 어떻게 해야 하나?
> 사례 5. 동남아시아인이라면 어떻게 살아가야 하나? 내가 만일 백인이라면 어떤 의미인가? 백인으로서 흑인을 대할 때, 아시아인을 대할 때 어떻게 해야 하나?

※ **역지사지 역할극**

수업제목	활용도구	교육목적	참고
내가 아닌 남이 되어 보기	눈가리개, 지팡이, 남장, 여장, 외국인분장(가발이나 옷 등)	남이 되어본다. 시각장애인, 외국인, 탈북민, 남자나 여자 등 자신이 아닌 사람이 되어 그 사람의 입장에서 생각하고 분노해 본다.	자신이 은연중에 생각했던 부정적인 마음이 투사되어 나타날 수 있다. 상대를 생각해 보는 시간이 될 것이다.

> **응용** 2명씩 짝을 지어 그룹별 역할극을 하도록 한다. 흔히 생각할 수 있는 편견을 그대로 노출시킨다. 이에 대한 부정적인 반응을 상대방이 말하도록 한다. 이에 편견을 받은 당사자는 분노와 항의를 할 수 있고 옳은 방법을 제시하는 조언을 할 수도 있다.

다문화 체험 교육과 다문화 행사

  초등학교 전 학년

수업제목	활용도구	교육목적	참고
몽골 게르 만들기, 체험하기(다른 나라 응용 가능)	몽골의 의식주 DVD, 도시와 자연 DVD, 해당국가 이주민 그 안에 아이들이 다 들어갈 수 있는 게르 설치, 장난감, 생활도구, 악기, 옷 종류	몽골의 집에서 몽골에 대한 여러 가지 이야기를 직접 이주민을 통해 듣는다. 몽골에 대한 관심을 갖도록 한다.	우리가 친근한 다문화국가에 대한 편견을 없애고 호기심 만들어 주기

응용 특별한 주입식 공부라기보다 우리와 다른 독특하고 이상한 곳에 다녀왔다는 기분을 갖도록 하면 된다. 재미있었다, 기억에 남는다, 거기에서 공부하니까 더 잘 된다식의 반응을 얻으면 된다. 아이들에게는 흥미유발이 가장 중요하기 때문이다. 해당국가 이주민은 해당국가의 인사말을 가르치며 함께 해보는 시간도 갖는다.

이런 식으로 다른 나라의 것들도 만들어서 이런 방식으로 체험하는 시간을 갖는다. 싱가포르의 아시아문명박물관(Asian civilization museum)처럼 컴퓨터 시뮬레이션, 멀티미디어 프로그램으로 간접체험도 하면 더 좋겠다.

그 나라의 간식 체험은 아이들이 좋아할 것이다. 고학년일 경우, 해당국가의 전통 옷을 입고 춤을 배워 본다. 또한 해당국가 전통 가옥에서 모두 그 가옥을 보고 그림으로 그려 본다. 국가의 선정은 학급에 다문화자녀가 있는 국가를 우선으로 하면 아이들과의 관계에서도 도움이 될 것이다. 특히 우리의 주변국을 중심으로 동남아시아의 대표적인 국가들을 포함시키기를 권한다. (다문화 인구가 많은 비율 참조)[219]

---

219 법무부 출입국·외국인정책본부, 2011. 01. 05. 등록외국인을 국적별로 분석하면 중국인이 전체의 53.5%인 53만 6,917명을 차지했다. 이 중 39만 7,656명은 흔히 '조선족'으로 불리는 한국계 중국인이다. 이어 ▲베트남인 9만 8,225명(9.8%) ▲미국인 6만 4,144명(6.4%) ▲필리핀인 3만 9,537명(3.9%) ▲태국인 2만 7,576명(2.8%) 순으로 조사됐다. 이 중 결혼이민자는 2009년보다 13.2% 늘어난 14만 1,654명으로 집계됐다. 국적별로는 중국인이 6만 6,687명(47.1%)으로 가장 많고 ▲베트남인 3만 5,355명(25.0%) ▲일본인 1만 451명(7.4%) ▲필리핀인 7,476명(5.3%) ▲캄보디아인 4,195명(2.9%) 등이 뒤를 이었다. 외국인 유학생은 중국, 몽골, 베트남, 일본 순으로 많다.(세계일보)

중학교

수업제목	활용도구	교육목적	참고
몽골 알아보기	몽골을 소개하는 DVD, 유명한 인물소개, 이주민과 통역사, 게르에서 체험	몽골(해당국가)을 무시하거나 그 해당국가 이주민에 대한 존중을 심어 주도록 한다.	인종적 선입견이나 편견에서 자유로워지도록 유도한다.

응용 몽골에 대한 막연한 호기심에서 몽골의 위대함과 우수성을 직접 이주민을 통해 듣도록 한다. 몽골의 풍부한 자원 및 해당국가의 장점을 부각시킨다. 현재 우리나라에 와 있는 몽골인들에 대해 언급하기도 한다. 역시 다른 나라로 응용할 수 있다.

고등학교

수업제목	활용도구	교육목적	참고
몽골과 우리와의 관계	몽골을 소개하는 DVD, 유명한 인물 소개, (유학생)이주민과 통역사, 게르에서 체험	몽골을 무시하거나 그 해당국가 이주민에 대한 존중을 심어주도록 한다. 더 나아가 몽골과 우리와의 관계형성에 대한 여러 가지 아이디어를 갖도록 유도한다.	인종적 선입견이나 편견에서 자유로워지도록 유도한다.

응용 몽골에 대한 막연한 호기심에서 몽골의 위대함과 우수성을 직접 이주민을 통해 듣도록 한다. 몽골의 풍부한 자원 및 해당국가의 장점을 부각시킨다. 이주민 혹은 유학생은 한국에서의 체류와 관련하여 자신의 미래 포부를 말해본다. 몽골과 우리나라와의 인연관계와 앞으로 어떻게 이어가야 서로가 발전적이고 세계화에 발맞춰 나가는 길인지 토론하는 시간을 가져본다. 한국에 있는 몽골 이주민의 생활에 대해 들어보고 우리가 이주민을 어떻게 대하는 것이 옳은 것인가 서로 토론하는 시간을 갖는다.

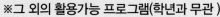

수업제목	활용도구	교육목적	참고
국가별 프로그램	각 국가의 특징이 있는 체험 프로그램으로서 해당국가의 이주민이 직접 와서 가르치 면 더욱 좋다. 각 프로그램마다 준비물을 책정한다.	여러 나라를 테마별로 얼마든지 넓혀나 갈 수 있다. 아시아권, 유럽권, 아메리카권, 아프리카 권 등 특히 아시아에 대한 무시와 하대가 심하므로 아시아권에 대한 관심을 늘려 나가는 것이 바람직하다.	우리나라에 이주 해 온 국가들을 더 친숙하게 느 끼는 계기를 갖 도록 유도한다.

일본 – 시보리(천연염색), 오리가미(종이접기), 오츠츠미(선물포장), 이케바나(꽃꽂이)
중국 – 중국 등 만들기, 중국 연 만들기, 그 외의 중국식 색깔 익히기, 전통의상 입어
　　　보기, 소수민족의 다양한 옷 입어보기
인도, 파키스탄 – 발리우드 춤 배우기, 사리 입어보기
이란 – 전통공예 배우기, 이란 차와 간식 만들어 먹기, 페르시안 카펫 문양 배우기,
　　　아라비안나이트 주인공 옷 입어보기
필리핀 – 대나무를 이용한 춤과 종이 바구니 만들기, 필리핀 간식 만들어 먹기[220]

그 외에 우리와 비슷한 유교문명권이면서 음력을 사용하는 국가들도 있고, 절기가 비 슷한 곳들이 있다. 우리와 비슷한 명절에 대한 소개와 무엇을 하는지 배우는 것도 좋 다. 직접 가서 체험하는 것만큼 가깝게 느껴지는 것은 직접 들어보고 만져보고 느껴 보는 일이다. 아시아 영화(수준에 맞게)를 감상하는 시간도 좋을 것이다.

국가별 테마를 가진 프로그램을 할 때는 국가별 분위기를 한껏 표현해 놓는 것이 중 요하다. 이는 박물관에서나 가능한 일이다.

예

수다나무, 친구나무, 우정나무 등
나무모양을 세워서 가지마다 자신의 '다문화에 대한 관심, 이해, 다문화 친구에 대한 애 정, 아니면 왕따와 차별행위를 했던 자녀의 반성' 등을 예쁜 종이(색깔도 다양하게, 모양도 다양하게 미리 준비해 둔다)에 짧게 적어 가지에 걸어 놓게 한다. 이름은 쓰지 않는다.
– 그 앞에서 사진도 찍는다.
– 나무를 빙 둘러 강강수월래를 하듯이 서로 손에 손을 잡고 노래를 부른다.
– 서로서로 존중하고 소중하며 차별행위 등은 하지 않아야 한다는 구호를 외친다.
– 옆에 있는 친구와 포옹한다.
– 그리고 나뭇가지에 걸어 놓았던 메모를 무작위로 뽑아(누가 썼는지 모르지만) 자신이
　읽고 갖는다.

 초등학교 고학년(3~4학년)

수업제목	활용도구	교육목적	참고
역사 인물에게 편지쓰기	특정 시대 소개, 특히 이야기가 담긴 책이나 DVD, 해당 시대의 인물 소개, 편지지	배운 시대를 기억할 수 있게 한다. 특히 인물을 배경으로 한 시대를 익히고 무한 상상력을 펼치게 한다.	역사의 인물과 친해지기. 그 시대를 이해하기. 우리 역사의 이야기를 친숙하게 여기기

응용 편지지에 해당인물에게 편지를 써보게 한다. 거창하게 그림일기는 아니어도 연필로 삽화 정도로 그려도 바람직하다. 질문이나 궁금증을 물어봐도 좋고, ~하지 않았다면 어떻게 되었을지 상상력을 펼쳐보는 것도 좋다. 또한 만일 ~ 했다면 어떻게 할 것인지, 가상의 시나리오를 갖고 대화를 해도 좋다.
현재의 이야기를 풀어가면서 자신의 이야기를 쓰도록 한다. 시대별로 유명한 인물을 꼽아 그 인물을 시작으로 펼쳐지는 역사 이야기는 흥미를 유발시킬 수 있을 것이다. 그래서 그 인물에게 편지를 쓰도록 권유하면서 역사를 인지하도록 한다.

 초등학교 고학년(5~6학년)

수업제목	활용도구	교육목적	참고
역사 속 한 부분을 경험하기. 역지사지 체험.	역사의 한 사건 소개, 그 사건에 기반을 둔 전반적인 이야기, 특정 인물 선정하기, 일기쓰기, 해당 시기와 연관된 국가가 나오는 지도	나 자신이 특정인물이 되어 그 관점으로 일기를 쓴다. 그 역사 속으로 들어가 보면서 간접경험을 유도하게 한다. 특히 전쟁사에 있어서 외세에 대항하는 입장, 자세 그리고 다문화시대에 다문화 친구와 어떻게 지내겠다는 것 등을 서슴없이 표현하도록 권유한다.	외세의 침략과 관련된 해당국가에 대한 단순한 분노보다는 지금 이 시대에는 그러한 국가들과 이주민, 그리고 다문화 친구들과 어떻게 지내야 하는지 알도록 한다. 분노는 자칫 인종차별로 이어질 수 있다.

응용 역사적인 사실을 익히고, 그 사실 속으로 들어가 보도록 한다. 그래서 자신이 주인공이 되어 일기를 써본다. 그러한 일기는 단순한 감상을 떠나 자못 진지하게 쓰도록 권유한다. 그 일기를 바탕으로 후속 이야기를 만들어보게 한다. 그리고 지금 시대에 있어서 어떻게 살아가야 하는지도 써보도록 한다. 다문화에 관련한 시대적 조명을 반드시 쓰도록 한다. 자신의 각오와 우리의 자세 등을 쓰도록 한다.

수업제목	활용도구	교육목적	참고
이야기 속 등장 인물 이나 사건에 대해 뉴스 만들기	특정시대와 맞는 주변국이 들어 있는 지도, 시대 역사 이야기, 뉴스 종이 만들기	그룹별로 특정시대를 정하고 그 시대의 사건이나 인물에 대해 숙지하여 뉴스를 만든다. 뉴스체로 만들어 보고 뉴스 기자가 되어 본다.	객관적인 시각을 바탕으로 우리의 방향성을 모색해 보게 한다.

응용 그룹별로 특정 시대를 정하고, 그 시대에서의 중요한 사건이나 인물을 조명하는 뉴스를 만들어 본다.
뉴스 앵커와 리포팅 기자를 정해 발표해 보는 것도 재미있을 것이다.
뉴스 판을 만들어 다른 그룹에게 보내준다.
자신의 사견을 배제하고 객관적인 안목을 갖는 연습을 하게 되며, 서로의 협력을 통해 뉴스를 만들어 보는 것도 좋은 경험이 될 것이다.

수업제목	활용도구	교육목적	참고
역사적 사건을 배경으로 토론	크게 3그룹으로 나누고 2개의 토론그룹과 방청객. 역사와 관련된 지도, 관련된 사진, 자료조사, 자신의 그룹을 표방하는 구호가 적힌 현수막	역사적인 관점이 다양함을 갖도록 경험을 갖게 한다. 하나의 답만이 존재한다는 편협함에서 벗어나 어떠한 각도에서 보느냐에 따라 바라보는 모습이 다르다는 것을 경험하도록 한다. 어떠한 답이 설정되기보다는 자유로운 표현을 담아내기 위해 모두가 참여하도록 한다.	기존의 편견에서 벗어나 자유로운 표현으로 여러 가지 의견이 있을 수 있음을 알게 한다.

응용 몽골의 침입 vs 고려의 내부분열, 신라의 나제동맹 파기 vs 백제의 입장 vs 고구려의 입장, 임진왜란 발발하게 된 우리의 형편 vs 일본의 침략 동기와 배경, 장보고의 활약상 vs 중국의 입장 vs 일본의 입장, 문화재를 빼앗긴 조선 vs 약탈해 간 입장에서의 표명, 우리나라에 시집온 왕후(노국공주나 허황옥, 프렌체스카 등) vs 중국으로 시집가서 왕후가 된 사람(기황후 등) 등으로 얼마든지 토론의 주제를 마련해 볼 수 있으며, 방청객으로서 질문을 던져서 서로 의견을 나눌 수 있는 토론의 장을 만들어 본다.

애국과 국가정체성 교육

초등학교 고학년(3~4학년)

수업제목	활용도구	교육목적	참고
우리나라 기념일 국경일	기념일에 대한 홍보자료, DVD, 국경일에 대한 홍보자료, DVD	우리나라의 국경일과 기념일을 알아가고 이에 대한 의미와 뜻을 노래를 통해 알도록 한다.	법정공휴일과 관계없이 중요한 것을 인지시킨다.

응용 그룹별로 나누어 국경일과 기념일을 하나씩 주고 해당그룹에서 맡은 국경일이나 공휴일에
　　 대해 습득하고 기념노래를 익힌다.
　　 그룹별로 발표하는 시간을 갖는다.
　　 혹은 그 기념일에 맞는 홍보그림을 그려서 보여준다.
　　 발표할 때 퀴즈식으로 다른 학생들이 어떤 날인지를 맞추도록 한다.
　　 또한 우리나라의 자랑스러운 점을 기념하는 입장에서 또 다른 어떤 기념일을 만들고 싶은지 희망
　　 사항도 들어본다.

초등학교 고학년(5~6학년)

수업제목	활용도구	교육목적	참고
우리나라는 어떤 나라인가?	세계지도, 우리나라의 자랑거리 나열(교사 준비), 자신의 미래, 희망 두 명씩 짝 만들기	세계지도에서 우리나라의 지리적 위치를 인지한다. 우리나라의 지리적 위치의 장단점을 파악하게 한다. 자신의 미래희망을 말하며 개인적인 소견으로 우리나라의 자랑을 곁들인다.	우리나라에 대한 애국심 고양. 다른 나라 사람에게 어떻게 표현할 수 있는지 경험하게 한다.

응용 짝끼리 한 사람은 한국인, 한 사람은 외국인이라고 하고 한 사람이 먼저 대한민국을 소개한다.
　　 그리고 여러 가지 자랑거리를 이야기한다.
　　 단점에 대해 외국인 역을 맡은 친구가 물어본다.
　　 그것에 대해 의견을 말한다.
　　 자신의 희망을 말하면서 우리나라에 어떤 도움이 되는 사람이 될지 이야기해본다.
　　 우리나라의 기념일과 국경일에 해당되는 유명한 사람에 대해 조사하여 자기가 원하는 위인을 선정
　　 하여 많은 사람들에게 인사말을 하게 한다.
　　 인사말을 하면서 우리나라의 미래상에 대한 포부도 곁들이고 아니면 조언도 하고 학생들
　　 에게 한 말씀 하는 형식으로 인사말을 하도록 권유한다.

중학교

수업제목	활용도구	교육목적	참고
우리 문화의 위대성 발견	우리 문화에 대한 자료화면 DVD(금속활자, 청동기, 철기, 도자기, 의류, 온돌 등) 시대상을 견주어 얼마나 탁월했는지 알려 준다.	조선시대의 문화만이 우리의 전통문화로만 알고 있는 기존의 편협한 의식에서 폭넓은 역사의식으로 펼쳐지는 다양하고 탁월한 문화국가임을 알도록 해준다.	창의성과 다양성이 시대적 흐름이라는 취지에 맞게 우리의 화려하고 다양한 역사와 문화를 알도록 해준다.

> 응용 내가 만든 우리문화 팸플릿 (혹은 리플릿) 그룹별로 해도 좋고, 개인별로 해도 좋다.
> 자기가 가장 탁월하고 자랑스럽다고 생각하는 문화 몇 가지를 선정하도록 권유하고, (조선시대의 탈춤, 사물놀이, 한복, 부채춤, 비빔밥, 김치 등 우리가 흔히 보여주는 식상한 모습은 제외) 자기가 선택한 문화거리에 대한 자료조사, 사진 등을 구하여 이를 팸플릿으로 만들어본다.
> 여기에 이 문화와 연관된 인물을 넣어도 좋다.
> 그리고 이를 저마다 발표하고 모두를 전시한다.

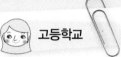
고등학교

수업제목	활용도구	교육목적	참고
세계 속의 우리의 역할	찬란한 우리의 문화자료 DVD (폭넓은 시대적 문화조명) (의식주 포함) 이러한 문화들이 자생적으로 생겨난 것이 아닌 외래문물의 만남으로 인한 것을 보여준다. PPT자료나 기타 홍보 자료 등.	우리의 찬란하고 훌륭한 문화가 만들어진 것은 세계와의 교류로 만들어졌으며, 현재에도 그렇다는 것을 알려준다. 세계는 서로 섞이고 섞여야 창조적인 문화가 탄생할 수 있음을 알려주며 세계화를 우리의 것으로 만들 줄 아는 우리 조상에 대한 탁월함을 일깨워 준다.	르네상스의 문화유산들이 만들어지게 된 것도 외국문화에 대한 수용에서 출발했음도 알려준다. 문화의 속성이다.

> 응용 우리나라의 융복합문화의 선두주자인 세종, 영조, 정조에 대해 집중 분석해본다.
> 시대상황 속에서 가능했는지, 그러한 융복합을 어떻게 해나갔는지 알아보고 현시대의 문화의 창조에 대한 사례도 알아본다.
> 이 시대에서 우리의 역할은 무엇인지, 어떤 자세를 갖고 어떤 마음을 가지며 우리 문화의 창조와 진화를 위해 나는 과연 무엇을 어떻게 할 수 있는지 가늠해 보도록 한다.

글로벌예절 교육

초등학교 고학년(3~4학년)

수업제목	활용도구	교육목적	참고
각 나라별 인사하기	각 나라의 인사가 담긴 자료, PPT나 DVD, 여러 나라마다 인사법도 다르다는 것을 배우고 이를 실습한다.	인사를 제대로 하는 법을 배우고 각 나라마다 많은 인사법이 있다는 것도 함께 익힌다. 내 것만 고집하지 않고 서로 알아가는 방법을 알게 해 준다.	다문화 체험관이나 다문화교실 등에서 함께하면 더욱 효과적이다. 직접 외국인이나 이주민이 와서 가르치는 것도 한 방법이다.

응용 짝끼리 여러 종류의 인사하는 실습을 한다.
사례
1. 악수: 민주적이며, 상호 대등적인 인사법으로 구부리지 않는다. 손윗사람이 아랫사람에게, 여성이 남성에게, 기혼자가 미혼자에게 한다는 것도 알려준다.
2. 입맞춤: 양 볼에 입맞춤을 한다. 유럽, 파키스탄, 러시아 등
3. 포옹: 러시아, 남미, 북미에서 하고 무슬림, 동양 등은 하지 않는다.
4. 절: 동양 문화권에서 하는데, 하는 방법을 제대로 알아야 한다.
5. 경례: 남자는 두 손을 양쪽 옆에 붙인다. 여자는 오른손을 위로 하여 두 손을 모은다.
6. 키싱 핸드: 기혼 여성에 대한 존경으로 유럽이나 라틴계 남미국가 등에서 한다.
7. 합장: 두 손바닥을 마주보게 대고 가슴부근에서 모아 인사한다.
인도, 태국, 일본, 네팔 등 해서는 안 되는 국가는 반드시 알고 실습하도록 한다.

응용 3명이 한 조가 되어 소개해 주고 인사를 나누는 실습을 한다. A가 B에게 C를 소개한다. 가슴에는 우리가 익혀야 할 국가, 이름을 붙이고 그 나라사람으로 해서 실습한다.
남성을 여성에게, 연소자를 연장자에게, 덜 중요한 사람을 더 중요한 사람에게, 소개자와 관계가 친근한 사람부터, 리더가 좌측에서부터, 한 사람을 여러 사람에게 인사법 중 하나를 선택하여 소개하는 방법과 룰을 익히게 한다.

초등학교 고학년(5~6학년)

수업제목	활용도구	교육목적	참고
식사예절	나이프와 포크, 스푼 각자 준비, 헝겊이나 종이냅킨(큰 것) 조별로 모여 실습하면서 먹는다.	세계인의 45%가 나이프와 포크, 스푼을 사용한다. 36%가 젓가락을 사용하고 11%가 손과 포크를 사용한다. 나머지 8%가 손만 사용한다. 세계인이 가장 많이 사용하는 나이프와 포크를 사용할 때의 매너를 알아보고, 각각의 식사 도구와 의미를 알아본다.	현재 젓가락을 제대로 사용하는 사람이 드물 정도로 우리만의 문화도 많이 헝클어져 있다. 우리의 것도 정확히 알고 타문화도 알자.

응용 4~5명씩 그룹별로 식사하는 실습을 한다.
순서를 제대로 하여 익히도록 한다.
떠들지 않고 식사도구들이 마구 부딪히는 소리가 나지 않도록 한다.
조용히 냅킨을 무릎 위에 덮고 식사를 시작한다.
윗몸을 기울이지 말고 스푼과 포크를 입으로 가져가고 이때 팔꿈치는 몸에 가까이 둔다.
포크와 나이프는 연필을 잡듯이 잡지 않는다.
포크는 삽처럼 사용한다. 음식을 나이프로 밀어 포크 위에 올리고 입으로 가져간다.
포크를 사용해서 자를 수 있는 음식은 포크로 잘라도 무방하다.
나이프와 포크는 의사소통의 수단으로 서로 어긋나게 놓았을 때와 나란히 놓았을 때의 의미가 다르다.
왼쪽이 빵, 오른쪽이 물의 기본을 익힌다.

중학교, 고동학교

수업제목	활용도구	교육목적	참고
우리와 다른 식사 체험	헝겊이나 종이냅킨, 또는 물이 든 그릇(Finger ball), 인도식 음식이나 태국식 음식 종류	세계인의 45%가 나이프와 포크, 스푼을 사용한다. 36%가 젓가락을 사용하고 11%가 손과 포크를 사용한다. 나머지 8%가 손만 사용한다. 세계인이 가장 많이 사용하는 나이프와 포크를 사용할 때의 매너를 알아보고, 각각의 식사 도구와 의미를 알아본다.	학생들의 흥미유발과 함께 즐거운 예절 시간을 갖도록 한다. 또한 다른 나라의 예법을 존중할 줄 아는 경험을 갖도록 한다.

응용 4~5명씩 그룹별로 식사하는 실습을 한다.
손가락으로 먹는 체험을 한다.
아마도 재미있는 시간이 될 것이다.
다른 나라의 음식을 접하며(평소에 먹었던 음식이라도, 다문화 체험으로 접하면 새롭게 느낄 수 있다.)
그 음식을 손가락으로 먹는 것도 새로운 다문화 체험이 될 수 있다.

다양성 교육

 초등학교 고학년(3~4학년)

수업제목	활용도구	교육목적	참고
서로 다른 사람끼리 함께 살아요	나와 다른 사람들을 무작위로 말해보기, 여러 가지 보기를 준비(왼손잡이, 장애인, 다문화자녀 등), 편지지, 연필	나와 관계없어 보였던 나와 다른 사람에 대해 경험해 보기. 경험하고 나서 나와 다른 누군가에게 편지쓰기	색다른 경험을 체험한다. 다른 사람의 입장에서 생각하는 자세를 갖는다.

응용 두 명씩 짝을 지어도 좋고, 그룹별로 해도 좋다. 문제는 나와 다른 사람에 대한 경험을 하게 한다.

사례 오른손잡이들끼리 모여서 왼손으로 글씨쓰기 – 장애인에게 편지쓰기

한국어를 모르는 외국인(특히 동남아, 아프리카)이 되어 보기 – 한국식 예절인 절하는 방법을 알려주기, 온몸으로 소통하는 방법.

시각장애인 되어 보기 – 시각장애인이 된 친구는 헝겊으로 두 눈을 가리고 옆의 짝이 안내를 한다.

목표지점까지 안내한다. 정확하게 표현하면서 안내해야 한다.

이 외에도 여러 가지 체험이 가능하다.

 초등학교 고학년(5~6학년)

수업제목	활용도구	교육목적	참고
서로 다른 사람끼리 함께 살아요	나와 다른 사람들을 무작위로 말해 보기, 여러 가지 보기를 준비, 편지지, 연필	내가 경험하지 못한 장애인에 대한 경험을 해본다. 또한 그들에게 친절을 베푸는 행위도 해본다.	색다른 경험을 체험한다. 다른 사람의 입장에서 생각하는 자세를 갖는다.

응용 시각장애인 되어보기 – 시각장애인이 된 친구는 헝겊으로 두 눈을 가리고 옆의 짝이 안내를 한다. 목표지점을 정해서(꼬불꼬불하거나 위아래로 오르락내리락하는 곳 등을 정한다) 안내한다. 정확하게 표현하면서 안내해야 한다.

시각장애인이 되어 밥 먹어 보기 – 옆의 짝이 제대로 먹을 수 있도록 자세한 설명을 말로 안내를 해준다.

시각장애인이 되어 글씨 써 보기 – 시각장애인에게 편지쓰기

수업제목	활용도구	교육목적	참고
다양한 것들 조사하기	세계의 다양한 탈것 조사, 세계의 다양한 음식 조사, 그룹별로 조사해서 발표하기	세상에는 무수히 많은 다양성이 존재하고 있다는 것을 인지하게 한다. 새롭게 알면서 이를 실생활에서 어떻게 활용했으면 좋겠다는 아이디어를 모아 본다.	천편일률적인 것에서 다양함을 일깨우는 기회를 제공한다.

응용 그룹별로 세계의 다양한 탈것이나 음식, 또는 그 외의 항목을 정해서 각자 사진이나 이름 등을 조사해온다.
조사한 것들을 한데 모아 하나의 큰 전지에 붙여 발표한다.
나열만 하는 것에서 그치지 않고 옛것이라도 실생활에서 어떻게 활용하고 싶은지, 어떻게 응용하면 좋은지 아이디어를 제시한다.
다른 그룹이 발표하는 것도 유심히 들어야 한다.

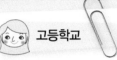

수업제목	활용도구	교육목적	참고
모의재판 및 토론	직접 외국인이나 다문화자녀, 학급을 모의재판 형식으로 만든다. 서기, 사회 및 진행자	직접 외국문화에 대해 들어보고 알아가는 계기를 만든다. 우리가 생각한 고정관념에서 벗어날 수 있어야 하며 상대방을 이해할 수 있게 한다. 여러 가지 다양한 반론도 자유롭게 한다. 맞다, 틀리다보다는 보다 발전적이고 건설적인 결론으로 가도록 자연스럽게 유도한다.	평소에 전혀 알지 못하거나 반감을 가졌던 외국의 문화에 대해 새롭게 알게 한다.

응용 히잡을 쓴 아랍 친구, 아랍인.
히잡을 고집하는 이유, 돼지고기를 먹지 않는 이유.
개고기를 먹는 것과 안 먹는 것.
채식주의자에게 고기를 권하는 것.
좌식생활과 입식생활(온돌과 다다미, 벽난로 등) 등 여러 가지 사례가 가능하다.

※ 다양성 체험 – 다양한 소리에 대한 체험, 이해, 인정 프로그램[221]

수업제목	활용도구	교육목적	참고
다양한 소리 체험	소리가 나는 무엇이든지 도구를 사전에 선택하도록 한다. 이는 다양한 소재를 위해서이다. 겹치지 않도록 유도한다. 다문화자녀는 부모 출신국의 특이한 소리가 나는 악기나 장난감 등을 가져오도록 한다. 야외에서 하는 것이 바람직하다.	다양한 소리에 대한 새삼스러운 인지를 갖도록 유도하며, 이 세상에는 다양성으로 이루어진다는 것을 느끼도록 한다.	준비물이 없어도 자연을 활용할 수 있다. 이 세상에는 수없이 많은 소리들이 있다는 것과 이러한 다양성이 지구를 만들어가고 있다는 것을 함께 주지시킨다.

응용 수목원이나 숲으로 나가는 것이 좋다.
물소리도 귀 기울여 듣도록 하고, 바람소리, 숲의 소리, 물소리 등이 귀에 들리도록 세심한 청각의 세계를 만나도록 한다.
돌멩이를 부딪쳐 보는 소리, 나무를 두들겨 보는 소리, 나무와 나무끼리 두들기는 소리도 있다.
다문화자녀가 가지고 온 각종 악기나 장난감 소리도 함께 감상한다.

응용 그룹을 나누어 풀피리 만들기, 대나무로 피리 만들기, 나무판이나 판판한 돌멩이로 캐스터넷츠를 만들어 본다. 이러한 식으로 사전에 준비된 준비물로 악기를 즉석에서 만들어 즉석 공연을 유도한다. 그룹별로 어떻게 해서든 공연을 하도록 한다. 미숙해도 서로 보면서 재미있을 것이다.

221 Tokyo KIDS, 2009 Workshop Music&Rhythm, 2009. 10~11.

다문화사회 문화예술 교육

 초등학교 고학년(3~4학년)

수업제목	활용도구	교육목적	참고
다양한 음악 접하기	시간마다 각 나라의 대표적인 악기 소리로 민요나 기타 음악을 들려준다. 감상문 쓰기	세계 각국은 저마다 다양한 악기로 음악을 해왔다는 것을 알게 해준다. 일률적인 서양음악에서 벗어나는 계기를 마련한다.	악기 이름과 그 소리울림에 대한 다양함을 알게 한다.

응용 기존의 교실과는 다른 자유로운 분위기의 음악교실에서 아이들은 저마다 새로운 악기의 음을 경험하게 된다. 먼저 국가(세계지도)를 통해를 인지시키고, 그 나라의 악기 이름을 알려주고, 그 나라의 민요나 노래에 대한 설명은 하지 않고 음악을 감상한다. 그 음악에 대해 느낀 점을 적는다. 다양한 느낌과 다양한 소견을 서로 교환한다. 이러한 식으로 동양. 서양 등을 넘나들며 색다른 청음의 경험을 늘려나간다. 어떤 것이든지 정답은 없다. 다양성과 개성을 칭찬한다.

사례 비교적 성공적인 다문화국가로 자타가 인정하고 있는 호주에서는 교실에 직접 외국예술단이 들어와 공연도 하고 설명도 해주고 하나하나 만져보도록 하고 다양한 활동을 하게 유도한다. 문화는 체험이라는 취지를 확실히 실행하여 함께 즐기는 방식을 취하고 있다.
직접 해당국가의 예술단이 교실 속으로 들어와 모든 것을 함께 한다는 것은 지식교육의 한계를 넘어서는 일이다.
(초등학교, 중학교, 고등학교 전 학년에서 가능)

 초등학교 고학년(5~6학년)

수업제목	활용도구	교육목적	참고
드라마교실	상황설정은 교사가 해준다. 내용에 맞는 최소한의 의상과 도구를 마련한다.	서로의 존중감을 알게 하고 다문화자녀에 대한 인지를 긍정적으로 하는 계기를 마련한다.	몇 가지 다문화자녀가 겪는 사례들을 알려준다. 이러한 일들을 토대로 내용을 만들도록 유도한다.

응용 교사는 상황설정만 해주고 그룹별로 내용을 각자 만들도록 유도한다.
즉석에서 연기하라고 알려준다.
학생들은 다문화자녀나 낯선 땅에서 힘들게 겪는 일들을 실감나게 표현하도록 한다.
정답이란 없다. 보고 느끼게 한다. 일상생활에서 일어날 수 있는 여러 가지 상황을 표현하도록 한다. 물론 다문화자녀도 함께 해야 한다. 입장을 바꿔서 해보는 것도 좋다.

중학교

수업제목	활용도구	교육목적	참고
마스크 플레이(거울이미지 만들기)	똑같은 마스크를 2개씩 여러 종류가 필요하다. 교실의 아이들이 전부 참여하도록 준비한다.	둘이 함께 똑같이 움직이는 것을 익히면서 서로 호흡하고 서로 함께 공존한다는 것을 경험하게 한다.	마스크는 기존의 제품을 사도 되고 각자 그려서 스캔을 떠서 짝을 맞춰도 될 것이다.

응용 두 명이 한 조(서로 친한 친구가 아닌 무작위로 제비뽑기로 짝을 선정한다)가 되어 거울 속의 내가 되어보는 것이다. 한 사람이 움직이는 대로 나머지 한 사람이 거울 속의 나 자신처럼 똑같이 움직여야 한다. 서로 연습하여 발표한다. 내용은 기본적인 틀만 교사가 알려주고 나머지는 학생들의 창의성에 맡겨본다. 반드시 친구와 조화를 이루어야 한다. 다른 팀이 하는 것을 보고 평가를 한다. 어떻게 감상해야 하는지도 중요하다. 아낌없이 칭찬하고 아낌없이 비평한다.

고등학교

수업제목	활용도구	교육목적	참고
3인조 예술단 초청 공연	3인조나 4인조(각기 구성원의 악기들이 제각각인 연주 팀. 즉 첼로, 키보드, 드럼 등도 좋고 우리가 접한 국가가 아닌 생소한 국가의 악기들을 구성해도 좋다) 공연단이 직접 교실을 찾는다.	각 나라의 악기를 보는 것에서 벗어나 직접 프로 공연가의 연주를 듣고 그 연주자들로부터 악기에 대한 설명과 직접 악기를 체험하도록 한다. 학생들에게는 많은 호기심을 유발하면서 그 호기심을 충족시키는 즐거운 시간이 될 것이다.	유명연주가들의 자기 고향을 찾는 이러한 문화예술 체험교육은 미국이나 영국, 호주, 프랑스 등의 선진 다문화국가에서는 흔히 실행되고 있는 교육이다. 우리라도 못할 것이 없을 것이다.

응용 학생들과의 거리감을 좁히고 음악에 관심이 없거나 전혀 몰랐던 학생들에게도 문화예술에 대한 관심을 갖게 해주고 음악을 접할 수 있는 계기를 마련한다.
다문화에 관련한 직접적인 교육이 아닌 것이 아니라, 문화예술을 통해 심성이 달라지고 여러 가지 다양성에 대한 포괄성을 갖게 된다. 연주자는 하나하나 악기에 대해 설명해주고 저마다 악기가 내는 소리를 들려준다. 각자 다른 소리가 모여 하나의 하모니가 만들어지는 공연을 들려준다. 모든 예술 활동은 작은 관심으로부터 시작됨을 느끼도록 유도한다.
음악이 무엇인지, 어떻게 듣는 것인지 알려준다. 입시에 심신이 지친 학생들에게 좋은 휴식시간도 되면서 세상의 아름다움을 전달되도록 해준다. 또한 현재 활동하고 있는 연주자가 직접 교실을 방문한다는 것은 학생들에게 뜻 깊은 시간으로 자리매김할 수 있다.

우리나라에서는 과연 있을 수 없는 일일까? 유명하지 않아도 각자 연주를 펼치는 연주자들은 많다. 그러나 학교와 연계해서 사회공헌 식으로 하는 예는 선진국에서는 현저하게 펼쳐지고 있다. 물론 정부에서 이러한 연주단을 선발해서 프로그램에 한해 지원을 해준다. 수업 후에는 이들이 하는 공연 티켓을 나눠주며 공연장을 오도록 유도하기도 한다. 이 모두가 문화예술의 품성을 키우는 일로서 긍정적으로 보인다.

※ 모두를 위한 거리예술 프로젝트

수업제목	활용도구	교육목적	참고
거리예술 프로젝트	거리의 벽면 혹은 낙후된 골목이나 음침한 건물, 담 벽면 선정. 구청 혹은 도청과 접촉물감, 붓, 사전 스케치 그림의 테마는 다문화로 정하기. 전문가 초빙도 좋다.	다문화자녀와 내국인 자녀와 함께 조화를 이루는 시간을 갖는다. 사전 스케치를 함께하면서 그룹 프로젝트로 꿈과 희망을 심도록 유도한다.	함께 하는 과정을 교사는 천천히 관찰한다. 보다 즐거운 시간이 되도록 유도한다.

응용 거리예술은 벽화로서 오래도록 남을 것이고, 이 아이들이 자라나서 커가면서도 이를 흐뭇하게 지켜볼 수 있다. 그런 만큼, 아이들에게 꿈과 희망을 심어주고 다문화사회로 거듭나는 우리나라에 대한 푸른 희망도 함께 심어준다.

반드시 어린이만 할 것이 아니라, 성인도 참여할 수 있다. 테마별로 얼마든지 엮을 수 있다. 연령별, 국가별, 내국인과 다문화자녀, 내국인과 이주민 등으로 넓혀나가면서 다문화거리로 만들어나갈 수 있다. 담이나 벽뿐만 아니라 학교 가는 길이라든가 인도(人道)도 가능하다. 그 앞에서 거리공연(이주민, 내국인과 다문화자녀 공동연주)도 가능하다.

자원봉사 교육
-다문화자녀 멘토링 교육을 중심으로

 다문화자녀 멘토링을 위한 사전 교육안

주제	내용
자원봉사의 의미와 역할	· 프로그램 안내 및 설명 · 자원봉사의 의미 · 자원봉사자의 역할, 자세, 책임
다문화사회의 이해	· 다문화사회의 세계적 현상 이해 · 한국의 다문화사회 이행과 문제점 · 건강한 다문화사회를 위한 멘토의 역할
다문화가정의 갈등 사례와 해결	· 다문화가정 현황 · 다문화가족 지원정책 · 다문화가정의 갈등 사례와 해결
다문화가정의 자녀 이해 및 지도	· 다문화가정 자녀의 발달주기별 특성 · 다문화가정 자녀의 위험요인과 보호요인 · 다문화가정 자녀를 위한 자원봉사자의 역할
다문화자녀 멘토링 유경험자 2~3명의 실전기	· 자기의 사례를 발표하고 잘된 점, 잘못된 점 등 실전에서 겪은 이야기를 나누어 본다.
멘토의 실질적인 활동에 대한 서류 작성방법과 멘티에 대한 기록 작성방법	· 관련 서식 소개와 문서 작성요령 · 토론 : 조별 활동 계획 수립
학습 코칭 방법	· 중도입국자녀를 위한 한국어교습 방법 · 이중언어 교육을 위한 교육 방법 · 학습부진을 위한 학과목별 교육 방법 · 심리적 안정을 위한 친구되기 방법
구체적인 기획안 작성 및 발표	· 다문화자녀 멘토링을 위한 교육안 만들어 보기 · 발표하기 · 멘토와 멘티의 만남

교사를 위한 다문화 연수

 교사들의 다문화연수 및 워크숍

주제	내용
다문화사회의 이해	· 다문화사회의 세계적 현상 이해 · 한국의 다문화사회 이행과 문제점 · 건강한 다문화사회를 위한 학교의 역할
다문화가정의 갈등 사례와 해결	· 다문화가정 현황 · 다문화가족 지원정책 · 다문화가정의 갈등 사례와 문화자녀의 폐해
다문화가정의 자녀 이해 및 지도	· 다문화가정 자녀의 발달주기별 특성 · 다문화가정 자녀의 위험요인과 보호요인 · 다문화가정 자녀를 위한 교사의 역할
다문화 교육을 위한 교사의 역할	· 다문화의 전문성 키우기 · 기존의 고정관념 없애기 · 멘토이자 동반자, 상담자, 대변자, 일반 학생을 위한 지도자, 실천자로서의 역할 배우기
실질적 다문화 교육을 위한 가이드라인 방법	· 관련 서식 소개와 문서 작성 요령 · 인권적, 문화적, 종교적 편견 감소를 위한 가이드라인 작성요령 · 팀별 활동기획안 만들어 발표하기
모의실험	· 실제로 일어날 수 있는 경우의 수를 연극으로 엮어본다. · 이러한 내용을 팀별로 정해 표현해 본다. · 어떻게 해결해 나가는지 다른 팀이 하는 것을 보고 평가한다.
실제로 경험한 교사들의 사례 발표	· 지역별, 학교별 특징적인 사례들은 간접 경험으로 서로 질의 응답하는 시간을 갖는다. · 서로 해결방안을 구하기도 한다.
상담기법 및 스킬 배우기	· 여러 가지 상황별 상담에 대한 기법 배우기 · 상담 시 필요한 스피치 구현 · 학부모와 학생 사이의 문제점 파악하여 어떻게 해결해야 할지 배워 본다.
지역사회와 연계하는 방법 배우기	· 현장에서 활동하는 전문가 및 시민단체와 연결하여 각종 축제나 현장학습을 기획하는지 배운다. · 학교와 지역사회와의 연계를 배운다. · 기존의 지역축제나 사업 등 현장활동 이야기 듣기
여러 가지 심리치유에 대해 알아보기	· 미술치유, 음악치유 등 각종 심리치유에 활용할 수 있는 치유방법들에 대해 배워본다. · 직접 실습해 본다. · 자신에게 맞는 방법 알아보기

부록2
다문화가정
자녀를 위한
다문화 교육

일반학교에서의
학교급별 다문화자녀 교육

 유치원급 다문화자녀 교육

유아 및 보육의 유치원급의 다문화 교육	다문화자녀 면밀히 관찰하기, 주변 아이들의 반응도 관찰하기
	학부모와의 대화, 학부모 참여 유도
	다문화자녀에 해당되는 국가의 재미있는 동화로 관심 끌기
	해당국가에 대한 생각을 그림으로 표현하기
	해당국가의 놀이 체험하기
	미흡한 한국어 구사 올바로 가르치기
	다양한 문화를 재미있게 즐기는 시간 (해당국가의 요리, 각종 놀이, 장난감, 전통 옷, 국기, 인사말, 동요 부르기, 춤 추기, 집 모양 만들기 등) 각종 체험하기
	다양한 동물 가면 만들어 쓰고 동물 소리 내기와 다양한 인종 가면 만들어 쓰고 다양한 언어의 인사말 하기
	한국 사람이라는 정체성 심어주기
	한국 사랑하기

초등학교급 다문화자녀 교육

초등학교급의 다문화자녀 교육	한국어 보충교육 – 받아쓰기, 독서교육
	한국문화체험 및 특기적성 교육 – 사물놀이, 한국무용, 동양화, 태권도 등의 경험
	한국문화체험 및 다양한 문화체험 – 명절문화 체험하기, 널뛰기, 그네타기, 떡 만들기, 떡 매치기, 그리고 다양한 문화체험경험하기
	심리치유를 위한 예술 교육 – 미술치유. 음악치유를 통한 예술 교육
	엄마나라에 대한 교육 – 잘 알고 자신 있게 설명할 수 있도록 발표력 교육
	숙제 도우미 및 학습보충 교육
	다문화 캠프, 다문화 행사 등으로 자부심 갖기
	이중언어 교육
	심리상담

  중학교급 다문화자녀 교육

중학교급 다문화자녀 교육	엄마나라에 대한 자부심 키우기 위한 해당국가에 대한 교육
	자신의 적성검사 및 진로상담, 정서상담
	특기적성에 맞는 재능 키우기
	일반학생과 학습부진 학생의 일대일 짝 지어주기 – 학습 도움
	학습부진에 대한 보충교육 – 학교와 지자체 및 시민단체와 연결하여 관련을 맺도록 권유
	특기적성 발굴과 이에 따른 특수학교로의 진학가능성 타진(추천을 통한)
	학교이탈 전문 상담사 필요
	이중언어 교육
	다양한 직업교육

고등학교급 다문화자녀 교육	본격적인 진로상담 및 학교적응생활 상담, 학교이탈예방
	학교이탈률 예방 교육
	직업적성교육 및 직업 교육
	한국문화 이해 교육, 한국민의 자긍심 교육
	한국문화 이해 교육, 한국의 자긍심 교육
	세계시민으로서의 이중언어 교육
	엄마나라의 문화 이해 교육
	다문화 이해 교육

다문화 대안학교에서의 교육

 다문화 대안학교에서 있어야 할 프로그램

교육항목	내용
교육대상	다문화자녀, 불법체류자녀, 난민자녀, 학교이탈 다문화자녀, 일반 내국인 자녀, 결손가족자녀, 탈북민자녀, 중도입국자녀 등
학급당 학생 수	10명 내외
학년 기준	한국어를 구사하는 수준으로 학년을 정한다.
교육내용	우리말 읽기, 쓰기, 듣기, 말하기(중국동포와 탈북민의 경우, 표준한국어에 대한 교정) 기존 중요과목, 영어 외에 제2외국어 각종 운동 종류, 명상
적성을 통해	특기교육, 문화예술 교육 등 배치
학부모 교육	부모의 한국어 교육배양, 한국 적응교육 학부모와 함께하는 여러 가지 활동
공동체 교육	함께 일하기(요리나 청소, 인테리어, 공작 등) 등
직업교육	고등학교 연령대의 학생들에 한함, 다양한 직업선택의 기회를 알리고 이를 답사, 체험하도록 유도함.
상담	진학 상담, 진로 상담, 직업 상담, 심리 상담
체험학습	미술관, 박물관, 음악회 및 공연 등을 관람하러 다닌다.

중도입국자녀교육

중도입국자녀의 희망 및 권장 프로그램
– 공부를 계속 원하는 학생(대학 진학)

항 목	내 용
한국어 교육	쓰기, 읽기, 말하기, 생활한국어, 학교한국어(학교급별) – 초급, 중급, 고급
기타 학교교육, 대학진학교육	초등, 중등, 고등(국어, 수학 등 기초과목 레벨테스트 후 배치)
편입학 교실	일반학교로 편입 혹은 검정고시로 상급학교 진학
이중언어 교육	출신 국어, 영어 등
심리상담 및 치유	상담, 여러 가지 치유와 관리, 명상 등
문화 소양교육	한국문화 이해, 한국생활 적응
커뮤니케이션	대인관계를 위한 여러 가지 화합의 교육, 체험학습 및 함께 일하고 만들기 등
문화예술체육 교육	음악(합창, 합주), 무용, 미술활동, 체육활동 권장
정체성 강화 및 다문화이해 교육	정체성 향상 프로그램 및 종합적인 다문화 교육
직업소개 교육, 진로 상담	적성 검사와 성격 검사, 희망직업군 상담
선호하는 직업(자격증)	디자인 분야, 미디어 분야, 전기전자 분야, 패션의류 분야, 건축인테리어 분야, 조리 분야, 컴퓨터 응용 분야, 호텔 및 관광 분야, 기타 서비스업, 이미용 분야, 엔터테인먼트 분야, 공예 분야, 기계 분야

▶ 색깔 있는 부분 :
   직업기술직 교육을 받아 곧바로 취업을 원하는 학생으로 주로 16세 이상의 중도입국자녀, 나머지는 부분 공통

한글, 한국어 교육에 대하여

 한국어에 대한 분류별 프로그램

교육대상	교육내용
표준 한국어 교재	오프라인 혹은 온라인에서 활용할 수 있는 표준어로 된 한글, 한국어 교재 필요
유형별 한국어 교재	그 나라 문화풍속에 맞는 사례로 교재 만들 필요 있음. (각국별), (On, Off 프로그램 개발) 직업 유형별로 습득할 단어로 된 교재 의료, 법률, 관공서, 상담, 학교, 공장, 시장, 은행 등에서 많이 쓰는 사례집(On, Off 프로그램 개발) EBS 이주민을 위한 한국어 프로그램, 한국 프로그램의 외국어 자막 프로그램 개발
이주노동자	한글쓰기, 읽기, 한국어 듣기, 말하기, 직장에서의 대화, 일상대화, 상황별 대화, 경어사용법(각 작업장별, 한국어 교육시간 의무적으로 배정하여 법제화할 필요)
결혼이주여성	한글쓰기, 읽기, 한국어 듣기, 말하기, 가정에서의 대화, 일상대화, 경어사용법, 오해 없는 한국에서의 예의범절, 민생과 연결된 상황별 대화, 단어 숙지
중도입국자녀	한글, 한국어 학습 및 기초학습과 연관된 말 습득, 체험학습을 통한 한국어 실습, 경어사용법, 친구와의 대화(여러 가지 다양한 교재와 프로그램 필요)
유학생	한국어 듣기, 말하기, 한글쓰기, 읽기 전공에 해당하는 사례집 혹은 한국어 습득, 일상대화, 경어사용법, 리포트 쓰는 방법, 과제물 해결 방법, 한국에서의 대학생활 및 교우관계, 사제지간의 예의와 대화법 발표하는 법
중국동포(혹은 그 자녀) 탈북민(혹은 그 자녀)	한국어 교정, 경어사용법, 친절 교육, 글로벌 서비스 교육

이중언어 교육

교육자 유형	교육의 장점 및 유형
(결혼)이주민	결혼이주여성이 자기 자식을 대하는 마음으로 따뜻하게 접근할 수 있다. 또한 자녀들에게도 이주민인 부모에게 거부감을 일소시킬 수 있으며 자신에게는 자신감과 이중네트워크 의식을 심어줄 수 있다. 원어민으로서 실질적인 발음을 들려줄 수 있다. 이주여성에게도 취업의 기회를 가질 수 있는 장을 마련해 준다.
유학생	해당 유학생들이 직접 가르치는 기회는 그리 흔치 않으나, 서로 윈-윈할 수 있는 좋은 방법이다. 유학생들은 한국어가 미흡하고, 다문화자녀는 이중언어를 배워야 할 위치에 있는 만큼, 서로 배워 나가는 계기를 마련해줄 수 있다.
일반대학생(언어 전공자)	해당 언어를 전공하는 내국인 대학생들의 활약이 가능하다. 대학생과 다문화자녀와의 멘토링 시스템을 적극적으로 활용해 나간다. 대학생에게는 전공을 활용할 기회를 주고 다문화자녀에게는 정서적인 유대감을 가질 수 있다.

학교이탈 자녀를 위한 교육

 학교 내에서의 학교이탈 예방 프로그램

항목	교육내용
심리상담(전문가)	각종 심리 상담으로 다문화자녀의 분노와 수치심, 위축감을 드러낸 후 덜어내야 한다. 그런 후, 이중적 정체성에 대한 장점 부여와 다문화자녀의 미래지향성을 강조해 준다.
심리치유(전문가)	각종 치유를 동반한다. 미술치유, 음악치유, 놀이치유, 향 치유, 명상 등 상처를 치유해줄 수 있는 여러 가지 방법들 중에서 다문화자녀에게 적합한 방법을 취한다.
학업 및 진로 상담	학업의 꿈이 있다면 기초학습에 대한 방과 후 교실을 통해 학업에 대한 동기부여를 높여준다.
적성검사	자녀에 대한 적성검사로 미래희망직업군을 이야기한다.

 학교이탈자녀를 위한 취업 권유 프로그램
– 대안학교와 연계

항목	프로그램
심리상담 및 치유	심리 상담으로 학교이탈에 관련한 분노와 상처를 치유한다.
적성검사 및 취업교육, 특기적성교육	철저한 적성검사를 통한 취업 권유
이중언어 교육	어떠한 일을 하든 이중언어에 대한 준비는 강력한 자기만의 힘이 된다.
기업체와 연관한 취업교육	* 취업교육의 종류는 대안학교 참조

자아정체성 강화 교육

 자존감 상승을 위한 정서 표현 프로그램

이러한 프로그램은 5~6명 정도 모여서 안정감 있고 편안한 분위기에서(교육적 분위기가 아닌) 놀이처럼 시도하는 것이 바람직하다.

항목	내용
다문화 인재에 대해 들어보기	유명한 다문화 인재들을 교사가 나열해 준다. (오바마, 사르코지, 스티브잡스, 스티브 워즈니악, 스티븐 스필버그, 하인즈 워드 등)
큰소리로 말하기 (자신감 표현의 기본)	저마다 큰소리로 말하는 연습을 한다.(발표표 참조 가능) 자신의 이름과 미래 꿈 등을 큰 소리로 외쳐본다. 긍정적인 구호를 만들어 외친다. 재미있는 혹은 코믹한 구호를 만들어 외친다.
나는 누구인가?	다문화가정이라는 것을 자신 있게 말하도록 한다. 엄마나라, 아빠나라, 친척, 형제, 다문화가정이어서 좋은 점, 자신의 특기, 잘하는 재주, 취미, 자신의 장래 희망 등을 이야기하도록 한다.
나의 가족 소개	가족소개를 당당히 한다. 가족의 상세한 설명을 하도록 권유한다. 엄마나라, 아빠의 고향, 개인적인 소견, 자랑스러운 점, 장점 등을 말할 수 있도록 준비하게 한다.
엄마나라 소개	엄마나라에 대한 여러 가지를 조사해 자랑한다. 엄마에게서 직접 듣거나 사진 등을 가져온다. 엄마나라의 위인이나 유명한 여행지 등을 특히 강조한다. 외가 쪽 친척 사진들을 보여준다.
가족 안에서의 부모와 자녀의 역할 공유하기	가족 안에서 부모의 역할과 자신의 역할이 무엇인지 또한 내가 엄마라면 어떻게 했을까 등을 이야기해 본다.
힘들었을 때 이야기	자신이 겪었던 억울하고 힘들었던 경험을 이야기하게 한다. 극복했다면 극복했던 이야기까지 하면 더 좋다.
가장 즐거울 때	자신이 가장 즐거울 때를 떠올려 본다.
가장 화가 났을 때 대처방법	언제 가장 화가 나던가를 이야기하고 이럴 땐 어떻게 화를 처리하는지, 어떻게 해야 건설적인지 서로 의논해 본다. (교사의 권유)
상대방을 즐겁게 해주는 것은 무엇일까	좋아하는 친구에게 어떻게 해 주면 좋아할지를 생각해 낸다.
훌륭한 다문화 인재가 되기 위한 결심 이야기하기	자신의 꿈을 이루어서 훌륭한 다문화 인재가 되기 위해 무엇을 어떻게 할지 나름대로 의지를 불태워 본다.

이현정

이화여자대학교 졸업 동 대학원 미술학 석사학위
동국대학교 언론정보대학원 신문방송 석사학위
동국대학교 정치외교학과 박사과정
전) (사)한국다문화센터 연구소장, 레인보우합창단장
현) 서울해비치다문화가족교육센터장

국회다문화포럼 등 올바른 다문화 사회 정착을 위한 활동을 통해 대중들에게 다문화에 대한 공감을 이끌어내고자 동분서주하고 있다. BBS-FM 아나운서 공채 1기로 20년간 활동했으며, 현재에는 각 기업체·공무원·대학·지역사회 등에서 다문화인식을 위한 강의와 방송을 위해 뛰어다니고 있다. 다문화 시대를 맞이해 '다문화 커뮤니케이션'을 강조하며 다문화 관련 강의와 국민 캠페인에도 앞장서고 있다.

『명품 대화법』
『도전하는 여성의 지혜로운 화술 성공하는 화법』
『바보의 힘』
『성공하는 스피치 돈 버는 스피치』
『5분 스피치에 내 모든 것을 걸어라』
『우리의 미래 다문화에 달려 있다』

미래의
우리를
만드는
다문화
교안

초판발행 2011년 11월 1일
초판 3쇄 2019년 1월 11일

지은이 이현정
펴낸이 채종준
기 획 조은영

펴낸곳 한국학술정보(주)
주소 경기도 파주시 회동길 230 (문발동)
전화 031 908 3181(대표)
팩스 031 908 3189
홈페이지 http://ebook.kstudy.com
E-mail 출판사업부 publish@kstudy.com
등록 제일산-115호(2000. 6. 19)

ISBN 978-89-268-2803-8 93330 (paper)
      978-89-268-2804-5 98330 (e-book)